MUSEO DEL CONSUMO

GRACIELA MONTALDO

MUSEO DEL CONSUMO

*Archivos de la cultura
de masas en Argentina*

FONDO DE CULTURA ECONÓMICA

MÉXICO - ARGENTINA - BRASIL - COLOMBIA - CHILE - ESPAÑA
ESTADOS UNIDOS DE AMÉRICA - GUATEMALA - PERÚ - VENEZUELA

Primera edición en español, 2016

Montaldo, Graciela
    Museo del consumo : archivos de la cultura de masas en
Argentina / Graciela Montaldo. - 1a ed. - Ciudad Autónoma
de Buenos Aires : Fondo de Cultura Económica, 2016.
    387 p. ; 21 x 14 cm. - (Tierra Firme)

    ISBN 978-987-719-105-9

    1. Consumo. 2. Cultura de masas. I. Título.
    CDD 306.01

Armado de tapa: Juan Balaguer
Imagen de tapa: Fragmento de *Doce elefantes
del Circo Sarrasani yendo a Retiro,* Buenos Aires, 1924.
Archivo General de la Nación.

D.R. © 2016, FONDO DE CULTURA ECONÓMICA DE ARGENTINA, S.A.
El Salvador 5665; C1414BQE Buenos Aires, Argentina
fondo@fce.com.ar / www.fce.com.ar
Carr. Picacho Ajusco 227; 14738 México D.F.

ISBN: 978-987-719-105-9

Comentarios y sugerencias: editorial@fce.com.ar

IMPRESO EN ARGENTINA - *PRINTED IN ARGENTINA*
Hecho el depósito que marca la ley 11723

Índice

Agradecimientos

Como se verá, este libro le debe casi todo a las bibliotecas. En 2010, tuve la posibilidad de pasar varios meses en el Ibero-Amerikanisches Institut de Berlín, donde leí buena parte de la base documental de esta investigación. En Argentina, la Biblioteca Nacional fue otro acervo imprescindible que, junto con la biblioteca de Columbia y sus asociadas, me permitieron organizar el conjunto de textos que dieron forma inicial al libro.

Todo aquello que no les debo a las bibliotecas es una deuda con colegas, amigos y amigas que me estimularon a seguir a través de charlas, invitaciones, conferencias, colaboraciones escritas. Las ideas que sostienen el libro proceden de muchos espacios de discusión y del intercambio con investigadores de varias instituciones, de varios países. Son ideas que están en el aire, que interesan a muchos: la experiencia de las multitudes, la cultura y el consumo, la cultura de masas. Los archivos les dieron su particularidad. Mi entorno inmediato, el Departamento de Estudios Latinoamericanos e Ibéricos de Columbia, ha sido y sigue siendo el lugar más estimulante para pensar críticamente. Mis colegas y los estudiantes son, siempre, mis primeros interlocutores, y nunca dejaré de agradecer su apoyo. Alessandra Russo, Alberto Medina, Jesús Rodríguez-Velasco, Carlos J. Alonso tienen mucho que ver en el desarrollo de esta investigación.

Diálogos interrumpidos y retomados me ayudaron también a dar forma final a este trabajo. Quiero reconocer la generosidad y el apoyo intelectual de Gonzalo Aguilar, Jens Andermann, Diego Armus, Adriana Astutti, Peter Birle, Nathalie Bouzaglo, César Braga-Pinto, Natalia Brizuela, Mario Cámara, Katja Carrillo-Zeiter, Sandra Contreras, Paola Cortés Rocca, Fernando Degiovanni, Hernán Díaz, Nora Domínguez, Luis Duno-Gottberg, Alberto Giordano, Gabriel Giorgi, Barbara Göbel, Javier Guerrero, Cristina Iglesia, Alejandra Laera, Claudio Lomnitz, Josefina Ludmer, Sylvia Molloy, Alberto Moreiras, Gabriela Nouzeilles, Osvaldo Pardo, Ana Peluffo, Judith Podlubne, Mary Louise Pratt, Julio Ramos, Adriana Rodríguez Pérsico, Fermín Rodríguez, Gina Saraceni, Mariano Siskind, Graciela Speranza. La inextinguible curiosidad de Sergio Chejfec alcanza también estos terrenos, sobre los que le gusta conversar; va mi agradecimiento, también esta vez, para él y su generosidad hacia mi trabajo.

Introducción.
Masas, cultura, consumo

QUIZÁ como consecuencia inevitable de una época que celebra
la desmaterialización, no extraña que hoy proliferen los museos,
incluso los de inmateriales. El museo es una forma del archivo, de
la preservación y de la exhibición. Y es también un marco dentro del cual pensar prácticas culturales. El museo del espectáculo que aquí propongo contiene objetos variados. El disparador
de este trabajo fue una pregunta sobre la aparición de las masas en la cultura argentina. Pasé, a lo largo de algunos años, por
muchas formulaciones del problema y por varios cambios. En el
centro estaba tanto el nuevo actor político –las masas– como la
extensión del sentido de la palabra "cultura", una expansión que
la hacía llegar hasta el mercado, la industria y, por ende, hasta
el consumo. Y que, además, la volvía una cuestión política porque política era la correlativa expansión de derechos y soberanía
entre los ciudadanos. Me preguntaba cómo las masas, ese sujeto
que la política expulsaba del pacto de ciudadanía, eran recogidas
por una multiplicidad de formas culturales que les daban, fuera de la política, diferentes valores, y que contribuían a confun-
dir sus límites con los del pueblo, los ciudadanos, la comunidad.
Quienes han reflexionado sobre las masas coinciden en destacar
su carácter infrapolítico frente a otras formas de la representación colectiva (especialmente frente al pueblo), a la vez que su-
brayan su potencial emancipador. Tal descripción, que suscribo,

11

implica entenderlas como una emergencia, a la vez que como una contradicción. Como objeto, se instalan en el cruce de reflexiones que proceden tanto de la filosofía como de las ciencias políticas, la sociología, la antropología, los estudios de comunicación y los estudios culturales, pero también de los estudios sobre la cultura del consumo. Dentro de esos campos, incluso los nombres para designar ese objeto esquivo se multiplican: "masas", "muchedumbres", "multitudes", "plebe", "pueblo". Mi propósito, de todos modos, no fue hacer una reflexión política, sino entender la producción cultural que se llevó a cabo en su nombre y cómo, al ser expulsadas de la racionalidad y el pacto político, fueron recogidas por la industria del espectáculo y el mercado de la cultura masiva. De allí que el centro de la investigación se desplazara desde los sujetos y las obras hacia las relaciones culturales y políticas entre diferentes sectores. La era de las masas fue también la era del liberalismo. La confianza en la cultura, entendida como el conjunto de prácticas que construyen sociabilidad, y la educación fueron parte sustancial de la forma en que el liberalismo pensó su propia reproducción. Sus protagonistas y seguidores sostuvieron la idea de que había una línea directa entre cultura y democracia, que al educar al pueblo lo capacitaban para la política democrática, que solo así los ciudadanos que entraban por primera vez al nuevo pacto de soberanía iban a "elegir bien", a garantizar la reproducción del sistema. Por eso la apuesta a la cultura —una cultura modelada según los valores de las elites— fue tan fuerte. Esa cultura debía ser necesariamente una, y a ella debían someterse todos por igual.

Partí de la certidumbre de que la idea de cultura se redefine en el *fin de siècle* en Argentina con la aparición de las masas. En este contexto, la cultura de masas, al generar una nueva dinámica de producción y consumo, resignifica y politiza la forma en que la cultura comienza a operar como un abierto campo de inclusiones y exclusiones sociales; es el momento en que la cultura se hace abiertamente política para todos los ciudadanos. El proyecto de una ciudadanía disciplinada por la cultura normalizada desde el Estado derivó en usos diferenciados de los instrumentos de alfabetización, que adoptaron sus propios caminos. La cultura de masas, en su inicio, es un espacio abierto, donde las fronteras que separan a los diferentes sectores tienen una relativa porosidad, que genera nuevas formas de intercambios simbólicos y políticos. Me propuse investigar cómo se dan esos intercambios a través de fenómenos culturales precisos como el tango, el circo, la jerarquización del buen y el mal gusto.

En el marco de la producción y el consumo cultural, las masas son el nombre del lugar en donde se contactan distintos tipos de superficies. Peter Sloterdijk, en su ensayo sobre las luchas culturales en la sociedad moderna, afirma que cuando la alta cultura se confronta con la baja "dos heridas abiertas se enfrentan cara a cara […] cada parte, moviéndose entre la confianza y la desesperación, sospecha que la otra representa lo que le falta".[1] En este trabajo, quise poner esta confrontación –que con diferentes formulaciones ha reconocido casi toda la crítica cultural– en suspenso. No para eliminarla, sino para pensar por fuera de ella, para tratar de entender un proceso en donde la emergencia de nuevas formas de actuación de la cultura diseña sus propias fronteras. Por eso la investigación viró de las masas como eje de organización hacia un trabajo centrado en relaciones antes que en hechos o sujetos. Para poder trabajar sobre esas relaciones, tuve que repensar la categoría de masa, identificada como estaba con la idea de "cultura baja". Sabemos que fue un objeto elusivo, desde que las primeras teorizaciones modernas –de Gustave Le Bon y Gabriel Tarde– pretendieron atraparlo, confinarlo al discurso científico y desactivar su potencial emancipador. Las masas siempre

---

[1] Peter Sloterdijk, *El desprecio de las masas. Ensayo sobre las luchas culturales de la sociedad moderna,* Valencia, Pre-Textos, 2002, p. 65.

fueron un problema de definición, incluso cuando se las acomo-
dó bajo la categoría "cultura de masas". Como han señalado varios investigadores, lo que suele quedar afuera de los análisis de
la cultura de masas son, precisamente, las masas.[2] Georges Didi-
Huberman lo resume de manera perfecta en su inspirador libro
sobre la representación del pueblo:

> Cuando el pueblo significa la unidad del cuerpo social —el *de-*
> *mos* griego, el *populus* romano— y funda la idea de nación, su re-
> presentación es obvia e incluso se impone a todos. Pero cuando
> denota la multiplicidad hormigueante de los bajos fondos
> —*polloi* en griego, *multutido, turba, vulgus* o *plebs* en latín—, su fi-
> guración se convierte en el ámbito de un conflicto inextinguible.[3]

Después del rechazo inicial y sostenido que las nuevas prácticas
masivas introdujeron en la vida de la cultura tradicional, hubo
formas de confinarlas a través de la creación de ciertas categorías ad hoc: folclore, cultura popular y, posteriormente, los estudios de medios.

Su campo de interrogaciones, que a veces se solapa con lo
popular, sin embargo, no se identifica con él. A lo largo de este
trabajo, la palabra "popular" aparecerá en su sentido de amplia
difusión de algunos fenómenos, pero no como un campo deli-
mitado social, económica o culturalmente y menos como una
categoría de análisis. Tampoco aparecerá "el pueblo" como sujeto de la acción de cambio. La "cultura popular" fue una cons-

---

[2] Stuart Hall estuvo entre los primeros que problematizaron fuertemente
el lugar de las masas en la cultura. Véase su "Culture, Media and the 'Ideological Effect'", en James Curran, Michael Gurevitch y Janet Woollacott (eds.),
Mass Communication and Society, Londres, Edward Arnold en asociación
con la Open University Press, 1977.

[3] Georges Didi-Huberman, *Pueblos expuestos, pueblos figurantes,* Buenos
Aires, Manantial, 2014, p. 106.

trucción que intelectuales y artistas hicieron durante fines del siglo XVIII y el XIX en paralelo con el desarrollo de los procesos de secularización y nacionalización, para definir y delimitar aquellas prácticas que pertenecían a "otra cultura" o a la cultura de los otros, de los no letrados que comenzaban a tener una presencia política. Esta concepción de lo popular rápidamente derivó en una folclorización y un confinamiento a los usos de las poblaciones rurales. Los fenómenos que aquí trataré son de otro orden, *no pertenecen,* en el sentido de que no responden a una propiedad de ciertos sujetos o grupos; por el contrario, se generan en la interacción que posibilita la progresiva masificación de la ciudad, el surgimiento de un mercado de bienes simbólicos y la aparición del espectáculo como nueva práctica de experiencia cultural en comunidad. La cultura masiva (a diferencia de la categoría de popular) se define por un sistema dinámico de producción y de difusión. Puede contener elementos tradicionalmente definidos como populares, pero lo suyo es la combinación de prácticas y el desarrollo de sistemas de producción y difusión modernos. Tampoco, como veremos, pertenece a un sector social específico, sino que pone en contacto las diferencias.

Desde el otro lado —la otra herida—, los estudios de historia intelectual han analizado la constitución de las identidades de artistas y letrados, la organización de las disciplinas, el desarrollo de las estéticas, el poder de las instituciones culturales y, básicamente, las definiciones de la palabra "cultura". Pero todo contribuyó a crear un objeto autónomo que se resistió a comunicarse con otras formas de emergencia cultural. La cultura trató a los sujetos como la política. Por eso me propuse juntar las miradas y saltar por sobre la frontera que divide entre alto y bajo. Las masas se convirtieron entonces en un punto de vista para diluir la diferencia. Lo permiten porque los sentidos de la categoría son inestables, pero también porque dejan ver las zonas de confrontación.

Salir de la dicotomía trae ciertas ventajas, pero también problemas; no solo la definición de los actores es una dificultad, también lo es la conformación de los archivos, especialmente, de los comienzos de la cultura de masas. Cuando se estudian relaciones y no objetos fijos (no "obras"), hay que rastrear los materiales en prácticas también muy variadas, imágenes, testimonios y toda una producción efímera e inmaterial.

Sin embargo, mi propósito no fue hacer una historia de la cultura de masas, sino lo contrario: ver sus interrelaciones con el conjunto del campo cultural y político en un momento preciso (el cambio del siglo XIX al XX). No fue con la idea de perpetuar la separación que la distingue de la cultura ilustrada que revolví archivos, sino intentando ver los desplazamientos e interacciones de la frontera entre ambas. Quise quitarle el sino trágico a la palabra "herida" de Sloterdijk para desnaturalizar los objetos y tratar de entenderlos en un juego dinámico (no pacífico pero sí muy permeable). Porque las masas, a diferencia del concepto de clase —formada por sectores específicos—, a diferencia de la categoría de pueblo —compuesto por la comunidad nacional—, es un significante en fluctuación[4] que, potencialmente, puede ser integrado por cualquiera y que en su composición aleatoria puede contener sujetos muy variados en combinaciones que no se rigen por conceptos de clase tradicional. Los intercambios culturales entre sectores diferentes se dan en Argentina muy tempranamente, porque los primeros proyectos políticos posteriores a la Independencia involucraron de una manera muy profunda a las elites con las poblaciones normalmente excluidas del pacto político y de los beneficios de la cultura, dadas las condiciones de lucha contra un enemigo que se definió común

---

[4] Un "significante vacío" en términos de Ernesto Laclau *(La razón populista)*. Laclau describe así la categoría "pueblo", pero es allí donde me alejo de él para transferir esa propiedad a la masa.

(los colonizadores españoles en primer lugar, los invasores ingleses más adelante). Así, las elites les hicieron compartir a las masas el espacio donde mirarse cara a cara, que fue un espacio atravesado por la violencia militar, estableciendo un pacto que funcionó coyunturalmente en momentos de lucha colonial. Porque necesitaban las alianzas con los sectores populares, las elites del período colonial y poscolonial tuvieron que implicarse y negociar mínimos espacios. No les concedieron protagonismo, aunque sí presencia. Tulio Halperín Donghi, desde la historia, y Josefina Ludmer, desde la literatura, han estudiado este tipo de alianzas que tempranamente constituyeron la dinámica de la política argentina en el siglo XIX.[5] Muy pronto, entonces, las masas se vuelven un problema para la cultura en Argentina, que sin reparos desarrolla una política del desacuerdo.[6]

La palabra "masa", en boca de diferentes agentes y circulando por diversos ámbitos culturales, se usa para describir o valorar fenómenos sociales, políticos y culturales que refieren menos a un sujeto colectivo que a un problema; cuando se usa la palabra "masa", se nombra algo del orden de lo innombrable y se agrupan bajo su enunciado sentidos muy diferentes. No me refiero a una pluralidad de significados, sino a algo en el orden del "significante vacío", es decir, un enunciado donde el significado mismo del término está en discusión, donde la palabra misma dice "aquí hay un problema". Por ello, cuando aparece, dispara con su enunciación una alerta. En el análisis de Arlette Farge y Jacques Revel *(Lógica de las multitudes. Secuestro infantil en París, 1750)* las masas no "son", sino que actúan según una

---

[5] Lo hacen, respectivamente, en *Revolución y guerra* y *El género gauchesco. Un tratado sobre la patria.*

[6] Desacuerdo en el sentido que le da Jacques Rancière: el desarrollo de una lógica política que no negocia ni armoniza, sino que expone las tensiones de los diferentes sectores sociales. La constitución de alianzas coyunturales no elimina el desacuerdo; normalmente lo potencia.

lógica cuyos objetivos se van definiendo en la acción misma, no son previos a la toma de decisiones. De ahí la amenaza que suponen para la política moderna que se afana por establecerlas dentro de la racionalidad de la administración. En este contexto ideológico, las masas siempre deben ser organizadas o reprimidas, pues al no poder prever sus conductas hay que actuar con ellas preventivamente, siempre a la espera de un desborde de violencia.

Recientemente, Zygmunt Bauman, en *La cultura en el mundo de la modernidad líquida,* volvió a definir las funciones de la cultura en la modernidad, recordando que la nación y el Estado habían establecido, desde el siglo XVIII, una solidaridad con la cultura (las prácticas relacionadas con el cultivo del intelecto y la sensibilidad tal como las entendían Friedrich Schiller en sus *Cartas sobre la educación estética del hombre* y Matthew Arnold en *Cultura y anarquía*) para incorporar, de manera unilateral y bajo su tutela, a los nuevos actores políticos a un mundo gobernado por valores "universales". A lo largo del siglo XX, como lo estudió Pierre Bourdieu en su clásico *La distinción. Criterio y bases sociales del gusto*, la cultura se convirtió en un agente que permitía mantener el statu quo, que impedía la alteración (y cualquier amenaza) del Estado y la nación; es decir, se convirtió en un agente claramente conservador. La cultura moderna en Argentina fue un campo de problemas y de lucha: cuando se quiso incorporar al pueblo, a los sectores plebeyos a la tradición intelectual y estética, expandiendo los límites de la cultura, esa misma tradición se volvió conservadora de aquello que quiso compartir y divulgar. A la vez que definió "valores para todos", se sirvió de ellos para establecer "escalas de valores". Esa es la lógica que tanto Jacques Derrida como Boris Groys usan para describir el archivo (otro nombre de la cultura): agente instituyente y conservador, máquina de sacralizar y aplebeyar, dar acceso e impedirlo al mismo tiempo. Por su doble carácter, el archivo se convirtió en un dispositivo que a la vez que reproducía la hegemonía generaba nuevos espacios de participación. Tal como la usaré a lo largo de este libro, la palabra "masa" (y sus sinónimos: multitud, muchedumbre, plebe) está ligada a la construcción de ciertas intervenciones discursivas y visuales a través de procedimientos absolutamente novedosos. Por eso, me concentré en algunos momentos y estudié ciertos recorridos en los que su carácter problemático se transmite a través de prácticas culturales específicas. Despreciadas como agencia prepolítica, las masas son una categoría que la cultura ha cargado de total politicidad.

Las masas no fueron solo un problema político, sino que generaron nuevos desafíos de representación e introdujeron conflictos de valores. En el contexto europeo, Stefan Jonsson, en *A Brief History of the Masses*, estudia la representación de las masas en algunas obras de arte emblemáticas de la modernidad. Al analizar las pinturas de Jacques-Louis David, especialmente *El juramento del juego de pelota,* dice que en su obra aprendemos cómo una comunidad se encierra dentro de límites para verse como una unidad. Su libro es una reflexión sobre el *marco,* sobre los modos en que los sujetos son divididos, separados, dentro de las líneas visibles e invisibles trazadas sobre el terreno social que prohíbe a la mayoría acercarse al centro (de la pintura). La representación de las masas sería, en su hipótesis, un continuo trazado de delimitaciones; una vez que aparecen en la escena social, la única manera de "verlas" es diseñando lugares donde puedan actuar. Es la tesis que expande Didi-Huberman:

> No basta, pues, con que los pueblos sean expuestos *en general:* es preciso además preguntarse en *cada caso* si la forma de esa exposición —encuadre, montaje, ritmo, narración, etc.— los encierra (es decir, los aliena y, a fin de cuentas, los expone a

desaparecer) o bien los desenclaustra (los libera al exponerlos a comparecer, y los grafica así con un poder propio de aparición).[7]

En esta investigación propongo un recorrido por diferentes prácticas culturales que hablan de los límites, las catalogaciones, las exclusiones e inclusiones. A partir de la categoría de número, de cantidad, se organizan formas de entender lo social, los comportamientos (de los individuos y de las masas) y los modos de actuar la experiencia democrática en el espacio público. Del número derivan, entre otras cosas, las formas nuevas del consumo, donde los bienes culturales ocupan un lugar central, entremezclando los valores económicos con los estéticos. Y también derivan los estudios de conductas sociales como la simulación y la clasificación de los individuos a través del archivo.

Las reflexiones que siguen deben mucho a la repolitización del pensamiento estético y cultural de las últimas décadas, especialmente a los trabajos tan diferentes de Pierre Bourdieu, Andreas Huyssen, Zygmunt Bauman, Jacques Rancière, Georges Didi-Huberman, Boris Groys, que se preguntan por las formas que toma la relación entre culturas diferenciadas socialmente, la práctica de comunidades de artistas e intelectuales, la política como acción directa sobre los vínculos que mantienen sujeta a una sociedad, el consumo de bienes culturales. Sus preguntas —y las de sus antecesores Walter Benjamin, Theodor W. Adorno, Siegfried Kracauer— pueden articularse, precisamente, porque esa relación es la que define buena parte de los nuevos vínculos en las sociedades de masas, donde la "cultura" ha dejado de ser atributo de una elite para pasar a ser el nombre del vínculo entre clases y su propiedad siempre está en disputa. Los tra-

---

[7] Georges Didi-Huberman, *Pueblos expuestos, pueblos figurantes, op. cit.,* p. 150. Todos los énfasis que aparecen en las citas pertenecen a los originales, salvo que se especifique lo contrario.

bajos de Roberto Esposito, Giorgio Agamben, Antonio Negri y Ernesto Laclau (y Antonio Gramsci, su antecesor) también fueron decisivos para pensar en esos vínculos, para tratar de entender cómo, desde el orden de lo político, la cultura organizaba su presencia y participaba del intercambio económico, tendiendo redes múltiples.

El deslizamiento más obvio de esta confrontación es también el más problemático. Relacionar la cultura con las masas parece derivar necesariamente en la fórmula "cultura de masas". La cultura de masas implica, en primer término, una forma de producción y consumo mediada indefectiblemente por el mercado. Las masas entonces suponen un tipo de consumo cultural organizado en torno al número, al espectáculo, al gusto, una cultura de exposición en el espacio público a la que puede haber acceso irrestricto aunque mediado por el consumo, creando un espacio de igualdad virtual. Mi interés se centró en ver cómo, en el marco de una cultura que comienza a ser masiva, se delimitan los campos de un consumo que no solo implica a la "cultura de masas", sino que se expande para crear nuevas formas de producción y apropiación cultural en donde los sectores enfrentados, las dos heridas culturales como las llama Sloterdijk, comienzan a entremezclar sus procedimientos, recursos, públicos, bajo una condición que empieza a vivirse como el miedo a la contaminación. Mi estudio comienza a fines del siglo XIX, cuando la industria cultural empieza a formarse en Argentina con la aparición de políticas públicas de alfabetización, el crecimiento económico del país, la organización del Estado nacional, la llegada de la inmigración masiva y la incipiente aparición del "tiempo libre": el ocio.

Organicé el trabajo en torno a núcleos que, aunque tienen una delimitación temporal (fin del siglo XIX y principios del XX), se concentran en tópicos específicos. Esos tópicos están ligados a la idea de las masas de diferentes modos y se circunscriben a una serie de fenómenos que moldearon formas de interrelación cultural específicas —como el circo criollo, la difusión del tango, la constitución de gustos culturales entre los sectores pobres, la intervención de los intelectuales en la cultura del consumo—. Por ser formas que surgen de una contradicción y no la resuelven, serán retomadas y reescritas a lo largo de diferentes períodos.

Para poder trabajar desde esta perspectiva, usé un conjunto de materiales particulares, componiendo un nuevo archivo. Trabajé con textos secundarios dentro de la cultura argentina. Crónicas, memorias, testimonios, algunas ficciones de quienes no se consideraban escritores, textos híbridos que fui rastreando en diferentes bibliotecas mientras leía o releía los textos canónicos. Un sistema de reenvíos —de una memoria a una crónica, de una historia a un informe, de un testimonio a un relato— me fue dando las pautas para conformar una red de escritores, muchas veces, "de un solo libro". Algunos de esos libros están desinformados, otros afirman sin demostrar, muchos repiten las mismas improbables fuentes y otros no citan ninguna, pero todos se afincan en un discurso de lo contemporáneo, recogen un conjunto de inquietudes, certezas, preguntas de su momento. Lo que encontré en estos textos fue la progresiva construcción de una *doxa,* un sentido común (no necesariamente coincidente), sobre la experiencia de masificación de la cultura en Argentina. Las revistas, la radio, el cine, las bibliotecas populares, el teatro, el tango, los deportes ya han sido o están siendo exhaustivamente estudiados. Mi interés se centró en explorar los registros menores del proceso de masificación para ver cómo se generaron ciertas formas que definieron la cultura de masas en Argentina. De este modo, la cultura "en vivo", la integración de la violencia a la experiencia de clase y de género, la estetización de la pobreza, el mal gusto se hacen visibles en esa masa de textos que convive —en su mayoría— dentro de lo que podríamos llamar el "matadero de las publicaciones".[8] Confinados a primeras ediciones, ediciones de autor, a los depósitos adonde las bibliotecas mandan los libros no consultados por largo tiempo, proporcionan la mirada de los contemporáneos al proceso de masificación, forman parte de él, al ser integrados al circuito de consumo cultural, y hablan la lengua contemporánea, con inflexiones y marcas temporales. Por ello, he recurrido con frecuencia a las citas, porque en esos testimonios olvidados (y, especialmente, en el afán de testimoniar por escrito de quienes no se consideran escritores) encontré una voluntad de posicionamiento frente a los cambios culturales, una participación activa de parte de la nueva ciudadanía sobre los acontecimientos que preocupaban a la sociedad y, lógicamente, un avance sobre el mundo de la letra. En muchos casos, su misma exterioridad al *mainstream* cultural los hace ser observadores privilegiados. En otros, aportan sobre la cultura tradicionalmente entendida una mirada ajena y, por ello, novedosa: policías, libertarios, músicos populares, dandis, directores de circo, empresarios, sindicalistas que reflexionan sobre cuestiones culturales y generan un discurso nuevo. Quise ponerlos a dialogar con sus contemporáneos más reconocidos, con el canon de la cultura argentina.

Esos libros o escritos son, al mismo tiempo, producto de la cultura masiva. En su momento, divulgaron muchos de los temas modernos, pero también sostuvieron, a veces enfáticamente, los valores contra la modernización. Sus imprecisiones, su inadecuación a un género, hablan de las formas que va diseñando la cultura masiva: *la construcción de una verdad basada en*

---

[8] Adapto la expresión "matadero de la literatura" que Franco Moretti creó para referirse a los textos olvidados de la historia literaria, aquellos que nadie lee pasado un tiempo de su publicación y que casi nadie leyó nunca. Véase "The Slaughterhouse of Literature", en *Modern Language Quarterly,* vol. 61, núm. 1, 2000 [trad. esp.: "El matadero de la literatura", en *Lectura distante,* trad. de Lilia Mosconi, Buenos Aires, Fondo de Cultura Económica, 2015].

la opinión. No leí esos libros como menores dentro de un sistema mayor. Los libros canónicos desarrollan muchas veces ideas
muy semejantes, con las mismas imprecisiones, falta de fuentes,
ideas caprichosas sobre la sociedad, argumentos arbitrarios, pero
están avalados por las instituciones culturales (sus autores son
doctores, profesores, profesionales, escritores reconocidos). Un
policía o un anarquista de fines del siglo xix y principios del xx
no tenían legitimidad cultural para enunciar opiniones ante la
cultura letrada; sin embargo, habían comenzado a ejercer un
derecho de palabra que convierte a la cultura en un campo mi-
nado donde se puede hablar, aunque hacerlo merezca críticas,
como con despecho y resignación lo resumiera Rubén Darío,
presencia tutelar de la intelectualidad argentina del cambio de
siglo: "En este tiempo, en fin, en que todo el mundo se cree con
derecho a tener una opinión".[9] Si algo hicieron estos libros, contra todo el poder de las instituciones, fue dejar en claro un derecho a la palabra (no es lo decisivo cómo la juzguemos: errónea,
equivocada, inteligente, original, convencional, adocenada, sino
su misma aparición en un contexto en constante redefinición).
Esto significa que tampoco leí esos textos como portadores de
una verdad alternativa, más legítima que la que traían los que
sobrevivieron al matadero. Por el contrario, al ponerlos en contacto, intenté dejar que se hicieran visibles algunas de las luchas
y negociaciones que entablaron. Difundieron un saber y crearon una verdad, no temieron intervenir en el campo de la cultura dominante. Por eso este libro, para pensar las masas, debió
componer su propio archivo. Un archivo armado con voces y
registros recogidos del matadero.

   A partir del archivo surgieron nuevos problemas. ¿Cómo trabajar esta heterogeneidad? No solo los materiales son complejos

   [9] Rubén Darío, "Almafuerte", en *Obras completas,* vol. iv, Madrid, Afrodisio Aguado, 1955, p. 773.

y provienen de prácticas culturales muy variadas; debí pensar qué hacer con sus autores. No es lo mismo citar a Roberto Arlt o Ricardo Güiraldes que a Adolfo Bátiz (subcomisario de la policía) o a Federico A. Gutiérrez (un anarquista, infiltrado en la policía). ¿Cómo armar, con voces tan diversas, un texto que no terminara confundiendo el testimonio de un nacionalista ultraconservador con el de un socialista, el de un dandi argentino con el de un escritor español, el de un vigilante de esquina con el de un criminólogo? Tuve que diferenciarlos, pero también mostrar la plataforma que permitía que todos convivieran y se confundieran, que tuvieran tanto en común.

El problema residía, para decirlo rápidamente, en que la mayoría de esas voces no eran "autores", sus nombres hoy no nos dicen nada y el valor de su palabra no pasa por estar atado a una firma, sino por haber generado un lugar de enunciación. De modo que tuve que abandonar el camino de la autoridad y, para ello, elegí componer ciertas secuencias de relatos, donde las voces pudieran discutir sin mezclarse, respondiendo, antes que a individualidades, a ciertos lugares sociales. Todas esas voces estaban siempre muy posicionadas, muy localizadas; ahí derivé hacia la idea de que escribían porque la escritura se había vuelto un medio de intervención para sectores más amplios, pero que lo hacían porque la escritura también les permitía tomar una posición. Se hace evidente que en ese acto de escribir y publicar había menos una voluntad narcisista que el intento de exponer —revelar— las verdades de los nuevos sectores alfabetizados. La escritura, entonces, es crucial en el momento en que la visualidad se hace más fuerte y no trata de competir con ella, sino que se redefine a sí misma. La escritura se convierte en un campo de experimentación. Por eso también los escritores profesionales que estudio (Anatole France, Vicente Blasco Ibáñez, Leopoldo Lugones) ensayan el ingreso al espectáculo a través de las conferencias públicas en las que la escritura se redefine por completo. Cada uno de los capítulos —muy extensos originalmente— terminó teniendo segmentos internos, núcleos que condensan ciertos problemas a través de los cuales las voces pudieran reconocerse y confrontarse. Asimismo, como en la investigación se estudian conjuntos de relaciones, los temas se solapan, reaparecen, se redefinen y también tuve que lidiar con esa superposición. En el capítulo sobre el circo, el tango es una presencia constante y, en el del tango, la simulación y la "cuestión social" (que desarrollo en el último) forman parte también de su cuerpo argumentativo; la violencia, la política, el consumo, el gusto son ejes que atraviesan todo el libro aunque tengan secuencias específicas.

* * *

El primer capítulo, "Contaminación", explora las diferentes teorías sobre las masas y el fenómeno de su enunciación desde distintas disciplinas. No solo me pregunto por las teorías, sino por qué se enunciaron. Obviamente, las coyunturas europeas desde la Revolución Francesa pusieron en escena el problema de las masas, pero su aparición no es homogénea y diversos discursos intentaron explicarla. Alexis de Tocqueville, Gustave Le Bon, Gabriel Tarde, Sigmund Freud, José Ortega y Gasset, entre los primeros. Con diferentes nombres (masas, multitudes, lo plebeyo), el fenómeno ha sido revisitado por teorías contemporáneas. Aquello que aterrorizó a la política tradicional fue la posible dimensión emancipatoria de las masas. El capítulo problematiza esas ideas y las vincula a las nuevas formas de la cultura del consumo, como una manera innovadora de intervención en la que los bienes simbólicos proporcionan ciertas armas para comunicarse, pero también para integrar los conflictos.

El segundo capítulo, "Espectáculo", comienza en el circo de fines del siglo XIX y termina analizando las presentaciones públicas de reconocidos intelectuales en los teatros de Buenos Aires en los años diez y veinte. Se pregunta, básicamente, por la cultura como espectáculo, lo que lleva a indagar la idea de mercado, producción y consumo cultural. Ante la proliferación de espectáculos de varieté, revistas, circo, del período de entresiglos, estudié la experiencia de estar "en vivo", de representar, en el espacio público y ante el público, centrándome en los valores asociados a la nueva relación con la audiencia y la emergencia de nuevas formas de desarrollar la percepción. A lo largo de este trabajo, me referiré a ciertas producciones culturales como *performances*; sin embargo, prefiero la expresión "en vivo" para explorar las prácticas culturales que introducen las relaciones absolutamente nuevas con el público. En la teoría de la *performance* suele haber un énfasis en la actuación del "artista" como motivo, como aquello que redefine y cambia la intervención tradicional del teatro, el espectáculo. Frente a ese énfasis, aquí voy a referirme a prácticas que cambian la relación entre actores sociales y que son calles de ida y vuelta. Aquí los "actores" no serán portadores privilegiados de la acción, sino partes de un ensamblaje de nuevas relaciones culturales. En el capítulo estudié el desplazamiento desde la cultura concebida como una frontera entre productores y consumidores y las progresivas alteraciones de esa frontera, y analicé cómo el espectáculo desarrolla una nueva forma del pacto cultural. Desde el circo hasta la vanguardia, también exploré la idea de experimentación y la producción a partir del error, la precariedad y las formas colectivas de creación. La vanguardia estética y la cultura de masas, en direcciones divergentes, ambas experimentaron con los medios de la cultura del consumo, con la técnica y la formación del nuevo público; me interesó revisar cómo se crearon nuevos lenguajes para asignarle a la representación un lugar político.

El tercer capítulo, "Microviolencias", se centra en otra relación, la que visualiza, a través de ciertas apropiaciones de conductas, los usos de la cultura como zona de intercambio y dominación. El tango, su condición de música plebeya que rápidamente es apropiada por las elites, permite explorar las formas en que la violencia social se representa en el baile y se convierte en violencia política y represión en manos de las elites a través de grupos de jóvenes de las clases altas porteñas. La idea de simulación, articulada científicamente por los primeros sociólogos, me permitió visualizar parte de este mecanismo; interrogué las formas en que las alianzas entre clases, entre grupos culturalmente distantes, se reafirman a través de las nuevas prácticas culturales que implican el baile, la moda, los comportamientos urbanos y, básicamente, la comunidad masculina, una alianza de género que trasciende la clase. Me concentré también en las experimentaciones con los límites de la soberanía, pero esta vez interrogados por una ciencia social joven y doctrinaria, que nacionalizó los problemas, los volvió "científicos" para quitarles toda marca política y así establecer la normalización social, pero que también fue sensible frente a lo que los nuevos escenarios sociales traían como novedad. La aparición de las "patotas", los grupos de "niños bien" que practicaban una violencia sostenida y, en apariencia, gratuita, es el hilo que me permitió estudiar la construcción de una violencia social cometida contra mujeres, inmigrantes, gente pobre del suburbio, que se solapa en conductas ciudadanas representadas como formas de cultura sofisticada. A su vez, estos grupos permiten ver cómo, entre las elites, también se desplegaban los comportamientos atribuidos a las masas.

El último capítulo, "Mal gusto", explora la relación entre el crecimiento de la población que ingresa al consumo cultural y la construcción del gusto. La difusión de lo estético entre los sectores pobres derivó en el consumo de todo tipo de nuevos productos: revistas, moda, música, espectáculos. La definición del "mal gusto" se hará a través de la idea de "imitación" de conductas y consumos de las clases inferiores de lo que socialmente se concibe como "buen gusto". Para componer las nuevas conductas, las nuevas ciencias sociales crearon instrumentos para medirlas y explicarlas, lo que permite estudiar la difusión del consumo cultural. La catalogación de nuevas conductas fortaleció la idea de archivo (prontuario de conductas, catalogación de rasgos asociales). Una renovada concepción de lo estético recorre estas prácticas y tiene la doble función de condenar el uso (fallido, indebido) de lo estético por parte de las masas, así como celebrar una cierta estetización de la pobreza, la forma en que los sectores pobres se acercan a lo estético como adorno u ornamento. Rastreo cómo se experimenta el número en la sociedad moderna, cómo se evalúa el gusto, qué se consume como estético en el mundo de la pobreza en el contexto de la aparición del tiempo libre: el ocio.

La violencia es un elemento que recorre todo el libro. A partir de la clásica cadena Benjamin-Arendt-Agamben-Žižek, intenté pensar la relación violencia y cultura en la Argentina del cambio del siglo xix al xx. Como muchos intelectuales lo han mostrado, se trata de una relación central en Argentina para entender la producción de un aparato significante, estético e incluso científico. Pero la violencia no se pronuncia siempre de la misma manera en esa relación. Violencia subjetiva, violencia política, violencia simbólica, violencia estructural establecen una compleja red de relaciones que intenté estudiar a través, como señalé, de las ideas de espectáculo, *performance,* consumo y mal gusto.

Para terminar, quiero agregar una nota sobre el período trabajado. Hay dos hipótesis generales que sostienen la mayoría de las interpretaciones críticas sobre el período del cambio de siglo y las primeras décadas del siglo xx. La producción popular, ya sea el circo, el tango, el sainete, el radioteatro, los folletines, el primer cine, funciona como forma de creación de un imaginario cultural (muy marcado por el melodrama) para los sectores populares que, en algunas versiones, les dio fortaleza frente a la oligarquía criolla y permitió que se afianzaran en la Argentina moderna creando una cultura de clase media, proceso enmarcado en la experiencia del ascenso social. Para otros estudios, esa misma cultura moderna funcionó como una suerte de mediación entre clases e impidió que se llevaran a cabo las reivindicaciones sociales más radicales, pues creó un imaginario "conciliatorio", donde los conflictos sociales se resolvieron simbólicamente en la ficción, que sirvió para cubrir el nuevo tiempo libre, el ocio, y coaguló la protesta impidiendo la emancipación de los sectores oprimidos. La idea de este libro es un poco diferente: no intenta interpretar qué fueron o qué provocaron esas prácticas culturales, sino qué permiten ver sobre las negociaciones políticas de cada momento; intenta observar un estado nuevo de la cultura, cómo se carga de valores diversificados y de poder de control; también, cómo la cultura se ligó a la política de maneras múltiples (ni siempre convalidatoria de la hegemonía ni siempre resistente a ella, porque se convirtió en un proceso legitimador de valores cambiantes), cómo tramó una relación que ya no pudo dejar de tomar en cuenta las negociaciones entre los diferentes sectores y las formas en que esas negociaciones produjeron fenómenos nuevos.

Los sistemas políticos modernos necesitan a la cultura para reproducirse; ella no es subsidiaria de otras prácticas, sino paralela. Por ello no parece habilitar o impedir reivindicaciones, sino ser un espacio de luchas y negociaciones. Como señalé, las masas están en el origen, la sociedad de masas, la cultura de masas, una sociedad en donde el consumo cultural genera nuevas formas de crear comunidad y de establecer relaciones entre sectores que se saben muy diferentes. El uso de la palabra y el acceso a los bienes culturales de consumo masivo son el núcleo de este libro, la progresiva conformación de una palabra que se abre camino sobre las prohibiciones, censuras, desautorizaciones, pero que también negocia con ellas cuando se asienta y es reconocida. La contaminación, el circo, el tango, el mal gusto fueron prácticas, entre muchas otras, que organizaron experiencias culturales y sociales. Las elegí por su peso en la constitución de un imaginario nacional que no se cansa de reescribirlas, para componer un museo que hable de aquellos espectáculos.

I. Contaminación

1. Las escenas

En 1929, G. W. Pabst filma en Alemania *Die Büchse der Pandora [La caja de Pandora],* una película basada en la obra de teatro del mismo título de Frank Wedekind, de 1904.[1] Se trata de lo que podríamos llamar "una historia del siglo xx", no solo por sus contenidos, sino por la forma en que es narrada. Allí están los temas clásicos de Wedekind, por un lado; están, por otro, las escenas ya también clásicas del cine dramático de la época. Pero si por algo impresiona esta película todavía es porque muestra de manera absolutamente transparente un miedo central del siglo xx: la amenaza que tanto las mujeres como las masas representan para la burguesía occidental y sus valores, y la *doxa* que el cine, la literatura, la ciencia, tan exitosamente, lograron instalar. Esa amenaza se traduce en el terror que la contaminación entre clases y las nuevas relaciones con la sexualidad entrañan en la conciencia de las sociedades democráticas, regidas por un principio difuso de igualdad. Masas (y sus variantes: populacho,

---

[1] *Die Büchse der Pandora* es la segunda parte de una obra protagonizada por el mismo personaje femenino, Lulu, de Frank Wedekind; la primera es *Erdgeist.* Ambas fueron el origen de la ópera *Lulu* de Alban Berg, de 1935, y de la película de Pabst.

multitudes, incluso pueblo) y mujer son las dos caras de un único problema: la progresiva desintegración, socavamiento, ero-
sión, de un poder hegemónico que se piensa soberano, pero la
convicción también de que la hegemonía está obligada a rehacer sus huestes —como rápida y eficazmente las rehizo— para
poder sobrevivir y llevar a cabo un plan de reconstrucción de
manera implacable. La película "muestra" el momento en que
esa amenaza se hace cuerpo, casi se constituye en una advertencia, un llamado de atención sobre los verdaderos conflictos
del siglo: el ingreso de las clases más bajas y de nuevos sujetos a
la escena social, al sistema productivo y a la vida pública, como
fuente de todos los males humanos, aquellos que dispersará la
caja de Pandora cuando, inevitablemente, se abra. La advertencia toma, además, la figura de un mito clásico, para universali-
zarla y prestigiarla.[2]

---

[2] La película se estrenó en Buenos Aires el 18 de noviembre de 1929 y tuvo
una amplia cobertura en la prensa italiana, antes de que llegara al público; y
después, comentando su éxito. Sin embargo, la prensa en español no fue muy
generosa y la película solo estuvo dos semanas en los cines. *La Prensa,* en una
reseña sin firma aparecida el mismo día del estreno, dice que la película "crea
la figura de una muchacha sobre quien pesan, por destino implacable, las mismas desdichas de Pandora. Es, sin proponérselo, sin quererlo, la mujer fatal
de la mitología griega, y en su derredor van hundiéndose los hombres, como
tronchados por el maleficio de su extraño hechizo. Esta idea central aparece
desarrollada en forma lentísima y monótona, en pasajes de pesada concepción.
[...] Mas *La caja de Pandora* deja en conjunto una impresión poco favorable". Y *La Nación,* también el 18 de noviembre, en una nota titulada "*La caja
de Pandora* ofrece algunos valores" (subtítulo: "Destaca también situaciones
dramáticas y personajes estudiados") dice: "Hay en la obra, para exaltar los
valores de algunos de sus escenarios, aciertos fotográficos y de cámara, a la
manera de los directores alemanes, especializados en tales procedimientos,
de un efecto notable cuando se ejercitan con una razón, dentro del indispensable equilibrio de fondo y de forma en la obra, lo que no existe en *La caja
de Pandora*". Quien más ampliamente cubrió la proyección, con artículos
breves, extensos, con ilustraciones o fotogramas, generalmente anónimos,
fue *Il Giornale d'Italia* el 8 de junio, el 11, el 15, el 16 ("La magnifica super-
produzione sonora *La caja de Pandora* appartiene alla Filmreich"), el 18 ("La
leggenda della *Caja de Pandora*"), el 23, el 25 ("*La caja de Pandora* è anche

La protagonista, Lulu, lleva sobre sí la condena de la belleza, la seducción, la sexualidad, y es una condena porque estas cualidades le sirven menos para disfrutar que para sufrir y
hacer sufrir. Pero Lulu es, además, una mujer de las clases bajas, aliada a una serie de personajes del bajo fondo peligroso y
deleznable y que, como ellos, exuda algo intangible, una suerte de fluido que contamina cuanto toca, que impregna a quienes se ponen en contacto con ella y los captura dentro de un
aura siniestra que llevará a todos a la perdición. La historia es
trágica: sus personajes serán arrastrados hacia la catástrofe por
fuerzas que desconocen. Pero es claro que esas fuerzas, desco-
nocidas para todos, son fuerzas sociales y sexuales que introducen un cortocircuito general en la corriente de la vida burguesa.
A la carga atávica de la sexualidad y el destino de las obras de
Wedekind, Pabst le agrega el marco de las relaciones sociales: la
sexualidad peligrosa de las clases bajas, la pobreza, la falta de educación. Las fuerzas de lo desconocido que mueven a los seres humanos encuentran en la obra de Pabst si no una explicación, sí
una causalidad o al menos un encausamiento de los hechos en
las tramas sociales en que se desarrollan. Como inocente motor
de todos los males, la protagonista es una suerte de caballo de
Troya que los sectores más bajos de la sociedad –identificados
con las masas– depositan en la fortaleza de la burguesía. No es,
sin embargo, un intento de colonización, de usurpación de un

un'opera d'arte fotografica") y el 30 ("Chi è Lulù") de octubre; el 3 ("I prota-
gonisti della *Caja de Pandora:* il dottor Schoen"), el 9 ("*La caja de Pandora*
della Filmreich"), el 10 ("*La caja de Pandora* pellicola sonora della Filmreich"),
el 13 ("*La caja de Pandora* si proietterà al Teatro Porteño"), el 14, el 16, el 19
("*La caja de Pandora* ha avuto grande successo nella sua prima esibizione"),
el 22 ("Seguita con grande esito la proiezione della *Caja de Pandora*") y el
29 de noviembre. En *L'Italia del Popolo* aparecerán dos notas "Louise Brooks
sarà la protagonista del filme *La caja de Pandora*" (14 de octubre) y "La leggenda della *Caja de Pandora*" (19 de octubre). Disponible en línea: <http://
www.pandorasbox.com/biblio/pandorasbox-biblio.html>.

lugar, sino la forma en que los nuevos vínculos entre clases son vividos como una contaminación, como la dispersión del mal que contagia y extermina, algo más letal que el dominio por la fuerza, la inoculación de un mal que las teorías positivistas del siglo XIX habían interpretado como forma de leer la sociedad.

Por eso la película es, sobre todo, una advertencia y terminará con la muerte de la protagonista a manos de un desquiciado, víctima de su propia locura, el único que puede detenerla, alguien fuera del sistema de las clases en conflicto. Pabst fue un director de amplia difusión en todo el mundo y sus películas marcaron buena parte de la producción contemporánea y generaron un público atento a las derivas del melodrama, especialmente el *melodrama social,* que rápidamente sería el género que mejor se adaptaría a la cultura de las masas. Organizó un tópico de visualización que se volvió efectivo porque la aparición de las masas en escena fue un problema político, pero también de representación.

En otro extremo, un pequeño y singular libro del argentino José Sebastián Tallón, poeta y autor de textos infantiles, muestra un movimiento previo al que Pabst ya había convertido en un modelo de representación para el mundo europeo y su radio de difusión; y lo hace a mitad del siglo XX, pero para describir la Argentina inmigratoria de principios de siglo. Se trata de una obra escrita en el filo de la fascinación por lo peligroso de la contaminación y su condena moral hacia las nuevas prácticas culturales. Su título es descriptivo, *El tango en sus etapas de música prohibida,* y desde allí advierte sobre el problema del acoso de la masa/mujer a la sala aristocrática. Tallón describe de qué modo los hombres de las clases altas y medias argentinas iban al suburbio, las orillas, los "barrios de perdición" a buscar mujeres, pero también a bailar tango a los improvisados —clandestinos, prostibularios— sitios que empiezan a proliferar en el cambio de siglo. También, como en la película de Pabst, hay una sala burguesa que es la de la propia familia del autor. Y hay un hombre poderoso en el centro, su padre, que censura lo que representa a las clases bajas y lo quiere expulsar de su casa; pero también hasta ella se desliza la amenaza de "los bajos fondos", ya instalados en la experiencia de la juventud masculina:

> Yo pertenezco a una vieja familia porteña de la clase media —dice Tallón— que se dividió, desde mucho antes de 1910, en tolerantes y prohibicionistas [del tango]. Mi padre continúa hoy irreconciliable con el tango, al que conceptúa un baile de gente baja en su origen. Mi tío Roberto, su hermano menor, fue, a la inversa, un hombre del tango.
>
> En aquella época el tango daba al hombre que se le aficionaba una fisonomía psicológica muy peculiar. Hasta en las personas como mi tío Roberto, que no fue nunca, *por supuesto,* un hombre de suburbio, el tango era —como en los carreristas apasionados que vemos hoy— algo que substancialmente daba un tono a su personalidad. En el modo de ser, de pensar, de sentir, de comprender la vida, se era un hombre del tango.
>
> Dentro de *nuestra* clase social, mi tío era un hombre de educación discreta; sin embargo, el tango estaba en él de ese modo. Ser un hombre del tango significaba para él, simplemente, ser un hombre de Buenos Aires. Era el modo revolucionario que tenían los jóvenes del tiempo de sentirse porteños hasta las raíces de su ser.[3]

Como una adicción, el tango pasa a formar parte de la identidad, sobrevuela las clases sociales y es algo que no se elige, sino que, una vez inoculado, se vuelve "naturaleza". Tallón, que abiertamente se asienta en esa sala de clase acomodada y de clara

[3] José Sebastián Tallón, *El tango en sus etapas de música prohibida,* Buenos Aires, Instituto del Libro Argentino, 1964, pp. 27 y 28 (el énfasis me pertenece).

hegemonía masculina, se propone demostrar que hay dos clases de tango que nacieron juntas, uno prostibulario y otro popular, para conciliar las posiciones del padre y del tío (y, ante todo, justificar la versión de un tango legitimado para la elite). Desarrolla la hipótesis de que ese tango popular debe ser aceptado, pues se trata de una danza de origen proletario que se bailaba en los conventillos de inmigrantes, en las familias pobres y que no tenía el desborde amoral y transgresivo (que él identifica claramente con tres órdenes: el crimen, la sexualidad y las drogas), sino que era la forma de acercar a la familia, los paisanos, los vecinos. Todavía, dice Tallón a mediados de siglo, hay que adecentar sus letras para terminar de aceptar el tango como música popular argentina, pero debe suprimirse el estigma de lo pecaminoso, reitera. Esta es la intención de su libro, que se publica por primera vez en 1959, cuatro años después de la muerte de su autor, cuando sus argumentos morales contra el origen del tango ya comienzan a ser obsoletos. Deuda y ajuste de cuentas con la tradición paterna, este texto tardío viene a mostrar, con una escritura de compleja amalgama entre el tratado moral y la escena vanguardista, que hay dos ámbitos de lo popular que deben diferenciarse: el del hampa y el de la pobreza trabajadora.[4] Ellos estaban, en efecto, mezclados en el cambio del siglo XIX al XX en la percepción burguesa, y la mirada ya "democratizada" de Tallón intenta delimitarlos como mundos separados. En su afán

---

[4] Tomo esta división de Jorge Luis Borges, tal como la formula en *Evaristo Carriego*, otro tratado sobre el tango, que describe la pobreza trabajadora, ese motivo e interlocutor implícito de la poesía de Carriego: "Pobrerío conversador, el de nuestro Carriego. Su pobreza no es la desesperada o congénita del europeo pobre (a lo menos del europeo novelado por el naturalismo ruso), sino la pobreza confiada en la lotería, en el comité, en las influencias, en la baraja que puede tener su misterio, en la quiniela de módica posibilidad, en las recomendaciones o, a falta de otra más circunstanciada y baja razón, en la pura esperanza" (Jorge Luis Borges, *Evaristo Carriego*, en *Obras completas*, Buenos Aires, Emecé, 1974, p. 134).

por mostrar que el tango sí tiene una cara decente, Tallón escribe la fábula de cómo el bien coloniza al mal, insertando el centro en los barrios (para frenar el avance de los barrios sobre el centro) y cuenta la historia clásica del tango pero al revés: el camino de conquista del baile no fue de los barrios al centro, sino que, bailado en el centro, colonizó al barrio, adecentándolo. Una fábula paternalista que trata de explicar la disimetría social y su posible sutura:

> Las orquestas que se lanzaron al asalto y que fueron tomando calle por calle la fortaleza central conquistaron meramente posiciones económicas, empleos de más provecho. No disipaban en nada el prohibicionismo. Tal vez su proximidad no era entendida por los reaccionarios de otra manera que como una nueva manifestación del dinamismo invasor de los extremos. Las orquestas victoriosas llevaban detrás de ellas al arrabal en pleno. En mi sentir, la verdad es que dichas incursiones de la "música maldita" por el centro crearon el prohibicionismo fóbico. La solución no estaba en ganar lugares municipales, infectándolos de compadritos y compadrones, sino en persuadir conciencias indignadas. Y el único recurso eficaz para persuadir tales conciencias radicaba, no en ganar el centro, sino las orillas. Y fue lo que aconteció, precisamente. La fuerza invasora del centro sobre los arrabales resultó mucho mayor, en las cercanías del año 18, y definitiva. Llegaba entonces a su término, con la brusquedad que le era propia, el proceso social atormentado que dio origen al tango, quiero decir, a su pasión y a su criolledad; y con el proceso, lo peor de lo que he comparado con las enfermedades del desarrollo; el compadrito delincuente y su mundo.[5]

---

[5] José Sebastián Tallón, *El tango en sus etapas...*, *op. cit.*, pp. 80-85.

El centro domina –programática y políticamente– lo que el margen le ha enviado también aquí como su caballo de Troya, lo somete y neutraliza, colonizando sus zonas prohibidas, matando su germen nocivo y doblegando todo su elemento transgresivo.[6] En el libro de Tallón, el bien triunfa. Pero el hecho mismo de que se puedan enunciar los dos relatos de circulación del tango (de los barrios al centro; del centro a los barrios) indica la creación de una zona de disputa, problemática, que es el lugar donde se producen mezclas de saberes, prácticas, experiencias y valores, donde se confrontan lógicas diferentes; zonas de contacto[7] que enfrentan –más que comunican– sectores en relación, pero en pugna. Son espacios de transición que, culturalmente, comienzan a ser indecisos, aunque siempre están atravesados por el ejercicio del poder. La burguesía se permite ser atraída por el cabaré o el tango, pero no por ello va a crear espacios de igualdad; si el margen se apropió de muchas prácticas del centro, el centro hará lo mismo con algunas de las del margen. El temor que siente el centro, aun cuando pueda colonizar al margen a través del poder, es que sabe que el contacto con el otro nunca es una operación limpia; siempre existe el temor de que algo "malo" se pegue en la relación.

En esas zonas de conflicto, sin embargo, se producen muchos tipos de experiencias; algunas de ellas están marcadas por lo que Michael Taussig llama "mimesis", esa facultad humana,

---

[6] Francisco Canaro, en *Mis memorias. Mis bodas de oro con el tango* (Buenos Aires, Corregidor, 1999), cuenta su historia musical como el desplazamiento urbano del margen al centro: se inició como músico en los "piringundines" de Ranchos y Guaminí, muy joven, luego pasó a la Capital; comenzó en la connotada esquina de Suárez y Necochea, en La Boca, y más tarde llegó al centro, tocando a principios de los años veinte en los ricos y ya adecentados cabarés Pigall y Armenonville. La coronación de esa carrera fue París (y, con menos énfasis, Nueva York).

[7] Mary Louise Pratt, en *Ojos imperiales,* ha introducido este término para estudiar la producción de un poder colonial en los territorios ocupados.

esa "naturaleza que la cultura usa para crear una segunda naturaleza esta vez acosada",[8] inscripta dentro de historias de violencia y poder. Para Taussig, los procesos de mimesis y alteridad a
que somete la modernidad no se definen en términos de civilización o primitivismo, ni se localizan en el centro o el margen, sino
cerca y distante de la zona de contacto (que concibe dentro del
proceso de expansión del colonialismo europeo); así, la mimesis
es un espacio permeado por la tensión de poder en la que no es
fácil decir quién es el imitador y quién el imitado, cuál es la copia
y cuál el original. La forma en que se contaminan mutuamente la
escena de la joven pobre de cabaré que entra a la sala de los ricos
y el tango del bajo fondo en la sala familiar ya hablan de un irreversible proceso de reconfiguración de clases e identidades a través de las prácticas de la cultura masiva, en el que la aceptación
—aunque a regañadientes— de la mezcla habilita apropiación y
despojo, pero también el estigma de quedar impregnado por algo
de la secreción del otro, una tara contaminante que afectará hasta la descendencia. La lectura de la cultura comparte la mirada
higienista de la época.

Es desde estas figuraciones que quisiera plantear el problema de las masas y la cultura de masas, una categoría que intento establecer más que como aglutinador, como un diluyente de
varias formas de encarar procesos culturales. Las masas no son
un sujeto social, ni siquiera llegan a ser una categoría política;
son el nombre que en muchas formas culturales adquieren los
fenómenos de mezcla y apropiación de las prácticas de diferentes sectores sociales y culturales y las zonas de contacto entre
ellos, un tipo de relación social en la cual la cultura tiene un rol
central. Por eso es siempre el nombre de un objeto ambiguo,

[8] Michael Taussig, *Mimesis and Alterity. A Particular History of the Senses*,
Nueva York y Londres, Routledge, 1993, p. xv. Todas las traducciones de las
citas me pertenecen, salvo que se especifique lo contrario.

constituido a partir de relaciones conflictivas. Se trata de la forma en que energías sociales se aglutinan –temporalmente– en núcleos activos que terminan teniendo efectos en la escena social más general. Estos pueden no ser inmediatos ni permanentes, pero generan algunos nuevos tipos de conductas socioculturales. Son disparadores. Revisitando ideas de *Breves viajes al país del pueblo*, Jacques Rancière discute en *Aisthesis* la concepción tradicional de la modernidad, que se identifica:

> Con la conquista, por cada arte, de su autonomía, la cual se expresa en obras ejemplares que constituyen una ruptura en el curso de la historia, al separarse a la vez del arte del pasado y de las formas "estetizadas" de la vida prosaica. Quince años de trabajo me han llevado a conclusiones exactamente inversas: el movimiento propio del régimen estético, el que ha sostenido los sueños de novedad artística y fusión entre el arte y la vida subsumidos bajo la idea de modernidad, tiende a borrar las especificidades de las artes y desdibujar las fronteras que las separan entre sí, así como las apartan de la experiencia ordinaria.[9]

Habría que agregar que ese movimiento –moderno– que tiende a borrar las fronteras suele estar gobernado por la violencia, la lucha, la negociación, que se desarrolla en sociedades específicas y que lo ejercen sujetos particulares. Lo que parece claro es que la separación entre prácticas responde a los modos de disciplinamiento de las sociedades modernas, pero que las obras, las artes, las disciplinas científicas, las producciones masivas comparten más de lo que se permiten enunciar o están atravesadas por lo propio de su campo específico, así como también están integradas por mucho de lo que niegan.

---

[9] Jacques Rancière, *Aisthesis. Escenas del régimen estético del arte,* Buenos Aires, Manantial, 2013, p. 12.

Hay problemas que se resisten más que otros a perder su capacidad de confrontación, y eso es lo que pasa cuando las masas aparecen en escena. No solo no hay sutura entre la estética y la política, sino una exposición de los desacuerdos entre la cultura y la política. Lulu no parece traer a la imagen la idea de pueblo, sino la de masa: los males que dispersa la caja de Pandora son inflexiones de algo informe, algo que no se puede controlar porque despliega una potencia múltiple y contaminante, ciega, que ni ella misma puede dominar, que habla en otra lengua y que no es posible atacar con las armas tradicionales de la sociedad burguesa, que termina arrastrada a la degradación. Por eso es el cine el mejor discurso para hablar de ello. La traducción de la obra de Wedekind al lenguaje de los nuevos medios, donde la sofisticación formal no era todavía, en los inicios del nuevo lenguaje, un obstáculo demasiado arduo para ser parte del consumo masivo (aunque a la prensa argentina le fatiga), pone en contacto las varias superficies que están involucradas en la trama: desde la aristocracia y la alta burguesía hasta el hampa y el asesino en serie, pasando —y poniendo en el centro como demonio y víctima— a la mujer del pueblo.

Los "dos tangos" de Tallón, la guerra entre ellos y la victoria de la decencia sobre el pecado que su libro postula, son también las dos formas en que la elite argentina se ve amenazada: el pueblo que vive en los conventillos y que baila el tango en las fiestas familiares venciendo el poder amoral, perverso y pecaminoso de la masa, ese remolino de gente de los bajos fondos que exhibe obscenamente sus deseos, su corporalidad, bailando la misma danza. Solo la apropiación de la burguesía —diría Tallón— puede darle al tango su licencia social. En Argentina, antes de la masificación del cine, un nuevo lenguaje —el del tango— será el que permita ver y ponga en contacto los conflictos que vive una sociedad que está cambiando su estructura social, económica y étnica. El tango, que en pocos años generará una industria muy lucrativa (con derivaciones tan amplias como el cine, los fonógrafos, las partituras, la moda, los cosméticos, la radio, los discos), fue en sus comienzos la amenaza de la contaminación entre clases. Tanto el arrabal de Lulu como el de los personajes de Tallón (de su notable capítulo "El Cívico y La Moreira") se encuentran en este libro como figuras y artefactos de lo que la cultura de masas viene a ofrecer a la nueva escena social y política en vías de democratización.

El "pueblo" moderno está haciendo su debut en la política, intentando la emancipación de nuevos sectores y también recibiendo la represión sostenida cuando lleva a cabo abrir su espacio más allá de lo permitido; pero serán las masas quienes van a desplegar toda su potencia problemática y harán que la cultura se haga cargo de esa conflictividad generando un conjunto de artefactos nuevos e inquietantes. Esos artefactos ya participan del dominio mezclado en que la cultura es vínculo y consumo, relación y producto. Están, además, ligados a formas de producción colectivas, se trate de música, teatro, escritura, cine.[10]

2. LAS TEORÍAS

Mucho antes de pensar en las masas como consumidoras, los intelectuales las concibieron como sujeto político. El gran libro que abre la discusión sobre su estatuto, que las pone en escena y las categoriza como problema científico y las convierte en el blanco de la denostación burguesa, es el clásico de Gustave Le Bon, *Psicología de las masas*. Lo tomaré como punto de referencia no tanto por sus ideas y conclusiones, sino por lo que supo

[10] Un primer intento de pensar en estos artefactos se encuentra en mi libro anterior: *Zonas ciegas. Populismo y ensayos culturales en Argentina,* Buenos Aires, Fondo de Cultura Económica, 2010.

detectar sobre el nuevo fenómeno. Traducido rápidamente a muchos idiomas y agotando una edición tras otra, el libro se convirtió en uno de los primeros *best sellers* científicos.[11] Su autor fue un experimentador de las nuevas disciplinas (la antropología, la sociología, la piscología social) y uno de los primeros en teorizar sobre el fenómeno de las masas como problema social. Le Bon tuvo prestigio científico (a sus "Mercredis" solían ir Henri y Raymond Poincaré, Paul Valéry, Henri Bergson), pero también supo divulgar sus ideas a través de una novedosa puesta en circulación del discurso científico de la época. Conservador, no se le escapa sin embargo el efecto de novedad del fenómeno de las masas. "La entrada de las clases populares en la vida política: uno de los fenómenos más característicos de nuestra época de transición",[12] como señala en la introducción, es el verdadero problema que las masas vienen a poner en escena y sobre el cual Le Bon advierte. Más que de un sujeto político se trata de un nuevo fenómeno que el discurso viene a capturar, hacer visible, explicar, dominar. Y es un libro escrito en diálogo con los nuevos procesos sociales que se viven en Europa, especialmente en Francia (la Comuna, el *affaire* Dreyfus) que a la vez describe, valora y diagnostica.

Para Le Bon las masas son la gran amenaza del mundo contemporáneo. Lo son porque su actuación no obedece a ninguna racionalidad, a ningún plan. Son puro instinto, una fuerza ciega que se deja arrastrar adonde la lleven sus propios impulsos, que no siguen ninguna dirección; pertenecen, también, a la escala más baja de la evolución. Sus características son la impulsividad, la irritabilidad, la incapacidad de razonar, la ausencia de

---

[11] Antes de 1925 el libro de Le Bon tenía 26 impresiones en francés y 16 en inglés, y había sido traducido a 13 idiomas (turco, indi, árabe y japonés, entre otros).

[12] Gustave Le Bon, *Psychologie des foules* [1895], París, Quadrige y PUF, 2002, p. 2 [trad. esp.: *Psicología de las masas,* Madrid, Morata, 2014].

juicio y de espíritu crítico que Le Bon también ve en las formas inferiores de la evolución (mujeres, salvajes, niños, primitivos); ellas no admiten que nada se interponga entre la realización y el deseo (como la fuerza que impulsa a Lulu o a los bailarines de tango), aunque se malogren en el camino.

Este libro fundador detectó un objeto moderno que el siglo XX exploró a través de las ciencias políticas, la historia, los estudios de medios. En *Lógica de las multitudes,* Arlette Farge y Jacques Revel analizan políticamente los comportamientos de masas como mecanismos, como formas de actuación de los colectivos no organizados que tienen su propia dinámica, una lógica que no responde necesariamente a una actuación según objetivos porque estos se van definiendo a través de la práctica misma de la revuelta: "Al principio nadie sabe hacia dónde conduce la revuelta, pero todos la invisten de aquello que saben y de lo que esperan. De esta forma el evento produce su propia significación. Esta elaboración progresiva tiene lugar en la acción, alimenta la dinámica y también explica su eficacia".[13] Esa lógica fue vista como pura negatividad y destrucción por los primeros teóricos de la masa, precisamente porque no les era posible identificar un solo objetivo, sino que veían en esa multiplicidad una amenaza, una suerte de juego sucio y mala intención por parte de los sectores socialmente más bajos. La de las masas es una actuación coyuntural. De ahí la divulgada idea negativa de que el individuo integrado en una multitud adquiere, por el simple hecho del número, un sentimiento de potencia invencible, merced al cual puede permitirse ceder a instintos que, antes, como individuo aislado, hubiera refrenado forzosamente. Le Bon no ve en ese funcionamiento sino un mal social, la antipolítica. En un pensamiento jerárquico como el suyo, la subjetividad tiene

---

[13] Arlette Farge y Jacques Revel, *Lógica de las multitudes. Secuestro infantil en París, 1750* [1988], Rosario, Homo Sapiens, 1998, p. 9.

grados muy bajos representados por las mujeres, los niños, los incultos, los pueblos latinos, los pobres, los débiles mentales. A todos ellos se parece la masa. La identificación con la mujer es la más reiterada; la "era de las masas" es también la era de las mujeres, cuando las luchas por su emancipación generan un nuevo escenario por demás inquietante.[14]

Le Bon elige la psicología social, disciplina nueva en su tiempo, para interpretar su objeto, y lo hace para explicar aquello que no puede enunciar en términos políticos, que no quiere que ingrese a la esfera política. Al preguntarse por su inconsciente (una categoría también novedosa), responde que actúa como una fuerza aún desconocida, pero es la fuerza que mueve a los sujetos. Ese núcleo que no se conoce y que, por tanto, no se puede manejar, es la potencia de la masa. Inconsciencia, anonimato, instintividad, fuerza ciega (o "calor vital" como llamaba Jules Michelet a la potencia del pueblo): todo marca el umbral de inaccesibilidad que los nuevos funcionamientos sociales implican para las clases tradicionales y la condena a que se somete a las nuevas prácticas que ellas traen. Es la violencia que viene a romper un orden, un pacto, es la barbarie que se opone a la civilización. En un modelo de la política siempre fijo, que quiere reproducirse a sí mismo, las masas introducen la variable coyuntural, el fuera de lugar, el corrimiento, lo imprevisible. Por eso el diagnóstico sobre ellas es siempre negativo y se prescribe la

---

[14] Y las mujeres que luchan políticamente serán penalizadas no solo por su lucha política, sino por el hecho de ser mujeres. Como sostiene Clara Gallini, el desencadenamiento de la ferocidad de las mujeres en las manifestaciones de masas es un tema tan frecuente que deviene lugar común. La masa es sexualizada, pues sus características físicas comprenden el elemento que repugna y da temor. Roger Dupuy (*La politique du Peuple XVIIIe-XXe siècle. Racines, permanences et ambiguïtés du populisme*) subraya además la participación de otro sujeto anómalo en los inicios de las revoluciones, la infancia, y destaca su rol en la apropiación festiva del terror durante la Revolución Francesa.

prevención de los conflictos que puedan ocasionar y la represión de la amenaza que representan.

Otra perspectiva se desarrolla en *La opinión y la multitud* del sociólogo y criminólogo Gabriel Tarde. Allí se estudia menos el aspecto social y de número de la masa que el lado "espiritual", lo que une a individuos diferentes, que no se conocen entre sí y que no tienen vínculos interpersonales. Tarde identifica a la masa con el "público", que es una comunidad espiritual. La pasión por la actualidad, desarrollada en los periódicos y en las revistas, muestra la emergencia de un fenómeno absolutamente nuevo. En este sentido, su enfoque es más moderno que el de Le Bon, pues piensa a las masas como consumidoras, instaladas en la escena pública, como una instancia en que se debate lo público. El dinamismo de su mirada, sin embargo, se petrifica toda vez que piensa el mecanismo social como mimetismo (tomando el modelo del comportamiento animal). En un libro anterior, *Las leyes de la imitación y la sociología*, Tarde identifica la imitación con el fenómeno muy contemporáneo y novedoso de la fotografía, pues la entiende como un intento de fotografía interespiritual. Lo que se ve con claridad (y la fotografía hace nuevamente visible y, de otra manera, la realidad) se convierte en modelo de una imitación, pues, para él, el carácter distintivo de toda relación social, de todo hecho social, es ser un sujeto mimético. Son las elites —para Tarde— las que inician el proceso; ellas importan ejemplos extranjeros que se van propagando a través de la moda, se consolidan en costumbres, y son desarrollados y sistematizados por la lógica social. Es casi una ley de su pensamiento que las masas siguen —imitan— a los espíritus superiores.[15]

---

[15] Estos primeros discursos no contemplan la posibilidad inversa: que las elites imiten las conductas de los sectores bajos, aunque, en la práctica, ya

Este discurso viene a poner un límite a lo que había sido la primera euforia democrática, igualitarista, especialmente, la de aquellos letrados modernos que habían separado su práctica intelectual de cualquier otra esfera de acción. Un libro clave de esta nueva concepción fue, sin duda, *De la democracia en la América del Norte* de Alexis de Tocqueville, que se volvió manifiesto de la política moderna; una mirada sobre la democracia estadounidense que sentará las bases de la reflexión sociológica posterior.[16] Su propósito fue analizar el futuro, aun cuando va hacia atrás en la historia de Estados Unidos; Tocqueville mismo declara que la democracia se ha instalado en el mundo, que no hay marcha atrás y que es necesario estudiarla para perfeccionarla. Encuentra el modelo en Estados Unidos y así comienza su libro:

> Entre las cosas nuevas que durante mi permanencia en los Estados Unidos han llamado mi atención, ninguna me sorprendió más que la igualdad de condiciones. Descubrí sin dificultad la influencia prodigiosa que ejerce este primer hecho sobre la marcha de la sociedad. Da al espíritu público cierta dirección, determinado giro a las leyes; a los gobernantes máximas nuevas, y costumbres particulares a los gobernados.[17]

El ejercicio del igualitarismo lo impregna todo y el estudio de la sociedad estadounidense se encara como la visualización del primer paso hacia la instalación de la igualdad en Europa y en Occidente. Con la perspectiva optimista propia de la época,

---

los gustos y comportamientos estaban empezando a mezclarse y eso será una nueva fuente de ansiedad.

[16] El texto fue tempranamente traducido al español en 1837 por D. A. Sánchez de Bustamante (Alexis de Tocqueville, *De la democracia en la América del Norte,* París, Imprenta de A. Everat y Cia., 1837).

[17] Alexis de Tocqueville, *De la democracia..., op. cit.,* p. 3.

Tocqueville ve un movimiento indetenible, un mecanismo imparable para producir igualdad:

> El desarrollo gradual de la igualdad de condiciones es, pues, un hecho providencial, y tiene las siguientes características: es universal, durable, escapa a la potestad humana y todos los acontecimientos, como todos los hombres, sirven para su desarrollo.
>
> ¿Es sensato creer que un movimiento social que viene de tan lejos puede ser detenido por los esfuerzos de una generación? ¿Puede pensarse que después de haber destruido el feudalismo y vencido a los reyes la democracia retrocederá ante los burgueses y los ricos? ¿Se detendrá ahora que se ha vuelto tan fuerte y sus adversarios tan débiles?[18]

La respuesta es: no; la idea de igualdad introdujo una relación nueva en el mundo ante la cual no se puede retroceder, desde ella y por ella solo se puede ir hacia adelante. Esta descripción de lo político, como conjuntos de fuerzas libradas a la puesta en marcha de mecanismos, se trasladará a la reflexión sobre la masa; tendrá —tanto en la versión positiva como en la negativa— la configuración de un inevitable.

En 1848 se publica el *Manifiesto del Partido Comunista,*[19] que hará una lectura radicalmente novedosa de la historia y de la política. Marx y Engels diagnostican el problema del número y la cantidad como el principal de la época contemporánea, que traduce la superproducción del capitalismo y la necesidad de colocar ese excedente. Superproducción y expansión designan

---

[18] Alexis de Tocqueville, *De la democracia…, op. cit.,* p. 17.

[19] En 1886 apareció en *Le Socialiste* de París una nueva traducción francesa. Sobre ella se hizo, en el mismo año, una versión española, publicada primero en *El Socialista* de Madrid y luego, en una tirada aparte, con este título: *Manifiesto del Partido Comunista,* por Karl Marx y Friedrich Engels (Madrid, Administración de El Socialista, Hernán Cortés, 8).

el mecanismo de la economía que se impone a lo social. Contra el plus de la producción burguesa, se levanta el plus humano del nuevo sistema social:

> Todos los movimientos precedentes fueron movimientos de minorías o en provecho de minorías. El movimiento proletario es el movimiento independiente de la inmensa mayoría en provecho de la inmensa mayoría. El proletariado, estrato inferior de la sociedad actual, no puede levantarse, no puede enderezarse, sin hacer saltar por los aires toda la superestructura de los estratos que conforman la sociedad oficial.[20]

Por primera vez, un grupo completo de la sociedad encuentra que su unión es su fuerza y su poder frente a quienes lo oprimen. Por primera vez, dicen Marx y Engels, ese grupo no es local, sino global, pues la opresión identifica a hombres, mujeres y niños a lo largo y ancho del planeta. Este colectivo, que no está unido por vínculos comunitarios, sino por fuerzas desatadas, más radicales y generales, universales, no tardará en hacer valer sus derechos. Pero la proclama comunista, que solo puede alcanzarse derrocando a la clase dominante por medio de la revolución, tiene un programa, objetivos; es la canalización de la protesta en función de una nueva organización. Las masas encuentran en Marx y Engels un llamado a la unión, una subordinación a los objetivos del partido. El proletariado no es la masa; sin embargo, participa del mismo campo semántico y problemático en los comienzos de las políticas emancipatorias: hay fuerzas nuevas desatadas por las revoluciones, que se mueven en un mundo sin dirección, o se reprimen o se redirigen.

---

[20] Karl Marx y Friedrich Engels, *Manifiesto del Partido Comunista,* Madrid, Biblioteca Nueva, 2000, p. 61.

El influyente libro de Max Nordau, *Degeneración*, desarrolla una teoría sobre el arte como enfermedad y diferencia; sirve de diagnóstico y alerta sobre el mal que los artistas hacen a la sociedad desviándola de sus principios, creando simulacros, apariencias, y termina pronosticando el fin del arte moderno y saludando la aparición de un arte regenerador en el siglo xx. El problema de tener un arte degenerado es que las masas lo consuman y, al hacerlo, adopten sus valores. Las masas, para Nordau, son miméticas, repiten lo que ven. Señala que el arte, sin ser propiamente una enfermedad de la "mente humana", es una desviación incipiente, deslizante, de la perfecta salud. Para él, la marcha del progreso se caracteriza por la expansión de la conciencia y la contracción del inconsciente, el fortalecimiento del deseo y el debilitamiento de los impulsos, el incremento de la autorresponsabilidad y la represión del egoísmo. Por ello concluye que la función de los intelectuales será la de hacer exposiciones populares de los pensamientos de los expertos que ocupan lugares prominentes; lo hace hacia el fin del libro, en un capítulo titulado "Terapéutica". Frente al fantasma, la presencia del saber; frente a los simulacros del arte, un arte que enseñe a las masas, las eduque y las cure, les hable en su mismo lenguaje para establecer un intercambio transparente, precisamente lo contrario de lo que se propone el arte modernista y la cultura de masas.[21] La función pedagógica del arte y la cultura debe ser ejercida por una elite intelectual y la sociedad queda claramente dividida en términos culturales: los que saben y los que tienen que aprender; entre ambos y desiguales grupos se encuentran los saberes que poco a poco se harán cada vez más institucionales y habrá nor-

---

[21] Aunque no del todo diferente de lo que estimula el arte social, un tipo de práctica en donde la función —educativa— tiene un lugar central, su teoría enfatiza la pedagogía. El arte no debe ser forma, sino que debe rehacerse en función de propósitos, intenciones, ideas.

mas muy claras, por tanto, de cómo acceder a ellos. La sociedad
de la cultura es el reverso especular de la sociedad del dinero:
pocos tienen mucho y la entrega del saber y del arte debe estar
siempre condicionada antes de llegar a las masas.

Frente a los artistas que habían usado el concepto de degeneración en un sentido positivo —como transgresión de las normas burguesas—, Nordau quiere restituirle toda su peligrosidad
y por ello toma el concepto de las ciencias naturales; la categoría es bastante anterior y fue introducida por Bénédict Augustin Morel; viene de la ciencia de las enfermedades mentales y
se define como una *desviación.* Las formulaciones de Morel en
su *Traité des dégénérescences physiques, intellectuelles et morales de l'espèce humaine* son muy claras: "De acuerdo a nuestras
creencias la idea de una degeneración de nuestra naturaleza es
inseparable de la idea de una desviación de ese tipo primitivo,
que encerraría en sí mismo los elementos de la continuidad de
la especie".[22] La idea expuesta de la manera más simple dice que la
degeneración de la especie humana es *una desviación enfermi-
za de un tipo primitivo, original:*

> [El tipo degenerado] (no me canso de repetir esta verdad) de-
> viene no solo incapaz de mantener en la humanidad la cadena
> de transmisibilidad del progreso, sino que además es un gran
> obstáculo más grande a ese progreso, por su contacto con la
> parte sana de la población. La duración de su existencia es li-
> mitada, como la de todas las monstruosidades.[23]

Degeneración y masa se dan la mano, pues es en su interior donde
los individuos "raros" pueden refugiarse. La masa tiene también

---

[22] Bénédict Augustin Morel, *Traité des dégénérescences physiques, intellectuelles et morales de l'espèce humaine* [1857], Nueva York, Arno Press, 1976, p. 2.
[23] *Ibid.,* p. 6.

un carácter relacional, se define como tal porque existen los que acotan y hacen visible su diferencia; como señala Alexis de Tocqueville en *De la democracia en la América del Norte:* "La grosería de los hombres del pueblo, en los países civilizados, no procede solamente de que son ignorantes y pobres, sino de que siendo tales se encuentran diariamente en contraste con los hombres ilustrados y ricos".[24] Las diferencias del pobre con el rico, del bárbaro con el civilizado, solo se representan cuando hay un escenario común en donde mutuamente se hacen visibles unos a los otros, cuando se aspira a la igualdad.

José Ortega y Gasset tuvo en el mundo hispano, durante las primeras décadas del siglo XX, un gran espacio intelectual. En 1930, en un contexto europeo y mundial mucho más problemático que el de Le Bon, publicó *La rebelión de las masas* (en 1937 incorpora al libro un "Prólogo para franceses" y un "Epílogo para ingleses") para advertir al mundo occidental sobre el peligro que las masas representan. Ortega plantea el problema en términos más sencillos aún que Le Bon: "Mi tesis es, pues, esta: la perfección misma con que el siglo XIX ha dado una organización a ciertos órdenes de la vida es origen de que las masas beneficiarias no la consideren como organización, sino como naturaleza".[25] El peligro no es la existencia de las masas (hecho incontrastable, que él mismo señala: de 1800 a 1914 la población europea asciende de 180 millones a 460 millones), sino la apropiación que ellas han hecho de un lugar, la legitimidad con que han investido su palabra y su agencia, la creencia de que haber entrado a la vida política les dé derechos de emancipación. Para Ortega, el lugar de las masas en la vida política no fue sino una concesión de las elites; ellas deberían volver a tomar las riendas. En una

---

[24] Alexis de Tocqueville, *De la democracia...*, *op. cit.*, p. 4.
[25] José Ortega y Gasset, *La rebelión de las masas,* en *Obras completas,* vol. IV: (1929-1933), Madrid, Revista de Occidente, 1947, p. 179.

idea ya muy repetida, pero con una imagen que la reactualiza, señala que "la mayor parte de los hombres no tiene opinión, y es preciso que esta le venga de afuera a presión, como entra el lubrificante en las máquinas".[26] El pueblo no representa un problema tan grave; las masas sí porque han tomado por asalto un lugar ilegítimo y lo han naturalizado.

El hombre-máquina del *fin de siècle* se ha convertido en una maquinaria del bien o del mal; una vez más la masa es el vehículo del terror o la sumisión. En la Europa de la época Ortega actualiza algo que estaba sucediendo desde el siglo XVIII (y él tiene un programa "europeo" que no deja de alimentar con este libro; Europa frente a Estados Unidos en primer lugar, y frente al resto de América por añadidura) y lo describe como la realidad amenazante del presente:

> La muchedumbre, de pronto, se ha hecho visible, se ha instalado en los lugares preferentes de la sociedad. Antes, si existía, pasaba inadvertida, ocupaba el fondo del escenario social; ahora se ha adelantado a las baterías, es ella el personaje principal. Ya no hay protagonistas: solo hay coro.[27]

La masa —sostiene— "actúa directamente sin ley, por medio de materiales presiones, imponiendo sus aspiraciones y sus gustos".[28] Con Ortega queda bien en claro (cerrando el ciclo de interpretaciones que había iniciado Gustave Le Bon) que las masas no son todos: las minorías, los hombres que se resisten a masificarse, permanecen del otro lado del sistema y son quienes, sintiéndose a su merced, deben alertar sobre ellas. ¿Por qué llama "rebelión" a la agencia de las masas? Precisamente porque las masas,

[26] *Ibid.,* p. 234.
[27] *Ibid.,* p. 145.
[28] *Ibid.,* p. 148.

producto de la Revolución Francesa, se han tomado en serio su lugar, se han emancipado de la subordinación a la elite y comienzan a maniobrar por cuenta propia. Una vez más, vemos en escena el despliegue de las fuerzas liberadas por la política moderna y la necesidad de reprimirlas. Quizá *La rebelión de las masas,* el último libro que fue posible escribir sobre las masas desde la posición de la elite, es el tardío reconocimiento de un mundo que ha cambiado, pero también la temprana advertencia de que lo peor no ha ocurrido todavía.[29]

Aquello que aterrorizó a la política tradicional fue la posible dimensión emancipatoria de las masas. Martin Breaugh, en *L'expérience plébéienne. Une histoire discontinue de la liberté politique,* usa la palabra "plebe" para referirse a los sectores que todavía no son pueblo, las masas; sostiene que "la plebe es el nombre de una experiencia, la del acceso a la dignidad política humana. Ni categoría social ni afirmación identitaria, la plebe designa un acontecimiento político de primer orden: el pasaje de un estatus infrapolítico al del sujeto político completo",[30] y agrega: "La experiencia plebeya, en tanto que pasaje de un estatuto infrapolítico a uno político, representa una prueba de la transgresión del orden político de la dominación, transgresión de la que el impulso primero nace de un deseo de libertad".[31] La procesualidad de la acción de las masas, de su devenir incluso, es su poder, que gana terreno a través de acciones emancipatorias. Su no estabilización es lo que perturba al conjunto de aparatos del Estado y otras instituciones; también a los individuos particulares. Para

---

[29] Lo peor no ocurrió después en manos de los colectivos, pero sí llevaron el nombre de masas sus peores acciones destructivas; las masas acabaron siendo víctimas, pero también cómplices, de los principales genocidios del siglo XX.

[30] Martin Breaugh, *L'expérience plébéienne. Une histoire discontinue de la liberté politique,* París, Payot, 2007, p. 11.

[31] *Ibid.,* p. 15.

Breaugh, entonces, la experiencia plebeya (que se sobreimprime a la acción de las masas) no es un fenómeno fechado (no es una experiencia moderna), sino plenamente político. La amenaza que estas formas de aparición entrañan no tarda en obtener respuestas de los sectores tradicionales.[32]

En la historia argentina, las masas aparecen en el discurso historiográfico y sociológico como un factor positivo en las luchas de Independencia, aliadas a los patriotas contra el enemigo común; las masas posteriores a 1810, devotas de los caudillos, serán, sin embargo, la imagen del terror, porque rompen el pacto con las elites, "se rebelan", se autonomizan. Mucho antes de las multitudes finiseculares, las masas aparecen en la escena cultural para testimoniar la barbarie, para ponerse en el lugar de peligro gracias a su capacidad de manifestación; como a todas las masas, es lo inmaterial lo que las une, un factor de comunión, la producción de una comunidad. Ese inmaterial tiene su contracara en un exceso de materialidad cuando ellas

---

[32] Respuestas que son represivas o concesivas de nuevos espacios de acción. La masa como confrontación con el poder ya había sido trabajada por Elias Canetti. En *Masa y poder,* la masa no es un sujeto, sino un tipo de comportamiento social que se verifica tanto en pequeñas tribus primitivas como en sociedades modernas, multitudinarias, tecnologizadas. La masa es siempre la aparición de una confrontación, el movimiento de una serie de vectores, una resistencia frente a un poder establecido y también una fuerza disponible, que puede ser usada, manipulada, toda vez que esa resistencia se vuelva peligrosa, para ser primero neutralizada y luego dominada. En el argumento de Canetti, al ejercicio de un poder corresponde una resistencia. Gilles Deleuze y Félix Guattari plantearán poco después, en la figura del nómada y en la proliferación del rizoma, una lectura muy similar del gregarismo humano como confrontación y violencia; un sistema de relaciones en donde el poder siempre es resistido. La democracia, entendida como modelo de negociación, es el escenario privilegiado para que aparezcan las masas como problema, pues son la instancia de confrontación, lo que siempre pone en evidencia que todo poder es una forma de coacción. Por eso masa y violencia están indisolublemente asociadas.

se manifiestan.[33] Algo que las elites no perdonan en el fenómeno de las masas es su exceso de corporalidad, su manifestación.

Las multitudes argentinas, de José María Ramos Mejía, es un texto escrito al pie del de Le Bon, pero "nacionalizándolo", traduciendo la teoría de las masas como un problema argentino. Por eso las masas de Ramos Mejía no serán completamente negativas. Ellas cumplieron y cumplen una función social en la historia del país: desarrollar la nacionalidad. "La multitud es función democrática por excelencia, porque es el recurso y la fuerza de los pequeños y de los anónimos",[34] pero es un nivel inferior del desarrollo histórico de un pueblo. Por ello, para que la idea de "pueblo argentino" pueda desarrollarse entre las masas del país, compuestas mayormente por campesinos e inmigrantes (igualmente inferiores en el diagnóstico de Ramos Mejía), hay que educarlas e inocularles el ideal de la nacionalidad, porque

> la nacionalidad se va formando por el lento acarreo de elementos políticos, sociales y económicos, de todo el mundo, al molde preparado de este *medio* peculiar, en el que ya había un *plasma germinativo* que la irá diseñando. Lo que conviene es favorecer esa sedimentación y no contrariarla por bruscos e inusitados declives.[35]

[33] *Facundo o civilización y barbarie en las pampas argentinas* de Domingo F. Sarmiento es el clásico que fijó la versión negativa sobre las masas populares, a la vez que el testimonio que se convirtió en el registro de sus prácticas. Esteban Echeverría hace ingresar a las masas suburbanas, con todo su poder mortífero, a la ficción, en *El matadero* (escrito entre 1838-1840 pero publicado en 1871). *La refalosa* de Hilario Ascasubi revuelve en sangre a las clases peligrosas rurales argentinas mezclando, en una representación mediada por la amenaza, nuevamente violencia y fiesta popular para condenar el comportamiento de las masas.

[34] José María Ramos Mejía, *Las multitudes argentinas,* Buenos Aires, Talleres Gráficos Argentinos L. J. Rosso, 1934, p. 263.

[35] *Ibid.,* p. 280.

En un país joven, las masas son el mal necesario para construir un futuro pleno. Es el relato que el liberalismo argentino está desarrollando para el nuevo Estado, la integración a través de la educación común, la conversión de las masas en pueblo.

La masa tiene muchas y diferentes representaciones, y como síntoma y significante se expande y circula. Lo que en términos políticos es un movimiento indetenible, en términos culturales y estéticos se verá como una proliferación. Es decir que la presencia de la masa en el campo político y cultural va a alterar las viejas formas de la hegemonía no solo como algo externo al campo, que se agrega y pelea por un espacio, sino, más concretamente, por su aparición en el interior mismo de los valores y las prácticas de la cultura y la política modernas. De un lado y de otro, el nuevo escenario político moderno es visto como un entramado de fuerzas nuevas que inevitablemente triunfarán.

La aparición de las masas capturadas por el aparato científico va a ser teorizada en función de otros fenómenos contemporáneos: la aparición del proletariado, del crimen urbano, los enfermos mentales y sexuales y los adictos como problema social y político, y también, al lado de los reclamos de las feministas y de los obreros. La "cuestión social" implica a todos los nuevos sujetos que se hacen visibles por fuera del modelo burgués como una desviación, que debe ser estudiada científicamente, como un problema permanente, potencial, siempre amenazante. En Europa se desarrollan disciplinas para poner en circulación nuevos saberes sobre lo social, que se basan en el diagnóstico y la prevención de los nuevos males. Susanna Barrows dice que solamente en la década de 1890 "se escribieron al menos 93 libros sobre alcoholismo, 55 sobre el alcohol y 372 sobre mujeres (incluyendo 149 obras dedicadas a sus enfermedades e higiene)".[36] Teorías, estudios,

---

[36] Susanna Barrows, *Distorting Mirrors. Visions of the Crowd in Late Nineteenth-Century France,* New Haven y Londres, Yale University Press, 1981, p. 45.

diagnósticos rebotan en otras partes del mundo que también ven crecer sus poblaciones al ritmo de la modernización.

3. LAS ILUSIONES

Por considerarlas sujetos, hay otras dimensiones que el pensamiento de Le Bon introduce sobre las masas. No razonan o lo hacen de manera primitiva; su imaginación es muy poderosa y por ello el teatro y el espectáculo las fascinan y lo irreal ejerce sobre ellas tanta influencia como lo real. Conocer el arte de impresionar su imaginación es conocer, al mismo tiempo, el arte de gobernarlas, dice Le Bon. Por eso toda su diagnosis, su sintomatología y su terapéutica se extienden al campo de las representaciones. Ellas son el verdadero alimento de las masas y su moneda de cambio; a ellas responden y a través de ellas se manifiestan. La voz potente del líder, su imagen o los relatos que circulan sobre él ejercen un dominio poderoso, las constituyen como tales. Como señala Jonathan Crary en su clásico *Suspensiones de la percepción. Atención, espectáculo y cultura moderna,* Le Bon habla de la masa moderna como una máquina de ver, que vive ya dentro de la percepción moderna, aquella capaz de generar "alucinaciones colectivas" tanto a través de sus acciones internas como a través de las respuestas a un líder. "Le Bon concibe la masa como un lugar para el consumo de ilusiones", dice Crary.[37] El espacio de su actuación no es solo el de la política, es también el del consumo (de ilusiones); no se trata entonces de un fenómeno donde lo político refiera

[37] Jonathan Crary, *Suspensions of Perception. Attention, Spectacle, and Modern Culture,* Cambridge (MA) y Londres, MIT Press, 1999, p. 245 [trad. esp.: *Suspensiones de la percepción. Atención, espectáculo y cultura moderna,* Madrid, Akal, 2008].

a un universo autónomo, sino a una práctica política que está inscripta en el mismo registro del mercado, el consumo y la cultura de la representación, es decir, las formas ya mediadas por la industria cultural; un registro donde la política necesita de la escena de representación ampliada que es la esfera pública moderna. Será en esta intersección en que claramente encontremos a las masas del *fin de siècle,* pero aun las de períodos anteriores también estaban ubicadas fuera de la racionalidad de la política porque actuaban deslumbradas por los aspectos simbólicos, por los rituales, por la puesta en escena del poder del líder y por su propia capacidad de agencia. Las masas revolucionarias son el ejemplo.

Sigmund Freud, en 1920, publica *Psicología de las masas y análisis del yo.* Allí discute parte de la teoría de Le Bon, haciendo precisiones disciplinarias y tomando al libro como síntoma del problema de las sociedades contemporáneas. Las masas, dice Freud, son producto de las sociedades modernas, que han hecho que sus ciudadanos, cada vez más, dominen sus instintos; el individuo, dentro de la masa, pierde parte de las represiones que la cultura impone y entonces libera su energía libidinal; de ese modo reinterpreta y neutraliza la peligrosidad que Le Bon les adjudica. Freud subraya los vínculos afectivos y libidinales que unen a los individuos en la masa, las relaciones espirituales en términos de Tarde. También en su texto son portadores del "calor vital", del conjunto de pasiones que los hacen adherir a un líder o aborrecer a un enemigo, sentirse protegidos en el interior del grupo, que es un espacio de liberación ante la represión de la vida moderna. Frente a las reacciones de la psicología individual, lo que experimenta el individuo dentro de la masa son procesos que involucran la afectividad, la libido, que comienzan a visualizarse en relación con los comportamientos sociales y que las interpretaciones políticas suelen dejar afuera. Los individuos ingresan al campo político con "todo", son mucho

más que racionalidad, dice Freud, quien, a diferencia de sus contemporáneos, se niega a hacer un juicio moral sobre las masas
o los individuos que las integran. Las masas son algo más que
una clase y generan una dinámica no previsible; el análisis del
inconsciente en política no solo es, como señala Gallini, una forma de eludir la conflictividad de clase;[38] puede ser también una
manera crítica de revisar un juego más complejo de componentes que se revelan en la dinámica social. Es lo que Laclau destaca en Freud: "Los lazos emocionales que unen al grupo son,
obviamente, pulsiones de amor que se han desviado de su objetivo original y que siguen, de acuerdo con Freud, un modelo muy preciso: el de las *identificaciones*".[39] Para Laclau, lo que
tienen en común las reflexiones sobre la masa es "la progresiva
renegociación de la dualidad entre homogeneidad social (o indiferenciación) y diferenciación social".[40] Y aunque el problema
de las identificaciones es central en Freud, él está también muy
interesado en la novedad perceptiva que las masas inauguran:

> Por último, las multitudes no han conocido jamás la sed de la
> verdad. Piden ilusiones, a las cuales no pueden renunciar. Dan
> siempre la preferencia a lo irreal sobre lo real, y lo irreal actúa
> sobre ellas con la misma fuerza que lo real. Tienen una visible
> tendencia a no hacer distinción entre ambos. Este predominio
> de la vida imaginativa y de la ilusión sustentada por el deseo

---

[38] Para Gallini, la lectura de lo social en términos psicológicos constituye una dimensión que recorre buena parte del siglo XIX, que se caracteriza
también por su resistencia al tratamiento de las cuestiones sociales y culturales en términos de clase social o, directamente, en términos políticos.
Véase Clara Gallini, "Scipio Sighele et la foule délinquante", en AAVV, *Masses et Politique,* París, Centre National de la Recherche Scientifique, 1988.
[39] Ernesto Laclau, *La razón populista,* Buenos Aires, Fondo de Cultura
Económica, 2005, p. 77.
[40] *Ibid.,* p. 85.

insatisfecho ha sido ya señalado por nosotros como fenómeno característico de la psicología de las neurosis.[41]

De aquí a las masas consumidoras de los productos de la industria cultural, hay solo un paso, así como hay solo un paso para identificar esos productos estigmatizados en el espectáculo con la indiferenciación entre lo real y lo irreal. Son modernas —dice Freud—, porque viven en el límite de lo simbólico. Crary sostiene que la atención se vuelve un problema específicamente moderno a causa de la imposibilidad *histórica* de pensar la idea de presencia en la percepción: la atención será tanto una simulación de la presencia como un sustituto temporal y pragmático frente a su imposibilidad.[42] Si la "atención" forma parte del conjunto de prácticas que la modernidad afecta y lo hace porque establece una relación extremadamente mediada con lo que antes parecía más cercano, entonces son las mediaciones las que pasan al primer plano. Como si la enfermedad moderna fuera, precisamente, el exceso de las mediaciones, el alejamiento de la experiencia, el anhelo de poseer aquello que no es sino un trazo y una huella de otra cosa.[43] Esta experiencia, que podía seme-

[41] Sigmund Freud, *Psicología de las masas y análisis del yo,* en *Obras completas,* vol. 7: (1916-1924), Madrid, Biblioteca Nueva, 2007, p. 158.

[42] La atención —dice Crary— no es solo uno de los tópicos examinados experimentalmente por la psicología de fines del siglo XIX, sino que es una condición fundamental de su conocimiento. La atención se estudió en términos de respuesta a los estímulos maquinalmente producidos, a menudo eléctricos. Por ello sostiene que la atención funciona tanto como un modo de control así como una estrategia de resistencia (en realidad, como una amalgama de ambos).

[43] Una experiencia que deviene la enfermedad que padecen sujetos específicos: se llamará melancolía cuando la sufran los intelectuales y artistas, y nostalgia cuando las atacadas sean las masas, según nos recuerda Svetlana Boym, quien, en *The Future of Nostalgia,* analiza la nostalgia como aquella enfermedad que se produce por los desplazamientos masivos que la sociedad moderna inaugura viendo los valores que cobra la relación con el hogar, el pasado, la tradición, en medio de la dispersión moderna.

jar la experiencia estética, en términos benjaminianos, es ahora generalizada. De ahí que lo estético se vuelva un problema a la hora de pensar en las masas. Sus valores son diferentes de aquellos de la esfera estética, pero introducen la lengua de lo estético para describir los productos de un consumo generalizado.

En un libro clásico, *La nacionalización de las masas,* George Mosse analiza las relaciones entre la masa y los rituales de la nación, viendo de qué modo los Estados nacionales implementaron ceremonias patrias, desfiles, crearon mitos, emblemas, monumentos y una gran cantidad de otras prácticas culturales que ligaron la manifestación pública al orden de la nación (las fábricas y los partidos políticos harán lo mismo en sus propias instituciones), pero también al de la estética. Mosse dice que lo que se llama el "estilo fascista" fue en realidad el clímax de las "nuevas políticas" basadas en la idea emergente del siglo XVIII de la soberanía popular. La política se convierte en realidad en una religión secularizada en la que desborda el simbolismo y el esteticismo. De estos rituales participan los ciudadanos a través de festivales, fiestas, desfiles, reuniones en torno a monumentos nacionales; señala también que los actos políticos eran especialmente efectivos porque se los consideraba muy atractivos en términos estéticos. Desde la Revolución Francesa —subraya—, existió la necesidad de darles a los festivales nacionales una dirección democrática y de separar las festividades nacionales del dominio de la Iglesia. La nación será un conjunto de actos repetidos que liguen a la comunidad a través de símbolos, rituales y prácticas. Lo estético ocupará allí un lugar central.

Al relacionar las categorías de número y estética, es posible entender de qué modo los productos culturales comienzan a tener una operatividad nueva en la experiencia de las masas. Kracauer estudió la conexión funcional entre obra y ocio, entre racionalización económica y la distracción proporcionada por la industria cultural. "En la magia de las imágenes se asilan las

masas, el deporte –toda la cultura del cuerpo, la del *weekend*–
es una forma primaria de existencia."[44] Esta condena entraña,
sin embargo, un reconocimiento: la irrenunciable búsqueda de
identificación en las sociedades anonimizadas; será en el periódico donde Kracauer encuentre un sitio para la producción de
una teoría fragmentaria de la modernidad, medio, como sabemos, que marcó las grandes renovaciones culturales del cambio
de siglo. Guy Debord, en 1967, desarrolló su teoría del mundo
social dominado por el espectáculo basándose en un esquema
unidireccional del poder, donde las masas son solo consumidoras de imágenes a través de las cuales se convierten en sumisas
y esclavas. Las críticas a su teoría reconocen, sin embargo, que
el espectáculo organiza la experiencia moderna.

Las masas son también objeto constante de representación,
como lo señaló Walter Benjamin; la masa, que jamás puede "verse a sí misma", solo puede ser reproducida, desde un exterior,
para ser vista y verse ella misma en la fotografía y el cine. Ser o
hacer masa es estar dispuesto a volverse materia de representación, a abandonar, aunque sea momentáneamente, la condición
individual para entrar en el reino de la reproductibilidad, lo que
significa también perder su identidad, desviarse de su esencia y
convertirse en objeto de representación.[45] De allí que también

[44] Siegfried Kracauer, *The Salaried Masses. Duty and Distraction in Weimar
Germany*, Londres y Nueva York, Verso, 1998, p. 94 [trad. esp.: *Los empleados*, Barcelona, Gedisa, 2008].

[45] La colección Electric Edwardians compila, restaurados, muchos filmes
realizados entre 1900 y 1913 por Sagar Mitchell y James Kenyon. Pioneros de
una técnica que se imponía, fueron contratados por empresarios del norte de Inglaterra para tomar imágenes de la gente en el lugar de sus actividades cotidianas.
Estos filmes eran exhibidos en las ferias y kermeses locales, en los teatros y
lugares públicos de las ciudades y pueblos, y tenían como fin imponer el hábito y el gusto por el cine. Eran filmes promocionales de, precisamente, el
cine. En ellos, el movimiento y las masas ocupan el primer plano. La gente
que sale de las fábricas, que camina por las calles, que hace deportes, frente
a la cámara, siente la misma fascinación que frente a la pantalla: se quedan

las ideas de simulación, actuación, fantasma, manipulación, simulacro estén siempre rodeando la idea de masas y formen parte del campo semántico que designa su negatividad. Su irrealidad se vuelve su extrema realidad, su carácter de ausencia enfatiza su presencia reproducida. McClelland ha puntualizado este desarrollo de potentes imágenes identificatorias:

> La explicación que hace Platón en *La República* de la democracia como gobierno de las masas que degenera en tiranía prepara el camino para el conjunto de las imágenes de las masas: la masa que acosa a Cristo hasta la muerte; la masa que pide sangre en el circo; las masas de legionarios amotinados buscando alguien que levante la púrpura; las masas lideradas por salvajes en los desiertos de la Antigüedad; los motines de Nika que casi le cuestan el imperio a Justiniano; las muchedumbres del fin del Imperio romano haciendo disturbios por los papas; las irascibles masas medievales en las ferias y festivales; las cruzadas populares [...]; la barbarie de las masas durante las guerras de religión; las masas frente a las ejecuciones públicas; las revueltas de campesinos; las muchedumbres de Whilkite, la Iglesia y el rey en Londres; las masas libertarias en Boston; las masas de la Revolución Francesa; las masas y los linchamientos; las masas y el descontento industrial; la lista no tiene fin.[46]

Una imagen que sirve para alterar el orden y para reactivar el miedo al caos con solo hacerla presente, nombrarla o recordarla;

---

frente a ella, mirando el objetivo; dejan su andar para enfrentarse a la máquina de reproducción, como si fuese una manera anticipada de verse. Y antes incluso. La primera escena del cine, de los hermanos Lumière, *Sortie d'usine Lumière,* fue, precisamente, la imagen de una multitud que sale de la fábrica familiar.

[46] J. S. McClelland, *The Crowd and the Mob. From Plato to Canetti,* Londres, Unwin Hyman, 1989, cap. I, pp. 3 y 4.

las prácticas culturales tienen un papel central en este desarrollo. En el contexto europeo, Stefan Jonsson, en *A Brief History of the Masses,* según vimos, estudia la representación de las masas como el trazado de límites. Dicha representación está condenada a "revelar" un lugar social que, al mismo tiempo, es un confinamiento en un espacio inmóvil. La representación, incluso la del cine, las congela en una perpetuidad de la imagen; una vez que aparece como sujeto social, la única manera de "verlas" es diseñando lugares donde puedan actuar.[47]

En *Pueblos expuestos, pueblos figurantes,* Georges Didi-Huberman acuerda con la idea de marcos de representación, pero presenta una perspectiva radicalmente diferente sobre la representación de las masas. En su libro, bajo la forma del rostro anónimo, del individuo común, las masas se hacen presentes en la cultura occidental, como espectros que se hacen visibles cuando encarnan en el desconocido. No es el conjunto lo que expone a la masa, sino, por el contrario, el individuo aislado, que nadie puede reconocer, el que conduce a la imagen de una totalidad de ausentes y excluidos. Los rostros anónimos describen la totalidad; pero ciertas imágenes, además, cargan políticamente la representación. Así lo hace el primer cine, que comienza con esta imagen:

Cuando los obreros de Lumière salieron de su taller y se movieron a pleno sol, no de tamaño natural sino más grandes en la pantalla de proyección, frente al grupo estupefacto de espectadores burgueses de la rue de Rennes, tal vez se tratara ya de

---

[47] Y también un lugar donde confinarlas. Y no es difícil ver en los museos, jardines botánicos, zoológicos, exposiciones mundiales y otras formas de organizar el ocio desde fines del siglo XIX, el trazado de fronteras para contener la dispersión de las masas en el espacio urbano. Como las reformas urbanas del barón Haussmann en París, el motivo esteticista proliferó para justificar los nuevos órdenes de disciplinamiento ciudadano.

un *encuentro político,* suscitado por la imagen y no cercenado de lo real puesto que ponía en relación [...] a los obreros y a los directivos o los clientes de una misma industria naciente.[48]

Pero no son solo las imágenes. Los libros, en la sociedad que ya ha constituido a la cultura como un bien de mercado, se reproducen para cubrir también esta zona de la novedad. Por eso las masas son huésped frecuente de las novelas; la ficción creó, desde el siglo XIX, su propia imagen de los problemas de lo social y los reprodujo como parte del sistema de la realidad.[49] La ficción narrativa junto con el saber científico se ocupa de los nuevos problemas sociales. Todos esos grupos que no cabían en el modelo del ciudadano burgués eran percibidos como irracionales, impulsivos, incivilizados, violentos, sedientos de sangre y peligrosos, y están sujetos a escrutinio. Habrá para ellos un nuevo discurso que no solo se encuadra en formatos "científicos", también se divulga a través de revistas y obras de ficción. En su clásico ensayo sobre Gustave Courbet, *Imagen del pueblo,* T. J. Clark piensa en estos cruces. Allí analiza en detalle el pasaje de una estética romántica a una realista en la obra del pintor a través del uso de la iconografía popular y masiva que Courbet introduce en su pintura. Clark postula así que "el pueblo" se hace presente configurando una nueva forma de realismo a través de los usos de la cultura masiva, a través de un estilo, a través, fundamentalmente, de un "gusto".

El libro de Louis Chevalier, *Classes laborieuses et classes dangereuses à Paris pendant la pemière moitié du XIXe siècle,* es,

---

[48] Georges Didi-Huberman, *Pueblos expuestos, pueblos figurantes,* Buenos Aires, Manantial, p. 150.
[49] Pierre Macheray sostiene que la literatura "social" del siglo XIX en Europa está en las antípodas del realismo y por eso debe llamarse "fantástica social". No representa la realidad —dice—, pero creó una serie de mitos que generaron la interpretación de lo social como una amenaza permanente.

además de precursor, muy iluminador sobre el carácter retórico del fenómeno de las masas (carácter retórico que Laclau también señala para los fenómenos ligados al populismo). Las clases
que comenzaron a ser llamadas "peligrosas" y las clases trabajadoras solían ser confundidas en las sociedades europeas del
siglo XVIII y principios del XIX. Chevalier, por ese motivo, estudia no solo archivos políticos y criminales, sino que se detiene en
la literatura, las revistas, los *tableaux vivants,* las caricaturas, porque allí encuentra el conjunto de estereotipos y lugares comunes
sobre aquellos sectores sociales que buscan visibilidad, actividad
política, representación, justicia.[50] De acuerdo con su estudio de
archivos, los sectores socialmente más bajos están, en la mirada de las elites, de la política y la justicia, en el mismo borde que
los criminales y se sienten —en tanto identidad colectiva— cercanos a ellos al comprobar la distancia que los separa del resto de
la sociedad. En las sociedades modernas, el campo que genera la
sociedad progresivamente igualitaria es el de la mutua descon-
fianza. Si en los comienzos la sociedad moderna es una sociedad
de la sospecha, lo es porque nadie tiene asegurado su lugar y
porque, aunque de manera muy aleatoria, es posible cambiar-
lo.[51] El peligro se convierte así en un nuevo modo de relación
social, la amenaza del otro se experimenta de manera constante y la agrupación de esa diferencia en un colectivo habilita su

[50] Louis Chevalier, al considerar la imagen de las "clases peligrosas" en la
prensa y la literatura, encuentra que las clases bajas solo aparecen ocasionalmente en los textos ficcionales de Honoré de Balzac, pero que *La comedia
humana* es una enciclopedia del pensamiento burgués sobre ellas. Las masas
no están presentes, pero "aparecen" en las prácticas culturales. En muchos
casos, no se trata de que las masas sean irrepresentables; es que su nombre
mismo es la representación.

[51] Alain Badiou llama la atención sobre la sospecha: "Sospechamos cuando carecemos de todo criterio formal que nos permita distinguir lo real del
semblante" (*El siglo,* Buenos Aires, Manantial, 2005, p. 77). Y la falta de esos
criterios formales es lo que traen las revoluciones, las revueltas, las masas.

aislamiento como "quiste" (o tumor, *tumultus*) social en el cuerpo orgánico de la sociedad, como sostiene Giorgio Agamben en
Estado de excepción.[52]

Las oscilaciones y transacciones del nombre serán otra cara
del problema "masa". Las masas no son exactamente lo mismo
que el pueblo, las multitudes, el proletariado. Su empleo nunca
logró convertir el término en científico, aun cuando se lo usó y
usa muchas veces como sinónimo de los términos propiamente
políticos, que tienen definiciones en su campo disciplinario. Precisamente porque no es un término político pero remite al mundo
de la política es que la cultura lo tomó a su cargo sin mucha necesidad de definirlo, aunque dándole sentidos valorativos cada
vez que lo utilizó. Como término que no llega a la definición,

---

[52] En el relato "El hombre de la multitud", Edgar Allan Poe anticipa una
escena que se usará repetidamente en la ficción sobre las masas: la persecución de un desconocido por las calles de una gran ciudad, protegido por la
impunidad que otorga el anonimato urbano, perdiéndose entre los cientos
de cuerpos que abarrotan las calles de una gran ciudad. El narrador del relato, en primera persona, deslumbrado ante la variedad que encuentra en la
masa que ve pasar por la calle a través de la vidriera de un café de Londres,
intenta una clasificación, aunque, poco a poco, se concentra en un hombre al que sigue incansablemente por diferentes zonas de la ciudad, desde
el final de la tarde hasta el alba. Pero, en verdad, el hombre de la multitud
—en esta gran ficción interpeladora de la Modernidad— son dos hombres:
el blanco individualizado y su perseguidor; quien hace el recorrido y quien
lo escribe, el sospechoso y el que sospecha. El epígrafe de La Bruyère, "Ce
grand malheur, de ne pouvoir être seul" [Esta gran desgracia de no poder
estar solo], muestra una de las imposibilidades de la vida moderna, pero
también cómo esa misma vida, constituida plenamente en el afuera, ha ter-
giversado todas las fronteras. El relato es, también, una colonización del
espacio y los individuos a través de la mirada, y la ciudad de Londres es el
gran centro de producción de la visualidad moderna. Se fragua en la ficción algo que la ciencia tendrá que decir en su propio lenguaje: la masa es
lo desconocido, portadora de un peligro en ciernes, pero que no se puede
nombrar ni definir, y por ello produce un perpetuo estado de inquietud. El
relato fue traducido al francés por Charles Baudelaire como "L'homme des
foules" y apareció en 1857 en el volumen *Nouvelles histoires extraordinaires*.
En la obra de Baudelaire, la multitud también opera como telón de fondo
de la experiencia moderna.

se lo encuentra en la literatura, el periodismo, el ensayo cultural o científico, e incluso en la proclama política. Masas no solo no es un término científico, sino que además viene del lenguaje coloquial, que en español (y en varias lenguas) se ha usado despectivamente subrayando la *materialidad* de lo que designa, y, a la vez, su *carácter informe*. Es el nombre de una negatividad; sin embargo, la categoría se legitima cuando se desplaza su función del nombre al genitivo: la sociedad de masas o, posteriormente, la cultura de masas se convierte en una fórmula descriptiva, centrada en el número, en la cantidad. Son los sujetos que entran al consumo, que es una forma de unificación de lo informe. El potencial político de las masas pronto se vio intersectado por su capacidad consumidora. El terror del número podía canalizarse, neutralizarse, a través de su participación en el mercado. Es allí donde las masas se pacifican y encuentran estabilidad.

Para Pierre Bourdieu, los bienes culturales, los bienes simbólicos pueden funcionar como el dinero. Es un "capital" que acumulamos. En *La distinción,* sostiene que el arte y el consumo cultural están predispuestos, consciente y deliberadamente o no, a llenar la función social de legitimar las diferencias sociales. La ciencia del gusto y del consumo cultural —dice— se basa en una transgresión que no es estética: tiene que abolir la frontera sagrada que hace de la cultura legítima un orden separado, para descubrir las relaciones que unen elecciones aparentemente dispares en música, peinados, comida, pintura, literatura, deportes. Es la reintegración de la estética al mundo del consumo la que abolió esa frontera. El consumo es, en el caso de interpretar la cultura normativa, tradicional, un estadio en un proceso de comunicación, un acto de desciframiento, decodificación, que supone práctica o maestría en el desciframiento de los códigos; de ahí que entienda la percepción estética como necesariamente histórica. Por el contrario, la "estética popular" quiere trazar relaciones entre la obra y la vida (a diferencia del arte autónomo moderno y las vanguardias), y subordina la forma a la función, rechazando la tradición kantiana, que distingue lo que gusta de lo que gratifica, distingue el desinterés (que constituye la autonomía moderna del arte) del interés por el cual toda obra de arte debe tener una función. Esas fronteras fuertemente delimitadas por la modernidad se retrazan, entonces, en el mercado, donde se constituyen nuevos sistemas de legitimación, nuevas construcciones de valores.

Richard Wightman Fox y T. J. Jackson Lears, en *The Culture of Consumption. Critical Essays in American History, 1880-1980*, fijan el origen de la cultura del consumo en las elites urbanas de las dos últimas décadas del siglo XIX. Sostienen que la cultura del consumo es una ética, un estándar de vida y una estructura de poder, y también "un nuevo conjunto de sanciones para el control de la sociedad por parte de la elite".[53] El campo de los estudios del consumo es, por lo menos, doble. Por un lado, estamos hablando de una disciplina del saber, "consumer culture", que se refiere a formas de comportamientos sociales mediados por el mercado, hábitos específicos de grupos consumidores; pero por otro, a las producciones culturales entendidas como un objeto particular de consumo; la cultura, que durante siglos perteneció al mundo de la vida espiritual, la sensibilidad, la esfera privada, cruza la frontera que coloca a esos bienes al alcance no ya de quienes sepan apreciarlos, sino de quienes puedan comprarlos.[54] El consumo —sostiene Natalia Milanesio— es un fenómeno multifacético que involucra un vasto rango de prác-

---

[53] Richard Wightman Fox y T. J. Jackson Lears (eds.), *The Culture of Consumption. Critical Essays in American History, 1880-1980,* Nueva York, Pantheon Books, 1983, p. XXI.

[54] Nuevos trabajos sobre esta perspectiva se encuentran en *Consumer Culture* de Celia Lury y *Consumer Culture in Latin America* editado por John Sinclair y Anna Cristina Pertierra.

ticas como comprar, usar, desplegar y desear, todo lo cual implica complejas relaciones entre sujetos y entre sujetos y bienes. La cultura de consumo masivo, como una forma histórica particular del consumo, representa la interpenetración sin precedentes de fuerzas económicas y culturales: la intersección de mercados en crecimiento con nuevas lógicas culturales de publicidad comercial, *marketing* de masas y nuevas formas de *merchandising*, en el marco del desarrollo del tiempo libre. En los próximos capítulos, las masas como problema social, como problema cultural y como problema de consumo serán las protagonistas.

II. Espectáculo

1. VISUALIDAD

El espectáculo se vuelve eje de la vida de las masas en el cambio del siglo XIX al XX. Y la palabra "masa" logra un desplazamiento del léxico cultural y científico al del espectáculo. Es en este momento que las expresiones "sociedad de masas", "cultura de masas" se hacen fuertes, pero —como dijimos— el sujeto oculto en todo el debate de la cultura de masas son precisamente las masas, y lo son porque no operan meramente como un sujeto de consumo o un objeto de representación, sino como la otra cara de la moneda, inescindible, la cara que ya llevan adherida quienes actúan en el campo de la cultura, quienes la producen y la ponen en circulación. La expresión "cultura de masas" está en el comienzo de la idea misma de espectáculo: la identificación de la cultura con la masa, a través de la mediación del mercado y la figura del público como consumidor.

En este capítulo analizo algunas formas en que la cultura letrada se trama con el espectáculo popular generando nuevos vínculos sociales, prestando especial atención a espacios y agentes de transformación y a las intersecciones entre ambas prácticas. En una de las múltiples definiciones esgrimidas en *La sociedad del espectáculo,* Guy Debord sostiene que "el espectáculo no es un conjunto de imágenes, sino una relación social entre personas, mediatizada a través de imágenes".[1] Desde 1967 esta definición fetiche se convirtió en el clásico de la teoría alternativa de los medios; su interpelación por casi medio siglo se sostiene porque ha enfatizado el vínculo entre cultura, política, experiencia visual y comunicación. El libro-manifiesto sigue vivo precisamente allí, al dinamizar la idea de espectáculo y pensarla como relación. La potencia de sus declaraciones, sin embargo, está completamente fechada. "Toda la vida de las sociedades donde rigen las condiciones modernas de producción se manifiesta como una inmensa acumulación de *espectáculos*. Todo lo que antes se vivía directamente se aleja ahora en una representación", afirma Debord;[2] creo que hay que leer esta frase —y casi todas las del libro— en términos de la nostalgia por el deseo de emancipación que las vanguardias habían llevado a la escena cultural, una emancipación que se pensaba radical y que Debord, como la mayoría de los intelectuales europeos de izquierda de los años sesenta, creía que iba a llegar a través de la práctica crítica y la denuncia militante de la alienación capitalista.[3]

---

[1] Guy Debord, *La sociedad del espectáculo,* Buenos Aires, La Marca, 1995, § 4.

[2] *Ibíd.,* § 1.

[3] Benjamin fue quien percibió la dimensión esteticista (y antipolítica) del potencial emancipatorio según las vanguardias: "Los surrealistas confunden todo el tiempo inconformismo moral con revolución proletaria" (Walter Benjamin, *The Arcades Project,* trad. de Howard Eiland y Kevin McLaughlin, ed. de Rolf Tiedemann, Cambridge [MA], Harvard University Press, 2003, a1, 2 [trad. esp.: *Libro de los pasajes,* Madrid, Akal, 2005]). La frase parece describir bien el desplazamiento del conflicto que el arte comienza a enfrentar con las vanguardias; al identificar arte y vida, arte y política, la idea de revolución se instala en el centro de la concepción de la sociedad burguesa y los enemigos serán los valores estéticos y culturales burgueses. No hay revolución social en el horizonte de las vanguardias. Para ellas, la revolución es una cuestión de valores culturales, no de nuevo orden social. De este modo, los artistas entran en la revolución demoliendo valores burgueses, no estructuras sociales y por eso también pueden servir tanto a la izquierda como a la derecha.

Debord, tal como señala Jonathan Crary, insiste en que el espectáculo es el desarrollo de una tecnología de separación, es la consecuencia inevitable de la reestructuración de la sociedad sin comunidad del capitalismo. Por el contrario, Jacques Rancière, quien ha cuestionado el texto de Debord por su concepción de los fenómenos sociales y culturales como susceptibles de la doble cara que bajo el análisis marxista de los años sesenta tuvo la realidad: una esencia opuesta a una exterioridad, un espectáculo que se revela como apariencia y engaño; ha dicho: "El espectáculo es [para Debord] el reino de la visión y la visión es exterioridad, esto es, desposeimiento de sí".[4] Pero Rancière, que identifica al espectáculo como una relación de ida y vuelta entre quienes actúan y quienes observan, identifica también cómo operan esos vínculos en la vida social: "He aquí la verdad del concepto de espectáculo tal y como lo estableció Guy Debord: el espectáculo no es la ostentación de las imágenes que ocultan la realidad. Es la existencia de la actividad social y de la riqueza social como realidad separada".[5] Es decir, el espectáculo es la brecha misma de la que está hecha la vida en comunidad bajo la sociedad de masas en el capitalismo, es una de las formas en que las diferencias —en la sociedad de la igualdad— se toleran, pero no dejan de hacerse visibles. Para Susan Buck-Morss, las fantasías de la cultura de masas no son producto exclusivo del capitalismo, también se construyeron en el socialismo. Por ello, sus análisis de la cultura soviética exponen de qué modo las sociedades de masas son, en sí mismas, productoras del espectáculo de su propia representación. Su libro *Mundo soñado y catástrofe* deja en claro hasta qué punto el socialismo y el capitalismo compartieron sistemas de representación cultural con las masas

---

[4] Jacques Rancière, *El espectador emancipado,* Buenos Aires, Manantial, 2010, p. 13.
[5] *Ibid.,* pp. 47 y 48.

como gran sujeto de consumo y representación. Pero el espectáculo es un lugar de aparente "paz social", donde las relaciones de la política se reconsideran. Y es también el triunfo de la visualidad frente a la textualidad.

La idea de espectáculo como brecha del mundo social implica un vínculo de la cultura tanto con lo público y el mercado como con lo visual, pero también su desarrollo entramado con la vida del ocio en la sociedad de consumo, aquello que convierte al espectáculo en un tipo de producto cultural asimilado a las formas de la diversión pública, es decir, aquello que toca centralmente la constitución de la nueva vida en comunidad. Los espacios comunitarios, que la política de masas había habilitado desde el siglo XIX como lugar de protesta y reivindicación, se viven, bajo el disciplinamiento de lo público, como zonas de esparcimiento, y el espectáculo será lugar de contención de la energía reprimida tanto como lugar de producción social. Así han descripto los estudios de sociología de la cultura la función general del espectáculo, que fue confinado a un espacio marginal, separado de la cultura tradicional, fuera de su órbita, como algo efímero. Sin embargo, si prestamos atención a la lengua, vemos que por el mundo del espectáculo comienzan a circular palabras como "artista", "estética", "obra", las mismas que usan las instituciones culturales formales y prestigiosas. Hay un problema cuando las mismas palabras comienzan a usarse en planos diferentes: el de la cultura tradicional y el de las diversiones masivas, superponiendo sentidos. Mientras que la palabra "espectáculo" designa al conjunto de los vínculos de la cultura con lo público, mediados por el mercado y el consumo y se lo asocia con el gusto plebeyo, la palabra "cultura" es la expresión abarcadora del conjunto de prácticas sociales y comunitarias que se discuten en el ámbito público y que se suponen universales. Estas últimas son prácticas marcadas por los gustos de las elites y se las identifica con valores positi-

vos, permanentes y universales, a diferencia de la satisfacción
que el espectáculo viene a proporcionar, que se cumple en lo
inmediato. La cultura integra socialmente (porque homogenei-
za) y preserva valores conservadores (incluso la vanguardia que
de manera rápida es absorbida por las instituciones), mientras
que el espectáculo dispersa la experiencia en lo efímero, busca
lo nuevo sin ser por eso una experiencia emancipadora. Cultura y espectáculo disputan, se disputan, un lugar de legitimidad
en una relación que se polariza tempranamente. La aparición
de los espectáculos masivos, con sus "artistas" y "estéticas", ocupan un espacio ya constituido que los "artistas" e intelectuales
tradicionales sienten usurpado. Cada uno quiere dirimir la batalla en su terreno; unos en el de la letra y los argumentos, los
otros en el terreno del público, del éxito.

Olivier Bara sostiene, en la introducción a *Boulevard du Crime. Le Temps des Spectacles Oculaires,* que la revolución del teatro de *bulevard* en París (plebeyo, popular y masivo) reside tanto
en la aparición rápida de teatros que respondían a una lógica comercial, de competencia económica, como a que estos teatros
supieron construir un espacio alternativo respecto del teatro institucional y culto, inaccesible al público en crecimiento de las
ciudades modernas. En este contexto se produce un cambio de
lógica: "Los teatros literarios son desbordados por los espectáculos visuales".[6] Esos espectáculos son obras visuales y sonoras
desprovistas de soporte textual y fueron acusados de materialis-
mo y sensualismo grosero. Bara estudia la forma en que los intelectuales los critican con saña. Los desacreditaban, pero, ante
la imposibilidad de dominarlos, les exigen modificaciones; re-
comiendan ennoblecer las bajezas de sus imágenes agregando

---

[6] Olivier Bara, "Introduction", en *Orages. Littérature et Culture 1760-1830,*
núm. 4: *Boulevard du Crime. Le Temps des Spectacles Oculaires,* marzo de
2005, p. 15.

fines morales a las escenas representadas, para lo cual imponen, con sus sanciones, que las ficciones recurran a la alegoría. Durante este proceso, las obras del teatro plebeyo se terminan convirtiendo en melodramas.[7] La fascinación visual —sigue Bara— es extraña a toda significación textual, se opone a ella y entraña un verdadero peligro porque son las clases populares, las clases peligrosas, las que consumen esos espectáculos novedosos, sin complejidades argumentales aunque con sofisticación visual y cuyo encanto reside en que son pura forma (bailes, escenas bufas, vestuarios sofisticados, juegos de luces). Estas dos lógicas, en realidad, opuestas como son, tienen puntos de contacto y es posible ver su interacción en la Argentina del cambio de siglo. Y si es verosímil que la presión culta obligue a un contenido moral de las obras populares, es claro que el impacto visual cuestiona y rediseña todo el sensorio del teatro culto.[8]

En Buenos Aires, durante el cambio de siglo, se dispara un desarrollo notable de prácticas culturales ligadas al ocio. Pero los espectáculos públicos, en diferentes soportes visuales, tenían ya una trayectoria que incluía un catálogo bastante novedoso. Marta Dujovne y Ana María Telesca sostienen que los "salones de vistas proliferaron después de la caída de Rosas en 1852, aunque

---

[7] Peter Brooks, en *The Melodramatic Imagination. Balzac, Henry James, Melodrama, and the Mode of Excess,* sostiene que el melodrama es una forma retórica que articula las nuevas experiencias morales en el mundo moderno. Centralizado en la lucha del bien contra el mal, se convierte en un dispositivo de disciplinamiento al resolver, simbólicamente, en la ficción, los conflictos del mundo real. Pero habría que agregar que, además de sus contenidos, el melodrama es, ante todo, una exhibición de las pasiones, la muestra de un mundo íntimo y secreto que se deja jugar en la esfera pública.

[8] En *Aisthesis,* Rancière estudia los dispositivos visuales, la escenificación de la danza moderna, el movimiento, las luces, las telas volátiles de los trajes en los espectáculos del cambio de siglo en Europa y Estados Unidos, como nuevas formas de la sensibilidad que progresivamente adoptará la cultura más sofisticada, que ya los ha visto desarrollarse en los espectáculos populares.

las presentaciones de vistas ópticas y espectáculos de linterna mágica habían comenzado bastante antes"[9] y enumeran muchas representaciones tempranas de espectáculos populares. Entre ellas destacan algunas muy novedosas: las que se hicieron en 1820, cuando en pleno período de la anarquía, el italiano Félix Tiola presentó en el Coliseo Provincial veinte funciones de fantasmagorías; las fiestas de Mayo de 1825, cuando se le permitió a Joaquín Pérez cobrar por exhibir vistas panorámicas en una instalación de óptica en la Plaza de la Victoria; la llegada a Buenos Aires, en 1843, del daguerrotipo que introdujo Gregori Ibarra; el espectáculo de fantasmagoría con una linterna mágica que se realizó en 1845 en el Teatro Mecánico y Gabinete Óptico, situado en Cangallo 94.[10] Las entradas a muchos de estos espectáculos eran muy caras, de modo que esos espacios de exhibición se convertían naturalmente en lugares de sociabilidad de clase, donde se iba a ver el espectáculo y también a encontrarse con pares. Lo particular de esos espectáculos era que allí, bajo el anuncio de alguna novedad, había de todo, objetos que requerían ser vistos y que eran vistos en un contexto público: pinturas, panoramas, linternas mágicas, cuadros, vistas ópticas y también cuadros de pelo y bordados; a su vez, teatros mecánicos, con autómatas, polioramas, cuadros vivos e imitaciones de estatuas. En muchos

[9] Marta Dujovne y Ana María Telesca, "Museos, salones y panoramas. La formación de espacios de representación en el Buenos Aires del siglo xix", en Óscar Olea (ed.), *Arte y Espacio. XIX Coloquio Internacional de Historia del Arte,* México, Universidad Nacional Autónoma de México, Instituto de Investigaciones Estéticas, 1997, p. 428.

[10] Irene Marrone aporta más datos en su libro sobre los comienzos del cine en Argentina: "Desde 1838 se exhibían en la calle Florida de la ciudad de Buenos Aires espectáculos visuales. El Salón de las Delicias y el Museo Diorámico eran lugares en los que se apreciaban vistas ópticas acompañadas de música en vivo. Se exhibían representaciones de batallas y retratos, así como vistas de huéspedes ilustres" (*Imágenes del mundo histórico. Identidades y representaciones en el noticiero y el documental en el cine mudo argentino,* Buenos Aires, Biblos y Archivo General de la Nación, 2003, p. 30).

de ellos, como en las exposiciones de cera, las linternas mágicas y los panoramas, se destacaban también las posibilidades educativas para dar a conocer figuras históricas y acontecimientos culturales. La novedad más destacable entonces es el modo en que se integran la exhibición y la sociabilidad en la nueva experiencia del espectáculo; esa integración progresivamente se desarrollará en el consumo de todo tipo de productos culturales; exhibición y sociabilidad no son instancias separables, serán la brecha que, permanentemente abierta, enfrente a los diferentes públicos. En este sentido, estos espectáculos se originan en el mercado, pero, desde sus comienzos, combinan el efecto de diversión con los valores formativos y estéticos de la cultura entendida en sentido tradicional, agregándole el componente de disfrute, pero siempre persiguiendo una función, algo que vaya más allá de la obra y su forma.

Aunque no se puede precisar cuándo estos lugares primeros dejaron de ser exclusivamente para la elite y se extendieron a un público mayor, el abaratamiento de las entradas y la disponibilidad de tiempo libre habrán abierto las primeras puertas. Y a medida que se abrían las puertas para que los nuevos públicos ingresaran, por las mismas puertas se iban yendo las elites que empezaban a considerarlos "vulgares", pues comenzaban a atraer y gustar a las nuevas masas.[11] El gusto se divide socialmente, como sostiene Bourdieu, pero las nuevas experiencias estéticas comparten cada vez más procedimientos. En la década de 1880, estos espectáculos "ya integraban francamente el rubro de diversiones populares, a las que no debía acercarse una persona culta y refinada".[12] A diferencia de los salones de vista,

[11] Por eso "popular" y "vulgar", en cultura y estética, son términos que se refieren a un tipo de difusión, circulación, no a características de los sujetos o las obras ni a los procesos de producción de la cultura.

[12] Marta Dujovne y Ana María Telesca, "Museos, salones y panoramas…", *op. cit.,* p. 435. En las reseñas de esos espectáculos, donde había representa-

los panoramas fueron acogidos por todos los sectores sociales. En 1885, por ejemplo, se presenta un panorama en la Plaza del Retiro que fue un éxito de público y tuvo amplia cobertura en la prensa.[13] Lo particular de esa representación, la Batalla de Garibaldi, es que en ella había objetos reales (fusiles, correajes de armamentos, árboles, escombros, restos de comida, otros utensilios) entre la pintura y el observador, una cultura material que iniciaba en la experiencia del realismo y que también educaba la mirada para entender lo estético según un fin pedagógico y moral, imponiendo el predominio de la función sobre la forma. La reseña de *El Nacional* dice que no se sabe dónde termina la realidad y empieza la ficción, detectando un tipo de representación que no se rige por el paradigma realista o que convierte al realismo en un dispositivo de la representación que, además, se integra rápida y fácilmente a la nueva percepción del público. Cuando este panorama dejó de funcionar, la rotonda sobre la que se implantaba sirvió de base al Hotel de Inmigrantes, dejando en claro cómo la modernización técnica y la biopolítica estaban entrelazadas y de qué modo la materialidad de los espectáculos estuvo ligada al desarrollo de tecnologías diversas, militares e industriales.

Años después, el intelectual conservador y ultranacionalista Juan Carulla recuerda que, en el cambio de siglo, Buenos Aires ofrecía sitios con diversiones variadas:

---

ciones de guerras extranjeras, excavaciones de Pompeya, crímenes y castigos espeluznantes, catástrofes, las autoras ven un semejanza con lo que será la prensa amarillista de la cultura de masas moderna, es decir, con la cultura del *shock* y del impacto, en la que se forma la vanguardia.

[13] Refieren Dujovne y Telesca que la entrada costaba 1 peso y la mitad para los niños, y funcionaba desde las 10 de la mañana hasta la puesta de sol. Había, a veces, que detener el acceso porque se producían aglomeraciones. Mauricio Le Tellier fue el empresario que montó el evento; a fines de 1886, solicitó un permiso para exhibirlo durante la noche, con iluminación eléctrica.

Algo que no puedo tampoco separar de mi memoria es la visión de un parque de diversiones sito, si no me equivoco, en la calle Europa (hoy Humberto 1), a la altura de 24 de Noviembre, denominado Plaza Eúzkara. Como su nombre lo indica, vascos eran sus dueños y vasco el espíritu que allí predominaba, en cuanto a la alegría sana y espontánea, así como a la disciplina y corrección que en él se respiraban. Con exigua cantidad de dinero asistíamos y participábamos en los juegos de pelota, de palitroque, de carrousel y otros... Vendedores de vestimenta limpia y rostro afable nos proporcionaban, también por unos pocos centavos, refrescos —aquella "chinchibirra" de bolita, tan favorecida por nuestra predilección—, panales, alfeñiques, mazacotes, naranjas, maní tostado, etc. Era un sitio típicamente aldeano pero con asomo de parisianismo en miniatura: globos cautivos, pequeños trenes, réplica de la torre Eiffel, etcétera.[14]

En el cambio de siglo, con el crecimiento de la población urbana, la continuada incorporación de inmigrantes y el desarrollo económico del país, los espectáculos se multiplican.[15] Ya en 1913 había en la ciudad, con la autorización correspondiente, 21 teatros, 130 cines, 4 cafés con *shows,* 35 cafés que exhibían películas, 2 teatros de marionetas, 5 circos, 6 cines al aire libre, 2 mutoscopes, 15 carruseles, 2 pistas de esquí, 33 sociedades, 7 academias de baile, 12 espectáculos de variedades y 39 locales donde pasaban música hasta después de la medianoche;[16] las cifras aumentarán

---

[14] Juan Carulla, *Al filo del medio siglo,* Paraná, Llanura, 1951, p. 40.

[15] Una zarzuela, por ejemplo, podía representarse en Buenos Aires, en el año 1895, en cinco teatros al mismo tiempo y cuatro veces por día en algunos de ellos. En 1889 "las revistas chicas" o "espectáculos de hora" inundaban Buenos Aires.

[16] Véanse Jorge Finkielman, *The Film Industry in Argentina. An Illustrated Cultural History,* Carolina del Norte, McFarland, 2004, y Carolina González Velasco, *Gente de teatro. Ocio y espectáculo en la Buenos Aires de los años veinte,* Buenos Aires, Siglo XXI, 2012.

considerablemente en las décadas siguientes. Había, también, espectáculos que no podían ser promocionados; José Sebastián Tallón recuerda que en La Boca (está hablando de principios de los años diez), "cruzando el Riachuelo se llegaba a 'El Farol Colorado', burdel que se hizo célebre porque se proyectaban en él películas pornográficas. En algunos de los bares de la ribera, los más desorejados, se podía 'pasar adentro'".[17] Y otros espectáculos más precarios que no entran en la contabilidad oficial, como los que se hacían en pequeños cafés. Tal despliegue se alimenta con espectáculos de todo tipo. En este marco, en donde también la literatura y el arte se están institucionalizando y divulgando,[18] analizaré a continuación la secuencia que va de los espectáculos de circo hasta las conferencias de intelectuales y artistas extranjeros en los teatros de Buenos Aires. Ambas escenas permiten estudiar las disputas que se generaron en el campo cultural entre los intelectuales y los nuevos productores culturales dispuestos a ganar espacios de circulación en un creciente mercado de bienes simbólicos. La batalla no fue sangrienta, pero necesitó cientos de páginas y otros dispositivos para llevarse a cabo.

2. Teoría de las variedades

En 1927 Walter Benjamin escribe una reseña a *Le cirque*,[19] la traducción francesa de *El circo,* el libro de Ramón Gómez de la Serna publicado en 1917 en Madrid por la Imprenta Latina Sociedad

[17] José Sebastián Tallón, *El tango en sus etapas de música prohibida,* Buenos Aires, Instituto del Libro Argentino, 1964, p. 54.

[18] David Viñas fue el primero en reflexionar sobre el proceso de profesionalización de la literatura argentina en el cambio de siglo en *Literatura argentina y realidad política.* Laura Malosetti Costa ha estudiado en detalle ese proceso en el arte en *Los primeros modernos. Arte y sociedad en Buenos Aires a fines del siglo XIX.*

[19] Ramón Gómez de la Serna, *Le cirque,* París, Simon Kra, 1927.

Editorial. La reseña habla poco sobre las ideas de Gómez de la Serna, pero diseña una breve teoría del circo a través de la cual Benjamin liga su origen a la precaria situación de las masas, su miedo a la muerte, su creciente escepticismo hacia las instituciones intelectuales.[20] Benjamin puntualiza que el contexto en que se desarrolla el circo es el de la violencia social inminente y por eso es un espectáculo que establece una suerte de paz social momentánea; estudiar el circo es estudiar simultáneamente tanto los números de variedades como la forma en que el público actúa frente a ellos. Benjamin destaca que el público en el circo es mucho más respetuoso que en el teatro, en la sala de conciertos o en el *music hall* porque en el circo la realidad tiene la última palabra y, cuando las luces de la sala se encienden, no es la apariencia lo que se revela —como en cualquier otro espectáculo (culto o popular)—, sino la ilusión de haber estado en contacto con la materialidad del mundo de la actuación. Quizá por eso lo describe como un lugar (no exento de carácter siniestro) de paz social, como una perfecta sociedad jerárquica de naturaleza conservadora de la que se ha borrado todo peligro revolucionario y donde la libertad popular está descartada.

El símil tan transitado de las masas con los animales adquiere en Benjamin un carácter problemático y sutil porque el público —las masas— van a ver cómo los animales se someten a sus amos (el león, el elefante, los caballos bailan, hacen piruetas, saltan rítmicamente, pero, al hacerlo, devuelven la mirada de cómo las masas también se someten a sus amos: se ven a sí mismas). En la arena del circo, dice Benjamin, el ser humano es un huésped del reino animal. Aun así, la seducción del circo se ancla en lo irrepetible de la representación, en que todo pasa

[20] La nota se reproduce en español en *La balsa de la Medusa*, núm. 34, abril de 1995.

en vivo, con un realismo sustentado en la materialidad.[21] Incluso a T. W. Adorno, un enemigo declarado de la cultura de masas, el circo lo incita a reflexionar sobre el atractivo que ejerce en públicos diversos:

> No fue un accidente que el "acto de variedades" fuera tan apreciado por los escritores de vanguardia que fueron muy críticos de la obra de arte burguesa determinada por la idea de conflicto. Lo que realmente constituye al acto de variedades, lo que impacta a cada niño cada vez que ve una representación, es el hecho de que en cada ocasión algo pasa y nada pasa al mismo tiempo. Los números de payasos son, realmente, una suerte de expectativa.[22]

Es precisamente la atención la que se verá afectada por los espectáculos de variedades y por el circo en particular; la expectativa permanente de que en cualquier momento el león pueda desobedecer al domador, los caballos abandonar su galopar rítmico o los acróbatas caer a la arena. Es el imprevisto lo que lo vuelve novedoso, pero también la falta de una narrativa lineal que otorgue sentidos conclusivos, pues los números se suceden por acumulación de imágenes y de suspenso antes que por desarrollos narrativos. El tambor que repica en el momento

---

[21] Benjamin se refiere al circo moderno. El circo es un tipo de espectáculo muy antiguo, pero, a fines del siglo XVIII, resurge como una práctica popular moderna, ligada al desarrollo urbano y a la —muy relativamente— creciente capacidad ociosa de nuevas capas de la población. Resurge como exhibición de destrezas acrobáticas del cuerpo humano primero y luego como exhibición de destrezas animales. Los números propiamente teatrales y de mimo se irán incorporando a lo largo del siglo XIX, cuando el circo se haga progresivamente más internacional, urbano, espectacular y moderno, y se desplace de los espacios de feria a teatros más formales.

[22] Theodor W. Adorno, *The Culture Industry. Selected Essays on Mass Culture,* Londres y Nueva York, Routledge, 1991, p. 70.

culminante de un número de acrobacia, los trajes de luces de las amazonas, el diálogo entre el león y el domador son los procedimientos que marcan la nueva sintaxis. Los espectadores están adiestrados en esos espectáculos en donde, para Adorno, a través de los procedimientos de la cultura de masas, se borra la diferencia entre cultura y vida práctica, se ingresa a un ritmo de una aceleración sin fronteras específicas. La fascinación ante el imprevisto, sin embargo, es paralela a la que produce el acople del movimiento sincronizado, que es lo que los espectáculos de variedades están incorporando a la escena (los cuerpos de baile fundamentalmente), la serialización de la línea de montaje. Pues, junto con el circo, un nuevo tipo de espectáculos se arraiga en la época, aquellos donde la repetición, la serialización, se vuelve uno de los atractivos principales de lo que pasa en escena.

El paralelo con el mundo del trabajo no pasó desapercibido para los analistas. Se encuentra emblematizado en los análisis de Kracauer sobre los procesos de adiestramiento del cuerpo, que serán clave en espectáculos de baile como los de las Tiller Girls y que todo el cine musical de Hollywood explotará posteriormente. La producción fordista se ve así replicada en escena, esta vez estetizada. El circo moderno, como los cuerpos de baile sincronizado, son parte del disciplinamiento social del cuerpo que la modernidad prescribe, así como el deporte y la práctica generalizada de las nuevas danzas.[23] Será a través de este espectáculo que Kracauer ligue la idea de adorno/ornamentación con la de masa, para concluir que la portadora de lo ornamental es la masa, no el pueblo, poniéndoles a esos ornamentos una fuer-

---

[23] El mundo de la disciplina del cuerpo, tanto la militar como la del trabajo, convergen en los espectáculos masivos. El circo moderno fue creado por un militar (Philip Astley) y los espectáculos de baile sincronizado fueron ideados por un burgués entrenado en una moderna empresa algodonera (John Tiller). Véase Joe Nickell, *Secrets of the Sideshows,* Lexington, The University Press of Kentucky, 2005.

za mágica y cargándolos de sentidos que no pueden ser reducidos a un puro ensamblaje de líneas de producción, una forma de intervención pública que desvía la tensión política. En ellos Kracauer ve un fin en sí mismo, y por eso concluye que, al contrario de lo que se piensa, el placer estético obtenido en los movimientos ornamentales de la masa es legítimo.

Los argumentos de estos críticos son parte del trabajo que los intelectuales tuvieron que hacer al enfrentarse a las nuevas prácticas culturales de la sociedad de consumo y revelan cuán difícil fue integrarlas a la esfera de legitimidad cultural. Casi todos los teóricos de la Escuela de Frankfurt encontraron en los vínculos que se producían entre los espectáculos masivos y las experimentaciones del arte de vanguardia un eje de reflexión sobre el presente, el núcleo para entender las transformaciones del modernismo bajo la aceleración del capitalismo;[24] pero esos vínculos no afectaron a la cultura moderna solo en el aspecto formal de las obras, sino también sus contenidos y, principalmente, su identidad estética. Y afectaron el modo de producción, formas en que cierto azar de los encuentros casuales en el mercado de la cultura —y bajo su lógica— habilita nuevos tipos de composiciones. Modificaron también la relación entre los diferentes consumidores culturales, entre los públicos. Los espectáculos populares habían experimentado, mucho antes de la aparición de las vanguardias, con experiencias y procedimientos

[24] Es, también, la interpretación de Andreas Huyssen en *Después de la gran división*. Tal como lo señaló, se había constituido "a partir de una estrategia consciente de exclusión, una angustia de ser contaminado por su otro: una cultura de masas crecientemente consumista y opresiva" (*Después de la gran división. Modernismo, cultura de masas, posmodernismo*, Buenos Aires, Adriana Hidalgo, 2002, p. 5). La vanguardia enfrenta esa angustia, pues, según Huyssen, "pese a su fracaso final y acaso inevitable, la vanguardia histórica aspiró a desarrollar una relación alternativa entre arte elevado y cultura de masas, y debería en consecuencia distinguirse del modernismo, que insistía en la hostilidad esencial entre lo alto y lo bajo" (*ibid.*, p. 7).

absolutamente nuevos. Lo que se introduce en el cambio de siglo es la difusión generalizada, igualitaria, de los procedimientos estéticos en relación con un nuevo sensorio de las modernidades urbanas. La vanguardia no "padece" la cultura de masas; la vanguardia también es parte de la nueva cultura del espectáculo y habría que leerla en su continuidad. Comparten mucho más que su gusto por el impacto; también el impulso a unir vida y arte/espectáculo y en subrayar el artificio.

Kracauer fue uno de los intelectuales más comprometidos con la crítica de la cultura de masas en Europa, a la que tomó como el objeto privilegiado de sus intervenciones en periódicos y revistas, insertando su escritura en el medio mismo en que se producían los fenómenos que criticaba. No existe en sus artículos la ambigua fascinación que se puede encontrar en Walter Benjamin hacia ciertos productos de la industria cultural, pero sí una pasión por desmontar los mecanismos que hacen que los espectáculos y toda la vida cultural que consume el nuevo proletariado urbano del capitalismo muestren su doble cara de disfrute y manipulación, de distracción y dominación. Hay en él, como en sus compañeros de la Escuela de Frankfurt, la idea de que la forma estética es particularmente apta para expresar la verdad de un momento histórico alienado y volverlo legible. Sus análisis de la cultura de lo que llama "el proletariado asalariado" son lecturas de cómo el ocio, en la modernidad, se vuelve una de las más severas normas de castigo y disciplinamiento, un conjunto de códigos que, a través del consumo, refuerzan en los trabajadores las conductas opresivas a que el trabajo los somete. Pero también reconoce el culto a la distracción del momento y cómo actúa el potencial emancipatorio del modo distraído de recepción en su capacidad de reinstrumentalizar las capacidades perceptuales y motoras para la nueva economía sensorial de la modernidad. En este doble contexto, también los espectáculos argentinos se desarrollan con el crecimiento del tiempo libre entre la población urbana.

Roberto Gache, inteligente cronista argentino de la vida urbana, viaja a París a mediados de los años veinte y describe su experiencia frente a los nuevos espectáculos, en los que encuentra novedades radicales; sostiene que "el *music hall* ha suprimido entre el espectador y la escena la distancia respetuosa que en los demás teatros los separa. Ha hecho más: ha puesto al intérprete en la sala y al espectador en la escena. El *music hall* ha hecho del espectador el espectáculo. El público canta, el público juega".[25] Se ha roto una frontera y la masa se mira a sí misma. Conservador y crítico de los géneros populares, Gache no percibe en ello una "emancipación", sino la alteración de un orden problemático, que puede habilitar otros desplazamientos, y una clara manifestación del mal gusto. Jacques Rancière define a la emancipación como "la alteración de la frontera entre los que actúan y los que miran, entre individuos y miembros de un cuerpo colectivo".[26] Pero la alteración de esa frontera no necesariamente resulta en emancipación política; puede derivar en un reacomodamiento por el cual la cultura pierde su aura y se hace masiva, deja de ser un lugar imaginario, institucional o sociológico y se vuelve un espacio de actuación y consumo.

Las formas culturales que frecuentan las clases asalariadas urbanas son el circo, los espectáculos de variedades, los folletines, los deportes, el género chico, el cine y la cantidad de derivados que tienen lugar en el espacio público de las ciudades y los pueblos, en los diferentes formatos del melodrama. Muchos cronistas de la época se quejan, parodian, critican el alcance de los espectáculos de variedades en la vida contemporánea. El mismo Gache, en *Glosario de la farsa urbana*, describe a la vez que ironiza sobre la nueva experiencia: "Las 'variedades' —conocidas vulgarmente como uno de los géneros del espectáculo

---

[25] Roberto Gache, *París. Glosario argentino,* Buenos Aires, Babel, 1928, p. 91.
[26] Jacques Rancière, *El espectador emancipado, op. cit.,* p. 24.

teatral– constituyen en realidad una nueva orientación espiritual de la humanidad. [...] Todo ha de ser ligero, agradable, inmediato, pasajero".[27] Las tradiciones culturales, que ya comienzan a mezclarse en el capitalismo y llegan a gran parte del mundo a través de los nuevos medios técnicos, tienen sus versiones locales, adoptadas con rapidez. Llegaban a América desde España los espectáculos musicales bien localizados, como la zarzuela, cuyas compañías viajaban por el continente durante largas temporadas, con enorme éxito, desde México hasta Argentina, pasando por el Caribe. Pero mientras que la zarzuela tiene un argumento e identifica a un sector del público inmigrante con una tradición cultural específica y pone en escena, precisamente, la lengua –el acento– que el sainete argentino está problematizando en la escena inmigratoria, el circo o el *music hall* hablan el lenguaje universal y moderno del espectáculo visual: *movimiento, sonido, color, impacto*. Estos rasgos fueron parte constitutiva de los espectáculos de variedades, pero, en el cambio de siglo, se vuelven su modernidad, su novedad, a partir de las experiencias de las nuevas tecnologías.

En Buenos Aires había de todo. Así lo afirma Joaquín Belda en su novela *El compadrito* (fechada en Buenos Aires y publicada en Madrid en 1919), donde describe prácticamente todos los sitios de diversión de la ciudad en ese año. Ficción en clave, narra la historia de un poeta erótico-pornográfico español de visita

---

[27] Roberto Gache, *Glosario de la farsa urbana,* Buenos Aires, Agencia General de Librería y Publicaciones, 1920, p. 131. Como suele suceder, los críticos de la cultura de masas también se beneficiaron de los circuitos que tanto criticaron. Roberto Gache fue un periodista y autor de relativo éxito en su época. Y supo aprovechar los intereses del público y las nuevas formas del consumo cultural. En 1920, por ejemplo, publica *Del vestido y del desnudo*. El folleto es una suerte de divertimento donde, como en el teatro de revistas, el tópico del desnudo, anuncia menos de lo que ofrece, jugando con las posibilidades fronterizas entre lo permitido y lo prohibido. En pocos años publicó varios libros sobre las nuevas prácticas culturales.

en Argentina. El poeta, Villena, conoce bien los mecanismos del mercado de la escritura, vive de ellos.[28] En Buenos Aires frecuenta y describe, como extranjero, los sitios del ocio urbano, desde los prostíbulos de lujo hasta los cines pornográficos, desde el restaurante de Harrods hasta los fondines de La Boca, desde los baños del Jockey Club hasta los teatros de vodevil. Todo le parece refinadísimo y exquisito. Belda experimenta con la topología urbana creando circuitos superpuestos y visitando todos los tópicos del ocioso (también con escalas en Rosario y Montevideo). Villena va al Teatro Odeón, al Paseo de Julio (en decadencia para ese entonces), a ver a la mujer más gorda del mundo, al Pigall, a los cabarés, a escuchar tangos. El compadrito del título parece una elección caprichosa respecto de la trama (es un personaje muy menor, explotador de mujeres), pero también parece ser la palabra que nuclea las experiencias porteñas de Villena, en las que se mezclan los suburbios con las zonas elegantes, el tango, los prostíbulos y las decenas de teatros y cafetines.[29] Tampoco faltan las conferencias, con las que el poeta gana "algo de plata", en un teatro de Rosario. La novela será un compendio de las escalas de un *bon vivant*, un hombre que está acostumbrado a ir de los extremos plebeyos a los sofisticados del ocio urbano; sus amigos argentinos son especialistas en ello y los paseos suelen ser para visitar espectáculos o diversiones para hombres.[30] Su novela, un recorrido por todos esos sitios de

[28] Belda mismo fue un escritor de folletines eróticos que publicó muchas novelas, cuentos y artículos en los primeros treinta años del siglo xx en España. Humorista y periodista, fue uno de los autores más vendidos en ese país, afincado en la industria cultural.

[29] Todo ese mundo de juerga de la ciudad tiene otro gran significante: "El Peludo", apodo del presidente Yrigoyen, con quien Villena tiene ocasión de entrevistarse.

[30] En *Vida. Época maravillosa, 1903-1911* (Buenos Aires, Emecé, 1965), Julia Valentina Bunge, hermana menor de Delfina Bunge y cuñada de Manuel Gálvez, describe las distracciones de las mujeres jóvenes de las elites:

diversión de la ciudad, muestra cómo la vida del espectáculo porteño podía sorprender a un refinado *bon vivant* español.

3. Circo

En este contexto, el circo y la fascinación que ejerció son un ejemplo de la emancipación textual y la centralidad de la visión. En Argentina fue, a lo largo del siglo XIX, una verdadera calle de ida y vuelta por donde circulaban muchas prácticas sociales. No solo Juan Manuel de Rosas iba y gustaba del circo durante su gobierno (1829-1852), donde solía tener un palco para él y su familia, sino que también Bartolomé Mitre, Domingo F. Sarmiento, Julio A. Roca y Carlos Pellegrini eran *habitués* del circo, incluso mientras fueron presidentes. Se interesaron por los espectáculos populares, como los de Frank Brown (el prestigioso *clown* inglés de entresiglos que actuó y vivió por décadas en Argentina)[31] y

---

misas, regatas, bailes familiares, visitas sociales al hipódromo, la ópera, los bosques de Palermo, kermeses benéficas, cotillones, corsos, retiros. Sus zonas de operación serán El Tigre, San Isidro, Buenos Aires. No deja de ser evidente, en su edulcorada visión de la vida social, el hastío que la repetición de estas actividades podía causar en las mujeres, que solo esperaban poder casarse bien. Eran espacios de diversión, pero, fundamentalmente, lugares donde conocer hombres de su clase.

[31] Sarmiento reseña en *El Censor* una función de Frank Brown que presencia el 23 de julio de 1886: "El talento de Frank Brown es de maravillosa extensión: es un *clown* enciclopédico, es saltarín, juglar, equilibrista, bailarín de cuerda. Es un Hércules con pies de mujer y manos de niño" (citado en Raúl H. Castagnino, *El circo criollo,* Buenos Aires, Plus Ultra, 1969, p. 30). Brown también actuó en Chile, donde era amigo personal del presidente Pedro Montt. En Argentina, en 1893, con la revolución radical, Brown está cerca de los rebeldes y actúa para ellos. Más tarde, en 1905, hace lo mismo con los seguidores de Hipólito Yrigoyen. En 1910, una patota nacionalista quema su carpa en pleno centro de la ciudad, como parte del rechazo de las elites a toda forma de expresividad masiva. En las conversaciones entre Adolfo Bioy Casares y Jorge Luis Borges, el sábado 15 de junio de 1963 se registra: "Hablamos de los Podestá. Bioy: 'No sé si vi a los Podestá; en el circo Hipódromo,

luego por los números del circo criollo que se inician con el *Moreira* de José Podestá. Y no solamente los políticos se entusiasman con el circo; Rubén Darío, José Ingenieros, Raúl González Tuñón y otros intelectuales y artistas solían frecuentarlo y escribieron sobre él y sus protagonistas.

José Podestá, el gran innovador de los espectáculos populares del cambio de siglo, en sus memorias, se queja reiteradamente de la poca aceptación intelectual (desprecio, en verdad) que recibían sus espectáculos; como contrapeso, subraya que los políticos los apreciaban y respetaban; este reconocimiento simbólico es el que exhibe en sus memorias como uno de sus grandes triunfos. Pero una y otra vez reclama por la segregación a que la comunidad letrada lo confina, su permanente desprestigio y también esgrime frente a ellos su éxito de público, la aceptación que obtiene de los espectadores; define, de este modo, las tensiones que trae la sociedad de consumo a la escena cultural, pues se trata, precisamente, de la brecha que separa la valoración de sus espectáculos entre el público general y los intelectuales.[32] De

en Carlos Pellegrini y Corrientes, vi a Frank Brown y a Rosita de La Plata; recuerdo los caballos y los carros griegos de los frescos'. Borges: 'Allí vi yo a los Podestá. Enfrente estaba San Nicolás, una iglesia más pobrecita y más linda que la de ahora; allí me bautizaron y bautizaron a Madre'" (Adolfo Bioy Casares, *Borges,* ed. de Daniel Martino, Buenos Aires, Destino, 2006, p. 906).

[32] Hay muchos testimonios que recogen la ambigüedad de la recepción del circo criollo; Abdón Arózteguy, autor dramático, hablando de *Julián Jiménez,* su primer drama, confiesa las contradicciones de un "hombre de letras" que escribe para el público masivo: "Lo empecé á escribir al siguiente dia de haber visto por primera vez el drama criollo 'Juan Moreira', representado por la compañia de los señores Podestá-Scotti. / Lo confieso ingenuamente. 'Juan Moreira' tuvo el raro privilegio de hacerme derramar lágrimas, conmoviéndome hasta la médula de los huesos. Y debo declarar no obstante, una cosa: que encontré perniciosa su representación para el vulgo, y de ahí que tomara para mi drama al gaucho patriota, que es el sentimiento mas descollante entre nuestros gauchos. Pero lo hallé tan verdadero; sentí tan bien la vida desgraciada de nuestros valientes paisanos, en la historia de Moreira y las arbitrariedades de nuestras despóticas autoridades de campaña, que tuve que conmoverme, y me conmoví de lleno; pues ese drama, en el corazón de

hecho, un estudioso del teatro como Domingo Casadevall sostiene, todavía en 1957, una crítica del teatro nacional y popular, porque era un espectáculo "tomado" por la mala vida: "La apología de la mala vida se inicia con el período del teatro argentino llamado *teatro nacional* y culmina en la década de 1918-1928, durante la cual la ficción escénica vivió bajo una verdadera tiranía de los ambientes inferiores".[33]

Los espectáculos populares y masivos se vuelven un problema cultural cada vez más serio. El caso de Podestá es indicativo también de la zona de experimentación que representa el circo como lugar de cruce de diferentes experiencias culturales y de la adaptación de lo visual a lo textual a través del melodrama, ya que su *Moreira* se inicia con una alianza entre la *troupe* de los Podestá y Eduardo Gutiérrez, autor de la novela en que se basa la pantomima del circo. Gutiérrez, por su parte, es el escritor que inicia la alianza entre la cultura letrada y la industria cultural con sus folletines gauchescos. Esta calle de doble vía que origina, contemporáneamente con el establecimiento del Estado, el teatro nacional fue una alianza intelectual-popular que estuvo llena de cortocircuitos y derivaron pronto en su ruptura.

Como miembro de diferentes *troupes* y habiendo comenzado desde niño a trabajar en el circo, Podestá debió hacer en escena "de todo": acróbata, *tony, clown,* payaso, mimo, cantor,

---

un verdadero criollo, lo hace sentir, y sentir profundamente, porque hiere en carne de su propia carne, y destila sangre de su propia sangre" (Abdón Arózteguy, *Ensayos dramáticos,* Buenos Aires, Librairie Nouvelle "La Anticuaria", 1896, p. xiv). Le gusta, lo considera pernicioso, por ello escribirá, para domesticarlo, su propia obra. Otros, mucho más directos, como Manuel Gálvez, en 1910, en su *Diario de Gabriel Quiroga,* dice: "El público −indiferente ante las verdaderas obras de arte− llena los teatros de opereta, de vodeviles, los *music halls* y los cinematógrafos de género libre" (*Diario de Gabriel Quiroga. Opiniones sobre la vida argentina,* Buenos Aires, Taurus, 2001, p. 184).

[33] Domingo Casadevall, *El tema de la mala vida en el teatro nacional,* Buenos Aires, Kraft, 1957, p. 24.

actor. Él se forma en la pista y es allí, por las mismas necesidades del espectáculo, que surgen ideas para modificar los números, improvisando cambios que luego se consolidan; así surgió la idea, por ejemplo, de hacer la pantomima de *Moreira,* después la de hacer hablar al personaje, luego la de sofisticar la representación.[34] Ideas que surgen en escena y detrás de escena: los cambios, las experimentaciones vienen de los artistas pero también de reclamos o aprobaciones contundentes del público y de algunos espectadores ilustres, quienes aconsejan introducir ciertas variantes; pero también hay exigencias de empresarios, la nueva figura del mundo del espectáculo y de la cultura. Lo que la historia del circo criollo pone en evidencia es que la cultura ha incorporado definitivamente un nuevo modo de producción, la creación en colectivo de los espectáculos y la emancipación de la textualidad convencional. Y esa experimentación marcará un cambio radical; ya no habrá vuelta atrás cuando los cambios en la escena sean convalidados por el público. Sostiene Castagnino que al poco tiempo de estrenado el *Moreira* hablado "el programa de los circos criollos es absorbido por el drama gauchesco que relega a un segundo plano a ecuestres, gimnastas, acróbatas, excéntricos y fenómenos".[35] Los cambios, las "mejoras" y las transforma-

---

[34] Eduardo Gutiérrez había publicado su *Juan Moreira* como folletín en *La Patria Argentina* a partir de 1878. Gutiérrez no solo participaba del mundo del periodismo, sino que también tenía lazos con los empresarios de espectáculos. Para un análisis de las funciones de Moreira en la cultura argentina, es imprescindible consultar *El cuerpo del delito,* de Josefina Ludmer.

[35] Raúl H. Castagnino, *El circo criollo, op. cit.,* p. 78. Livio Ponce, al comentar la figura de Podestá, muestra hasta qué punto modificó el espectáculo de circo generando nuevas prácticas escénicas dentro de la arena: "Fue, quizás, el creador de un nuevo género adoptado por infinidad de tonys criollos: la canción en broma, la parodia, la sátira política sin alusión directa al personaje sobreentendido" (Livio Ponce, *El circo criollo,* Buenos Aires, Centro Editor de América Latina, 1971, p. 25). Recordemos además que Podestá fue actor, autor y empresario, y que asumió esos roles por las necesidades mismas de la empresa y de los espectáculos que quería poner en escena. Era la forma de trabajar habitual de los artistas de espectáculos masivos.

ciones se generan en la experimentación colectiva, un modelo de creación que se impone en diferentes prácticas culturales de la época. Se hizo usual en el teatro, y lo será también en el periodismo y en espectáculos públicos. Las memorias de Podestá son una colección de anécdotas en las que aparecen personajes variados, ligados al espectáculo. Una de ellas cuenta la llegada casual de *Moreira* al circo en 1884:

> Después de más de cien funciones que los Carlo [empresarios de circo] habían dado, y ya agotado el repertorio y acercándose la fecha del beneficio de ellos, se buscaba una novedad y no se daba con ella, hasta que una tarde, conversando Eduardo Gutiérrez con el representante de la empresa del Politeama, señor Alfredo Cattaneo, se le ocurrió a este decirle a Gutiérrez: ¿Por qué no arreglás "Juan Moreira" en pantomima y la representamos en el beneficio de los hermanos Carlo?[36]

Todo surge de la "novedad" que el circo necesita ofrecer para atraer al público. Los espectadores ya están adiestrados en los gustos modernos y ven el espectáculo como usina de lo nuevo. Gutiérrez no aceptó la oferta de "arreglar" su *Moreira,* pero inmediatamente los artistas "inventaron" la escena para representar momentos decisivos del drama, es decir, fragmentaron el texto para representar las escenas qué más impactaran al público de su circo, deshicieron la narrativa lineal en favor del impacto de las pequeñas escenas.[37] En 1886, *Moreira* pasa de panto-

---

[36] José J. Podestá, *Medio siglo de farándula. Memorias de José J. Podestá,* Buenos Aires, Galerna e Instituto Nacional de Teatro, 2003, p. 50.

[37] *Moreira* se representa por primera vez en Chivilcoy el 17 de mayo de 1882. Cuando se estrena la pantomima en Buenos Aires, se publican notas elogiosas en la prensa. El 3 de julio de 1884, en el diario *Sud-América,* fundado ese año por Lucio V. López, se elogia a José Podestá por "la elegancia de su talla, la rapidez de sus movimientos, [que] daban carácter y vida al tipo de Gutiérrez"; también hay elogios para los demás intérpretes: "Todos

mima a drama criollo por intervención, en una pobre arena de
Arrecifes, de un espectador "ilustre" (además, ciudadano francés), que le sugiere a Podestá hacer hablar al personaje porque
—le dice— en un escenario precario como el que tenían se deslu-
cía la pantomima. Es aquí cuando Eduardo Gutiérrez se aparta
de la representación escénica; la obra para el circo la escribe el
mismo Podestá y el texto se va modificando a lo largo de meses,
con el éxito de las representaciones, es decir, se va "arreglando".

> Si Gutiérrez hubiera tenido la visión de que "Moreira" —cuenta
> Podestá no sin resentimiento— iba a ser la base del teatro na-
> cional, se habría preocupado más de la obra, y, seguramente,
> habría escrito algo de más valor para la escena, y tan evidente
> es esto, que Gutiérrez *nunca presenció su "Moreira" hablado*.[38]

Se juega en esta escena el valor de la palabra. Gutiérrez no tiene
problema en ver su personaje en el circo mientras se trata de una
pantomima, pero no admite el nuevo paso a la textualidad, no admite que hable; Podestá resiente el rechazo del escritor que le impide tener en escena la calidad de texto que le hubiese gustado, al
tiempo que comienza a disputar la propiedad del ("su") *Moreira*.
La alianza del intelectual con el actor de circo se quiebra precisamente cuando aparece el texto y la palabra se pronuncia, cuando
la frontera se quiere desplazar del circo a las formas de la representación culta, emblematizada en la textualidad. Las diferencias
van a extremarse; poco después Gutiérrez inicia una demanda
contra el empresario y artista Raffetto, en cuyo circo se hacen
representaciones "habladas" de *Moreira* aduciendo propiedad

---

los papeles estaban bastante bien representados". Pero se dice que salió
bien porque Eduardo Gutiérrez había dirigido los ensayos (Beatriz Seibel,
Historia del teatro argentino. Desde los rituales hasta 1930, Buenos Aires,
Corregidor, 2006).
[38] José J. Podestá, *Medio siglo de farándula, op. cit.,* p. 58.

intelectual (sobre lo escrito). Quitará la demanda por intervención de Podestá. Pero poco después de la muerte de Gutiérrez en 1889, sus herederos inician una nueva demanda de la que Podestá se defiende alegando que lo que se representa en escena es una historia de base real, que no tiene dueño: "Gutiérrez hizo su Moreira y su Cuello como yo hice los míos, y ambos hemos fantaseado para el alma del pueblo y no para la delincuencia y el compadraje, como fantasean esos descubridores".[39] "El alma del pueblo" garantiza cierto traspaso de la propiedad; gracias al éxito, Podestá ha podido apropiarse de Moreira y Cuello ("los míos").[40] La anécdota corrobora, precisamente, el problema de la propiedad y el lugar hegemónico que ocupa lo escrito, termómetro de las diferencias entre teatro serio y espectáculo popular. El problema es que las producciones de ambos comienzan a parecerse, compartir demasiados espacios y, por ello, el conflicto debe llegar a la Justicia.

En cuanto a la representación, lo que en muchas memorias de la época se explica como "casualidad" (la lógica de gran parte del relato de Podestá) es el nuevo modo de creación de los espectáculos de variedades, en el escenario, entre el grupo de artistas, empresarios, público. El rechazo de los intelectuales al teatro popular se expresó de varias maneras, pero la improvisación, el ensayo descuidado con lo que se tiene a mano, la creatividad que saca de apuros y el carácter colectivo de la creación fueron los estigmas mayores con que lo denostaron. A pesar de las condenas, la cultura del espectáculo siguió su desarrollo. Otra anécdota recogida en sus memorias muestra la fluidez en la creación de los nuevos espectáculos; el protagonista es el presidente Bartolomé Mitre, que aconseja a un dramaturgo amigo que aspiraba —sin

---

[39] José J. Podestá, *Medio siglo de farándula, op. cit.*, p. 94.
[40] Poco después, un juez deja sin efecto la demanda de los herederos de Gutiérrez, y Podestá puede seguir haciendo "su" Moreira.

éxito– a que los teatros cultos y las compañías extranjeras pusieran en escena sus obras: "Porque su obra es muy nuestra y para hacerla bien hay que sentirla y decirla como decimos nosotros. Llévela, amigo, a los Podestá, que son criollos, y solo ellos sabrán representársela bien".[41] Parte de la colección del acervo de elogios para los artistas populares que cita Podestá, esta escena muestra también las interacciones fluidas entre cultura, espectáculo y política en la época y el carácter educativo, formativo, que los políticos veían en la cultura de masas. A la vez que la escena muestra la porosidad de los campos, revela los intereses que se traman, como la difusión de los valores nacionales en la sociedad inmigratoria. En otra anécdota donde el reconocimiento del poder es fundamental, Podestá cuenta que en su viaje a Brasil, en 1884, él y sus hermanos tuvieron una temporada de dieciséis semanas en el Politeama de Río de Janeiro: "Allí tuve el honor de conocer al emperador don Pedro II y toda la familia imperial, que noche a noche asistían a la función, animando con su presencia y aplausos nuestros ejercicios".[42] Ya decididamente funcional a la política moderna, la cultura masiva reforzará sus lazos con el poder siempre que se le presente la oportunidad.

Esa calle de doble vía en que se había convertido el espectáculo popular permite un tránsito del circo criollo hacia muchas otras formas de creatividad. La excepcionalidad del *Moreira* del circo quizá resida no en que creó puntos de cruce entre diferentes sistemas de producción cultural, sino en que traspasó varias fronteras que mantenían el campo cultural ordenado jerárquicamente. Dos episodios muestran de qué modo esa alteración tiene idas y vueltas, rectificaciones, recambios; el éxito del personaje genera la ópera *Pampa* de Arturo Berutti, estrenada el 27 de julio de 1897 en el Teatro Colón de Buenos Aires, con el argumento de *Moreira*

[41] José J. Podestá, *Medio siglo de farándula, op. cit.*, p. 115.
[42] *Ibid.*, p. 53.

pero en italiano, porque era ópera; y en agosto de ese mismo año, se estrena su parodia, *Moreira en ópera (Juguete lírico en un acto y dos cuadros en prosa y verso)* de José Antonio Lenchantín, que se exhibió en el Teatro de la Comedia. Aquí se complejiza más un camino en que el personaje popular pasa de un género a otro, de un escenario a otro. En las disputas entre letrados, actores y empresarios, el personaje y el argumento terminan comunicando a los diferentes sectores entre sí. Las interacciones, la creación de conjunto no se limita a las personas; también las instituciones juegan un rol decisivo a la hora de impulsar la creación de nuevos formatos con que alimentar la industria cultural.[43]

Pero no hay que olvidar que detrás de los espectáculos siempre están los empresarios, cuya influencia crece a medida que aquellos se profesionalizan y que, para el *fin de siècle,* y con el rapidísimo aumento de la población urbana y el crecimiento de la economía, se convierten en parte esencial de los entretenimientos dirigidos a cubrir el ocio. Si el rechazo de los intelectuales que sufrió Podestá se vio compensado por el éxito de público, los empresarios se sintieron inmediatamente atraídos a explotar todas las posibilidades de los nuevos espacios de la cultura masiva. Dos empresarios le proponen a José Podestá viajar a España y a la exposición de París en 1900: "Debíamos representar 'Juan Moreira', y completar el espectáculo agregando un grupo de indios auténticos que exhibieran sus costumbres; vistiéndolos con relativo lujo de detalles, aunque se falseara en parte la verdad en beneficio de la estética y la exigencia de teatralidad".[44]

---

[43] Como señaló Josefina Ludmer, la figura de Moreira fue central en el cambio de siglo y en ella confluyeron varias tensiones político-culturales. Las versiones del recién nacido clásico fueron incontables; hubo así para teatro solo en italiano e incluso una representada solo por mujeres.

[44] José J. Podestá, *Medio siglo de farándula, op. cit.,* p. 100. Podestá es uno de los muchos que usa las palabras "artista" y "estética" cuando se refiere a su actividad, como se ve.

El espectáculo y el mercado entrecruzan sus reglas y los artistas trabajan a su dictado, haciendo que lo más criollo en el mercado local se vuelva lo exótico en el mundo del espectáculo mundial. Las variedades y el circo se globalizan rápidamente, en parte por cuestiones económicas (de producción), en parte porque ya hablan una lengua común, la de la cultura masiva. Sin mucho detalle, Podestá acepta la mezcla de circo criollo e indios que requiere la gira europea para "mostrar" los espectáculos argentinos y contacta a unos pilagás de Formosa para integrarlos a la *troupe*, pues debe ocuparse de todo; tiene que ir a buscarlos y negociar con las autoridades, que no los quieren dejar ir porque les atribuyen asuntos pendientes con la Justicia. En el medio aparece la oposición de las elites que apenas toleran el *Moreira* como espectáculo argentino, pero que rechazan de plano la inclusión de los indios en la gira por Europa. El intento se frustra a último momento, y Podestá lo interpreta como un boicot de las clases letradas: "La verdad estaba en que veían un fantasma en la ida de esos indios a Europa, pues decían que era una vergüenza nacional llevar allá lo último que teníamos".[45]

La realidad se convierte así en la materia maleable con que el espectáculo comienza a diseñar los nuevos relatos del mundo

---

[45] *Ibid.,* p. 102. El episodio de los pilagás es dramático: los encarcelan injustamente para que no vayan como número a Europa. Podestá se lamenta por la oportunidad perdida (llevar su *Moreira* a Madrid y París), pero los "indios" son los que pagan el precio de la biopolítica identitaria de las elites. Si el espectáculo pudo ser el resquicio por donde los indios podrían haberse colado como "pintorescos", fue también otro dispositivo de represión discriminatoria, otra forma en que el Estado sancionó su exterminio. El mundo del espectáculo se muestra impotente ante el Estado, frente al cual, de todos modos, no se rebela. Algunos años después un episodio similar tendrá lugar en Buenos Aires. Cynthia Tompkins, en "El último malón de Alcides Greca: Repetición y cine de atracciones", refiere que en el estreno en Buenos Aires de la película *El último malón,* su director, Alcides Greca, lleva a los indios que actuaron a desfilar por la avenida de Mayo con caballos alquilados de un circo. No les puede pagar la pensión y le embargan a los indios.

progresivamente global y la estética se sobrepone a la verosimilitud creando el nuevo realismo de la representación. Los artistas se subordinan a la demanda que genera nuevas dinámicas y reordena no solo los espectáculos sino las identidades. A medias gabinete de curiosidades, a medias espectáculo teatral, la posibilidad del *Moreira* europeo no será factible, ni siquiera en el momento en que, a través de la Exposición Universal, más se requería el color local, y sucede, precisamente, por la oposición de las elites.[46] El espectáculo se convierte en un problema político, pues dos lógicas se enfrentan: la de los empresarios, que quieren indios pues atraen al público europeo, y la de los funcionarios estatales, que no quieren ver al país representado por "indios".[47] Sin embargo, los personajes de nativos no fueron un mero capricho empresarial; en realidad, eran número recurrente en los circos internacionales. Indios reales o disfrazados integran la lista de los números más exitosos; no hay circo de valor que no cuente con sus "apaches".

[46] La misma situación se repetirá con el triunfo del tango en Europa: los funcionarios rechazan que sea "argentino", pues lo consideran baile prostibulario, algo así como "lo último que teníamos", como se verá en el próximo capítulo.

[47] Mariano G. Bosch sostiene que hubo representación de *Moreira* en España, pero no por la compañía de Podestá: "En julio de 1900 una compañía criolla dio en Madrid el drama *Juan Moreira*, y a pesar de ser incomprensible, el hecho entusiasmó al público madrileño, como podría haberlo hecho en cualquiera de las poblaciones de la campaña de la provincia de Buenos Aires. *El Diario* decía a este respecto, en su número del 25 julio de 1900: 'El exotismo de las costumbres gauchescas y su fuerte y bravía originalidad ha impresionado ruidosamente al público madrileño, que llena el circo Parish, donde los hermanos Petray [...] representan el clásico *Juan Moreira*. Hay, sin duda, para los públicos europeos una fuente nueva de emociones en esos dramas llenos de vigorosa aspereza, de pasiones bravías y combates gallardos, donde el arrojo y el brío muscular, marcan la ley" (*Historia de los orígenes del teatro nacional argentino y la época de Pablo Podestá*, Buenos Aires, Solar y Hachette, 1969, pp. 23 y 24). Otra vez se destaca lo "inexplicable" del éxito, el enigma del gusto por los espectáculos masivos.

La estética, de todos modos, resultaba un poco precaria, pues el circo no tenía recursos para financiar los espectáculos teatralizados que se inician con el drama criollo *Moreira*. De hecho, los recursos escénicos comienzan a dividir a la comunidad del espectáculo en su mismo seno. Elías Alippi cuenta sobre la compañía de Podestá:

> Pero a pesar de todo, nos sentíamos orgullosos de pertenecer al corral de Don Jerónimo [...]. Mirábamos con indiferencia a los actores del otro corral: el de José J. Podestá conservaba —eso creíamos— algunos resabios de circo: comentábamos despectivamente el uso de la bombacha y del chiripá [...]. Todavía usaban algunos actores perchas con armazones de alambre y el bigote lo sujetaban con piolines detrás de las orejas. Los actores caracterizaban ciertos tipos con la misma máscara. Es así como veíamos a los ingleses con patillas rubias y sombrero de corcho, los médicos de levita y galera de felpa, etcétera.[48]

Pero el desarrollo de esta estética básica, precaria, no desanimaba al público; el éxito de los Podestá fue arrollador, precisamente en esa época, por lo que el artificio evidente de su estética no parecía ser obstáculo para las representaciones.[49] Esta precariedad será, sin embargo, funcional a las experimentaciones.

[48] Osvaldo Pellettieri, "Estudio preliminar", en José J. Podestá, *Medio siglo de farándula, op. cit.,* p. 20.

[49] Mariano G. Bosch, en su historia del teatro argentino, dice sobre los Podestá: "Y eran sus conjuntos bien deficientes, con sus actores torpes y amanerados; compadres o gauchos, a causa del género que practicaban. Pero como los españoles, con rarísimas excepciones, eran malos también, y su repertorio insignificante, o repetido, o envejecido por demás, las gentes, por novelería, se iba detrás de los criollos. En las compañías de estos también figuraban actores españoles; siempre figuraron" (*Historia de los orígenes del teatro nacional..., op. cit.,* p. 29). Que todos los actores populares, criollos y europeos fueran "malos" define el juicio de las elites sobre estos espectáculos y abre el abismo que existe con los gustos del público, de las masas, que

Enrique Horacio Puccia, comentando el estreno, en 1908, de la primera película nacional con argumento, dirigida por el músico Mario Gallo y titulada *El fusilamiento de Dorrego,* describe esas primeras filmaciones, donde el ojo era todavía inexperto para ver a través de la cámara y componer el cuadro:

> Cuando se proyectó la película pudo observarse con espanto que en una de las escenas más apasionantes, el citado personaje [un compadrito externo a la filmación, que fue a provocar durante el rodaje] aparecía semioculto tras un árbol satisfaciendo una... necesidad fisiológica; y luego, cuando Dorrego caía tras la descarga del pelotón de fusilamiento, pasaba a la distancia un tren de pasajeros.[50]

A pesar de estos "errores", los espectáculos se impusieron y generaron un público que los valoró por su artificio, creando un verosímil más allá de la representación, en un contexto donde todos estaban "aprendiendo" a percibir. El impulso del público a defender al personaje de Moreira cuando va a ser asesinado, saltando al escenario para impedir la ejecución, cuando todo resalta el artificio de la escena, parece consecuencia de las nuevas formas de percepción que la cultura de masas pone en escena, que tendrá su gran punto de consagración en las vanguardias. Es el artificio que, finalmente, acerca el arte a la vida, el contrarrealismo que se vuelve realidad, o los dispositivos que crean al espectáculo como artificio puro, del que habría aprendido la vanguardia su abolición de la belleza y la concepción de obra cerrada, incluso su autoconsciencia.

---

encuentran en esos espectáculos un espacio para expresar nuevos valores, mientras los letrados los ven como representaciones misérrimas.

[50] Enrique Horacio Puccia, *El Buenos Aires de Ángel G. Villoldo. 1860-1919,* Buenos Aires, Corregidor, 1997, p. 190.

El drama criollo conserva del circo el "estar ahí", la experiencia de realidad que generan los caballos en escena, el cordero que se asa en la parrilla, y los combina con el artificio del "disfraz". Pero el espectáculo tiene capacidades contradictorias; será usado —como en el caso de los indios— para reprimir y esclavizar. Uno de esos usos lo "estudia" el joven Manuel Gálvez en 1905, en su tesis de doctorado sobre la "trata de blancas" en Argentina. Allí denuncia que los *caftens* o *cafishios* aterrorizaban a las pupilas para que no se escaparan del prostíbulo; les leían crónicas policiales de casos de prostitutas muertas y

> para convencerlas de ello, llévanlas á los circos cuando representan esos absurdos teatrales llamados *dramas criollos*, donde á cada palabra acompañan un *trabucazo* y cada insulto se contesta con una puñalada. Las mujeres creen ver en esas piezas la representación fiel de la realidad —que coinciden [sic] con lo que los diarios dicen— y prefieren quedarse en el prostíbulo.[51]

Imposible corroborar esta información aprobada, sin embargo, por la Facultad de Derecho y Ciencias Sociales. Pero Gálvez —enemigo declarado de los espectáculos populares— deja hablar al sentido común de los intelectuales en esta declaración, al tiempo que se expresa contra las capacidades de las mujeres. No desaprovecha la oportunidad de criticar los dramas criollos desde su tesis (cuando nada lo justifica) y confirma también la alteración de la frontera del público y muestra las posibilidades ejemplificadoras y represivas del espectáculo. Como una condena, aquello que parece liberar al pueblo de la tutela intelectual,

---

[51] Manuel Gálvez, *La trata de blancas,* tesis presentada para optar al grado de doctor en jurisprudencia por Manuel Gálvez (h.), Buenos Aires, Imprenta de José Tragant, 1905, p. 36.

lo sumerge en la esclavitud. El espectáculo que ha desplazado ciertas fronteras se ha vuelto un dispositivo de control.

En pocos años, ya todos conocen los dramas criollos. Repasando los nombres de empresarios y artistas de circo de principios del siglo XIX, casi todos pertenecen a *troupes* o parejas de europeos o estadounidenses de gira por el continente. En la segunda mitad del siglo, una mayoría de italianos está al frente de la administración y actuación y, hacia el cambio de siglo, la mayoría de los empresarios serán también italianos. En un circo italiano —de los hermanos Di Carlo—, triunfa el *Moreira* de Podestá, y son las compañías italianas y españolas las que tiemblan con el éxito del criollismo. Pero el escenario y el negocio del circo contienen más zonas de contacto. Cuando José Podestá refiere anécdotas de los ensayos, queda claro que muchas veces el idioma que se usaba en ellos era el italiano y no el español, pues la mayoría de los artistas eran "gringos".[52] Quizá por eso, la incorporación —y el éxito— de la pantomima que terminaba las funciones era el número que, junto con los de destrezas, no traía problemas lingüísticos, aunque sus temáticas fueran extranjeras. La exclusión del texto hablado fue fundamental en estos espectáculos.

Vicente Rossi dice que las compañías ecuestres y de acróbatas tenían como atractivo mayor el anuncio de parodias mudas, por lo general, como número de cierre de la función; "Garibaldi en Aspromonte", "Los bandidos de la Calabria" y "Los bandidos de Sierra Morena" eran las pantomimas que no faltaban en ningún repertorio. Con lo cual la experimentación con formas no lingüísticas es un componente central de la preparación de los

---

[52] El personaje de "Cocoliche" que José Podestá incorpora a la versión de *Juan Moreira* surge como adaptación cómica de un colaborador de la *troupe* del circo en que estaba trabajando, según los testimonios: un italiano cuyo apellido era Cocoliche y cuya parodia encajaba perfectamente con lo que ya empezaba a ser un tipo social en la ciudad de Buenos Aires y el campo bonaerense.

espectáculos. Hay otro dato importante que proporciona Rossi sobre la composición de las obras: "Nosotros hemos aplicado a nuestro Teatro una *universalidad* más propia de ese significado: el 'arreglo' o la adaptación, que supera a la traducción, porque sin ser un plajio, la obra puede cambiar de lenguaje, de ambiente y de idiosincrasia, salvando su argumento y sus ideas".[53] Una vez más, el espectáculo se sobrepone al texto (aun a las obras que tienen texto) adaptando las narrativas a los formatos del espectáculo local. Sigue Rossi: "Téngase en cuenta que los *arreglistas* han guardado siempre el incógnito, y que el cartel ha anunciado, honradamente, 'arreglo de la obra del mismo título' o 'arreglo del francés', etc...".[54] Todo debía ser adaptable al formato exitoso. Eugenio Gerardo López, autor criollo, comenta en una entrevista en *La Razón* aparecida el 16 de abril de 1949, la forma de composición a la que los empresarios sometían a los autores:

Raffetto me pidió cierta vez una obra para estrenarla como epílogo del espectáculo de pista. "Quiero —me dijo— un drama terrible. Es lunes y lo estrenaremos el jueves. Te pagaré sesenta pesos, *pero me tienes que matar todos los milicos que puedas*." El primer acto le encantó; al final del segundo acto en que moría el héroe noble, Raffetto torció el gesto y dijo que no podía ser. Le argüí que así lo exigía la acción de la pieza. Pero como él insistiera tanto y yo necesitara los sesenta pesos, no atreviéndome ya a rehacer el drama, opté por un ardid: en el acto tercero hice aparecer como que la muerte ocurrida en el segundo acto había sido simulada. Raffetto, loco de contento, me pagó diez pesos más "por haber resucitado al muerto". Salí huyendo, pero aún me gritó el hombre: "¡Eh, que me lo tienes que

[53] Vicente Rossi, *Teatro nacional rioplatense. Contribución a su análisis y a su historia,* Buenos Aires, Solar y Hachette, 1969, p. 69.
[54] *Ibid.,* p. 102.

dar con apoteosis!". Por setenta pesos quería también su apoteosis de angelitos y otras figuraciones.[55]

La historia del circo criollo en Argentina es parte también de la historia de cómo la cultura de masas establece su relación moderna con la política. Podestá no necesitó el *Moreira* para hacer una fábula en donde se cuestiona la ley y donde el héroe pobre interpela a la política. Él inicia su carrera como payaso, apodado "Pepino el 88", y llega a actuar junto con Frank Brown. Los números cómicos, de payasos, no eran para los niños, sino que ejercían un arte de la seducción para audiencias adultas. Pepino el 88 hace personajes (el moreno, el gringo, el compadre), pero además tiene una sección de su número en que refiere los acontecimientos del día para hacer sátira política, con lo cual la escena de circo comparte actualidad y ficción. Muchas veces los espectáculos del payaso fueron suspendidos, amenazados o sencillamente censurados.[56] Enrique García Velloso describe así a Pepino el 88:

> No era el *clown* que se da de bofetadas con el *tony*, ni el saltimbanqui que dice arbitrariedades e incoherencias, sino un extraño personaje trajeado churriguerescamente, que dialogaba con el jefe de pista sobre temas de actualidad, a veces en forma tan exageradamente grave, que de su exceso surgía la hilaridad satírica o una mordacidad de niño terrible que iba de rebote a un personaje político, en ocasiones espectador del circo, que era el primero en festejar las chuscadas del payaso.[57]

[55] Raúl H. Castagnino, *El circo criollo, op. cit.,* p. 82.
[56] La censura era un procedimiento común. Refiere Seibel que en 1885 se estrena *Don Quijote en Buenos Aires,* del periodista español Eduardo Sojo. La obra se prohíbe por las referencias políticas.
[57] Enrique García Velloso, *Memorias de un hombre de teatro* (sel.), Buenos Aires, Eudeba, 1960, p. 110.

No siempre la intervención era pacífica y muchas veces el espectáculo debía ser cancelado. La habilidad de Podestá consistió en buscar formas de interpelar al público sobre los acontecimientos políticos del día usando el marco de la ficción para parodiar a los políticos; sin duda, es uno de los componentes que atraen al público adulto. Por eso la policía está siempre en el circo; no solo como fuerza para guardar el orden de la sala, sino —especialmente— como dispositivo de control y censura, amenazando a autores, artistas y público. Al mismo tiempo, los cirqueros y el público saben cómo vengarse de la censura, encarnada por la policía que vigilaba cada representación. Los circos están en la mira de las autoridades por motivos económicos también; en tanto espectáculos "pobres" son monitoreados por los poderes locales que tienen razones para sospechar que intentan eludir los pagos de impuestos a las autoridades municipales. Muchas compañías, de teatro o de circo o de simples volatineros, suelen quejarse por lo alto de los impuestos y piden rebajas. El aspecto económico de estos espectáculos forma parte de sus condiciones de posibilidad: se hacen para ganar dinero, para alimentar una industria, y las presiones del mercado se encuentran en varias instancias de las obras.

Con *Moreira,* la arena se convierte en el lugar del desacato donde la voluntad política se limita a parodia o representación pero siempre ordena la escena. Los policías presentes en cada representación eran burlados por el público, y poco después del éxito de *Moreira* la policía detiene ciudadanos acusados de "hacerse el Moreira". Dado que ya se trata de la escena de la cultura masiva, allí la nueva cultura argentina —y la vanguardia más adelante— hará parte de su aprendizaje estético. Esa escena no significó un cambio más, sino la aparición de uno de los grandes campos de experimentación del siglo. La cultura de masas impactó especialmente sobre la institución artística no solo proporcionándole un nuevo sistema de técnicas, sino, de manera muy especial, otorgándole la estructura mercantil del consumo y nuevas formas de composición.[58]

Pero no es solo el carácter melodramático de los dramas criollos lo que incomodará a los intelectuales. Otro aspecto fue, precisamente, su carácter popular e inmigratorio; Vicente Rossi sanciona:

> Pues bien, y téngase muy presente: toda esa literatura orillera, toda esa mezcla repulsiva de gauchos, tanos y jenoveses, es obra exclusiva del extranjero radicado; todos los editores son gringos. Ellos buscan al payador de trastiendas y al escribidor de bohemia de pulpería, les plantean un argumento de cuento o de versada, indicándoles estilo, extensión y hasta ciertas frases que convienen, según su concepto; les largan unos pesos, y proceden a la edición, bajo carátulas chillonas y sujerentes.[59]

Efectivamente, la mayoría de los editores (así como también los empresarios de espectáculos) eran europeos, y a Rossi no le

---

[58] En Argentina el otro gran campo de experimentación fue el periodismo a través, principalmente, del diario *Crítica*. Sylvia Saítta, en su completo estudio sobre la empresa de Botana, analiza la forma en que el periódico cubre, por ejemplo, los hechos policiales; allí van a convivir la noticia, la crónica, la ficción, la *performance,* el espectáculo. Dice Saítta: "El material publicado en 'Policiales' circula por varias secciones, dato que explicita aún más la distancia existente entre el grado de verdad requerido por una crónica policial y la libertad ficcional con que esta sección se escribe. Así, en enero de 1916, la sección de Policía desaparece, pero su contenido pasa a la reciente sección 'Literatura, arte y otros excesos'. La estrecha unión entre mundo policial y literatura popular se torna evidente el 29 de diciembre de 1916, cuando la sección pasa a llamarse 'Delitos de toda clase: literarios, pasionales, contra la propiedad y el buen gusto', sección que, más allá de la ironía del título, señala claramente dos zonas dentro del diario: la literatura 'seria' aparece en 'Poetas, cuentistas y filósofos' mientras que la literatura popular se enmarca en el mundo del delito" (*Regueros de tinta. El diario* Crítica *en la década de 1920,* Buenos Aires, Sudamericana, 1998, p. 190).
[59] Vicente Rossi, *Teatro nacional rioplatense, op. cit.,* pp. 130 y 131.

cuesta sumarse a la xenofobia de la época. El espectáculo nacional (el gusto del público que lo constituye como tal) está en manos del mercado y de extranjeros, y los intelectuales lo ven como una amenaza a los valores culturales y nacionales. La voracidad del espectáculo popular fue colonizando muchos frentes.[60] Uno fundamental, en el país inmigratorio, fue la lengua. Los espectáculos extranjeros, que tenían el aura de haber triunfado en Europa, llegaban a Argentina en una suerte de lengua franca opuesta a la lengua hablada en la ciudad. La extrañeza surge cuando esa misma lengua de la calle es hablada en el escenario; el hecho brinda el argumento para criticar el espectáculo criollo. Gómez Carrillo cuenta, en su crónica sobre Buenos Aires, que Luis Murature le confía:

> En la conversación corriente, lo que nos choca es la manera de pronunciar de los castellanos, con las zetas y las ces marcadas con la dicción seca y correcta de Castilla. Pero vamos al teatro, y ahí, por el contrario, lo que nos extraña á nosotros mismos es el acento argentino, y lo que nos parece natural es el acento castellano.[61]

La lengua del espectáculo no tiene que ser culta; tiene que ser, para la comunidad letrada, otra, a diferencia del público popular, que goza con el reconocimiento. En la novela *Los atormentados*, Luis María Roldán irá mucho más allá; comentando el estreno de una obra dramática, el protagonista señala:

[60] Lo que Adolfo Prieto llamó la cultura criollista (en la que normalmente "criollo" se identifica con popular) es la punta de lanza de la industria cultural en Argentina. En su estudio ha mostrado la intensa producción de folletería popular de tema no solo nacional. Las relaciones entre la gran diversidad de producciones culturales populares era muy fluida y hay muestras de esa diversidad en los folletos.

[61] Enrique Gómez Carrillo, *El encanto de Buenos Aires,* Madrid, Perlado, Páez y Comp. (Sucesores de Hernando), 1914, p. 164.

El drama resultó sencillamente abominable; es decir, ni mejor ni peor de lo que se estrena con frecuencia. El idioma del autor es tan malo que haría lividecer de envidia á los empleados de la administración. Es una jerga bárbara, dura, dialectal, llena de giros franceses, italianos y criollos, lengua sin brillo ni soltura, vocabulario falso y grosero, de ese que uno tiene el infortunio de oír al doblar cada esquina de nuestra gran ciudad cosmopolita. No se dirá sino que los dramaturgos nacionales han jurado una guerra sin cuartel al idioma de Tirso.[62]

Pero no es solo el público no culto el que se pronuncia. Francisco Canaro, exitoso músico de tango de origen muy popular, cuenta que, siendo muy jovencito, va al Teatro Apolo a ver por primera vez una obra de teatro (*Justicia de antaño,* de Martín Coronado) y se decepciona con lo que para él, aficionado al circo criollo, era un teatro más elevado al que nunca había asistido antes y del que esperaba mucho: "Me pareció una gran macana; los artistas salen vestidos que parecen cocheros de librea, no aparece ningún gaucho; *puro hablar y hablar* unos con otros, y no pelean nunca con 'La Partida'… Sinceramente, me arrepentí de haber ido, porque me aburrí bárbaramente".[63] El texto aburre; el espectáculo ha enseñado los ritmos nuevos de la visualidad y la lengua en que discurre es punto de debate. El "puro hablar y hablar" se volverá intolerable para los nuevos públicos, curiosos a pesar de su exclusión, de lo que el teatro culto tenga para ofrecerles. Saben que es diferente, pero lo ven funcionar en el *continuum* del espectáculo, y le exigen lo mismo que a los espectáculos a los que están acostumbrados. De hecho, no son

[62] Luis María Jordán, *Los atormentados (novela),* Madrid, América, Biblioteca Andrés Bello, s. f., pp. 148 y 149.
[63] Francisco Canaro, *Mis memorias. Mis bodas de oro con el tango,* Buenos Aires, Corregidor, 1999, p. 39 (el énfasis me pertenece).

solo los idiomas, los dialectos, los que se cuestionan; es el nuevo lenguaje del espectáculo moderno. Para los intelectuales, el
problema no era solo la lengua del inmigrante; igualmente, cri-
ticado fue que la lengua "criollista" se subiera a un escenario. Y
las críticas hacia el teatro popular eran claramente duras, con
cualquier pretexto. Adolfo Prieto, al afirmar que es en la cultura popular donde el criollismo llega prácticamente a la satura-
ción, enfatiza que en las elites hubo un verdadero programa de
política cultural para contener el avance de la literatura popular de signo criollista.[64] La alarma frente al mal gusto, la indis-
ciplina, revela el establecimiento de esa otra cultura de forma
definitiva. Los espectáculos comienzan a hablar dos lenguas diferentes, y la brecha que se abre entre ellos se llamará "el gusto", que pronto se constituirá en escala para juzgar moralmente
a los espectadores.

4. VANGUARDIA

Un artista experimental, el futurista italiano Anton Giulio Bragaglia, viaja a fines de los años veinte a Brasil y Argentina interesado en el teatro popular. Aunque hay varias imprecisiones

---

[64] Los ejemplos son bien conocidos: el libro *El criollismo en la literatura
argentina* de Ernesto Quesada y la carta de Miguel Cané al mismo Quesada, del 11 de octubre de 1902, en la que cuenta la respuesta de Eduardo
Gutiérrez, cuando le reprocha que no le mandó sus libros a Europa: "Fue
entonces cuando un poco ruborizado y tomándome la mano, me dijo tex-
tualmente: 'No le he mandado ésos [sus folletines gauchescos], porque no
son para Ud. ni para la gente como Ud. Le ruego que no los lea porque si lo
hace, me va a tratar muy mal. Yo le prometo a Ud. que así que esos abortos
me aseguren dos o tres meses de pan, me pondré a la obra y escribiré algo
que pueda presentar con la frente levantada a todos los hombres de pensamiento y de gusto'" (citado en Adolfo Prieto, *El discurso criollista en la
formación de la Argentina moderna,* Buenos Aires, Siglo XXI, 2006, p. 103).
Uno de esos "abortos" era *Juan Moreira*.

sobre las fechas de sus viajes a América del Sur, en 1930 publica un libro, *El nuevo teatro argentino. Hipótesis*. Bragaglia llega a Buenos Aires invitado por el Instituto Argentino de Cultura Itálica para dictar una serie de conferencias y exponer sus maquetas para escenografías teatrales, pero no deja de explorar el teatro argentino. En su artículo "Il teatro criollo" (publicado en 1937 en otro de sus libros, *Sottopalco. Saggi sul teatro),* defiende el circo criollo y sostiene que los argentinos deben olvidar el teatro acartonado francés y español y desarrollar la tradición criolla, del circo, que es lo realmente novedoso. Al describir una escena de un espectáculo de Podestá, dice que allí vio una trama patética y sensacionalista, como en las novelas de aventuras; a pesar de la situación y la palabra plebeya, "espectacular", lo que vio fue algo poderosamente representativo. Lo impresionó sobre todo que aparecieran caballos en escena: "Esto es un retorno a la concepción pre-renacentista del teatro y corresponde a la idea técnica moderna del Teatro de Masas".[65] Bragaglia no ve en ese espectáculo el primitivismo sino la novedad, la potencia innovadora del teatro popular.[66] Lo que incomoda a los intelectuales y artistas tradicionales es el desplazamiento del eje de las obras de la representación a la exhibición; lo que se expone ante el público en esos espectáculos no son narrativas moralizantes y de verosimilización, sino procedimientos de impacto, una materialidad de la vida concretizada de otra manera en el escenario:

[65] Anton Giulio Bragaglia, *Sottopalco. Saggi sul teatro,* Osimo, Ismaele Barulli & Figlio, 1937, p. 202.

[66] Era lo que, años antes, molestaba a intelectuales como Rossi: "Los dramas criollos tuvieron un defecto, que no hubiera sido posible quitarles sin falsear la verdad histórica que en su mayoría representan: sus tristes y emocionantes finales. / Ellos son la causa de que el pueblo se sujestionara profundamente, y de que la crónica delatara peligros de sujestión" (*Teatro nacional rioplatense, op. cit.,* p. 84). Rossi se hace eco de la idea letrada sobre el poder de lo melodramático en el pueblo, como Gálvez lo había certificado en su tesis.

los caballos, el asado, las peleas a facón. Eso es lo que sí percibe el artista de vanguardia.

Interesado simultáneamente en dos fenómenos teatrales, el circo criollo y el teatro independiente, Bragaglia busca en las experiencias de un teatro nacional y popular fundir los intereses de esas dos escenas.[67] Y sentencia: "Los pobres de fantasía no saben apreciar el valor y la capacidad del género popular, no tanto como material 'folclórico', sino como camino de representación artística",[68] en una suerte de deseo vampírico de apropiarse de los procedimientos del espectáculo popular. Es claro que habla desde la superioridad del artista sofisticado, que lo hace de manera paternalista, disculpando la falta de conciencia que caracteriza la creatividad popular. Pero ve en ella un espacio de aprendizaje. Antonio Gramsci está pensando, contemporáneamente y en una cárcel de Italia, sobre la cultura popular y cómo ensamblar lo nacional y popular para producir una experiencia emancipadora. Hay que recordar que los intelectuales argentinos, en bloque, se pronunciaron desde el principio en contra del circo criollo acusándolo de traer a la escena un lenguaje primitivo y materiales deleznables (populares). Por eso es solo el teatro de vanguardia el que se anima a la exploración a través de lo masivo y popular, que, para Bragaglia, se convierte en teatro experimental cuando se acerca a los espectáculos populares. Lo dice muy claramente al cuestionar a los críticos y dramaturgos argentinos que prestan poca atención a los orígenes nacionales de su teatro: "Este desprecio del drama gauchesco coincide curiosamente con la restitución del espectáculo de circo, hecha tanto por Max Reinhardt, en el 'Grosses Circus Schauspiellhaus' […],

---

[67] Bragaglia, fascista para entonces, tiene en la mira los procedimientos del teatro popular para construir un tipo de espectáculo que una la política a la cultura y sirva claramente a los ideales nacionalistas del régimen de masas.

[68] Anton Giulio Bragaglia, *El nuevo teatro argentino. Hipótesis,* trad. de María Rosa Oliver, Buenos Aires, Roma, 1930, pp. 23 y 24.

tanto por los rusos [...], tanto por los americanos del norte".[69] El estamento cultural argentino tiene una percepción muy conservadora de los espectáculos visuales; conclusión obvia leyendo las críticas al teatro popular. Sin embargo, esos espectáculos seguían atrayendo a grandes públicos y abriendo nuevas percepciones que rápidamente se estabilizaban (como lo muestra el comentario de Canaro, que espera encontrar en el teatro siempre los mismos procedimientos, los gauchos, el enfrentamiento con la partida, el "efecto"). La crítica de los letrados se hace desde un lugar de pleno reconocimiento de la posición que ya ocupan los espectáculos masivos.

Se trata de una dinámica que ya preocupa a muchos artistas europeos. El tema del circo había sido explorado por el arte europeo del cambio de siglo en estilos muy diferentes. El *clown* como figura paradójica ya era familiar a través de Fragonard y Watteau, y esas imágenes populares que el arte académico hizo suyas formaban parte también de los afiches que se vendían por pocos pesos y todo ese arte menor de la ilustración que ya había constituido las zonas grises entre la academia y el mercado, desde Mucha a Toulouse-Lautrec y en sus formas más comerciales, como la tarjeta postal. Pero en la zona precisa del arte académico, dos obras importantes de Georges Seurat, *Parade de cirque* y *Cirque* muestran, como señala Jonathan Crary, los cambios perceptivos que tienen a la aparición de las masas como centro de curiosidad y al circo como espacio de representación y llamada de atención del arte culto. Seurat demuestra cómo una alianza del arte con las técnicas de moderni-

---

[69] Anton Giulio Bragaglia, *El nuevo teatro...*, *op. cit.*, p. 22. Max Reinhardt será quien, exiliado en Holanda en 1934, salve a Sarrasani, el gran reorganizador del circo moderno, de un boicot contra su circo por considerarlo pronazi. Lo hace, en parte, porque, según lo declara el mismo Sarrasani, el empresario y artista no ha transigido con las muchas presiones que ha recibido del partido (préstamo de su sala para actos nacionalsocialistas, expulsión de los empleados judíos), pero también —y sobre todo— por su admiración como artista, cuyo circo conocía muy bien.

zación perceptual constituye un espacio autónomo de invención e impone sus propias visiones y verdades construidas a los que miran. Picasso posteriormente usó el *clown* para hacer otro tipo de experimentación con la percepción y la representación. Crary dice que hay en estos intentos una industrialización de la contemplación y muestra cómo, antes de la real invención del cine, los efectos de las imágenes habían establecido nuevas relaciones entre esencia y apariencia. La percepción, que se rearticula en el cambio de siglo, usa al circo como un espacio de experimentación. El circo, como todo espectáculo moderno, es uno de los más internacionales, una especial vía de introducción de nuevas percepciones en el mundo que se globaliza.[70]

5. Los gustos del pueblo

La historia del circo Sarrasani en América Latina es lo suficientemente emblemática de los reacomodos culturales como para mencionarla. Fundado en Dresde en 1901 por el artista alemán Hans Stosch-Sarrasani[71] y convertido en el más importante de Europa, su circo fue también un lugar de experimentación. Stosch-Sarrasani creó de la nada una empresa que llegó a tener cientos de empleados, un circo-teatro con capacidad para cinco mil espectadores, una pista que se podía elevar 17 metros, posibilidad de inundar la arena durante los números acuáticos, carteles luminosos con 28.000 lámparas, sistema de calefacción, refrigera-

---

[70] Pero, como vimos, el público ya estaba adiestrado con los espectáculos de experimentación óptica temprana: panoramas, linternas mágicas, cuadros vivos, vistas ópticas, teatros mecánicos, con autómatas, dioramas, etcétera.

[71] El "Sarrasani" es un apellido inventado que se agrega a su nombre alemán; por él será conocido en el mundo entero. Fue un modo de dar brillo exótico a su circo, homenajear el talento italiano, inscribirse en su tradición de circo y dar carácter internacional a su espectáculo.

ción, un servicio de bomberos propios, generadores de energía. A lo largo de cuarenta años, el fundador y su hijo (que se hizo cargo en 1934 cuando murió su padre) concibieron el circo como un cruce entre el gabinete de curiosidades y los espectáculos de varieté y cabaré de su época. Dos variantes respecto de aquellos modelos son fundamentales: todo sucede en vivo y es real y se mezclan las destrezas físicas humanas con la domesticación animal: no hay historia —trama— en los números, hay exhibición. Las escenas que estaban pensadas en función del exotismo tenían, en todos los casos, a artistas procedentes de aquellas culturas que venían a representar: acróbatas chinos, músicos y artistas marroquíes, javaneses, turcos, japoneses, hindúes; la gran sensación mundial fueron los indios sioux con los que compuso el número que duró décadas, "Los indios del Wild West". De allí la exigencia de indios en la participación del circo de los Podestá en Europa. Lector de Karl May y sus novelas de viaje y aventuras, Stosch-Sarrasani se vanagloriaba de tener en su circo a artistas auténticos. Por el lado del varieté, incorpora todas las novedades técnicas —desde la carpa y las butacas más confortables de los teatros, al sistema de publicidad de marquesinas, carteles arrastrados por zepelines, anuncios en la prensa—. Es el circo que recalará en Río de Janeiro, Montevideo y Buenos Aires por primera vez en 1923, para regresar en 1934 y luego en 1948, cuando se instala en esta última.[72]

---

[72] Hay un tango, "Justo el 31", de Enrique Santos Discépolo, compuesto en 1930, que se cita habitualmente como prueba de la temprana popularidad de Sarrasani en Argentina. Una historia que comienza siendo de despecho (una mujer va a dejar a un hombre el 1° de mes y él la "madruga" abandonándola el 31) se convierte en una agresión y burla contra ella usando los tropos más transitados del machismo porteño: "Era tan fulera, / que la vi, di un grito, / lo demás fue un sueño... / ¡Yo me desmayé! / La aguanté de pena/ casi cuatro meses, / entre la cachada / de todo el café... / Le tiraban nueces, / mientras me gritaban: / '¡Ahí va Sarrasani / con el chimpancé!'". La letra une el resentimiento

Su éxito en el país está precedido por la tradición circense nacional. Desde fines del siglo XIX, en Argentina, el espacio del circo se vuelve una transacción entre números "internacionales" y nacionales del mismo modo que la escena teatral y la musical. Si el teatro nacional nace en el circo, como pantomima de un texto gauchesco, es porque luego del intervalo, en la "segunda parte" del espectáculo, luego de los números típicos (acrobacias, equilibrio, trapecio, y la nota cómica de los *tonys* y *clowns*), el espectáculo nacional se incorpora y se apropia de la escena internacional. Pero no se pierden las cualidades circenses del teatro criollo: destreza física (las primeras pantomimas muestran gauchos peleando con dagas) y música.

Sarrasani, en una rapidísima inspección local, había incluido números gauchescos y cariocas en sus espectáculos en América del Sur para completar su galería exotista. América del Sur formaba parte de ese mundo que tomaba al circo "internacional" (opuesto al criollo) muy en serio. Marcelo T. de Alvear, presidente de Argentina durante el período 1922-1928, recibirá a Hans Stosch-Sarrasani en su primera visita a Buenos Aires y lo condecora después de la pequeña gira que hace por el interior del país. Como otros visitantes declarados ilustres, la generosidad y pompa con que fue recibido por la alta sociedad argentina le resultó una sorpresa al mismo Sarrasani. Y el éxito de público hizo que la estadía del circo se prolongara varios meses más de lo planeado. El circo fortaleció la exhibición de la novedad, mediada por el espectáculo de varieté y el cine. También los números de *music hall,* con bailarinas europeas profesionales, desplegaban en escena la uniformidad del movimiento junto con el glamur de los trajes y la música. No era el cine, era algo más real que el cine. Roberto Gache, desde París, reflexiona sobre estos

---

masculino a la imagen de una figura que popularmente tenía una presencia tan fuerte que podía ser usada como carta de reconocimiento de grandes públicos.

espectáculos: "Las piernas desnudas son la única verdad, la única cosa humana del teatro contemporáneo. Hay pues, en cierto modo, un ansia de verdad humana, en este general desplazamiento del teatro a la revista".[73] Lo dice con pesar, pero registra bien los nuevos cambios:

> Dentro de un cuerpo de baile la personalidad de la *girl* es inmoral. Partes comunes de un mismo cuerpo, las bailarinas, para hacerse perdonar su desnudo, son iguales entre sí y se confunden en un movimiento único. [...] La moral del baile bataclanesco reposa así en la identidad del vestido, en la igualdad del desnudo y en la simultaneidad del movimiento.[74]

Es el fragmento y el *shock* que golpean al público desde la escena, lo interpelan. Pero también es la sincronización del baile que le muestra el orden y la serialización. Ese espectáculo requiere una técnica y Gache opone las bailarinas criollas a las europeas precisamente por su diferente relación con la técnica y la disciplina:

> Justeza matemática y mecánica, virtuosa y sin maldad como los números y como las máquinas. En cambio, en la anarquía famosa de las *troupes* criollas, cada pierna que se alza con línea y movimiento independiente es un individuo, una curva, una blancura distinta que llega con sensación también distinta a los sentidos del espectador. Los unos son cuerpos de baile; los otros son bailes de cuerpos.[75]

La poca profesionalidad de las bailarinas criollas es criticada, pero tiene su atractivo pues la "imperfección", la falta de sin-

---

[73] Roberto Gache, *París. Glosario argentino, op. cit.,* p. 94.
[74] *Ibid.,* p. 82.
[75] *Ibid.*

cronización, vuelve al espectáculo parte de una retórica menos mecánica, permite el asalto del imprevisto, de estar en vivo; la falta de técnica otorga cierta zona de contacto entre el artista y el público que percibe el "error" de la máquina humana que se pone en escena. En una nota aparecida en *El País* del 28 de noviembre de 1902, que recogen los historiadores del tango Lamas y Binda, se describe el modo en que el público (masculino) reacciona frente a estos espectáculos:

> Si hay una escena de baile, en que la actriz muestra las extremidades inferiores, los aplausos se convierten en terremoto; entonces entran en danza los bastones y los pies, lo que no deja de convertir el teatro en un local que más vale no nombrarlo, porque es más propio de irracionales que de gente educada.[76]

La intervención del público es sancionada inevitablemente por los comentaristas e intelectuales cuando se transgrede la ley de la frontera que lo separa de la escena. Los semidesnudos, la sexualidad que los atraviesa, despiertan toda clase de comportamientos "bárbaros"; como los espectadores que saltan a escena a defender a Moreira, el público se excita y lo demuestra.

En su libro sobre los modos de percepción en la Modernidad, Crary hace una observación importante sobre los públicos de principios de siglo:

> Una conclusión es obvia: los públicos contemporáneos, la mayoría de los cuales ya estaban familiarizados con los filmes de Lumière, no vieron los cortos animados artesanales de Reynaud como una forma inadecuada o incompleta de cine sino como atracciones en sí mismas con sus propios particulares placeres,

---

[76] Hugo Lamas y Enrique Binda, *El tango en la sociedad porteña 1880-1920*, Buenos Aires, Héctor L. Lucci, 1998, p. 75.

que no deben ser juzgadas en relación con los que probaron ser modos de representación más generalizados o históricamente más duraderos.[77]

Pero el cine fue también una forma de mirar lo social. Las nuevas tecnologías están diseñando nuevas conductas, como sostiene Andrea Cavalletti sobre la técnica cinematográfica, que "permite, lo cual es en extremo reconfortante, estudiar a los otros sin ser vistos y estudiados; oculta a las miradas mientras oculta los peligros de la vida social. La cámara (ayer como hoy, se diría) protege del odio de clase".[78] Hacer visible y ocultar al mismo tiempo es la nueva dinámica perceptiva. Lo mismo sucede con los espectáculos de variedades. Pero había allí –a diferencia del cine, que se impuso por la fuerza de la industria que hubo detrás– un atractivo adicional: todo sucedía en vivo.

Uno de los casos más innovadores de esa experimentación perceptiva lo brinda el transformista italiano Leopoldo Fregoli, que hacía múltiples personajes cambiando de voz, vestuario y maquillaje en cuestión de segundos. Fue un artista que comenzó a trabajar en Italia a principios de 1890 y triunfó en todo el mundo occidental en el cambio de siglo. Lucio D'Ambra, en "Cartas de Italia. Los recuerdos de Fregoli, ídolo de Buenos Aires" (que reproduce *La Nación* del 13 de diciembre de 1936), describe la experiencia de ver en escena al ilusionista, cuyos cambios eran tan rápidos que el público no alcanzaba a percibir las transiciones:

---

[77] Jonathan Crary, *Suspensions of Perception. Attention, Spectacle, and Modern Culture,* Cambridge (MA) y Londres, MIT Press, 1999, p. 366 [trad. esp.: *Suspensiones de la percepción. Atención, espectáculo y cultura moderna,* Madrid, Akal, 2008].

[78] Andrea Cavalletti, *Clase. El despertar de la multitud,* Buenos Aires, Adriana Hidalgo, 2013, p. 81.

Ayudaba a las pausas imperceptibles de la visión, ocultándolas, el discurso continuo que no dejaba, entre la última palabra de un personaje y la primera del otro, la mínima solución de continuidad. Parecía que la continuidad del oído crease la continuidad de la visión. Entre uno y otro sentido estaba el maravilloso juego del truco perfecto.[79]

Los espectáculos de Fregoli fueron llamados "cine perfeccionado", pues usaba la tecnología (le había comprado a los hermanos Lumière, en 1897, un proyector y el derecho exclusivo de uso de un grupo de breves filmes) en sus representaciones a través de un aparato que llamó "Fregoligraph". Su trabajo con el cine fue múltiple; uno muy popular consistía en ponerles sonido (voces que él mismo hacía y música) a pequeños filmes mudos, algo muy novedoso por entonces.[80] Al final de cada representación, exhibía un filme en el que mostraba los trucos del cambio de vestuario y la composición de los diferentes personajes. Pero no solo eso: pasaba esos filmes al revés mientras él permanecía en escena, de espaldas al público y se dirigía a una platea pintada en la escenografía, al mismo tiempo que cantaba, bailaba y actuaba para el telón pintado del escenario; luego iba hacia la platea, se hacía ayudar por los asistentes, se cambiaba vestuarios y pelucas, se transformaba, mostrándose especularmente respecto de su imagen en la pantalla. Él estaba en escena y en la pantalla al mismo

---

[79] Citado en Osvaldo Sosa Cordero, *Historia de las varietés en Buenos Aires (1900-1925)*, Buenos Aires, Corregidor, 1999, p. 124.

[80] Fregoli tuvo muchísimos imitadores en todo el mundo. Según cuenta Francisco García Jiménez, Enrique Delfino –autor teatral y actor– hacía sus propios espectáculos: proyectaba escenas de películas mudas famosas y les inventaba diálogos que no tenían relación con la trama original, siempre cómicos. Él imitaba todas las voces. También dice que viajó por Europa con estos espectáculos.

tiempo.[81] Sus espectáculos son más sofisticados que el cine. El valor de estar "en vivo" es superior al de los novedosos procedimientos técnicos (que no se desdeñan, pero que se integran a la economía de la presencia).

Jorge Finkielman sostiene que en la historia de los comienzos del cine en Argentina lo importante es lo que sucede en la segunda línea: el público iba al cine porque había orquestas de tango en los *halls* de los teatros; les interesaba más esa actuación que lo que ofrecía la pantalla.[82] En 1924 se remplazan los pianistas por orquestas de tango, que se popularizan enseguida y la gente va a escucharlas, más que a ver las películas; solía pasar −según muchos testimonios− que la gente aplaudiera a la orquesta en mitad de la película sin importar lo que sucedía en la escena.[83] Es probable que las dos líneas fueran seguidas con la misma atención, que el público se enfrentara a los dos espectáculos con su atención flotante y que la simultaneidad de estímulos no entrañara problemas perceptivos en los nuevos públicos. Andrea Cuarterolo estudió algunas experimentaciones del primer "cine de atrac-

[81] En sus memorias, Fregoli describe estos procedimientos. La biografía de Alex Rusconi proporciona información sobre su vida y su experiencia en América del Sur. Fregoli fue visto por entusiastas, fanáticos, enormes públicos en Europa y América. El lunes 27 de julio de 1959, Adolfo Bioy Casares y Borges hablan sobre *Lolita* de Nabokov. Borges dice: "Yo tengo miedo de leer ese libro. Ha de hacer mucho mal a un escritor. Uno advierte que es imposible escribir de otro modo. En seguida, estás haciendo monerías ante el lector, sos un malabarista, sacás tu galera y tu conejo, sos un atareado Fregoli" (Adolfo Bioy Casares, *Borges, op. cit.,* p. 533). Debo a Hernán Díaz esta referencia. Como Sarrasani, Fregoli fue una figura muy popular.

[82] Finkielman agrega que muchos bares y restaurantes en Argentina comenzaron a poner pantallas para proyectar filmes y entonces contrataron orquestas para que acompañaran las exhibiciones. Primero siempre fue un pianista. Al comienzo eran los músicos quienes les ponían la música que les parecía más conveniente. Enrique Delfino era uno de esos músicos; tan bueno que la gente iba a escucharlo a él más que a ver las películas.

[83] Esta práctica termina en 1931 cuando se introduce el cine sonoro, que causa desastres para las orquestas de tango, que tendrán −como lo hicieron− que reciclarse.

ciones" y encuentra que no proporciona narrativas, que tiene mucho de bailes nativos, escenas callejeras (con telones pintados de fondo), escenas o vistas históricas, es decir, que tampoco se lo ve como realista y que no apostaba a la narratividad o a una trama tradicional, sino a la exhibición. También estudió las "falsas actualidades", un género de Méliès y de Pathe, que se usó en Argentina. Son acontecimientos muchas veces cubiertos por las revistas y el cine a la vez. Otro género similar era el de las "ficciones ilustradas", cuentos o folletines ilustrados por fotos dramatizadas. Y también los tradicionales *fait divers,* una suerte de teatro documentado.[84]

Pero el cine, como todos los espectáculos masivos, se incorpora inmediatamente a esta serie de experimentaciones con la percepción. Desde principios de siglo XX, las salas de exhibición se multiplican en Buenos Aires para el consumo de películas europeas (hegemónicas hasta 1916) y estadounidenses, pero también nacionales, con el inicio de la producción local. Junto con el cine menos pretencioso y comercial llegan al país las películas más innovadoras; en 1916 se estrena *El nacimiento de una nación* de D. W. Griffith, en octubre de 1926 se estrena *El acorazado Potemkin* de Serguéi Eisenstein y *Avaricia* de Erich von Stroheim (*La Prensa* dice que es una película monótona, aunque el director despliega originalidad técnica, una crítica común a las películas más sofisticadas);[85] en los años veinte se exhibieron muchas películas europeas (las de Fritz Lang a la cabeza); en 1929 se estrena *Octubre* de Eisenstein, *La pasión de Juana de*

---

[84] Cuarterolo lo desarrolla en "Espectáculos realistas y realidades espectaculares: las revistas ilustradas y su influencia en el temprano cine argentino", en *De la foto al fotograma. Relaciones entre cine y fotografía en la Argentina (1840- 1933),* Montevideo, CdF, 2013. Para la historia del cine en Argentina, véanse los textos de Irene Marrone y de Jorge Finkielman.

[85] Es la crítica que se hace también a *La caja de Pandora.* Las críticas dirigen la atención a una recepción basada en el contenido, donde la "originalidad técnica" siempre debe estar subordinada a la historia que se cuenta.

Arco de Carl Theodor Dreyer y *La marcha nupcial* de Von Stroheim y *La caja de Pandora* de Pabst. Como el cine era un espectáculo popular, estas películas entran en un flujo de recepción
diverso. Marrone sostiene que "en los programas de cartelera de
los cines se recupera una situación pintoresca: la del patricia-
do compartiendo cartel en las 'actualidades' con obras y espectáculos populares como el recitado, la orquesta, la prosa leída o
el teatro".[86] Es evidente que la cultura masiva había desarrollado su propia dinámica, pero que es difícil trazar líneas definiti-
vas que demarquen el campo cultural. Federico Valle fue uno
de los empresarios innovadores en el cine argentino que se estableció en el país a principios de los años diez. Marrone señala
algunos de los procedimientos que introdujo:

> Signos de puntuación, fundidos encadenados para cerrar o abrir
> temas, el uso del iris luminoso sobre las imágenes cuando les in-
> teresaba resaltar partes que así se convertían en símbolos o
> ideas, los *travellings* de todo tipo, la originalidad en el uso de cá-
> maras cenitales, los encuadres oblicuos, la superposición de imá-
> genes, hasta el tono poético en su prosa, así como también las
> formas elaboradas del guión narrativo. En ese sentido Valle era
> un vanguardista que conocía los secretos del nuevo lenguaje e
> inventaba en cada obra.[87]

Pero Valle no pretendía hacer cine de vanguardia; por el contrario, pertenecía al núcleo más comercial de la industria realizando
filmes institucionales o películas que apelaban fundamentalmente al público general y masivo. En la época, las prácticas culturales ya estaban completamente mezcladas y se consumían
en conjunto. Leónidas Barletta, miembro del grupo de "artis-

---

[86] Irene Marrone, *Imágenes del mundo histórico…, op. cit.,* p. 32.
[87] *Ibid.,* p. 46.

tas de izquierda" de Boedo, codirector de la revista *Claridad,*
autor de —entre otros muchos libros— *Royal Circo,* es, además,
el fundador en 1930 del Teatro del Pueblo en Argentina. Bragaglia lo visita y lo considera un referente del teatro experimental. Barletta viene de una experiencia de politización de la
cultura en los años veinte. Participó de manera activa del grupo de Boedo, que polemizó abiertamente con la vanguardia
de *Martín Fierro.* El debate se centraba no solo en las formas
de la cultura y en las estéticas por explorar, sino, más precisamente, en la legitimidad de los actores intelectuales para
ejercer su práctica en la escena porteña y, por extensión, a la
constitución de los públicos que se enfrentaran a las nuevas
prácticas culturales. La vanguardia de *Martín Fierro* acentúa
el debate estético y gana la polémica, pero el grupo de Boedo
introduce sus huestes sin alcurnia intelectual y complejiza un
campo muy homogéneo al constituirse en interlocutor de los
jóvenes vanguardistas.[88] La fuerte intervención de la izquierda intelectual en la literatura se da en los años veinte; en la
plástica, aparece un poco antes. Nucleados a partir del "salón
de los rechazados" que se arma en 1910 para protestar por la
canonización de artistas académicos que se realiza durante el
Centenario, Santiago Palazzo, Santiago Stagnaro, Agustín Ri-
ganelli, Adolfo Bellocq, José Arato, Guillermo Facio Hebecquer
y Abraham Vigo se agrupan a la manera de un sindicato, dice
Patrick Frank en *Los Artistas del Pueblo. Prints and Workers'
Culture in Buenos Aires, 1917-1935.* Quieren —continúa— una
suerte de cultura alta alternativa para la clase obrera. No pro-
mueven ni disfrutan la cultura popular, sino que pretendían

---

[88] En marzo de 2012, este grupo logra una resignificación de su historia
con la completa "estetización" de su trayectoria a través del montaje de la
muestra *Claridad, la vanguardia en lucha (1920-1940)* en el Museo Nacional de Bellas Artes, donde se lee la revista más emblemática de la vanguardia
política, en el ámbito entre la figuración y el diseño soviético y el capitalista.

educar el gusto de las clases populares en las técnicas académicas. Así, exhibían sus obras en sindicatos, centros comunitarios, bibliotecas del Partido Socialista. Se oponen a la academia, pero también al arte moderno.

Desde Boedo, una ficción y una iconografía atravesadas por las preocupaciones sociales como lo estaba la sociedad porteña del momento, se pone en escena una rebelión contra el mundo de la opresión oligárquico-burguesa y una reivindicación de la pobreza en sentido moral. Estas posibilidades se desarrollaron en la escena populista que el gobierno de Hipólito Yrigoyen reorganiza para la sociedad argentina cuando en 1916 llega a la presidencia de la República a través de la primera elección según el voto universal-masculino, secreto y obligatorio. En el marco de una extendida movilización gremial desarrollada a través de huelgas y manifestaciones, con la "cuestión social" en el centro de la discusión parlamentaria y de la reflexión académica, junto con la actividad violenta del movimiento anarquista, el variado mundo de demandas sociales será eje de la vida pública.

En continuidad con el realismo de Boedo, el circo es en Barletta el espacio en donde se escenifica la pobreza de los inmigrantes desclasados y donde se representan las miserias de personajes marginales. Su novela *Royal Circo* es un melodrama con final (semi)feliz; no puede ser del todo feliz porque sus personajes son pobres y las enfermedades, la miseria siempre acechan, pero las vidas destrozadas de los primeros inmigrantes se van recomponiendo en la segunda generación y, para lograr la inclusión en una sociedad que promete el ascenso social, son necesarias más generaciones de las que se ven en las obras con final feliz. *Royal Circo* es el intento de retomar el espacio popular y colonizarlo con la fábula moral. Matthew Karush, al investigar los orígenes simbólicos del peronismo en la cultura masiva, sostiene que en Argentina, a pesar de la modernidad, la cultura masiva generó imágenes y narrativas en las cuales la identidad nacional estaba prototípicamente asociada con los pobres. Por eso, concluye, existe un profundo clasismo de esa cultura y un imaginario popular arraigado en imágenes claramente melodramáticas que ensalzan la dignidad y solidaridad de los pobres trabajadores mientras denigran al rico como egoísta e inmoral, sostiene Karush en *Cultura de clase. Radio y cine en la creación de una Argentina dividida (1920-1946)*. Hay algo más que los contenidos en los espectáculos masivos; sin minimizar las imágenes de la pobreza, es necesario prestar atención a los procedimientos formales, que también crean sentidos, y que son los que atraen a los nuevos públicos, entre los que las enseñanzas morales no parecen ser tan decisivas. Pero los pobres de las ficciones de Boedo no fueron populares. No podían serlo al intentar traducir/reproducir un mundo narrativo sin novedades, que siempre interpelaba desde el ejemplo aleccionador. Introdujeron su temática, pero no lo hicieron en la lengua en que la cultura de masas estaba hablando, como el circo criollo, el sainete y el tango. Ya en los años veinte, el público era casi experto en esa otra lengua y no se sentía interpelado por el discurso moralizante de la izquierda intelectual.

El texto de Barletta es también un muestrario de todos los espectáculos de los pobres, centrados en el circo de provincia, pero enmarcado en las actividades previas del dueño, en un "pasatiempo" de la Recova y en un cine barato, cerca del Riachuelo, adonde van canillitas y lustrabotas. El libro comienza con "la mujer más gorda del mundo" y sus congéneres: "Pasen... pasen... la gran *bataya* del Piave... la guerra de Marruecos... la mujer araña, la escuadra italiana en el golfo de Spezia... pasen a ver *cabayeros,* pasen... pasen... Marianito, el hombre de dos cabezas... pasen...".[89] Este mundo ya era viejo en 1926. Joaquín

[89] Leónidas Barletta, *Royal Circo,* Buenos Aires, Tor, 1933, p. 8.

Belda, en *El compadrito,* revisita también parte de esos espectáculos; no lo hace desde una perspectiva moralizante sino completamente cínica.[90]

Raúl González Tuñón retomará ese espacio del espectáculo pobre sacándole el sino trágico de Barletta y convirtiéndolo en una escenografía no realista de la vida de Buenos Aires, un espacio de eventual disfrute, un pasatiempo integrado a la vida de los pobres, los solitarios. La mujer más gorda del mundo reaparece infundiendo no risa o lástima, sino temor en un poema de González Tuñón, percibida, dentro del mundo cerrado del espectáculo, como algo real, como un prodigio, aun cuando se conozcan los ardides que han llevado a darle el título. González Tuñón ve en otro poema, "Eche veinte centavos en la ranura", ese deseo que mueve a los desesperados a juntarse en los ámbitos más sórdidos de los espectáculos modernos con el propósito de experimentar la vida "color de rosa". Es él, en todo caso, el que puede plantear el desafío que estos espectadores producen.

> Y fiesta, fiesta casi idiota
> y tragicómica y grotesca.
> Pero otra esperanza remota
> de vida miliunanochesca.
> ¡Qué lindo es ir a ver
> la mujer,
> la mujer más gorda del mundo!
> Entrar con un miedo profundo
> pensando en la giganta de Baudelaire…

---

[90] Será Oliverio Girondo quien, con la publicación de su segundo libro de poesía, *Espantapájaros* (1932), recurra también a esta iconografía mostrando todo aquello que une a los que están tan separados. En los años treinta todavía parecía escandalizar el uso de íconos masivos en la cultura letrada.

Nos engañaremos, no hay duda,
si desnuda nunca muy desnuda,
si barbuda nunca muy barbuda
será la mujer.
Pero ese momento de miedo profundo...
¡Qué lindo es ir a ver
la mujer,
la mujer más gorda del mundo!

Ramón Gómez de la Serna fue atraído por el circo de diferentes maneras. Hizo la presentación de su libro *El circo,* en un circo, montando en un trapecio. No fue su único vínculo estrecho entre la escritura y el circo; en la edición francesa del libro (la que leyó Benjamin), los hermanos Fratellini —una familia de *clowns*— escriben un prólogo en que vuelven al escritor uno de su *troupe*. Esa transgresión, esa zona de intercambio entre el espectáculo más popular y la vanguardia, deja de ser una excepcionalidad para constituirse en un procedimiento recurrente. Gómez de la Serna, antes de instalarse en Buenos Aires y vivir semiaislado por su adhesión al franquismo primero y al peronismo después, fue uno de los grandes mentores de la vanguardia argentina, que se mantuvo en una zona de consolidación de gran modernización de las instituciones culturales. Girondo y Gómez de la Serna (y, en menor medida, González Tuñón) se acercan al gusto popular como un material vulnerable, que puede ser sometido a diferentes usos por la comunidad estética sin que esta se sienta amenazada. El temor a la cultura masiva, que ya había experimentado nuevos procedimientos, no deja que la vanguardia se arriesgue demasiado.

El tango "La muchacha del circo" de 1928 (letra de Manuel Romero y música de Gerardo Matos Rodríguez) registra la historia melodramática del espectáculo: aquello que en Benjamin, Adorno y Gómez de la Serna genera el plus del circo (que pase

en cualquier momento lo que no tiene que pasar) sucede en la
historia de la trapecista (la muchacha cae en uno de sus saltos)
y, por supuesto, rompe todo el encanto del espectáculo, introduciendo la realidad en escena. Entregada al público pero sola
e infeliz, hace su gran acto: muere ante la audiencia. El imprevisto, como querían los intelectuales, se convierte en melodrama, mostrando —como el circo de Barletta— el detrás de escena
difícil y dramático de todo espectáculo:

> Yo soy la muchacha del circo,
> por una moneda yo doy
> un poco de humilde belleza,
> un poco de tibia emoción.
> Yo soy la muchacha del circo,
> por esos caminos yo voy
> ceñida en mi malla de seda
> repartiendo a todos
> flores de ilusión.
>
> Colgada del frágil trapecio,
> su cuerpo elegante parece al saltar
> una paloma blanca que al cielo
> con ansias locas quisiera llegar.
> Mientras la gente
> emocionada
> contempla inquieta su salto mortal,
> bajo la lona
> del viejo circo
> un frío de muerte se siente cruzar.
>
> Ahí va la muchacha del circo,
> no encuentra consuelo ni amor,
> regala a los otros la dicha

y sufre miseria y dolor.
Por fin una noche la mano,
cansada, el trapecio aflojó
y... ¡pobre muchacha del circo!
buscando un aplauso,
la muerte encontró.

En 1928, Charles Chaplin consagra el *clown* y el circo para el
cine en *The Circus*. El lado oscuro de los artistas de circo siempre atrajo al público. Y la película *Freaks* (1932) fue un momento crítico de esa representación. Dirigida y producida por Tod
Browning para la Metro Goldwyn Mayer, es un melodrama ac-
tuado por una mayoría de personas con anomalías (un hombre
sin piernas ni brazos, hermanas siamesas, enanos, andróginos)
o deformidades graves. Ya antes los deformes habían tomado
la literatura argentina; la de Roberto Arlt, la de Raúl González
Tuñón. Forman parte del deslizamiento de los gabinetes de curiosidades al centro de la escena del público. Lo cierto es que
los espectáculos de la cultura de masas aparecen en casi todos
los escritores del período: en González Tuñón, Borges, Girondo, Barletta, diseñando el circuito urbano por donde las masas
se apropian de la ciudad y sus entretenimientos más sórdidos:
las máquinas tragamonedas, los espectáculos pornográficos, el
vodevil, los baños turcos.[91] En ninguno de esos textos, figura la
masa como tal, porque la masa no anda en montón en la ciudad
moderna que ha disciplinado los movimientos de las personas
al extremo; lo que se ve es el mundo que la masa produce y el
que la hace retroceder del espacio público politizado al espacio
espectacularizado de los teatros o lugares de diversión.

[91] El libro de Adriana Bergero, *Intersecting Tango. Cultural Geographies
of Buenos Aires, 1900-1930,* es un buen catálogo de la cultura del período y
su relación con la ciudad.

6. Los ilustres

A partir de aquí, quisiera explorar otra inflexión de la "cultura en vivo", la que se ofrece en algunas prácticas culturales que articulan cierta sofisticación letrada con la puesta en escena y la exhibición ante el público, el momento en que la cultura (letrada) sale de su recinto y se enfrenta al público, se hace espectáculo, requiere de todo el sistema de la sensibilidad y las reacciones "químicas" para interpelar, mantener/crear su lugar. En el momento en que el circo y las variedades celebran su alianza con el público masivo, la cultura letrada y algunas de sus obras salen de la clausura de la biblioteca o el museo y se enfrentan *directamente* al público, como sucede en los espectáculos populares.

Los "visitantes ilustres" no han dejado de generar polémicas dentro y fuera del campo cultural argentino. Esas polémicas son ideológicas y políticas, son literarias, pero son, también, culturales en un sentido amplio. La experiencia fundamental fue la de percibir la cultura como espectáculo, en el escenario privilegiado de la ciudad y teniendo a la masa como público. Para ello hay que considerar la transformación de la literatura, pasarla de la escritura y su tradición a otra práctica, la de "el vivo", la literatura en vivo, es decir, transferirla de la escritura a la puesta en escena, al espectáculo y a la exhibición. No se trata de un mero pasaje a la oralidad, sino de la escenificación y su ofrecimiento a los grandes públicos. En el espacio que abren las ciudades modernas, donde las masas son protagonistas, la tradicional cultura letrada encuentra el espacio que habilita su radical transformación.

Se puede trazar cierta genealogía de la "literatura en vivo" porque esta práctica tiene una tradición bastante larga y en Buenos Aires no fue meramente un episodio, sino una pequeña industria que involucró a artistas, empresarios, público y que se desarrolló en un mercado cultural muy activo. Esta industria

comenzó en el cambio del siglo xix al xx y tuvo sus momentos
más emblemáticos en la primera mitad del siglo xx, desde los
visitantes ilustres que llegaron para las celebraciones del Centenario, pasando por los "amigos" de la vanguardia en los años
veinte, hasta los exóticos, tradicionales y a veces cuestionables
intelectuales que llevó al país Victoria Ocampo a través de *Sur*.
Pero uno de los primeros en organizar las conferencias en vivo
fue un empresario de espectáculos, el portugués Faustino Da
Rosa, conocido en Brasil, Uruguay y Argentina (el circuito comercial) por haber montado los primeros espectáculos de varieté y revistas (con desnudos).[92] Da Rosa aparece registrado
en el diccionario teatral de Tito Livio Foppa y en varios libros
de la época; Julio Costa recuerda en 1929: "Aparte de esa espe-
cialidad [el teatro de revistas], el señor Da Rosa ha tratado, con
encomiable tenacidad, de levantar en Buenos Aires la tribuna
de la conferencia libre en teatro libre".[93] Su "obra" fue pionera;
sigue Costa: "Inició pues aquí el señor Da Rosa la conferencia
clásica, haciendo venir a la tribuna pública argentina a Charcot, Amundsen, Margueritte, Enrico Ferri, Blasco Ibáñez, Anatole
France, Clemenceau, Jean Jaurés, etc.".[94] Formado como empresario del espectáculo masivo, sigue los mismos criterios comerciales para organizar las conferencias de intelectuales cuando
descubre su novedad: "Al señor Da Rosa, espíritu latino, y optimista como Lusitano, se le había ocurrido que podía intentarse
aquí la conferencia nacional con elemento autóctono".[95] Da Rosa
"descubre" el potencial de la *performance*, del vivo, en ciudades

---

[92] Dice Julio Costa: "Uno de los más clásicos del desnudo que exis-
tan, el señor don Faustino Da Rosa. Por lo menos es quien ha dado en el
país al resplandeciente desnudo la forma colectiva, la forma de Revista"
(*Hojas de mi diario*, Buenos Aires, Cabaut y Cía., Librería del Colegio,
1929, p. 342).

[93] *Ibid.*

[94] *Ibid.*, p. 343.

[95] *Ibid.*

como Buenos Aires, Río de Janeiro, Montevideo, que muestran avidez por "conocer" a artistas e intelectuales, verlos actuar y actuar para ellos.[96] El argumento del empresario ante los intelectuales esquivos a la nueva práctica de la conferencia pública es:

> Si yo tuviera un gran diario y le propusiera a usted colaborar bajo su firma, a tanto por artículo, me parece que no tendría por qué rehusarse. Pues yo trato de tener una gran tribuna en esta capital americana adonde usted llega, y le propongo colaborar en ella con su palabra magistral, a tanto por conferencia".[97]

Como reverso del conflicto del texto en el *Moreira* de circo, aquí el problema es la escenificación de una palabra pensada solo para la escritura. Los intelectuales, fuertes en el recinto de la letra, son invitados a mostrarse en el escenario, a exhibir una nueva identidad que los hace vulnerables; frente al público, cuando todo pasa en vivo, son débiles porque la *performance* puede fallar, pueden fracasar en escena, como la muchacha del circo. El espectáculo, la nueva relación social que la cultura de masas está imponiendo, tiene las reglas que impone el mercado y algunos sucumben; otros sienten temor, precisamente al público:

> Se interrumpió el programa de conferencias del Sr. Da Rosa, después de oír solamente las de Monseñor Franceschi, Lugones y de Tomaso. Los demás que he mencionado, entre ellos yo, de-

---

[96] Juan Carulla recuerda que los teatros eran espacios de usos múltiples en el cambio de siglo: "El teatro o, más bien dicho, las salas teatrales cumplían, junto con su función específica, otras bastante diversas, ya que en ellas tenían lugar conferencias de carácter científico o literario, congresos partidistas, proclamaciones de candidatos, bailes públicos y certámenes de toda naturaleza. Se hubiera podido comparar al Buenos Aires de entonces con un gran escenario" (*Al filo del medio siglo, op. cit.*, p. 78).

[97] Citado en Julio A. Costa, *Hojas de mi diario, op. cit.*, p. 344.

claramos forfait, por diversas razones, entre ellas acaso la principal, la amplitud excesiva del Teatro de la Ópera, que obliga al
conferenciante a levantar la voz y hablar enfáticamente, teniendo que hacer discurso y no conversación, como es la característica de la conferencia.[98]

Lo que asusta es, precisamente, la presencia (del autor) y el anonimato del público (su ausencia simbólica). Asusta la posibilidad
de transgredir la frontera con el público, enfrentarlo en persona y, a la vez, ser emancipado —liberarse— de la esfera del arte.
Asusta tener que "actuar", manejar la voz, impostar la presencia.[99]
Da Rosa fue quien planeó las primeras visitas de "artistas célebres" a la Buenos Aires de principios del siglo xx. Los invitaban
y venían atraídos por el anzuelo de una ciudad que quería ser
una escena intermedia, donde la cultura se estaba convirtiendo
en un bien de consumo masivo y donde las masas participaban
de la nueva puesta en escena de la cultura, pero venían atraídos
especialmente por la promesa de ganar dinero ("a tanto por conferencia"). En el momento en que los espectáculos de todo tipo vi-
sitan el país (desde las compañías de zarzuelas a las de ópera, desde
las *troupes* de circos a las compañías de clásicos, de las compañías
de ballet a los espectáculos de variedades),[100] los "actos culturales"

[98] *Ibíd.*, p. 352.
[99] Años más tarde, otra será la mirada de Herminia Brumana, en 1936, que
describe los peligros de la masificación cultural: "El capitalista que arriesga
su dinero al contratar un artista ha de valerse de todos los medios para no
ver fallado su negocio. Es humano. Lo que resulta extraordinario es que gente responsable se preste a servir intereses materiales, incondicionalmente. /
Porque el asunto es ese; llenando hojas de diario y horas de radio con esa
publicidad exagerada, se fomenta la indiada de la masa" (*Cartas a las mujeres argentinas,* Santiago de Chile, Ercilla, 1936, p. 105).
[100] "El llamado 'género chico' —zarzuelita, revista lírica, etc., espectáculos de
una hora— invade Buenos Aires en 1889", dice Carlos Vega en *Panorama de la
música popular argentina. Con un ensayo sobre la ciencia del folklore* (Buenos
Aires, Losada, 1944, p. 294).

comienzan a ser un espectáculo no solo seguido por un público amplio y diverso, sino también muy lucrativo, o con ese fin los empresarios tratan de avanzar sobre ese campo; es el momento en que llegan a Buenos Aires y otras ciudades del país y de América Latina, a dar conferencias, muchos escritores, a ver in situ el país que les hace ganar buen dinero y terminan inevitablemente hablando de él. Llegan contratados por empresarios que les ofrecen dinero y vienen pertrechados de sus saberes, con escaso o nulo conocimiento previo del país. La cultura, como el espectáculo, como el arte, es ya un bien transnacional y global. A todos los visitantes extranjeros les llama la atención la cantidad de público que asiste a estos eventos y no siempre entienden las dinámicas de estar "en vivo".[101] El escritor Arturo Cancela, en "El cocobacilo de Herrlin" (de *Tres relatos porteños,* 1923) y en la novela *La historia funambulesca del profesor Landormy* (1925, como folletín de *La Nación;* 1944, publicada en libro) ha hecho parodias de estos visitantes y de las conductas de los nativos frente a "los sabios" extranjeros, una atracción para el público, que los extirpó de sus campos específicos para verlos como parte de una salida al teatro, como parte del entretenimiento. Cancela se ha reído explícitamente del Estado y de las elites nacionales y de las formas bizarras que la cultura adquiere en un país dominado por la admiración a Europa. Pero además de ese ele-

---

[101] Durante la década de 1910, el intelectual argentino Manuel Ugarte (1875-1951), que residía desde los 15 años en Europa, emprende una gira por América dando conferencias. Autofinanciadas, según declara, todas tienen un mismo tema con variaciones: el antiimperialismo. Al contrario de las conferencias de los ilustres, las de Ugarte responden a un activismo político general que pretende abrir las conciencias nacionales sobre la intervención estadounidense. Para eso, se presenta en universidades, confederaciones obreras y de estudiantes, foros políticos y también en teatros de Estados Unidos, Cuba, Panamá, Venezuela, México, Perú, Colombia, Argentina. Su peregrinaje se cuenta en dos libros: *Mi campaña hispanoamericana* (1922) y *El destino de un continente* (1923, traducido al inglés en 1925).

mento absolutamente obvio, ha hecho una de las primeras representaciones de la cultura como espectáculo, como bien de consumo masivo y urbano.

Sylvia Saítta, en su estudio sobre *Crítica*, sostiene que el diario, desde su fundación en 1913 y cada vez más durante los años veinte, intenta una relación directa (de algún modo "afectiva", que redundará en lo comercial) con el público; muestra cómo el periodismo sale del marco del periódico y se mezcla con la vida de sus lectores de maneras muy diferentes.[102] *Crítica* hace concursos, reparte juguetes y dádivas entre los pobres, organiza festivales, abre sus puertas para diferentes tipos de participación, desplazando las fronteras que dividen al público del periódico:

> Es imposible analizar todas las propuestas recreativas que el diario ofrece a sus lectores: *Crítica* organiza eventos deportivos que van desde partidos de fútbol para los canillitas o un campeonato de bolita, barrilete y balero para los niños, hasta un campeonato nacional *amateur* de truco; participa en la puesta en escena de obras teatrales y promueve el estreno de películas. En estos mecanismos informales de incorporación, en los que desarrolla las mismas prácticas tradicionalmente asumidas por otras instituciones que se hacen cargo del tiempo del ocio, *Crítica* interpela a nuevos sectores de la sociedad en una constante ampliación de su público. Asimismo, recrea relaciones extraperiodísticas con sus lectores al satisfacer todas

---

[102] No tardaron en aparecer versiones críticas y paródicas del poder de la prensa entre la población según el punto de vista de las elites. Luis María Jordán dice en una de sus notas: "Durante los dos primeros días en que no hubo periódicos, el público estuvo desorientado: los porteros, las amas de cría, los trabajadores y los políticos casi no tenían de qué hablar. No podían iniciar una conversación, no se atrevían a dar una opinión concreta sobre nada porque no habían leído el o los artículos que todas las mañanas les traen en fácil prosa opiniones ajenas" (*Cartas de un extranjero,* Buenos Aires, Agencia General de Librería y Publicaciones, 1924, p. 54).

sus demandas: desde la obtención de un trabajo hasta modos alternativos de ocupar el tiempo libre.[103]

Los empresarios (Botana, director de *Crítica*, el más audaz de todos) comienzan a tener —como dijimos— un rol decisivo en la dinamización del campo cultural; no están subordinados a los "artistas", sino que diseñan las nuevas políticas del espectáculo; desde entonces la relación entre ambos no hará sino estrecharse. El interés de los empresarios estará concentrado en el mercado, que requiere de la novedad y el cambio constante para producir más provecho, pero también hay un cierto azar necesario para dar con el "gusto del público".[104] Así los describe Julio

---

[103] Sylvia Saítta, *Regueros de tinta, op. cit.,* p. 151.

[104] En el *Diccionario teatral del Río de la Plata,* Tito Livio Foppa incorpora a los empresarios en pie de igualdad con actores, cantantes, músicos, autores, instrumentistas, magos. Los empresarios mencionados, activos en el período del cambio de siglo, son Eduardo Amoroso (italiano), Luis Anselmi (uruguayo, empresario de circo), Emilio Bieckert (alemán, constructor y empresario del Teatro Odeón que luego se dedicó a la industria cervecera), Antonio Botta (brasileño, destacado en teatro de revistas), Carlos Brussa (uruguayo), Pascual Esteban Carcavallo (argentino, asistente de Podestá, contrató sainetes), César Ciacchi (italiano, trajo a Eleonora Duse y Sarah Bernhardt a Buenos Aires, entre otros artistas a fines del siglo XIX), Santiago Contento (italiano, trabajó para el Teatro Colón, trajo compañías extranjeras, conferencistas, entre ellos a Marinetti en su segundo viaje al país en 1936), Faustino Da Rosa (portugués, trajo espectáculos al Teatro Odeón y al Teatro Colón entre otros; además de contratar a los artistas más importantes del cambio de siglo, trajo a muchos intelectuales: Anatole France, Enrique Ferri, Georges Clemenceau, Jean Jaurès, Guillermo Ferrero, Vicente Blasco Ibáñez, Víctor Margueritte), Francisco Delgado (español, se especializó en contratar espectáculos españoles y llevar argentinos a España), Miguel Gea (italiano, se inicia como colaborador de Da Rosa), José Gerino (argentino, promovió espectáculos nacionales). Amaro Giura (argentino, promovió espectáculos criollistas), Ramón Maran (uruguayo, promovió elencos argentinos), Nicolás Domingo y José Messuti (argentinos, desarrollaron el teatro nacional en Uruguay), Héctor G. Quiroga (argentino, llevó espectáculos argentinos a Europa), Carlos Seguin (francés, se dedicó a variedades y *music hall,* lucha grecorromana, espectáculos para hombres). Hay muy poca información sobre ellos, aunque definieron las principales direcciones del espectáculo en la región.

Aramburu en 1927, en *Buenos Aires. Ciudad-Mujeres-Hombres. Muestrario urbano*:

> Los empresarios de teatro, como buenos psicólogos, conocen el lado débil del público y la moda. Ellos saben que el éxito de las anuales temporadas depende de la novedad del espectáculo. Un programa invariable es un fracaso. La ganancia está en el recurso cautivante. El monstruo de las mil cabezas exije la renovación conformadora. Todas las cosas serán buenas siempre que cambien de nombre y tengan el rótulo extranjero.[105]

La novedad comienza a ser el criterio excluyente tanto en el circo como en las conferencias de reconocidos intelectuales. Roberto Gache, que se había explayado contra la tiranía de la novedad en los espectáculos de variedades, también fue crítico de la práctica de la conferencia pública, a la que ve no como popularización de la cultura, sino como degradación peligrosa y parodia las visitas de los sabios europeos, reconvertidos en artistas de espectáculo:

> ¿No les hemos visto trabajar en salas repletas de público? Es un público grueso que quiere diversión y la toma indiferentemente de un equilibrista, de una tonadillera, de un ventrílocuo, de un pianista, de un conferenciante. A veces, el preferido es el conferenciante. Las instituciones de cultura multiplican las conferencias, con el concurso de un público cada día más numeroso en mujeres, más elegante, más distinguido. (La conferencia tiene ya un valor dentro de la moda.) La conferencia, en verdad, con igual interés para el oyente, es un espectáculo más barato de contratar que cualquier otro. Además, es un espectáculo variado.

[105] Julio Aramburu, *Buenos Aires. Ciudad-Mujeres-Hombres. Muestrario urbano,* Buenos Aires, El Ateneo, 1927, p. 119.

Hoy se habla de las manchas del sol; mañana de la evolución del sombrero a través de las edades; luego es el turno de la legislación obrera, de las fermentaciones del aparato digestivo, de los derechos de la nacionalidad, de la resistencia del acero en la construcción de las casas, del divorcio, de los límites internacionales, del aprovechamiento industrial de la langosta, del amor... Se trata, antes que nada, de variar, de renovar, de no volver a lo mismo. La variedad —la "varieté"— es la más acabada, la más verdadera y definida orientación espiritual de estos momentos.[106]

La nueva moda la recogen muchos comentaristas con juicios igualmente negativos; dicen Lamas y Binda: "A fines de la primera década del siglo, surgió la moda o manía que se extendió por varios años: 'El Conferenciante'. Traídos de cualquier lugar, daban la charla, les pagaban y a otra cosa, que solía ser escribir un libro sobre Argentina".[107] Benjamín D. Martínez, por ejemplo, una suerte de psicólogo social *amateur,* comienza a publicar en 1924 varias series de *Los chiflados: estudio de psicopatología.*[108] Regis-

---

[106] Roberto Gache, *Glosario de la farsa urbana, op. cit.,* p. 133.

[107] Hugo Lamas y Enrique Binda, *El tango en la sociedad porteña..., op. cit.,* p. 131. Y, como había dicho Julio Costa, a los extranjeros siguen los conferencistas nacionales. Leopoldo Lugones, por ejemplo: "[El empresario] puso en venta un abono de cinco peroratas a 30$, sí, treinta pesos moneda nacional a razón de 6$ por cada una de ellas. Estas disertaciones siguieron en un todo la tradición, culminando en el libro 'El Payador'" (*Hojas de mi diario, op. cit.,* p. 131).

[108] En el volumen se reproduce una nota aparecida en el diario *La Prensa,* comentando la serie anterior: "El autor estudia psicopatías fronterizas, las que fácilmente escapan al alienista, pero que tienen explicación clínica; etiología y sintomatología características, a las que concurren factores hereditarios, enfermedades, circunstancias sociales y domésticas, modalidades psíquicas no del todo definidas por el doctor Martínez, pero apoyando su tesis en anécdotas y episodios que abrillantan el relato en tal forma, que el lector cree habérselas con páginas de literatura, pues la ciencia se escurre fácil entre los claros de la crítica" (Benjamín D. Martínez, *Los chiflados:*

tra, en la segunda serie, entre 25 casos nuevos de chiflados, "el conferencista" como caso patológico. Es cierto que no muy grave. Martínez lo considera un ejemplo de narcisismo y lo compara con las mujeres que no pueden dejar de mirarse en el espejo:

> Como manifestación de psicopatología, este somero cuadro de auto-admiración femenina no difiere en nada con lo que ocurre con los conferencistas chiflados, aquellos que serían capaces de los más hondos sacrificios con tal de poder contar con un complaciente auditorio a quien no tiene que convencer ni ilustrar y cuya única misión es oír o no oír, pero servir siempre de espejo para que el conferencista pueda percibir los encantos de unas frases y la brillantez de unos desventurados pensamientos, que no tendrían admiradores si no fuese el conferencista mismo.[109]

Y da un "ejemplo": "Llega don Pablo, se instala, quintuplica mentalmente el número de sus oyentes y les dice... ¿pero qué dice? todos los lugares comunes conocidos por los miembros de la especie humana, desde que ésta pasaba por el período del lemúrido a piteco y de piteco a *homus alalus*".[110] La inclusión en el catálogo de Martínez habla, fundamentalmente, de cómo el conferencista se había convertido en una figura pública y cómo es-

---

estudio de psicopatología, 2ª serie, Buenos Aires, Talleres S.A. Casa Jacobo Peuser Ltda., 1925, p. VII). El doctor Martínez conoce ya los procedimientos para atraer a su público. Los otros casos son: los inconscientes, los chistosos, los hombres formales, los onicofágicos, los musicómanos, los canófilos, los amarretes, los bien relacionados, los flirteadores, los malhumorados, los semblanteadores, los que hablan solos, los copetineros, serios serviciales y callados, los lateros, los hombres mansos, los saludadores, los socráticos o invertidos, los tramposos, gominas haraganes y cachacientos, los autoinspectores, los tartufos, los embusteros, los coleccionistas.

[109] *Ibid.,* pp. 53 y 54.
[110] *Ibid.,* p. 54.

tos personajes hablan sobre "cualquier cosa", pues el tema es secundario respecto de la actuación. Aquí aparece otra zona de contacto que se convierte en zona de conflicto. Los empresarios contratan a la celebridad para que dé sus conferencias en función de su prestigio, de su nombre, y el tema sobre el que diserten no les resulta importante pues no son especialistas; el intelectual, por su parte, no conoce al público y tiene un saber libresco, que no siempre funciona en vivo. El protagonismo del público crece cuando es quien decide qué aplaude y qué no. Luis María Jordán es otro que parodia la actuación de los conferencistas extranjeros, poniendo a su personaje de ficción en el lugar de uno de ellos:

> Al azar de la conversación, y mientras arrojaba la colilla por la ventana, dije que yo era un convencido de la existencia de las casualidades y que alguna vez trataría de encontrarles explicación. Dos horas después, el empresario de uno de los más grandes teatros metropolitanos vino a ofrecerme cinco mil pesos si desarrollaba, aunque fuera en una conferencia, los resultados de mi credo filosófico.[111]

El personaje da la conferencia fundando lo que llama la "doctrina del chiripismo" que aplica para explicar toda la historia universal y "la gente aplaudía con delirio cada una de mis manifestaciones".[112] Luego lo llaman de universidades, le piden que se quede en el país y se convierte en una celebridad. Es una ficción. En la realidad, el empresario del Teatro Odeón fue especialista en contratar espectáculos extranjeros y nacionales que no siempre salieron bien. Desde el otro lado, varios de los visitantes —como registran los comentaristas— escribieron me-

---

[111] Luis María Jordán, *Cartas de un extranjero, op. cit.,* p. 145.
[112] *Ibid.,* p. 147.

morias, testimonios, notas, en donde contaron la versión "casera" y personal de la actuación "en vivo" en Buenos Aires. Uno de esos conferenciantes ilustres fue Anatole France, que viaja a Argentina en 1909 contratado por Da Rosa para que dé diez conferencias "sobre lo que quiera" en el Conservatorio de Buenos Aires, por 80.000 francos, asegurándole que puede triplicar esa suma si después repite las conferencias en Montevideo y Lisboa (paradas del barco de regreso). Como France viene con su secretario, Jean-Jacques Brousson, también lo contratan a él para que dé doce conferencias en la Universidad, "sobre lo que quiera", a 12.000 francos. Previo a las celebraciones del Centenario, con muchos otros visitantes ilustres haciendo cola para hacer su acto, France se embarca hacia Buenos Aires sin saber muy bien hacia dónde va.

Quien cuenta la experiencia de ese viaje, en un libro maligno en el que se venga de su amo France, es Brousson el secretario, que no escatima burlas al país anfitrión ni a su jefe ni a sí mismo. Comienza burlándose de Argentina, pero también de lo que la "cultura" ha llegado a ser en esa incipiente sociedad del espectáculo: "Esto no me divierte. Ese pueblo no tiene pasado. Hace ir allá a los tenores, a las actrices, como a los osos amaestrados o al chimpancé que juega al ajedrez".[113] Curiosamente, ese país dependiente y atrasado enfrenta a France con la parte más moderna de la cultura: el consumo y de qué manera el dinero afecta el lugar del arte, las "bellas letras", la tradición; no solo introduciendo el mercado, una mediación ya habitual, sino también al público masivo. Orgullosamente francés, Brousson muestra siempre su superioridad, pero no alcanza a ver un dato esencial del nuevo país que lo obliga a conectarse con los

---

[113] Jean-Jacques Brousson, *Anatole France en la Argentina (Itinerario de París a Buenos Aires)*, trad. de Jorge de Marepois, Buenos Aires, Excelsior, s. f., p. 55.

cambios más radicales de la modernidad: la forma en que en el lugar, la ciudad de Buenos Aires, quedarán atrapados no solo por lo argentino, sino, abiertamente, por las nuevas articulaciones de la cultura masiva. Y allí va France.

Ya no habrá distancia aséptica que lo resguarde de meterse en la realidad argentina. Antes de llegar a Buenos Aires, en una parada del barco en Brasil, France y su secretario reciben la carta de un juez de instrucción argentino (Jaime Llavallol), quien invita a Anatole France a hospedarse en su mansión poniendo a todos los sirvientes a su orden. France no entiende el despilfarro que esa invitación anuncia ni las intenciones del juez, pero está tentado de aceptar. Al mismo tiempo que la invitación, llegan noticias desde Buenos Aires sobre el juez de instrucción: "Ese juez que hace de Mecenas, goza allá de una reputación equívoca. Profesa la heterodoxia sexual. Se espera que Anatole France no aceptará una hospitalidad tan sospechosa",[114] informa un periódico. Pero France, completamente pragmático, acepta ir a la casa de ese juez generoso porque, a su vez, es hasta el momento lo único seguro en una ciudad que desconoce. Las presiones son cada vez mayores. Recibe, todavía en el barco, una carta de un "grupo de socialistas militantes" para que rechace la hospitalidad del juez:

> Ese burgués es un enemigo cruel del pueblo. El 1° de mayo terribles cargas ensangrentaron la fiesta del trabajo. La policía trató de romper las filas. Viéndose impotente, ha hecho uso de las armas. Se ha tirado sobre el pueblo. Ha habido muertos y heridos, lo mismo hombres que mujeres y niños… Se han hecho detenciones en masa entre los manifestantes; ¿estrechará el camarada Anatole France en su mano la mano ensangrentada del juez que ha colaborado en esta caza, y que tiene ence-

[114] Jean-Jacques Brousson, *Anatole France…, op. cit.,* p. 142.

rrada en una prisión a la elite del partido? ¡Esto sería un escándalo, una traición![115]

Y France, el republicano, defensor de la libertad, protesta en la intimidad: "¿En qué se mezclan estas gentes? Yo no he venido aquí a hacer política, sino literatura".[116] France se había servido de la literatura para intervenir en política, pero la forma en que es empujado a tomar partido en una sociedad que desconoce lo perturba; no solo porque no conoce el medio, sino porque el impulso a pronunciarse políticamente viene como reclamo externo, del público, y no como toma de posición del intelectual. Buenos Aires, Argentina, contamina, contamina la literatura, contamina la estética y vuelve política toda la realidad de los visitantes porque los saca de su biblioteca y los sumerge en los conflictos que se discuten en la calle. El compromiso con el *affaire* Dreyfus parece estar a siglos de distancia de este pedido de pronunciamiento público, pero la presencia en la escena argentina parece exigírselo. France, que no quiere involucrarse en política, sin embargo terminará dentro de los conflictos entre la izquierda militante y la derecha represiva. Y se aloja en casa del juez, a quien expolia escandalosamente después de humillarlo por el mal gusto de su ostentosa mansión. Un juego de venganzas entre dos sometidos por la voluntad de estrellato: el juez, que quiere darse lustre al lado de una estrella de la cultura; y France, que quiere empezar a ahorrar un salario de estrella del que todavía no ha recibido nada.[117]

[115] *Ibid.,* p. 153.
[116] *Ibid.*
[117] Carulla hace el contrarrelato de Brousson, mostrando el éxito de la visita: "El solo anuncio de la llegada de Anatole France puso en conmoción, no solamente a los círculos literarios porteños, sino a toda Argentina que lee. Desde mucho antes, las vidrieras de Moöen [sic] y Espiasse —libreros importadores de las novedades literarias y capaces, ellos mismos, de justipreciar el valor intrínseco y bibliográfico de los libros que entregaban al público—

France ha hecho un viaje de negocios a América del Sur; ha ido a ganar plata. Sin las conferencias preparadas, en la escala que el barco hace en Montevideo, después de responder a los periodistas uruguayos lo mismo que les ha dicho a los brasileños (cuánto admira el país, cuánto le gustaría quedarse a vivir allí, qué grandes artistas tienen, etc.), France, tal como describe su secretario, "sentado ante su laboratorio trasformado en pupitre, corta, pega y rotula. Está preparando conferencias sobre Rabelais",[118] reciclando pedazos de textos que ha publicado ya muchas veces, justo antes de bajar al puerto.[119] Pero al llegar a Buenos Aires, escritor y secretario se enfrentarán a las condiciones de estar "en vivo" en el lugar. "Las noticias son malas como el tiempo. El Conservatorio que hizo venir a Anatole France no tiene nada de nacional ni de oficial. Es una empresa privada y poco solvente";[120] como le iban a pagar con la recaudación de las entradas, el dinero no estaba de antemano, pero las conferencias de France —todas sobre Rabelais— casi no tienen público y no hay recaudación.[121] Carulla, que celebra toda la obra de las elites conservadoras en su libro de memorias, cuenta una versión distinta, según la cual el tema elegido es muestra del rigor intelectual del maestro:

---

mostrábanse revestidas con las principales obras de aquel príncipe de las letras francesas" (*Al filo del medio siglo, op. cit.,* p. 94).

[118] Jean-Jacques Brousson, *Anatole France..., op. cit.,* p. 144.

[119] El *cut and paste* fue un procedimiento que la cultura de masas, desde sus inicios, usó con total libertad.

[120] Jean-Jacques Brousson, *Anatole France..., op. cit.,* p. 175.

[121] Nuevamente Carulla: "Yo estuve en el puerto, la mañana del arribo de Anatole France. Era muy temprano y por ello tal vez no se congregó allí sino un grupo selecto de escritores y de amigos del ilustre viajero. Fué más bien fría, a fuer de académica, esa recepción... A su lado su secretario, Brousson, lo eclipsaba por su prestancia de viejo 'boulevardier'" (*Al filo del medio siglo, op. cit.,* p. 95).

Se hubiese dicho –y muchos llegamos a creerlo así– que el maestro quiso poner a prueba los quilates intelectuales del público argentino, escogiendo como tema de sus conferencias uno de los más difíciles de la literatura francesa: la obra de Rabelais. [...] No podía negarse cierta decepción en los admiradores de Anatole France... Sin embargo, un éxito rotundo coronó su "tournée"; éxito personal, social, literario y hasta diplomático, pues nunca el prestigio de Francia llegó tan alto en nuestro país. Los hogares argentinos más ilustres rivalizaban por darle hospedaje, los clubs aristocráticos por recibirlo en su seno [...] Describir el espectáculo de imponente grandiosidad que ofrecía la sala del Odeón durante una de sus conferencias equivaldría a hacer conjuntamente el elogio del escritor, del artista y el pensador, a la vez que exaltar la alta cultura del calificado auditorio que supo seguirlo, diríase religiosamente, al través de su maciza e intrincada exégesis rabelesiana.[122]

El caso pone a prueba las dos caras de los espectáculos intelectuales: Brousson, pragmático, revela cómo se arman las conferencias con lo que se tiene a mano, para un público desconocido, pensando la cultura en términos de divulgación y confiando en que el solo nombre del autor es suficiente para prestigiar un discurso; Carulla subraya el carácter elitista de la cultura aun cuando se ofrece directamente al público también por el prestigio del nombre de autor. Los dos testimonios muestran el carácter doble de la cultura en la sociedad de consumo; las dos caras que había parodiado Cancela en sus ficciones sobre visitantes ilustres. Pero quien comienza a tener peso en el éxito o fracaso intelectual es el público. El "fracaso" del que habla Brousson tiene varias causas, entre otras, porque comienzan a correr rumores en toda la ciudad sobre el interés y la avidez monetaria de France.

---

[122] *Ibid.*

Se cancelan las conferencias del secretario en la universidad y hay que buscar dinero para el maestro, pues no hay suficiente público. Además, la coyuntura intelectual no ayuda:

> Competencia. Ha llegado a Buenos Aires otro conferencista: Blasco Ibáñez. De llegada nos hace dama el peón. Una muchedumbre inmensa y delirante ha ido a recibirlo y lo ha llevado en triunfo a su hotel. [...] El programa de Blasco Ibáñez nos hace también mucho daño. Es necesario confesarlo, su "menú" es más abundante y más variado que el nuestro. [...] Blasco Ibáñez hablará sucesivamente de Napoleón, de Wagner, de los pintores del Renacimiento, de la Revolución Francesa, de Cervantes, de cocina, de filosofía, de teatro contemporáneo, de la cuestión social, de ciencia, de Argentina.[123]

Así es como había descripto Roberto Gache a los conferencistas profesionales, que hacían lo necesario para agradar al público. Frente a esta variedad, la monotonía de Rabelais no atrae al público que, adiestrado ya en el ocio de la ciudad moderna, va a escuchar las conferencias en contigüidad con sus caminatas por las calles elegantes de la ciudad y los paseos de compras por las avenidas comerciales. Cuando los organizadores le exigen a France que cambie a Rabelais por otros temas más atractivos porque ya nadie va a escucharlo, surge la gran pregunta: ¿Qué es lo que más les interesa a los argentinos? Y la respuesta: Argentina. Y a eso se dedican France y el secretario: "Hemos trabajado toda la tarde en la conferencia sobre Argentina. Hemos agotado el Baedeker, la geografía, los libros de Julio Huret... La gavilla es módica".[124] Una vez más, la versión de Carulla es la opuesta; dice sobre la conferencia de France sobre Argentina: "En pocas páginas de su

---

[123] Jean-Jacques Brousson, *Anatole France...*, *op. cit.*, pp. 182 y 183.
[124] *Ibid.*, p. 203.

prosa ceñida, objetiva, de corte clásico, nos ofrece el más completo cuadro de Argentina de aquel momento culminante de la evolución nacional. Nada escapa a su poderosa intuición".[125] El conjunto de discursos reciclados que, según Brousson, forman la conferencia sobre Argentina parece complacer al público más culto del Odeón. La figura de France sobre el escenario, su *performance,* es el nuevo eslabón que comunica ya no un sentido, ya no los contenidos de la cultura, sino una puesta en escena de "la cultura" para el público. La cultura del espectáculo precisa un *performer,* estar "en vivo" requiere una relación con los interlocutores y una atención al público, mediada por las presiones del mercado. France dice despechado que "con estos pueblos impúberes es necesario ponerse a cuatro patas y servir de juguete",[126] es decir, introducir las formas del mercado en la cultura tradicional de una manera descarada, trabajar para el público. Si France, que viaja para ganar dinero, piensa que Rabelais es una garantía para mantener su negocio bajo la pantalla del interés cultural, cuando llega a Buenos Aires debe acceder a que sea el interés del público el que guíe su itinerario cultural. No le ha sido tan fácil vender su Rabelais y debe improvisar, y si bien no tiene mucho éxito con las conferencias, la fortuna del juez de instrucción es enorme y el artista se desquita en su bodega, pues ha invitado a vivir en la casa del juez a su amante, una cómica, y a toda su compañía.

Justamente es la casa del juez el lugar donde se cruzan los mundos separados: el conferencista ilustre con la cómica-prostituta, a quien France sucumbe como espejo doble de su condición. Como en una comedia de enredos, la doble vida (la de los amos, la de los siervos) se escenifica con escándalo (dentro de la casa del juez hay robos, chismes, amoríos, confusiones, traiciones).

---

[125] Juan Carulla, *Al filo del medio siglo, op. cit.,* p. 95.
[126] Jean-Jacques Brousson, *Anatole France..., op. cit.,* p. 208.

Al poco tiempo, huyen de Buenos Aires, peleados, France y su secretario, en diferentes barcos. Y France se alinea con los cómicos, con quienes emprende una nueva alianza. Además, se lleva en la valija más de treinta bombillas para tomar mate que le han regalado en diferentes instituciones, treinta bombillas que no sabe ni quiere usar; quizá las haya tirado al océano, como las bandejas de frutas tropicales que le subieron a su barco en Salvador de Bahía, pero lo cierto es que haber visitado el lugar, en vivo, no fue una mera experiencia comercial, afectó todo, desde las costumbres en el vestir hasta su lugar en el canon argentino. Ese país ignoto, ilusorio —cuando no lo conocía— y profundamente problemático, incluso antes de pisar las calles de la ciudad en la que se expondrá en vivo, se volvió el espacio donde debió enfrentarse a una nueva experiencia con su obra, donde la distinción entre alta cultura y cultura masiva se alteró, se borroneó, y donde el público lo obligó a asumir la dimensión espectacular de la cultura.[127]

Vicente Blasco Ibáñez se queda mucho más tiempo en Argentina. Ambos, France y Blasco, dan sus conferencias en el Teatro Odeón, y Faustino Da Rosa (erróneamente consignado como "Da Costa" por el amigo y biógrafo de Blasco, Emilio Gascó Contell), que había llevado al país anteriormente a Jean Jaurès, Clemenceau y otras personalidades europeas para pequeñas giras culturales,

[127] Beatriz Seibel cita una carta de Sarah Bernhardt desde Buenos Aires, donde actúa en 1885: "En este momento, este 17 de agosto a las cuatro de la tarde, tengo doscientos mil francos. [...] Voy a volver con un millón limpio. Entero. A pesar de este gran éxito, debo admitir que trabajo como una esclava. [...] Aquí tengo dos admiradores. Ambos están locamente enamorados de mí. [...] El primero es un importante abogado, y enemigo político del segundo, que es el secretario privado del presidente. Creo que haría mejor yéndome de la ciudad antes de que empiecen los problemas" (*Historia del teatro argentino, op. cit.,* p. 217). Otra ilustre amenazada por la contaminación del medio. La artista estaba acostumbrada a estos acosos. Desgraciadamente, Seibel no proporciona los datos para buscar la cita y no he podido encontrar esa carta.

está detrás de las presentaciones.[128] El periodista argentino Enrique Villarreal describió la llegada de Blasco Ibáñez a Buenos Aires:

> El día presentaba el aspecto de un día de fiesta; multitud de pequeñas embarcaciones empavesadas con oriflamas y gallardetes salieron hasta la rada exterior a esperar y acompañar al trasatlántico, donde llegaba el ilustre huésped. Serían las diez de la mañana cuando el vapor atracó en uno de los diques, y tan pronto como las amarras se echaron a tierra, un alarido de júbilo hendió los aires. El recibimiento público de Blasco Ibáñez fue uno de los más grandes que se tributaron en Buenos Aires a extranjeros ilustres. La multitud acompañó al escritor en todo su trayecto, y allí se oían las aclamaciones regionales más variadas del pueblo español.[129]

A diferencia de la fría recepción a Anatole France, Blasco Ibáñez recibe el trato de una verdadera celebridad. Este tipo de manifestaciones será recurrente en Buenos Aires. El mismo presidente Yrigoyen, en 1916, fue llevado en andas por el público hasta la Casa de Gobierno, celebrando con las masas su llegada al poder. Connacionales, más que argentinos, sostienen al escritor, quien prolonga su estadía por nueve meses, dando conferencias por una vasta geografía sudamericana que incluye Paraguay y Chile.[130] Gascó Contell testimonia:

[128] Según su biógrafo más reciente, Ramiro Reig, Blasco Ibáñez había conocido en París, en casa de su amante chilena Elena Ortúzar, a Bartolomé Mitre (director de *La Nación,* periódico en el que ya colaboraba) y al director del Banco Español del Río de la Plata. Ambos lo invitan a conocer el país y a hacer una gira para dar conferencias. Probablemente a través de alguno de ellos se haya hecho el contacto con Da Rosa.

[129] Citado en Emilio Gascó Contell, *Genio y figura de Blasco Ibáñez,* Madrid, A. Aguado, 1967, p. 138.

[130] Blasco fue un escritor del mercado, que siempre estuvo atento a sacar provecho de su escritura a través de los intereses del nuevo público. Dice Reig

Innecesario será decir que una campaña oratoria de tan considerable magnitud, realizada en semejantes condiciones, carecía en absoluto de preparación, y que las improvisaciones eran las más de las veces el producto virgen de la facundia imaginativa. Cualquier tema local o nacional, nacional o exterior, político o puramente artístico, constituía para aquellos públicos una oración apasionante. El propio Blasco me refería muchos años más tarde —y con ello confirmaba ingenuamente el fondo de parecido que conservaba la cruel caricatura del viejo France— que a su llegada a cualquier ciudad nueva se enteraba por los periódicos o por las autoridades del tema sobre el cual deseaban que disertase. Con frecuencia le señalaban un asunto de interés local. Y entonces, unas simples lecturas técnicas, una rápida información bastaban al orador para estar hablando aquella misma noche durante hora y media…, pero sin aburrir jamás al auditorio.[131]

La improvisación sobre temas locales es la clave del éxito.[132] Sin embargo, las conferencias que Blasco dio en un Teatro Odeón

---

que en 1914, ya en Europa, proyecta una *Historia de la guerra europea:* "Constaría de ciento cincuenta a doscientos fascículos que saldrían semanalmente al precio de cincuenta céntimos, y cada fascículo tendría treinta y dos páginas. Con grabados en cada una de ellas y una gran lámina central. La tirada sería de veinte mil ejemplares… Presentó un plan de los primeros fascículos, partiendo del asesinato de Sarajevo, pero luego fue metiendo todo lo que se le ocurría al hilo de los acontecimientos; los frentes de guerra, la vida en la retaguardia, las ambulancias, las enfermeras, los generales, las trincheras, los gases asfixiantes, el cañón Berta, los submarinos, en fin, todo lo imaginable" (*Vicente Blasco Ibáñez,* Madrid, Espasa, 2002, p. 172). Efectivamente, la historia se publicó y hoy consta de nueve volúmenes encuadernados, con fotografía y texto. Se titula, significativamente, *Historia de la guerra europea de 1914: ilustrada con millares de fotografías, dibujos y láminas.* La primera imagen muestra a Blasco Ibáñez posando "en la plaza de una aldea del Argona bombardeada por los alemanes".

[131] Emilio Gascó Contell, *Genio y figura…, op. cit.,* p. 141.

[132] Pero que deja secuela en la escritura, según cuenta Emilio Gascó Contell: "Pero la preponderancia exclusiva que estaba dando a las facultades oratorias tuvo por resultado atrofiar momentáneamente las dotes del escri-

abarrotado de público parecen haber estado preparadas, pues fueron recogidas en un libro y no abordan temas locales, sino que recorren una agenda más o menos previsible que combina tradición y actualidad con una marca europea muy fuerte.[133] El tema no es lo más relevante, el público no va a aprender o debatir, va a escuchar la literatura en vivo, ver, en el lugar, cómo habla la literatura. Hay allí una magia, como en el circo, la revista, la sala de variedades. Si France quedó involucrado en el asunto político del juez versus los miembros del Partido Socialista, Blasco Ibáñez será atrapado por otro aspecto de Argentina. Ya que va conociendo el interior del país, varios inversores lo entusiasman con la idea de comprar y explotar tierras trayendo colonos valencianos. Pone manos a la obra llevando adelante así una empresa colonizadora. Para hacerlo, se endeudó por años y hubo acusaciones de corrupción y fraude de Blasco y algunos funcionarios argentinos que prometieron ayudarlo con las colonias. Dice Blasco de este episodio de su vida:

> El ensueño de hacerme millonario, aunque no fuese más que por una temporada; la perspectiva de mandar en un ejército de trabajadores, de transformar el aspecto de un rincón del mundo,

---

tor. 'Cuando regresé a Europa —habla Blasco— había olvidado por completo mi oficio. En aquellos nueve meses de discurseador, cuando me ocurría tener que escribir, había de apelar al dictado. Y todo lo que dictaba lo hacía con un acento espantosamente declamatorio y enfático'" (*Genio y figura...*, *op. cit.,* p. 107).

[133] El libro que las recoge no tiene fecha de edición ni información sobre las conferencias (si son completas, textuales, retocadas, en qué día fueron dadas, etc.). La lista es la siguiente: "América vista desde España", "La leyenda negra de España", "Las grandes figuras del descubrimiento de América", "Cómo se hace una novela", "Victor Hugo", "Emilio Zola", "La madre patria frente al futuro", "La novela moderna", "La revolución de septiembre", "El misticismo batallador de los españoles", "Zuloaga y Sorolla". Llevó estos temas al interior del país y, de vuelta en Buenos Aires, se animó con Cervantes, Lope de Vega, la novela del siglo XIX, para terminar con exposiciones sobre Velázquez, Goya y El Greco, según describe Reig en su biografía de Blasco.

de crear lugares habitables en el desierto, eran visiones demasiado brillantes para que no aceptase correr los riesgos de una
empresa tan gigantesca.[134]

Sueños imperiales…

Regresará a Europa. Sin embargo, antes tuvo tiempo de componer el monumental *La Argentina y sus grandezas,* libro de 768
páginas, editado en cuarto mayor, con ilustraciones; se trató de
una descripción más que entusiasta de las ventajas económicas
del país (escrito a principios de 1909, el libro se edita en Madrid
en julio de 1910).[135] A poco de comenzar, su empresa colonizadora se convierte en un fracaso: pierde el dinero que invirtió
(préstamos de bancos provinciales), se endeuda pues no tuvo en
cuenta la cambiante situación económica del país y no planificó
las inversiones necesarias para que las secas tierras de Río Negro
rindieran, ni para que las de Corrientes pudieran convertirse en
verdaderas colonias. Sin embargo, la venganza de "el vivo" ven-
drá esta vez de la literatura: en 1916 publica, ya de regreso en
Europa, en París, *Los cuatro jinetes del Apocalipsis.* En el prólogo
a la edición de 1923 de esta novela antibélica, profrancesa pero
llena de argentinos, cuenta que el presidente de Francia, Poincaré, le pide: "Quiero que vaya usted al frente —me dijo—, pero
no para escribir en los periódicos. Eso pueden hacerlo muchos.
Vaya como novelista. Observe, y tal vez de su viaje nazca un libro que sirva a nuestra causa".[136] Y el escritor, acostumbrado al
valor de lo que "el vivo" representa, va: "Nunca trabajé en peo-

---

[134] Emilio Gascó Contell, *Genio y figura…, op. cit.,* p. 144.
[135] El libro es un gran escrito de divulgación y propaganda del país, con
extensas descripciones geográficas y las posibilidades de explotación de los
recursos naturales. Abunda en fotos de todo tipo, en muchas de las cuales
se lo ve al propio Blasco posando entre indígenas y gauchos, con aires semejantes a los modernos emprendedores-colonizadores.
[136] Vicente Blasco Ibáñez, *Los cuatro jinetes del Apocalipsis,* Barcelona,
Planeta, 1958, p. 6.

res condiciones. Tuve las manos y el rostro agrietados por el frío; usé zapatos y calcetines de combatiente, para sufrir menos los rigores del invierno".[137] Y enmarca la propaganda antibélica que acuerda con el presidente francés en un paisaje argentino primero, luego con argentinos que viajan a Europa. Su novela se vuelve un éxito en pocos años a través de la recepción que tuvo en Estados Unidos,[138] se traduce inmediatamente a varios idiomas y termina de consagrarse con la adaptación al cine hecha en Hollywood en 1921 y protagonizada por una estrella en ascenso, que también se consagra con esta película: Rodolfo Valentino, que baila el tango para el mundo y termina de canonizarlo (a Blasco y al tango).[139] En la novela, Blasco Ibáñez condensa varios estereotipos de Argentina: los estancieros que dilapidan fortunas en Europa, los niños bien que sobresalen en París bai-

[137] *Ibid.*, p. 7.

[138] Dice Ramiro Reig sobre la edición en inglés de *Los cuatro jinetes del Apocalipsis:* "Desde julio de 1918, en que apareció, a mediados del año siguiente las ventas habían ido creciendo hasta alcanzar la increíble cifra de trescientos mil ejemplares. El primer sorprendido debió ser el mismo Blasco que había vendido los derechos de autor por mil dólares, renunciando al porcentaje de ventas, seguramente porque pensaba que iban a ser inferiores a lo cobrado. El editor le envió generosamente una compensación de veinte mil dólares y, de sorpresa en sorpresa, recibió una invitación para una gira de conferencias por Estados Unidos. El éxito de la novela había suscitado por todo el país una de esas olas a las que los americanos son tan aficionados, la blascomanía. Se vendían corbatas, pañuelos, ceniceros, pisapapeles, con imágenes de *Los cuatro jinetes,* y los incontables lectores estaban ansiosos por conocer al autor" (*Vicente Blasco Ibáñez, op. cit.,* pp. 186 y 187).

[139] La película, dirigida por Rex Ingram, dura 123 minutos y sigue puntualmente la trama de la novela, con mucho texto para ir haciendo avanzar la acción. La protagoniza un joven Rodolfo Valentino, que actuará tanto el drama de la guerra como la ironía del galán argentino que seduce en París. Se contabilizan más de veinte películas filmadas en Hollywood con tema argentino en los años veinte; entre ellas, *Los cuatro jinetes del Apocalipsis* (1921), *Good Men and Bad* (1923), *El diablo santificado* (1924), *La tierra de todos* (1926, con Greta Garbo), *The Gaucho* (1927). Santos Goñi, agregado cultural de la embajada argentina en San Francisco, funcionaba como un consejero para estereotipos argentinos.

lando tango, la barbarie del campo argentino. Con todos ellos Blasco triunfa en Europa y escribe su novela a pedido, que, en la ficción, repite buena parte de las imágenes argentinas de otros viajeros, entre los cuales el principal fue Jules Huret. También su libro sobre Argentina es un compendio de los tópicos más difundidos sobre el país.

En el libro de Huret (*La Argentina. De Buenos Aires al Gran Chaco),* se basaron muchos otros viajeros ilustres para componer sus impresiones del país. Precisamente, el traductor de la versión en español de 1911 fue Enrique Gómez Carrillo, que escribió su propio libro "en vivo": *El encanto de Buenos Aires.* Gómez Carrillo es el autor de "cien libros de crónicas" alrededor del mundo; todos ellos, sin embargo, privilegian el archivo cultural sobre los lugares que visita, aunque la "experiencia en vivo" redimensiona el archivo; su libro sobre Buenos Aires no escapa a esta característica. En vivo, Gómez Carrillo no encuentra el estereotipo del argentino de París, sino una especie de país perfecto: una ciudad europea, mujeres hermosas, ciudadanos corteses, inteligentes, educados. Hasta que se pregunta: "¿Tendré la enfermedad de encontrarlo todo alegre?".[140] En realidad, Gómez Carrillo está escribiendo a pedido de Enrique García Velloso, director editorial de *La Nación,* donde se publicaron previamente las crónicas que conforman el libro. Por eso el resultado de su experiencia in situ será del todo optimista, alineada con la visión de las elites argentinas: "¿Dónde están los vencidos, los sin trabajo, los derrotados en la lucha por la vida?... Yo no los veo. Y ello sólo basta para dar á la ciudad un aspecto de dicha, de bienestar y de alegría que en ninguna otra parte del mundo se ve".[141] Gómez Carrillo no visita el país para dar conferencias, sino para escribir a pedido de instituciones culturales y hombres de Estado su ver-

---

[140] Enrique Gómez Carrillo, *El encanto de Buenos Aires, op. cit.,* p. 265.
[141] *Ibid.,* p. 268.

sión optimista y desproblematizada de Argentina, un país donde todo es perfecto, incluso las imperfecciones de sus habitantes. Su escritura al servicio de las elites continúa; en 1915 publica *Campos de batalla y campos de ruinas,* un libro dedicado a José Luis Murature, ministro de Relaciones Exteriores de Argentina; el libro, otro encargo antibélico, se escribe en el momento en que Argentina tiene que justificar su neutralidad en la guerra. Como Blasco Ibáñez, Gómez Carrillo viaja al frente para escribir, en vivo, la experiencia de la guerra. Lo hará como cronista y sin dejar de ver el lado frívolo de las cosas. Ya existe un mercado editorial que no parará de crecer.[142]

Algo parecido hará en 1924 José María Vargas Vila, quien cuenta sus experiencias en Buenos Aires en su libro *Odisea romántica. Diario de viaje a la República Argentina*: "Yo, he sido el único Escritor, de nuestra Raza, que no ha ido allí, en busca de Reputación, ni de Dinero".[143] Su libro será un panfleto contra Lugones y el diario *La Nación,* y encuentra en la ciudad inmigratoria el argumento contra el país: "Los argentinos, ya no existen [...] han sido barridos, por la ola de la Invasión [...] han desaparecido bajo la conquista Blanca".[144] Vargas Vila cuenta diálogos (probablemente imaginarios) con sus seguidores: alguien le dice "¡Pero, Maestro, *La Nación* ha decretado el boicotaje de la prensa contra usted, y ningún Diario de Buenos Aires, lo saludará".[145] Sin embargo, desde el balcón de su hotel céntrico, dice escuchar "el grito agudo de los vendedores de diarios, que vociferaban: '¡Vargas Vila, en Buenos Aires!...' '¡Vargas Vila, en Buenos Aires!...' y, era como un solo grito ensordecedor, de la chus-

---

[142] Lo saben casi todos los escritores. Lo sabe muy bien Roberto Arlt, quien no ha dejado de hablar del tema en sus obras.

[143] José María Vargas Vila, *Odisea romántica. Diario de viaje a la República Argentina,* Madrid, Espasa-Calpe, s. f., p. 14.

[144] *Ibid.,* pp. 16 y 17.

[145] *Ibid.,* pp. 124 y 125.

ma anunciadora".[146] Sin público, Vargas Vila dirá que se pagó él mismo su viaje, pero lo cierto es que llega a Buenos Aires como personaje del espectáculo, para hacer pública su enemistad con Lugones y declararse vencedor en la batalla —ya completamente pasada de moda— del modernismo latinoamericano. Pero también le interesa explorar la ciudad: "Son mis ojos de Historiador y de Escritor Político, los que buscan, a través de estas nieblas matinales, el Alma de la Ciudad",[147] que valorará negativamente, como la "Patria del Plagio". A falta de instituciones culturales y recibimiento intelectual, Vargas Vila rescata el calor del público, el éxito en la prensa.[148]

Otro viajero ilustre que llega a la ciudad, que estuvo en vivo después de tener por muchos años una fuerte presencia simbólica, fue Filippo Tommaso Marinetti. Las razones de su primer viaje, en 1926, no dejaron de levantar sospechas en todos los ámbitos culturales. ¿A qué iba Marinetti a Buenos Aires? ¿Era solo la visita del poeta de vanguardia o era también propagandista del régimen fascista, del que había ya varios enviados al país? El viaje de 1926 fue organizado por el empresario teatral italiano Niccolino Viggiani, quien vivía en Río de Janeiro. Como en el caso de France y Blasco Ibáñez, su visita forma parte de una gira cultural que, bajo contrato, hará que las conferencias se inserten en la corriente más comercial de la cultura. La visita de Marinetti, como la de todos los visitantes ilustres mencionados, obtendrá de la prensa una gran cobertura diaria. Estos escritores ya son escritores "masivos" (pero no por lo que escri-

---

[146] José María Vargas Vila, *Odisea romántica…, op. cit.,* p. 134.

[147] *Ibid.,* p. 128.

[148] Juan Carulla recuerda que se leía mucho a Vargas Vila, especialmente en el interior del país. Sobre su visita a Argentina, da cuenta de una versión diferente: "¡Cuán grande debe haber sido su decepción al asomarse a las calles porteñas y comprobar que nadie reparaba en la presencia de quien creyó cándidamente que su solo nombre tendría la virtud de congregar multitudes entusiastas!" (*Al filo del medio siglo, op. cit.,* p. 61).

ben, sino porque ellos mismos son parte de la obra que se consume), y la ciudad, su gran escenario. Se lee en *Martín Fierro,* la revista más importante de la vanguardia argentina:

> Ante todo: nos afirmamos en nuestra convicción de la importancia que Marinetti –principal y más célebre propagandista de ideas estéticas nuevas que existe hoy en el mundo–, tiene para nuestro ambiente. Su visita, sus conferencias dirigidas a la masa, la repercusión de sus teorías en la prensa, son una colaboración valiosísima al movimiento de renovación en que estamos empeñados hace tiempo un núcleo de hombres de buena fe y larga esperanza.[149]

Marinetti es el divulgador necesario, aquel que viene a legitimar lo que los jóvenes de la vanguardia nativa ya saben y practican, pero no pueden instalar en el público local. Es lo que quieren al promoverlo: difundir sus ideas, y la masa es la receptora, a través de Marinetti, de la novedad. Todo el artículo, titulado "'Martín Fierro' y Marinetti", ilustrado con una foto del banquete que le ofreciera la revista, es una ambigua reseña de la visita y la figura del escritor. Se celebra que Marinetti sea un radical de la novedad, aunque no hace sino lo que hicieron otros movimientos europeos, su estética es renovadora, pero él es un hombre superficial al tratar de divulgarla, es un militante de la modernidad pero tiene juicios arbitrarios y discutibles. En un momento, también a él le toca el turno de dar sus opiniones sobre Argentina, a las que *Martín Fierro* califica de "peregrinas ideas":

> Su concepto sobre Argentina, donde advierte ruda persecusión del dinero sin explicarse el concepto festival de la vida, ajeno a renunciamientos, que la origina; ni del inadmisible resbalar en

---

[149] *Martín Fierro,* núm. 30-31, julio de 1926, p. 5.

la improvisación, o la ausencia de rigor o probidad que le lleva a expedir juicios en público, sobre nuestros valores literarios y artísticos, con una muy deficiente información.[150]

La vanguardia, que se ha convertido en la gran mediadora de las ideas modernas, en el instrumento de una divulgación masiva de ideas estéticas, tiene sus puntos ciegos cuando quiere hablar del país. Sin embargo, la referencia al país parece inevitable —uno más, pero quizás el principal tema de los visitantes—. Y los conferencistas siguen trabajando. En el mismo momento en que Josephine Baker actúa en Buenos Aires y se exhibe *La caja de Pandora,* en noviembre de 1929, las carteleras anuncian conferencias de todo tipo: "La Atlántida ante la ciencia, la historia y la razón", "La nacionalidad en el matrimonio", "Impresiones sobre Iberia", entre otras. Waldo Frank se está presentando también en los escenarios porteños con su conferencia sobre "La mujer en Estados Unidos" en esos mismos días.

Lo cierto es que a Gómez Carrillo, por ejemplo, "el vivo" no le sirve de la misma manera que a Jules Huret, Anatole France o Vicente Blasco Ibáñez; tampoco le sirve como a Vargas Vila o Marinetti; en ninguno de ellos se parece, pero a la vez cada uno lo usa como una nueva forma cultural: estar en vivo, actuar la cultura en vivo, forma parte de las relaciones nuevas de la cultura con el mercado, con las instituciones, con el dinero, con el espectáculo. Y cada uno le da su propia forma, porque estar en vivo es, precisamente, construir un lugar a la medida de cada uno, convertir el espacio en actuación, producir la literatura y el arte como si fuesen para multitudes, pasar del clausurado espacio del libro a las públicas luces de los teatros y las marquesinas. Vargas Vila con su trasnochado modernismo o Marinetti con su militante acoso a las instituciones tradicionales del arte

---

[150] *Martín Fierro, op. cit.,* p. 5.

se encuentran, sin embargo, en el escenario donde la cultura ya es parte del espectáculo.

El espectáculo, si se buscan sus raíces, nace con la modernidad urbana, con la necesidad de brindar unidad e identidad a las masas a través de la imposición de modelos culturales y funcionales a escala total. Es expresamente en el interior de la sociedad democrática y moderna, donde actúan las masas, que esta tensión entre la literatura, el arte y sus valores y los escritores y su público puede desarrollarse y neutralizar sus puntos problemáticos. El espectáculo ha hecho algo más; permitió que la literatura pasara a ser una práctica donde la barrera más brutal entre la cultura alta y masiva se disolviera sin desaparecer. La letra, en la ciudad, puede haberse fortalecido simbólicamente —es la hipótesis de Ángel Rama en *La ciudad letrada*–, pero también fue el lugar donde cedió su espacio a la representación y el espectáculo. La ciudad es el lugar donde se asume el desplazamiento del espacio estético a la voz y al cuerpo del escritor, ahora depositario de una capacidad de intervención no solo propia, sino también de los otros, el público, los jueces, los socialistas, los periodistas, los cómicos, las mujeres, el público de los periódicos. "El vivo" de la literatura es, precisamente, esa capacidad ambigua de cómo se transformó —institucionalmente— la literatura.

III. Microviolencias

INFORMES, sin la articulación política y social del "pueblo", dentro de las masas se desarrollan conductas que responden a diferentes experiencias y tienen varias traducciones culturales. Las masas se convirtieron en espacios atravesados por el ejercicio de un poder no siempre visible y dentro de ellas se puede actuar en el amplio margen que va de la solidaridad de clase a la conspiración política, de la protesta reivindicativa a la represión paraestatal. En este capítulo me interesa explorar la contaminación entre prácticas culturales populares que derivan en la constitución de una forma de violencia de Estado en la Argentina del cambio de siglo XIX al siglo XX. Lejos de postular una relación causal entre cultura, violencia y política, por el contrario, trataré de articular ciertas discontinuidades, cortocircuitos, que les dan forma a comportamientos políticos de la modernidad cultural argentina. La deriva que siguen esas prácticas toma forma en el interior de las masas, encuentra allí su espacio de constitución y su mejor ambiente para reproducirse. Dentro de este marco, me voy a detener en la genealogía de una conducta mimética entre clases sociales para ver cómo la violencia atribuida a los sectores socialmente más bajos se transfiere a las clases altas a través de ciertas prácticas culturales que se transforman e institucionalizan en violencia de Estado. Las masas están en el trasfondo de esas conductas; ellas, como vimos, fueron estudiadas en su momento como el nuevo sujeto peligroso producto de las sociedades modernas, pero que, a la vez, las amenaza.

La conducta que quiero analizar está ligada a los comienzos del tango y forma un entramado muy especial que articula los bajos fondos prostibularios donde se inicia la música/danza y la apropiación por parte de las clases altas de un país que está transformando su estructura social. Como ha sido analizado en muchos estudios, el tango fue un dispositivo cultural de nacionalización a través de la apropiación de gustos populares vía la canonización en Europa.[1]

Sin embargo, el fenómeno del tango fue algo más y muestra también los usos que la mezcla de prácticas culturales entre los diferentes sectores sociales produce en Argentina. El tango, a través de la mimetización, la simulación, permite ver las formas en que "hacen masa" ya no los sectores que no tienen lugar reconocido en la distribución de las identidades sociales, sino los "aristocráticos", aquellos que se vuelven un colectivo violento, informe (adoptando los atributos que ellos mismos les dan a los sectores bajos) que ingresará más tarde en la lógica de la represión. Los hombres, y especialmente los hombres jóvenes de la elite argentina, entran, a fines del siglo XIX, en un torbellino de "mimetismo" con algunas prácticas de las clases bajas a través de la escena del prostíbulo; en ese mecanismo se mezclarán la violencia social, sexual y la política. Esas prácticas están marcadas por lo que Michael Taussig llamó "mimesis", esa facultad

---

[1] Dentro de la gran extensión y diversidad de la bibliografía sobre el tango, menciono aquí algunos libros fundamentales para comprender la dimensión cultural y política del fenómeno, no la meramente anecdótica: los de Blas Matamoro *(La ciudad del tango. Tango histórico y sociedad),* Florencia Garramuño *(Modernidades primitivas. Tango, samba y nación),* Edgardo Cozarinsky *(Milongas),* Andrea Matallana *(Qué saben los pitucos. La experiencia del tango entre1910-1940).* Y algunos clásicos: Vicente Rossi *(Cosas de negros),* Héctor y Luis Bates *(La historia del tango. Sus autores),* Jorge Luis Borges ("Historia del tango", en *Evaristo Carriego).*

humana, esa "naturaleza que la cultura usa para crear una segunda naturaleza" que está atravesada por historias de poder. Para Taussig, la mimesis es condición de la modernidad; es la conducta que conecta y hace visibles diferencias y desigualdades, que confronta y jerarquiza; es la conducta que se aloja cerca y distante de la zona de contacto (que concibe dentro del proceso de expansión del colonialismo europeo). Así, la mimesis es un espacio permeado por la tensión de poder en la que no es fácil decir quién es el imitador y quién el imitado, cuál es la copia y cuál el original. La difusión del tango debe mucho a las conductas imitativas entre clases en Argentina y luego entre los europeos y los estadounidenses que adoptaron la "danza exótica". En Argentina, la institucionalización de la violencia política usará el tango como un canal de expansión. Por eso propongo la idea de "microviolencias", tratando de ver una secuencia compuesta de ciertas intermitencias, escenas de violencia que se citan e imitan y que funcionan dentro y fuera del espacio de la ley. En la tradición que desde Walter Benjamin hasta Giorgio Agamben se piensa la violencia como una instancia que funda y preserva la ley y que, por lo tanto, es connatural a lo social, me interesa la transmisión de la violencia en la móvil —altamente volátil— sociedad argentina del cambio de siglo; pero no me detendré en la violencia como precondición del Estado, sino en tanto dispositivo político-social muy preciso, que actúa como secuencias de conductas que se desarrollan en espacios y contextos de minoridad, prácticas y conductas que son verdaderas puestas en escena de la redefinición de pactos políticos; en el momento en que la sociedad se organiza, el Estado se constituye y la nación se define.

Es aquí donde la violencia de la horda primitiva obrará en el espacio cargado de tensiones, en microsecuencias, no solo como suspensiones de la institucionalidad, sino de la sociabilidad misma que pacta lo social. Se trata de lo que Žižek llama la violencia sistémica, aquellas formas más sutiles de coerción que sostienen las relaciones de dominación y explotación, incluida la amenaza misma de la violencia. Me detendré en un conjunto de violencias menores[2] que, en pocos años, permite constituir como legítimo y socialmente aceptable el fuera de la ley de los márgenes sociales, cambiándolo de clase. Son esas microviolencias las que definen un tipo de sociedad democrática que ya no podrá prescindir, durante todo el siglo XX, de la puesta en escena de diferentes tipos de violencias a la vez dentro y fuera del Estado. La constitución del Estado nacional y sus leyes muy precisas para calmar el clima de violencia generalizada es, por ello, el marco de esta reflexión, y el tango será no tanto su ritmo como su gestualidad, mostrando la nueva sociabilidad interclasista que genera.

Los diversos estudios sobre el tango se encargan de debatir los orígenes musicales (de raíces negras, criollas o hispanas), la topología en la que surge (el suburbio/arrabal, el prostíbulo, el puerto) o la identidad nacional (argentina, uruguaya, española, caribeña, afrohispana) según las tradiciones en que quieran situarlo; pero casi todos los que escriben su historia están de acuerdo en el origen popular y, además, muy marginal tanto del baile como de la música y las primeras letras.[3] Ese margen reúne un conjunto de negatividades catalogadas en los cuerpos (lo ejecutan y bailan pardos, chinas, inmigrantes), los ambientes (se lo practica en burdeles, zonas marginales y muy precarias de la ciudad, conventillos), la moral (son sus agentes prostitutas, malevos, criminales, "macrós"), y destila una suerte de suciedad primitiva, primera vio-

---

[2] Menores en un sentido deleuziano, como autonomías resistentes a entrar en el espacio de la institucionalización y que operan disgregando el sistema.

[3] Esta perspectiva se encuentra en todo tipo de estudios. Dice, por ejemplo, Borges: "Pese a las divergencias que he enumerado y que sería fácil enriquecer interrogando a platenses o a rosarinos, mis asesores concordaban en un hecho esencial: el origen del tango en los lupanares. (Asimismo en la data de ese origen, que para nadie fue muy anterior al ochenta o posterior al noventa.)" ("Historia del tango", en *Evaristo Carriego, Obras completas,* Buenos Aires, Emecé, 1974, p. 159).

lencia que registran muchos testimonios. Leeré el tango en ese contexto primero, es decir, durante la consolidación del Estado en Argentina y el surgimiento de las instituciones organizadoras y disciplinarias, la llegada de la inmigración masiva, también contemporánea, y la organización del mundo obrero, cuando las luchas sociales ocupan, junto con la discusión de las leyes de organización del Estado, el primer plano del escenario político. Y junto con esa reorganización de la vida social, el correlativo despliegue de la violencia social y política, como su correspondencia.

La ley entonces es el primer problema. El recién constituido Estado dictó una cantidad de nuevas leyes fundamentales que reorganizaron la construcción de la vida comunitaria, que definieron la biopolítica de la Argentina moderna, desde la ley de Inmigración y Colonización (ley 761/76) en 1875, hasta la nueva Ley Electoral (ley 8871), conocida como ley Sáenz Peña que instituyó el voto universal (masculino, secreto y obligatorio) en 1912. Si con la primera de ellas se daba forma imaginaria al nuevo país que emergía con el Estado liberal (un país europeizado, densamente poblado, cuya economía se basaba en el modelo agroexportador), con la segunda se intentaba terminar con la conflictividad y la corrupción políticas a través de la consolidación de una democracia moderna legislada por los ciudadanos y no por las facciones partidarias. El proyecto inmigratorio, por su pésima implementación, fue un fracaso;[4] sin embargo, en su estela, una inmigración espontánea, no planificada, mayormente masculina, llegó al país instalándose preferentemente en las ciudades litorales, sobre todo en Buenos Aires. La nueva ley electoral tampoco respondió exactamente a lo previsto:

---

[4] Gracias al aumento del precio de la tierra por la especulación, muchos de los inmigrantes reclutados en intensas y costosas campañas promocionales del gobierno argentino en Europa regresaron a sus lugares de origen en pocos años. Los que se quedaron en el país no fueron a poblar "el desierto", sino que se hacinaron en las ciudades costeras.

el primer presidente elegido con este mecanismo en 1916, Hipólito Yrigoyen, implementará una nueva forma de populismo con fuertes prácticas corruptas, que derivará a la larga en el primer golpe de Estado militar contra un gobierno constitucional. Los cambios de este período brindaron material de estudio inmejorable para las ciencias sociales.[5] La historia, la sociología y la filosofía han dado su palabra a través de los discursos de José María Ramos Mejía, José Ingenieros, Carlos Octavio Bunge, entre otros; lo que dicen las prácticas culturales populares sobre lo social habría que leerlo en los testimonios que las comentan, pero no tan solo en los saberes especializados, sino en la gran cantidad de escritos y narraciones que surgen en el período.

1. TANGO

Un caso emblemático de la cultura de la contaminación, que se sirvió de la mimesis para reproducirse, que puso en escena las amenazas de la modernización a la vez que lo inevitable de las transformaciones que habían comenzado a sucederse, es la difusión del tango durante el cambio de siglo en Argentina; de un margen de la cultura semiurbana transita al centro de la ciudad y luego a las capitales más modernas de Occidente, precisamente como símbolo de modernidad. Hay, en ese tránsito,

---

[5] Alain Desrosières sostiene que, en Europa, las ciencias sociales se constituyeron en respuesta a las angustias suscitadas por la destrucción de los lugares sociales tradicionales como resultado de las dos revoluciones en Francia e Inglaterra. Por ello es notable el carácter "democrático" con que nacen estas ciencias modernas. Son saberes especializados, pero son ciencias de la interpretación y sus contenidos se vuelven rápidamente "divulgables", aptos para difundir en ámbitos que rebasan la institucionalidad del saber. El éxito de libros en el borde de las disciplinas (*Degeneración,* de Max Nordau, *Psicología de las multitudes,* de Le Bon, e incluso *El hombre delincuente,* de Cesare Lombroso) así parecen demostrarlo.

un intercambio fluido pero también jerárquico entre diferentes sectores sociales y culturales que involucra tanto las relaciones con el cuerpo, el género y las experiencias sociales, como la moral y la violencia social y política.

Los comienzos del tango se insertan en esta problemática. Las ciencias sociales, de la mano de Ingenieros, definen la diferencia entre hombres superiores y mediocres mediante un diagnóstico según el modelo clínico, y encuentran una correspondencia natural de los comportamientos superiores con los miembros ilustrados, de elite, y los inferiores con toda la gama de la negatividad social. Sin embargo, las nuevas leyes dictaban la igualdad de una manera "más igualitaria" que en el pasado y promovían una sociedad donde la idea de igualdad no solo era una positividad, sino que además acercaba sus sentidos a los de modernidad y progreso. En medio de extremas divisiones internas, conflictos de gobernabilidad y revoluciones contra sí mismas, las elites enfrentaron una transformación que tocó bordes de mezcla y mimetismo que se recogen con insistencia en memorias y testimonios de época. Si bien el tango surge y se difunde en el suburbio, muy tempranamente es apropiado por jóvenes de las clases más altas. Voy a citar *in extenso* las memorias de Federico M. Quintana y su recuerdo de las prácticas de los niños bien en su conexión con las clases más bajas de la sociedad y sus mutuas transacciones;[6] Quintana describe la atracción de los niños bien por el tango y la vida nocturna del suburbio y el margen a fines del siglo XIX:[7]

[6] "Niños bien" era una de las formas más difundidas para referirse a los jóvenes de la elite. La expresión era común y aceptada en el cambio de siglo y formará parte del repertorio del tango, la novela y el teatro del período. Reactualizada, llega hasta el siglo XXI, dando nombre a un local de baile de tango en Buenos Aires.

[7] Quintana fue miembro de la elite porteña. Fue embajador y viajero y no se identificó a sí mismo como escritor. Sus memorias, *En torno a lo argentino,* resultan muy valiosas porque intentan ser descriptivas del medio social argentino

La muchachada de Buenos Aires se contagió muy pronto con la atracción de costumbres tan llenas de vehemencia, tan diversas a las suyas; y quiso acercarse a ellas, como quien se asoma a un mundo de emociones fuertes. No era fácil introducirse sin cicerone en ese ambiente. Había que buscar un tipo de prestigio que sirviera de acompañante, que cuidara las espaldas. Junto a él, se iba a los barrios apartados, escenario preferido del quejumbroso baile. Allí la gente estaba como absorta, con la fascinación del medio y el empaque de sus héroes. Nombre, plata, de nada servían. El hombre del otro Buenos Aires no encontraba siquiera pareja que bailara con él, sin el permiso de su dueño. Y había que solicitárselo. Entonces el matón se acercaba protectoramente a su mujer, mandándola con la mirada, con ademán imperioso y breves palabras: "¡Che, Fulana, un amigo!" comenzaba así el aprendizaje directo del nuevo rito. Era una iniciación difícil, humillante. Para el neófito, todo resultaba desfavorable. Por mucho que se empeñara no conseguía ni remotamente satisfacer a su compañera. Sobre él pesaba el mirar socarrón de la concurrencia. Su compañera bailaba sin interés, como quien cumple una obligación impuesta. El piano mal afinado lanzaba bajo las expertas manos del *pardito* compositor, acordes imprevistos, absolutamente nuevos para el principiante, que terminaba el ensayo bajo un triple sentimiento de inferioridad: ante el público, ante la mujer y ante el pianista.[8]

---

del cambio de siglo y no presentar interpretaciones sociológicas. No sugiero que sean "más verdaderas" que otros escritos, sino que, al no estar atravesadas por los formatos científicos y sus protocolos de verdad, permiten que se vean con cierta claridad los presupuestos desde los que se escriben, especialmente los de clase y género.

[8] Federico M. Quintana, *En torno a lo argentino,* Buenos Aires, Imprenta y Casa Editora Coni, 1941, p. 38 (el énfasis me pertenece).

Quintana describe una sociedad cortada en dos: nosotros y ellos. El proceso de introducción de los niños bien en el bajo fondo de la sociedad se concibe como una iniciación —en la vida pública del margen, pero también como una iniciación de carácter sexual— decisiva, un aprendizaje que involucra mucho más que la nueva práctica del baile. Es una iniciación en la vida de los otros que comienza como el contagio de un nuevo mal (el "mal del tango") y, para poder integrarse a ese mundo, los jóvenes ricos emprenden una ardua tarea de aprendizaje por el que se someten voluntariamente a las clases más bajas, "descienden" en la escala para ser iniciados en el mundo del otro donde desean ser aceptados por "los de abajo". Necesitan, ellos también, crear una segunda naturaleza que los habilite a desarrollarse en la vida de esa nueva comunidad de la que desean formar parte, sin abandonar la suya. Las versiones sobre la violencia en los piringundines es parte de la mitología del suburbio y se cuenta de diferentes maneras. Enrique Puccia, un historiador de los inicios del tango y de la nueva topología urbana que surge en esos años, siguiendo los pasos de Ángel Villoldo, señala lo que sucedía en los inicios del tango:

> En *La Red* de Belgrano y en *la Bajada* de San Telmo, donde se bailaba entre hombres solos, muchos de los cuales, noche a noche y por cualquier insignificancia, se trenzaban en feroces duelos criollos, tanto más crueles si se considera que lo hacían atados con sus propias fajas, a fin de imposibilitar un deseo súbito de abandonar la lucha.[9]

Varios comentaristas del tango se resisten a las versiones en las que el tango se bailaba entre hombres; sin embargo, hay muchos

---

[9] Enrique Horacio Puccia, *El Buenos Aires de Ángel G. Villoldo. 1860-1919*, Buenos Aires, Corregidor, 1997, p. 49.

testimonios textuales y visuales que recogen esa práctica, no solo en los cafés o piringundines, sino especialmente en las calles y diversos lugares públicos. César Viale, secretario general de la Policía durante el Centenario (institución que estaba a cargo del general Dellepiane después del atentado anarquista en el que murió su antecesor, Ramón L. Falcón) recuerda que, durante el cambio de siglo, "el tango no había llegado aún al centro, andaba por los arrabales; cuando más se bailaba entre hombres en las veredas frente a los conventillos al compás de los organillos con ruedas conducidos por sus propietarios —napolitanos y calabreses de melena renegrida y lustrosa—".[10] Y Francisco Canaro cuenta en sus memorias que, a principios de siglo en el barrio de San Cristóbal: "La muchachada, formando parejas entre varones, se entregaba con alma y vida al ritmo de la danza, dibujando la vereda con las filigranas que surgían de los cortes, quebradas y sentadas, aprendidos en la Escuela Callejera",[11] y agrega que en esa época, "en las casas de familias el tango era una cosa prohibida".[12] También Felipe Amadeo Lastra registra que

antes del 900 era común ver de noche en las calles del centro, muchachones que bailaban con corte entre ellos, al compás del organito y dificultaban el paso por la vereda a los peatones. Estos órganos [...] eran unos aparatos grandes, del tamaño y forma de un piano, con ruedas, llevados por dos hombres, uno tirando de las varas y el otro empujando por detrás.[13]

[10] César Viale, *Estampas de mi tiempo,* Buenos Aires, Julio Suárez, 1945, p. 158.
[11] Francisco Canaro, *Mis memorias. Mis bodas de oro con el tango,* Buenos Aires, Corregidor, 1999, p. 37.
[12] *Ibid.*
[13] Felipe Amadeo Lastra, *Los recuerdos del 900,* Buenos Aires, Huemul, 1965, p. 57. También Tulio Carella (citado en Assunçao) dice: "Si los patoteros propiciaron su difusión por mera jarana, la habían iniciado mucho antes

Y con más detalle describen los Bates:

> Duelos horribles presenciaron las inmediaciones de la Batería, de las Carpas de la Recoleta, de la Boca. Atados de las piernas, para impedir la fuga, con las propias fajas que utilizaban a manera de cinturones, comenzaban a asestarse toda clase de tajos hasta que uno de los dos quedaba hecho una criba. El vencedor regresaba al local entre el aplauso de la concurrencia y la envidia de quienes se sentían disminuidos por su ocasional triunfo, no siendo difícil que al poco rato encontrasen un motivo cualquiera para terminar con aquel tormento de los celos.[14]

Casadevall reafirma la iniciación que describe Quintana:

> Los *muchachos bien* concurrían a los boliches y *peringundines* en busca de ocasiones de demostrar su esforzado ánimo para aprender a bailar la danza reprobada por las buenas costumbres, para mandar a las hembras con soberanía de varón, para alternar con la gente de avería y tratar de igual a igual a los *guapos* consagrados.[15]

Estos testimonios son confirmados por Ángel Villoldo, protagonista absoluto de los comienzos del tango. Villoldo recuerda en un reportaje en *La Razón,* el 17 de julio de 1917: "Los primeros tangos que compuse fueron para los bailes de las carpas de la Recoleta; eran las romerías, a las cuales concurría juntamente

---

los callejeros organitos 'Rinaldi' de tambor y platillo, que lo introdujeron subrepticiamente en la ciudad. La calle es el principal vehículo de propagación" (Fernando Assunçao, *El tango y sus circunstancias,* Buenos Aires, El Ateneo, 1984, p. 213).

[14] Héctor Bates y Luis J. Bates, *La historia del tango. Sus autores,* t. I, Buenos Aires, Tall. Graf. de la Cia. General Fabril Financiera, 1936, p. 29.

[15] Domingo Casadevall, *El tema de la mala vida en el teatro nacional,* Buenos Aires, Kraft, 1957, p. 13.

con empleados y obreros, todo el elemento maleable, amparado por la política y ensoberbecido por su valor personal".[16] Los niños bien se sienten atraídos por esa violencia, por ese clima de desafío. Una vez "contagiados" por el deseo del tango, se ponen a imitar a sus "maestros" y, como ninguna imitación es en vano, terminan simulando lo que no son, después de ser degradados por la humillación ante los hombres, las mujeres e, incluso, los "pardos" del bajo fondo. Sigue Quintana sobre los niños bien:

Pero esa misma dificultad, junto con las fuerzas envolventes del medio, lo incitaban a vencerla. Gran parte de la juventud porteña comenzó entonces a hacer todo lo posible para ponerse a la altura de sus modelos, imitando, a su vez, su andar, sus posturas, su lenguaje. Tomadas las primeras lecciones vergonzantes en los locales donde los llevaban sus guías malevos, acudían más tarde, libres de tutelas, a ciertas casas para ensayar no sólo el tango, sino también el gesto y el ademán de sus creadores. Frecuentemente, olvidando el origen y la educación recibida, trataban a las mujeres con la rudeza que habían visto emplear a aquéllos. Bailaban repitiendo los mismos cortes. Parecía como si quisieran compenetrarse con aquella áspera expresión de lo bajo. Ante esos inusitados alardes, cierta infeliz, sorprendida por la violencia de uno de sus visitantes de aspecto decente, exclamó: "Si vos no sos compadre ¿por qué te hacés el compadre?". Pregunta difícil de contestar. Hasta ahora me la repito sin poderle dar respuesta. En efecto: ¿Qué hacían allí con semejantes modales gente bien nacida, absolutamente ajena a ese medio? ¿Qué los atraía? No eran bailarines, ni guitarreros, ni compadritos.[17]

---

[16] Citado en Enrique Horacio Puccia, *El Buenos Aires de Ángel G. Villoldo, op. cit.,* p. 32.

[17] Federico M. Quintana, *En torno a lo argentino, op. cit.,* p. 39.

Las memorias de Quintana vuelven obsesivamente a esta pregunta colocándose a sí mismo dentro y fuera de la escena. Como deja en claro la cita, lo que no se entiende es el deseo de "rebajarse", es esa necesidad de simular, de volverse otros, de imitar a los más bajos "especímenes" de la escala social que no son vistos tanto como oponentes sociales, sino como sujetos a ser vampirizados, partes de un margen a ser apropiado. Queda claro que Quintana atribuye la violencia a "los de abajo" e interpreta la violencia de la elite como una mimetización inexplicable de la sociabilidad masculina en su afán de mostrarse socialmente prominente.[18] Dice Enrique Horacio Puccia sobre las romerías españolas en Recoleta, a fines de siglo: "La policía no se animaba a intervenir en forma decidida en esos incidentes que provocaban las 'patotas', los 'pasados de alcohol' y los hombres de 'avería'. Ello determinó el gradual alejamiento de las familias y de la gente pacífica";[19] se lo llamaba "El Prado", porque eran fiestas de españoles.

[18] El subcomisario Adolfo Bátiz señala sobre el trato hacia las mujeres en los contextos prostibularios: "La mujer de libreta tiene siempre un amante, el cual es un holgazán que en nada trabaja, que cuando su querida no le da lo suficiente para comer y vestirse le hace una caricia, pegándole un golpe de puño (á algunas mujeres les agrada) á fin de que se dé maña para ganar lo suficiente" (*Contribución á los estudios sociales (libro rojo)*, París, Imp. Paul Dupont, 1908, p. 146). Se sobrentendía que el compadrito tenía propiedad sobre la mujer y que la violencia física era parte natural de la relación. La sumisión que todos los comentaristas atribuyen a las mujeres es un tópico. Nadie lo discute. No hay, obviamente, testimonios que sostengan tal afirmación. Las mujeres de los prostíbulos estaban en situación de semiesclavitud; también sabían que salir del círculo de la prostitución muchas veces las despedía a un margen social igualmente despreciable.

[19] Enrique Horacio Puccia, *El Buenos Aires de Ángel G. Villoldo, op. cit,* p. 30. En la entrada correspondiente a la palabra "patota" del diccionario lunfardo de la página web *Todo tango,* se lee: "(pop.) Pandilla de jóvenes que se reúnen en la calle y atacan a determinadas personas haciéndoles daño o mofándose de ellas, ya por venganza o antipatía, ya por diversión y entretenimiento (TC.); reunión o grupo formado por varias personas (LCV.), generalmente muchachos, a veces provocadores y agresivos, que cometen desmanes en

La ciencia del momento en Argentina concebía la simulación de las clases inferiores como una forma de medrar, por eso, el "ir hacia abajo", voluntario, de los jóvenes de la elite resulta inexplicable, incluso para ellos mismos. Quintana intenta una respuesta a la pregunta sobre qué atraía a esos jóvenes al suburbio: "No lo sé. Pero lo seguro es que el tango —y no me refiero tan solo a su versión musical y cantada, sino a todo lo que representaba de extracción vulgar—, no bien apareció en el arrabal, se extendió rápidamente, y al llegar al centro de la ciudad se apoderó de él".[20] Se trata de un contagio, pero no olvidemos que voluntario; los jóvenes iban a "ensayar" las conductas de los malevos hasta en sus últimos detalles, según su testimonio.

La microviolencia del suburbio tiene su tradición y está arraigada en la historia política argentina, como señala Blas Matamoro en *La ciudad del tango (Tango histórico y sociedad),* a través de los nexos políticos de los caudillos conservadores con los punteros barriales y los compadritos que les servían de guardaespaldas y sicarios. El bajo fondo ya traía esos vínculos incorporados. Puccia recuerda que los principales cafés de La Boca donde se bailaba tango durante el cambio de siglo estaban en los alrededores de las calles Necochea y Brandsen; que allí iban los del barrio y los cajetillas del centro. Había muy cerca un comité y muchas de las peleas entre las diferentes facciones políticas se trasladaban a las calles y a esos cafés. Francisco Canaro cuenta que en la es-

---

lugares públicos y comercios, perteneciendo a diversas extracciones sociales; pandilla de jóvenes bullangueros (YAC.) // (polic.) pequeño grupo de personal policial de Investigaciones, en ocasión de recorrida callejera". Disponible en línea: <http://dev.todotango.com/spanish/Biblioteca/Lunfardo/Definicion.aspx?l=P&p=patota>. El *Diccionario de la Real Academia Española* aclara: "Grupo, normalmente integrado por jóvenes, que suele darse a provocaciones, desmanes y abusos en lugares públicos". Eduardo Giorlandini, en su blog, hace una historia del término. Disponible en línea: <http://eduardogiorlandini.blogspot.com/2011/04/patotero-sentimental.html>.

[20] Federico M. Quintana, *En torno a lo argentino, op. cit.,* p. 40.

quina de Suárez y Necochea, donde comienza su carrera porteña (después de sus inicios en el interior), estaba lleno de piringundines y locales de todo tipo de diversión. Dice que había clima "basso porto" y se hablaba más "xeneize" que español, y también menciona el clima de violencia política y los riesgos que corrían los músicos en veladas que generalmente terminaban a los tiros. Cuando Matamoro describe a los compadritos, señala que "en parte son milicos desocupados, bruscamente dejados de lado en el proceso de desmilitarización que se produce a partir de la extinción de los últimos caudillos, la paz en el Paraguay (1871) y la derrota de Tejedor a manos de las tropas federales";[21] y son también —prosigue— los descendientes de Juan Moreira, los matones a sueldo de los políticos conservadores.[22] Los comienzos del tango son difusos y no hubo historiografía interesada en registrarlos de manera documental, pero el vínculo entre suburbio y violencia siempre se destaca y la propuesta de Matamoro llama la atención sobre esa "mano de obra desocupada" de los ejércitos que pasa a operar en el margen social. En una línea semejante, Puccia describe las conductas en los café-conciertos de más baja estofa de principios del siglo XX:

Los gritos y los silbidos significaban el preámbulo de las bataholas que se armaban, con volar de vasos, bandejas, y reparto

[21] Blas Matamoro, *La ciudad del tango (Tango histórico y sociedad)*, Buenos Aires, Galerna, 1969, p. 29.
[22] Y son acaso algo más. En un libro con interesante material de archivo y arbitrarias polémicas, Hugo Lamas y Enrique Binda afirman que, alrededor de 1860, "simultáneamente se ubica la presencia de patoteros, pertenecientes a la sociedad porteña en el gobierno o vinculados a ella, como Juan Cruz Varela, Florencio Varela, Eduardo Flores (hijo del general Flores), Julio Gowland, Floro Lavalle, Domingo Sarmiento, Bartolomé Mitre, etc., quienes habían descubierto el deporte de destrozar prostíbulos y agredir a las mujeres que habitaban en ellos" y aportan los testimonios de varios casos policiales contra estos protagonistas (Hugo Lamas y Enrique Binda, *El tango en la sociedad porteña 1880-1920*, Buenos Aires, Héctor L. Lucci, 1998, p. 26).

generoso de "bastonazos" y "botellazos", ya por enfrentamientos de "barras" rivales o por el mero hecho de no ser del agrado del público el espectáculo que en esos instantes se ofrecía.[23]

Destaca también que en todos estos espectáculos, se mezclaba un público muy popular (integrado —según él— por carreros, compadritos, hombres de avería, viejos verdes, mujeres equívocas) con niños bien.

La atracción hacia lo vulgar es lo que también Sebastián Tallón había advertido como núcleo inexplicable en la conducta de la gente bien. Hay documentos que sostienen su argumento; el tango nacido en el suburbio se difunde en la sociedad porteña entre las clases trabajadoras y medias mucho antes de su aceptación por el centro; era un baile familiar entre comunidades inmigrantes y criollas y habría perdido el estigma prostibulario ya en el cambio de siglo, aunque se lo identifica siempre con el margen social.[24] Del mismo modo que Quintana, Tallón describe al tango decididamente no como un baile o una música particular, sino como un conjunto de prácticas culturales y afectivas que son formadoras de identidad y que provienen del ambiente prostibulario:

El tango no era meramente una música, una canción, un baile familiar o popular de ciertas horas alegres. Era algo consubstancial con el bajo fondo. Algo oriundo del lenocinio y de la amoralidad del compadrito. Y se había convertido en un modo de ser, en un

[23] Enrique Horacio Puccia, *El Buenos Aires de Ángel G. Villoldo, op. cit.,* p. 127.

[24] A través de testimonios, notas periodísticas, archivos policiales, Lamas y Binda proporcionan documentos que hablan de la difusión temprana del tango entre sectores trabajadores. Información semejante se encuentra dispersa en testimonios y otros estudios; véanse Adolfo Bátiz, *Contribución á los estudios sociales (libro rojo), op. cit.;* Eusebio Gómez, *La mala vida en Buenos Aires;* Enrique Horacio Puccia, *El Buenos Aires de Ángel G. Villoldo. 1860-1919.*

estilo psicológico, en una manera de vivir. Quería pasar, en definitiva, por ser una clave para diferenciarse como argentino.[25]

Ambigua forma de identidad, Tallón intenta exponer el lado decente del tango después del proceso de consumo de las clases medias y altas.[26] Hay una versión que quiere ver la forma "democrática" en que se establecieron estos vínculos, pero también hay otra, autoritaria y violenta. En todo caso, se trata de espacios de transición que, culturalmente, comienzan a ser indecisos, aunque siempre están atravesados por el ejercicio del poder. La burguesía se permite ser atraída por el cabaré y el tango, pero no por ello va a crear espacios de igualdad; si la sociología de la cultura entendió que el margen (social y cultural) se apropió de muchas prácticas del centro,[27] no es menos cierto que el centro hará lo mismo con algunas de las del margen aunque se corra el riesgo de contaminarse. Es lo que señala, con ojo policial, el testimonio de César Viale:

El tango se introdujo en la ciudad por vía del Politeama, que se convirtió en su meca durante los días de Carnaval. La Ópera también, mas el Politeama le aventajaba en cuanto a ser el sitio preferido del compadraje de taco alto y pantalón ajustado al tobillo. El meneo exagerado era el sello de este baile. Y con este meneo comenzaron luego a introducirlo los mozos de familia en los salones de la Gran Aldea.

[25] José Sebastián Tallón, *El tango en sus etapas de música prohibida,* Buenos Aires, Instituto del Libro Argentino, 1964, p. 29.

[26] Borges recuerda: "Muchos años requirió el Barrio Norte para imponer el tango —ya adecentado por París, es verdad— a los conventillos, y no sé si del todo lo ha conseguido. Antes era una orgiástica diablura; hoy es una manera de caminar" ("Historia del tango", *op. cit.,* p. 160).

[27] Los libros de Beatriz Sarlo, *El imperio de los sentimientos* y *La imaginación técnica,* estudian, con estas hipótesis, algunos de estos procesos en las primeras décadas del siglo XX.

El buen gusto lo fue puliendo poco a poco hasta transformarlo; pero lo que cambió fué el apretón entre los danzarines. Antes de la llegada del tango se bailaban, con separación cortés, los valses, las polkas y las mazurkas.[28]

Viale, acostumbrado a observar los bajos fondos y las transacciones que la vieja clase debe implementar con los nuevos sectores sociales, es un liberal que celebra la aparición del Partido Socialista, como una forma legal de contener los conflictos sociales: "La aparición del Partido Socialista ha sido para nosotros el paliativo contra el anarquismo, porque ha desviado a la clase obrera de aquel sendero [la violencia anarquista]"[29] y tendrá cierto protagonismo en momentos decisivos de la historia de la violencia argentina.[30] Hay que subrayar, en este punto, que la topología que se usó, y aún se usa, para describir la apropiación urbana revela los nuevos usos de la ciudad; el centro urbano no es solo un centro social, sino también un centro de consumo y modernización cultural; la elite no habitaba allí, pero era allí donde desplegaba su poder y sus gustos. Y los márgenes eran el espacio de la pobreza, que abarcaba no solo los suburbios y las áreas poco urbanizadas, sino también enclaves en el mismo centro, donde proliferaban los conventillos, ocupados por familias in-

---

[28] César Viale, *Estampas de mi tiempo, op. cit.*, p. 158.

[29] *Ibid.*, p. 238.

[30] Viale pertenece al núcleo duro de la elite, sobrino nieto de Luis Sáenz Peña, emparentado políticamente con Nicolás Avellaneda, su padre fue muy cercano al presidente Manuel Quintana. Amigo del barón De Marchi y los jóvenes "aristócratas" del cambio de siglo, Viale manejaba uno de los dos autos eléctricos que había en Buenos Aires. Una foto de la revista *P.B.T.* del 6 de mayo de 1911 lo muestra, cuando era secretario general de la Policía de Buenos Aires, con pantalón bombilla y bota de taco, bastón y sombrero, como él describe a los tangueros. Fue secretario de Policía durante las celebraciones del Centenario y participó como amigo y colaborador del general Dellepiane durante la Semana Trágica. La represión, durante ambos eventos, fue brutal.

migrantes, trabajadoras, obreras, espacios que se estaban transformando rápidamente. Adrián Gorelik estudia la construcción del espacio público en Buenos Aires "como el producto de una colisión, fugaz e inestable, entre forma y política".[31] Esa colisión comienza en 1887 cuando se ponen los límites de la recientemente federalizada ciudad de Buenos Aires y, de 4.000 hectáreas, la ciudad pasa a tener 18.000. Lo que se incorpora —dice Gorelik— es pampa, llanura, no hay ningún tipo de urbanización fuera del casco central. Su hipótesis es que, sin embargo, ese espacio se pensará como metrópolis desde el principio y por eso las diferentes topologías urbanas cobran valor social y político inmediato. La idea de ciudad —en su argumento— contiene a todos. Si esto es así, entonces se entiende que sea decisiva la demarcación cultural de espacios; poco a poco, toda la ciudad se vuelve escenario de disputas territoriales.[32] El tango se convierte rápidamente en un conjunto de signos. Desde temprano, en el país inmigratorio, la elite se apropiará del tango concibiéndolo como una práctica cultural que define la identidad —"lo argentino" y "lo porteño"—, pero que surge de una permanente puesta en escena (simulación, dirá Ingenieros) de la máquina cultural para producir segunda naturaleza: son poses, conductas, que se actúan a través de la vestimenta, el maquillaje y muchos accesorios. La identidad urbana que el tango genera pronto identificará también a los inmigrantes recién llegados.

[31] Adrián Gorelik, *La grilla y el parque. Espacio público y cultura urbana en Buenos Aires 1887-1936,* Buenos Aires, Universidad Nacional de Quilmes, 1998, p. 20.

[32] "En muy poco tiempo, entre los últimos años diez y los primeros años veinte, el suburbio avanza sobre el centro ocupando rápidamente las principales atenciones políticas, culturales y urbanísticas" (*ibid.,* p. 309). Este "desplazamiento" urbanístico de la ciudad dentro de sí misma habría tenido su previa cultural en las disputas territoriales de los diferentes sectores sociales, que veremos en breve.

2. La sociedad del tango

Los autores uruguayos sostienen que el tango nace en los arrabales de Montevideo e inmediatamente pasa a Buenos Aires a través de las transacciones de los puertos; el origen es menos prostibulario que racial (pero, en el diagnóstico de las razas inferiores, ambas cosas van juntas): son "los negros" los que adaptan la habanera y el tango andaluz al candombe y crean una versión musical nueva. Pero también en este caso es la rueda de una serie de transacciones entre clases (diagnosticada como simulación) la que inscribe el desarrollo en otros grupos sociales y étnicos. Vicente Rossi, en *Cosas de negros*, analiza lo que él considera el origen del tango, el candombe, que se celebraba oficialmente durante los días de Carnaval en todo el Río de la Plata;[33] el contexto del Carnaval hace apta la fábula interracial e interclasista, habilitando el intercambio de lugares sociales. Así describe la diversión de los niños bien durante el festejo del Carnaval: "El proceso de formación de esas comparsas de blancos-negros distinguidos era sencillo: Los 'niños' de las 'familias bien' comenzaron por agregarse a las que organizaban los negros, entre los cuales figuraban indefectiblemente sus sirvientes".[34] Pero los niños bien se armarán de una segunda naturaleza bien visible, para mantener su doble estatus cultural:

> Vestían traje de etiqueta con las exageraciones necesarias para la más cómica caracterizacion, y no se pintaban toda la cara sinó

[33] Es en el contexto del Carnaval en que el tango parece popularizarse (es decir, difundirse entre los diferentes sectores). A fines de 1880 y principios de los noventa, se armaban las conocidas carpas en la Recoleta, donde se bailaba durante los carnavales con enorme cantidad de público (que incluía todo tipo de marginalidad, clase trabajadora, niños bien). Véanse Hugo Lamas y Enrique Binda, *El tango en la sociedad porteña, op. cit.,* y Enrique Horacio Puccia, *El Buenos Aires de Ángel G. Villoldo, op. cit.*

[34] Vicente Rossi, *Cosas de negros,* Buenos Aires, Solar y Hachette, 1958, p. 103.

simplemente un antifaz, escrúpulo de delicadeza social-carna-valesca. Cruzaban las calles del viejo Buenos Aires a pié, visi-tando a las familias mas conocidas para bromear con verdadera gracia y espiritualidad, imitando el lenguaje de los negros bo-zales (lo que ciertamente no haría buen juego con media cara negra).[35]

La imitación, la simulación, la parodia y la burla se constituyen en esa segunda naturaleza que crea la cultura y que no pone en entredicho la idea de original, sino que habilita un campo de apropiación del otro dejando en claro el juego de la doble iden-tidad a través de sus cualidades: desde cómo bailar hasta cómo tratar a las mujeres, desde cómo pararse hasta cómo acomodar el sombrero. Parte de las polémicas sobre el origen y la transmi-gración del tango se debe a este diagnóstico de simulación de toda la sociedad cuando los límites entre clases se hacen algo más laxos y las costumbres comienzan a entremezclarse. No lo hacen de manera pacífica, y la apropiación tiene caminos de ida y vuelta porque los negros, antes de hacer las comparsas mix-tas con sus amos blancos, desfilaban para sus fiestas "de negros" con las ropas de los amos blancos, imitando sus maneras aris-tocráticas, comportándose como ellos y parodiándolos. Pero en estos juegos de simulación e intercambios las jerarquías poco

[35] *Ibid.,* p. 104. José Luis Lanuza corrobora este argumento, pero lo data más atrás en el tiempo: "Por ese mismo tiempo algunos jóvenes decentes se dieron en imitar a los negros en sus comparsas. En 1869 apareció en Bue-nos Aires la 'Sociedad de los Negros' uniformada con camisas garibaldinas de raso rojo, quepis militar, pantalón blanco y lustrosas botas granaderas. De negros no tenían más que un antifaz sobre sus rostros blancos. Los pre-sidía Héctor Varela… Estos falsos negros, que remedaban la pintoresca jerga bozalona de los morenos verdaderos, recorrían las casas de sus relaciones, cantaban algunos coros y, al son de su propia orquesta, daban unas vueltas con las niñas" (*Morenada. Una historia de la raza africana en el Río de la Plata,* Buenos Aires, Schapire, 1967, p. 216).

a poco toman su lugar para restablecer el orden alterado; sigue Rossi: "Y tan radicalmente sustituyeron a los negros los blancos, que el pueblo no aceptó más la realidad en esa demostración, y observaba con desencanto a los negros lejítimos que cayeron en la debilidad de formar algunas agrupaciones lubolas".[36] Una y otra vez, estos procedimientos se desarrollan en el interior de las masas: se trate de comparsas, patotas, clubes o academias, las nuevas conductas se explican por el anonimato, el refugio que la idea de masas habilita y que se convierte en la nueva correa de transmisión de valores y conductas.

No hay testimonio que no describa al tango del suburbio como una práctica que atrae a los niños bien, que, poco a poco, lo introducen en sus mansiones. Un hito de ese recorrido es el año 1912, cuando el barón Antonio María de Marchi, italiano, yerno de Julio A. Roca, presidente y fundador de la Sociedad Sportiva Argentina y del Buenos Aires Boxing Club, organiza una noche de tango en la pista del recién inaugurado Palais de Glace.[37] Allí convoca a Enrique Saborido (compositor, uno de los primeros nombres reconocidos entre músicos y bailarines de tango) y a Cortinas

[36] Vicente Rossi, *Cosas de negros, op. cit.*, p. 110. Casadevall aporta datos sobre una muy popular figura urbana: el "negro" Raúl. De maneras refinadas, era bufón de las patotas de niños bien que se lo disputaban y hasta lo llevaban de veraneo para continuar la diversión durante las vacaciones. Es la tradición que viene de Juan Manuel de Rosas divirtiéndose con Biguá y sus otros "negros" (que eran de su propiedad, como lo consigna, entre otros, González Lanuza).

[37] El abuelo del barón De Marchi inmigró desde Suiza a Argentina en el siglo XIX. Tuvo una casa de música, una droguería y muchas propiedades en el país, las que siguió administrando su familia cuando él regresó a Europa. Su nieto, Antonio, llega a Argentina a fines del siglo XIX. Conoce y baila el tango en Milán a principios de siglo a través de bailarines argentinos y franceses. La mayor parte de sus actividades en el país se centra en la difusión del deporte. En 1915 va a Italia para enrolarse como voluntario en la guerra y de regreso a Argentina fue presidente de Dopolavoro, institución fascista que promovía actividades culturales y deportivas para los trabajadores en las horas de recreación.

(bailarín) para que animen las funciones. Aunque asisten varias damas y los caballeros de la elite porteña, no deja de ser un divertimento y al año siguiente la propuesta se repite con formato de gran concurso o festival.[38] Luego el tango llegará a Europa y lo hace por tres posibles vías: una muy popular: en 1905, los marineros argentinos de la fragata *Sarmiento* desembarcan en Marsella partituras de "El choclo" y "La morocha" que inmediatamente se difunden en los cafés; otra, más aristocrática, dice que los jóvenes argentinos que lo bailan en París, entre ellos, sobresaliendo, el futuro escritor Ricardo Güiraldes y su amigo Alberto López Buchardo, lo difunden en los salones y más tarde llevan de Buenos Aires una orquesta de tango y una bailarina gracias al éxito que tienen en los salones parisinos.[39] La tercera vía es la comercial y la propone Nardo Zalko, quien, en *París/ Buenos Aires. Un siglo de tango,* dice que el tango fue introducido en Francia través de Pierre Baetz. Este era un violinista que

[38] El barón De Marchi está mencionado en casi todos los libros sobre tango; pero el episodio se registra con algún detalle en las obras de Sergio Pujol *(Historia del baile. De la milonga a la disco)* y de Edgardo Cozarinsky *(Milongas).*

[39] Nardo Zalko recoge una anécdota sobre Ricardo Güiraldes: "Su primera expresión sobre el tango data del 22 de febrero de 1894, cuando escribe, en francés, a los ocho años, desde la estancia La Porteña […], una carta a su madrina 'Querida Sarita', para agradecerle el regalo de una guitarra: 'Estoy muy contento de la pequeña guitarra, la quiero mucho, te agradezco con todo mi corazón. Manolo ya me enseñó el Queco y la Milonga'" (*París/Buenos Aires. Un siglo de tango,* Buenos Aires, Corregidor, 2001, p. 68). "El queco", uno de los primeros tangos, remite al prostíbulo, pero también había sido adoptada como canción militar. Cuando en 1874 el general Mitre se subleva contra el gobierno (por fraude en las elecciones nacionales que le dan la presidencia a Nicolás Avellaneda), recibe el apoyo del general Arredondo y sus tropas entran en San Luis cantando "El queco". En la copia que leí de esa carta del niño Güiraldes, se lee: "Je suis tres content de la petite guitarre. Je l'aime beaucoup, je te remercie de tout mon coeur. Manolo m'a déja appris le cueco et la milonga". No se puede asegurar que se refiera al tango, pero cabe esa posibilidad. Agradezco a Elida Lois y a Ivonne Bordelois por su ayuda para tratar de desentrañar esta historia, que sigue guardando su misterio.

trabajaba en la línea transatlántica Le Havre-Buenos Aires, también propietario gerente de una casa de edición musical. El músico viajaba tres o cuatro veces por año a Buenos Aires, en cuyos cafetines del puerto debe haber conocido el tango que aprendía de memoria. Cuando conseguía una partitura, la publicaba clandestinamente en Francia. Las tres versiones intentan explicar un desembarco seguro del tango en Francia en la primera década del siglo XX y su rápida difusión entre los sectores cultos y cosmopolitas, haciendo caso omiso del origen bajo en Argentina. Desde entonces, la sociedad enloquecida por el tango no se limita al Río de la Plata.[40] El mismo Rossi cita a un periodista montevideano que reporta para un periódico porteño desde París:

> Habíamos estado en la avenida de las Acacias cuyas aceras estaban muy concurridas, cuando mi compañero me llamó la atención hacia una mujer joven hermosa, con un traje que le envolvía las piernas como exiguo chiripá. Después de observarla un instante, mi amigo y yo nos miramos asombrados: No había duda! Aquella apuesta muchacha imitaba en el paso, medio en puntas de pies, en el encojimiento de los hombros, en su empaque y sus andares, los modos característicos de nuestra plebe orillera.[41]

Sorprende en el Río de la Plata que la parisina joven y hermosa imite a la plebe orillera, y más que lo haga sin saberlo, a través de la gestualidad que los niños bien habían llevado a París; sorprende doblemente por ser mujer y parisina que forme parte de

---

[40] Cuenta Pujol que entre los argentinos distinguidos de París surge la idea de abrir un cabaré especializado en tango, "El Garrón", a cuya inauguración habrían asistido Ígor Stravinski, Isadora Duncan y "le tout París".

[41] Vicente Rossi, *Cosas de negros, op. cit.*, pp. 163 y 164.

la cadena de legitimación del baile prostibulario y sus conductas. Pero lo que más sorprende es cómo el discurso de la época puede "ver" los movimientos de la masa del margen argentino en una muchacha de París;[42] es, precisamente, la voluntad de establecer la cadena de transmisión la que genera la cantidad de testimonios de rasgos ya altamente codificados en estos discursos.[43] Del mismo modo, la figura del argentino en París forma parte de un estereotipo muy difundido. Enrique Gómez Carrillo, en su serie de crónicas sobre Buenos Aires para *La Nación,* publicadas como *El encanto de Buenos Aires* en 1914, describirá a ese "argentino" rico cuyas parodias ya son moneda corriente:

[42] Marta Penhos informa sobre una imagen anterior y menos celebratoria pero igualmente mimética cuando analiza la identificación del guapo urbano con un "salvaje" en Jujuy. Recupera un artículo de *El Diario,* de 1904, "que cubre un viaje ministerial por el Noroeste y el Chaco durante el que se inauguraron tramos ferroviarios, instalaciones de aguas corrientes y otras obras públicas. Cuando describe el recibimiento del ministro en San Pedro de Jujuy, el cronista se detiene en la muchedumbre que espera en el andén: 'Entre estos ejemplares del salvaje finalmente adaptado al trabajo, destacábase un *dandy* chorote, sin duda personaje de estrago en la toldería, grandote y requintado, sonrisa lasciva y ojos entornados sobre los cuales caía bizarramente el sombrero. [...] completando rojo pañuelo aquella silueta de 'taita' indígena, antecedente directo del compadre urbano'" (Marta Penhos, "Frente y perfil. Una indagación acerca de la fotografía en las prácticas antropológicas y criminológicas en Argentina a fines del siglo XIX y principios del XX", en Marta Penhos, Carlos Masotta y otros, *Arte y antropología en la Argentina,* VIII Premio de la Fundación Telefónica, Buenos Aires, Fundación Espigas, 2005, p. 50).
[43] El tango en París es una práctica que adoptan con más entusiasmo las mujeres que los hombres. Béatrice Humbert sostiene que los franceses carecen de temperamento "macho" y, por eso, será una moda principalmente femenina; incluso se baila entre mujeres o las mujeres lo bailan con los profesores, pues se lo considera un buen ejercicio físico. Pero será, fundamentalmente, una moda, que sostiene toda una industria de zapatos, vestidos, perfumes, un *champagne,* cigarrillos, maquillaje, los té-tangos, etc. En realidad, la difusión del tango en Europa y Estados Unidos es la difusión de un nuevo consumo cultural (Béatrice Humbert, "El tango en París de 1907 a 1920", en Ramón Pelinski [comp.], *El tango nómade. Ensayos sobre la diáspora del tango,* Buenos Aires, Corregidor, 2000).

¿Dónde está el argentino que todo el mundo conoce y reconoce, el de las comedias de Sacha Guitry, el de las revistas de Río, el muchacho muy moreno y muy elegante, y también muy insoportable, que lleva el sombrero de copa *sur l'oreille*, que no se quita de la boca el enorme habano ensortijado de oro, que mira con insolencia á las mujeres, que habla á gritos en todas partes y que hace sonar su "plata", su terrible "plata", cual si fuera un collar de cascabeles?[44]

Gómez Carrillo no lo encuentra en Buenos Aires y concluye que puede tratarse de un tipo que se desarrolle solo en el exterior: "Pero, por desgracia para el prestigio del país, diríase que este sér vive siempre en Europa, ó que sólo en Europa se muestra en su faz caricaturesca".[45] Poco tiempo después, Enrique Cadícamo corrobora esta imagen cuando relata un viaje a Europa con músicos de una orquesta de tango:

Las manzanillas bebidas nos alegraron lo bastante como para que de regreso a bordo comenzáramos con Maida, Matos y Bucino, mientras la tripulación dormía, a dar una muestra muy sudamericana de diversión, arrojando al mar unas cuantas butacas y sillas de mimbre del sun deck que quedaron flo-

[44] Enrique Gómez Carrillo, *El encanto de Buenos Aires,* Madrid, Perlado, Páez y Comp. (sucesores de Hernando), 1914, p. 114.

[45] *Ibid.* En 1931 se estrena el tango "Anclao en París" (de Enrique Cadícamo y Guillermo Barbieri), cuya letra es el reverso de esta versión; se trata del argentino pobre, bohemio, que no puede regresar a su entrañable Buenos Aires por no tener medios: "Tirao por la vida de errante bohemio / estoy, Buenos Aires, anclao en París. / Cubierto de males, bandeado de apremio, / te evoco desde este lejano país. / Contemplo la nieve que cae blandamente / desde mi ventana, que da al bulevar/ las luces rojizas, con tono muriente, / parecen pupilas de extraño mirar". En el tango, los pobres acceden a París cuando ya ha pasado la época dorada y viven esa experiencia como una condena.

tando alrededor del navío como el resto de un naufragio. Al día siguiente fueron recogidas por los marineros.[46]

Muchos de los reportes de la época describen la difusión del tango en las ciudades modernas (París, Londres, Berlín, Nueva York) como una "fiebre", una enfermedad que "se contagia", pero esa "naturaleza" que se transmite es claramente una "segunda naturaleza": una vez inoculado el mal, habrá toda una industria para reproducirla: academias y profesores de baile, modistos, zapateros, músicos, fabricantes de instrumentos, de maquillajes y de todo lo necesario para la puesta en escena, pero es la industria discográfica la que verdaderamente permite esta difusión.[47] El tango que se baila en Europa y Estados Unidos puede haber llevado sus maneras, pero ha sido extirpado de su clase y se convirtió en un producto de consumo. Y sin embargo, volverá a ella transformado.

3. Patotas

La imitación no se limita a los niños bien sometiéndose a las enseñanzas de los compadritos ni a hacer "cosas de negros", ni a las conductas de los europeos que han aprendido los gestos de baile de los malevos rioplatenses. Esta cadena tampoco se limita

[46] Enrique Cadícamo, *Memorias,* Buenos Aires, J. C. Fernández y Cía., 1978, p. 122.

[47] Para Marta Savigliano *(Tango and the Political Economy of Passion),* el tango se incorpora a la economía mundial de la pasión junto con muchas otras danzas a principios del siglo xx. Según su hipótesis, así como el capitalismo aliena a los trabajadores, la existencia de lo exótico sensual les recuerda lo que han perdido y que ahora pueden comprar. Andrea Matallana, por el contrario, en *Qué saben los pitucos. La experiencia del tango entre 1910 y 1940,* analiza las maquinarias de consumo cultural alrededor del tango a partir de la industria discográfica y lo entiende como un producto del consumo cultural.

al tango como música o danza; se incrusta en la conducta violenta de los grupos de hombres que habitan una ciudad que se encuentra en transformación permanente. Los testimonios de la época recogen el perturbador fenómeno de los grupos de jóvenes, que actúan bajo la lógica de la masa y que atraviesa la sociedad masculina del margen a la elite. A fines del siglo XIX, los hombres jóvenes y ricos que se movían en grupo por la ciudad en los lugares públicos de ocio y espectáculo se llamaban "indiadas". Leopoldo Lugones, en *Historia de Sarmiento,* las describe cuando habla del mundo de avería, en el que los elementos violentos están ligados a la política:

> Entre los payadores y "pesaos" más famosos de su concurrencia [se refiere al "almacén de la Milonga" en el suburbio] figuraban el gaucho Pajarito, el pardo Flores, el tigre Rodríguez, y el negro Villarino, todos elementos políticos de importancia en su mundo semi-prófugo, aunque asaz distintos del compadre actual con sus tangos estúpidos, sus restalladas *eses* genovesas y sus hombros tísicos de tabla mal escuadrada. [...] La juventud dorada calavereaba en el famoso Alcázar, cuyas estupendas griterías y tiroteos a botellazos constituyeron más de una vez manifestaciones políticas. Sabido es que aquella juventud denominábase con el significativo título de "la indiada".[48]

Si se llaman "indiadas" a fines de siglo, a principios del XX se llamarán "patotas".[49] Varía el nombre, pero no la práctica de ha-

[48] Leopoldo Lugones, *Historia de Sarmiento,* Buenos Aires, Academia Argentina de Letras, 1988, pp. 96 y 97. Manuel Bilbao, en *Tradiciones y recuerdos de Buenos Aires,* entre muchos otros, cuenta anécdotas de "las indiadas" con el mismo formato: jóvenes que hacen desmanes en lugares públicos, la policía que los lleva detenidos y los deja salir inmediatamente, damnificados que no se quejan por temor a las represalias.
[49] Felipe Amadeo Lastra recuerda que "el vocablo 'patota' lo oímos mencionar antes del 900 y significaba los grupos de muchachos noctámbulos

cer masa en la experiencia urbana. Según analistas de la época, lo que los jóvenes de las elites aprendían en el suburbio no era solamente a bailar el tango, sino, por sobre todo, su estancia en el prostíbulo del margen les permitía legitimar el trato violento con las mujeres y con "los de abajo", que reproducían después en el centro de la ciudad armando escándalos públicos en bares, cafés, teatros, o en las esquinas céntricas, entre sí mismos, pero, muy especialmente, contra un orden social en el que poco a poco se mezclaban las clases, los géneros, las razas, que se vivía como "aplebeyamiento" y que traducía los procesos de incipiente democratización. Domingo Casadevall describe un comportamiento recurrente de los niños bien en la ciudad y lo liga a la tradición bárbara (es un tópico que se encuentra en muchos observadores):

> La década de 1880-1890 fue la época de oro de la *indiada* porteña, energía juvenil y salvaje al servicio del capricho y la resistencia al nuevo orden social. Forma moderna del malón y la montonera de tierra adentro, la *indiada* estaba integrada por jóvenes violentos, rebeldes, provocadores, favorecidos por la riqueza y las vinculaciones sociales, los cuales, con tal de sentar fama de valientes, se jugaban la bolsa y hasta la vida en un periquete.[50]

El comportamiento violento es parte de la irrupción de los valores de las clases altas en el centro de la ciudad, es decir, en el espacio público compartido con las clases bajas, y es el consecuente abandono del repliegue en la sala de las mansiones; se

---

que se reunían en *El Americano,* restaurante que permanecía abierto toda la noche, en el cual la orquesta de Roncallo tocaba tangos. Todos los 'habitués' se conocían. Alrededor de cada mesa había un grupo considerable de jóvenes al que se denominaba 'patota', que tomaba el nombre del más notable de ellos" (*Los recuerdos del 900, op. cit.,* p. 31).

[50] Domingo Casadevall, *El tema de la mala vida..., op. cit.,* p. 169.

trata de lo que muchos en la época calificaron de "aplebeyamiento", pero que es la ocupación de la ciudad que parecía arrebatada por el crecimiento desmedido de una población inmigrante y pobre, aunque también de la sociedad marcada por el ascenso social. Luis María Jordán les asigna una función social a las patotas de niños bien, la de poner orden entre los sectores bajos a medida que la ciudad crece, reprimir por propia cuenta a los trabajadores que comparten el espacio urbano con las elites: "Los varones de estas familias crearon hace años una verdadera guardia cívica que con el nombre de 'patota' ponía en cintura a todo el mundo, desde los cocheros de plaza, que entonces eran muy insolentes hasta los empleados, propietarios de cafés y demás morralla por el estilo".[51] Pero la violencia estaba en todos lados; en el orden político, la misma elite está diseccionada en facciones que luchan encarnizadamente entre sí; lo que muy pronto será el Partido Radical hace su ingreso a la política con recursos revolucionarios que atentan contra el endeble orden de las elites. En ese espacio de poder atravesado de tensiones, el anarquismo ejerció su violencia en algunos pocos resquicios, pero que fueron muy elocuentes y, como tales, estigmatizados por la prensa.[52] Pero, como recuerda Adriana Cavarero en *Horroris-*

---

[51] Luis María Jordán, *Cartas de un extranjero,* Buenos Aires, Agencia General de Librería y Publicaciones, 1924, p. 141. El libro *Cartas de un extranjero* recopila notas de Jordán, un cronista prestigioso en su época, publicadas en *El Hogar.* Varias describen costumbres de la elite del cambio de siglo; esos artículos ocupan dos tercios del libro. La última parte se llama "Cartas de un extranjero" y son artículos aparecidos también en *El Hogar,* pero bajo la ficción de un autor que traduce las cartas de una celebridad extranjera (premio Nobel, ministro en su país, un excelso intelectual y prohombre, un "ilustre") que vivió dos años en Argentina y, desde allí, mantuvo correspondencia con su hermano. Aristocrático y conservador, el libro proporciona información importante sobre la experiencia de una ciudad que cambia.

[52] La serie de atentados anarquistas incluye el fallido de 1905, contra el presidente Manuel Quintana; el de 1909 contra el jefe de Policía Ramón L. Falcón (el más notorio por haber dado en el blanco) y la bomba en el Teatro Colón

mo. Nombrando la violencia contemporánea, nacido con el Estado y dentro del Estado, el terrorismo emerge en la historia en la forma originaria de terrorismo de Estado. Por eso también veremos desarrollarse los grupos de choque de los niños bien. Y también se desarrolla, de manera muy decidida, la conflictividad social que, desde las últimas décadas del siglo, organiza el mundo de los obreros a través de los primeros sindicatos y los partidos de izquierda; huelgas, manifestaciones, reclamos y todo tipo de proclama pública se van apropiando de las calles de la ciudad. Es allí donde operan los grupos de jóvenes de las elites. Lo destacable es que esas primeras incursiones incivilizadas se llamaran "indiadas", introduciendo así el componente bárbaro que faltaba al equipo de negros, prostitutas, compadritos y malevos. Los comentaristas resaltan la violencia urbana del período en la ciudad de Buenos Aires, una violencia que les parece gratuita, que pone en escena un afán destructor. Quintana cuenta:

> Difícil es concebir una atmósfera tan cargada de provocaciones y belicosidad como la de esa época. Era corriente tropezar con tipos de mirada desafiante, parándose en son de reto si los ojos demoraban más de lo indispensable en observarlos. Las aceras parecían angostas dado el modo como se hacían dueños de ella, al caminar con aire prepotente, listos a hacer cuestión por el más fútil pretexto. Las esquinas tenían algo de fortín, o de reducto. El que no era de la "patota" o del barrio, estaba seguro de no pasar, sin provocar una agresión. La de Corrientes y Esmeralda

---

en 1910. Georges Clemenceau, en sus notas de viaje por América del Sur, recuerda las huelgas de 1910: "Una enojosa huelga, ultra-moderna, la retardó [la exposición internacional del Centenario] en primer término, hasta el punto que, en la fecha aniversaria del 25 de Mayo, no se pudo abrir más que la exposición de la ganadería" (*Notas de viaje por la América del Sur. Argentina, Uruguay, Brasil,* trad. de Miguel Ruiz, Buenos Aires, Cabaut y Cía., Librería del Colegio, 1911, p. 52).

gozaba de una fama lamentable entonces, que, sin embargo, hoy resulta llena de color y movimiento. El café Hansen, en Palermo, y El Americano, en la calle Carabelas, disfrutaban, también, de viril leyenda, es decir, de una leyenda de combates. Las respectivas patotas comenzaron entonces, bajo la dirección de jefes que eran verdaderas celebridades metropolitanas, a hacer esas incursiones destructoras conocidas bajo el nombre de "indiadas". Al día siguiente de tales hazañas, Buenos Aires las comentaba con censura, más aparente que real, ocultando en el fondo cierto respeto a sus promotores.[53]

La ciudad se vuelve un campo de lucha porque es un campo de signos interpersonales.[54] Desde el punto de vista de la mecánica social, la apropiación territorial de los diferentes sectores será el resultado de la construcción de un poder que intenta desalojar al otro. Pero la violencia registra particularidades entre las patotas de niños bien y se dirige a la destrucción de los espacios compartidos del ocio urbano y al enfrentamiento entre grupos. Es claro que los niños bien saben que no serán penalizados por sus acciones, las que incluso son legitimadas por la propia clase; todo se arreglaba *entre nous*. Francisco García Jiménez trae

[53] Federico M. Quintana, *En torno a lo argentino, op. cit.*, pp. 55 y 56.
[54] Y también de "espíritu de cuerpo". Ricardo Rodríguez Molas recupera una cita de *El protocolo mundano* (manual de buenos modales o *savoir faire* de los sectores de poder) de 1900: "Si no tiene Ud. en su favor otra cosa que *no hace nada*, la tarea empieza a ser bien ardua. Se trata de cambiar únicamente deberes mundanos con gentes de sociedad, desocupados como Ud. mismo, y que no tienen pasatiempo más dulce que la crítica. ¿Se le espulga a Ud., se pregunta de dónde ha salido? ¿Dónde pretende llegar? Trate Ud. siempre de no hacerse poner en el *Index* desde la iniciación de su carrera en los salones, porque no se rehabilitaría Ud. nunca. En cambio, si acierta Ud. a hacerse admitir en el círculo, ya no será expulsado, aunque sobrevinieran actos discutibles y dignos de rigor. La casta, por espíritu de cuerpo, lo cubrirá a Ud. con su protector pabellón" (*Vida cotidiana de la oligarquía argentina (1880-1890)*, Buenos Aires, Centro Editor de América Latina, 1988, p. 8).

el testimonio del músico de Palermo Ernesto Ponzio, autor del tango "Quiero papita" bailado en París en los años diez: "El julepe más grande lo pasábamos los músicos, que estábamos en un palquito... ¡justo como para que probasen la puntería con nosotros!... Cuando sonaba un tiro nos largábamos al suelo, estiraos, procurando salvar el pellejo y los instrumentos".[55] Las memorias de Francisco Canaro cuentan cuán peligrosas fueron sus experiencias con la orquesta durante los primeros años de actuación porque se armaban peleas, tiros, voladura de sillas, trompadas. En una de las muchas anécdotas que refiere, dice que al día siguiente de una noche de pelea (en las que los músicos nunca participan pero resultan víctimas), se da cuenta de que tiene el sobretodo atravesado por una bala. Luis María Jordán describe en varios tramos de su libro la actuación de los jóvenes. Citaré *in extenso,* de una de sus crónicas urbanas, pues da cuenta de las transformaciones de una misma práctica:

> Hace un cuarto de siglo —quiero referirme, con más o menos exactitud, a los años anteriores y posteriores al 90—, nuestra juventud, la "jeunesse dorée", como se la llamaba entonces, entretenía sus ocios en violentas y peligrosas expansiones. Aquellos cachorros, que tenían en sus venas sangre de soldados, de revolucionarios y rebeldes, no desmentían, casi nunca, los sentimientos bélicos de sus abuelos. A los 20 años eran ya hombres fuertes, de anchos lomos y excelentes espaldas. Usaban la cabellera larga —melena—, los bigotes en su abandono natural, un bastón de guindo en la mano derecha y en la izquierda el infaltable cigarrillo. Ni para dormir dejaban el revólver, porque guardábanlo debajo de la almohada.

---

[55] Francisco García Jiménez, *Estampas de tango,* Buenos Aires, Rodolfo Alonso, 1968, p. 41.

La gran mayoría de aquellos jóvenes eran hijos, sobrinos, primos, concuñados, parientes cercanos o simples camaradas de algún miembro del poder ejecutivo, de un ministro de la corte o de un diputado nacional. De ahí que en sus relaciones con el resto de la población no dirigente, gozara de una libertad y franquicia sin límite. De tarde, acicalados pero varoniles, festejaban a las niñas en la calle Florida; de noche, desde las diez en adelante, reunidos en grupos más o menos numerosos, pendencieros, violentos, alborotadores, entraban en las salas de los teatros de segundo orden o en los café-conciertos o en cualquier otra parte y hacían unos escándalos de padre y muy señor mío. La farándula concluía en trompis, bastonazos y sillas rotas. La intervención policial se reducía a establecer el orden, cuando ello era posible, y a dejar en inmediata libertad a los alborotadores. A este grupo de jóvenes se designó con el pintoresco nombre de "la indiada", y en realidad, eran verdaderos salvajes, violentos, provocadores, rebeldes, capaces de jugarse la vida a cada rato por el solo prurito de sentar fama de valientes.

Con el pasar de los años, este elemento fué transformándose. Ya no todos los padres eran ministros, senadores o camaristas de antiguo nombre criollo; los "jóvenes bien" —hasta las palabras para designarlos fueron otras— pertenecían a la clase de hacendados o comerciantes ricos; sus padres, un poco menos pendencieros y con una mayor seguridad política en todas las provincias, dedicáronse a aumentar su fortuna, utilizando los mil medios de trabajo puestos en sus manos por la ciencia moderna. Los muchachos adelantaron también, y la "indiada" del 90 se convirtió en la "patota" del 900. El patotero tenía los mismos caracteres generales del indio, pero se diferenciaba de éste en algunos detalles. Poseía una mayor cultura mental, a veces era estudiante universitario, había viajado por Europa, hablaba un francés convencional, tenía amigas extranjeras y bebía alcoholes exóticos: de preferencia whisky o champagne. Como valiente no le iba en zaga al "indio". Hacía grandes escándalos, pegaba fuertes bastonazos, disparaba su revólver e imponía su voluntad en donde quiera que estuviese. La policía, menos benigna con él que con su antecesor, castigaba los desmanes con multas de paga fácil.[56]

Muchos de estos testimonios ven en las patotas una etapa pintoresca en el *Bildungsroman* de la elite, pues, descriptas por los mismos protagonistas o allegados, la fusión con el grupo y la violencia contra el orden establecido parecía condición natural del aprendizaje masculino;[57] pero existen también aquellos textos en los que se las interpreta como parte de las nuevas conductas sociales, las de las grandes ciudades y las sociedades masivas. Es el caso de Eusebio Gómez, un criminólogo que estudió "la mala vida" en la ciudad con criterio científico, y para quien la masa ocupa un lugar central; Gómez, de la mano de la medicina legal, interpreta las patotas como síntoma de la patología de las grandes ciudades, de la aglomeración que permite a los individuos refugiarse en la masa para desarrollar nuevas y peligrosas conductas asociales:

> Son grupos formados al azar, en la mesa de un café, á la salida de un teatro ó en la sala de la casa de citas, y que, después de haber bebido hasta el exceso y abusando de la fuerza del

[56] Luis María Jordán, *Cartas de un extranjero, op. cit.,* pp. 12-14.
[57] Incluso Gómez Carrillo, en su libro escrito por encargo y que se propone abiertamente quedar bien con Argentina, ese libro en el que se pregunta, como vimos, "¿Tendré la enfermedad de encontrarlo todo alegre?", no deja de notar que "entre los chicos elegantes que se divierten, que van á los cafés nocturnos y á los teatros ligeros, lo que pudiéramos llamar el espíritu de 'pandilla' está más desarrollado que en ninguna otra parte del mundo" (*El encanto de Buenos Aires, op. cit.,* p. 115).

conjunto y de la homogeneidad de tendencias que preside al mismo, provocan á las gentes pacíficas, insultándolas de palabra y de hecho, y cometiendo cualquier abuso si la víctima elegida demuestra su debilidad ó su prudencia.[58]

El "vagabundaje de galera" forma parte, para Gómez, de las asociaciones criminales (como la de los ladrones, las prostitutas, los homosexuales), cuyo poder antisocial reside, precisamente, en el conjunto, en su capacidad de hacer masa.[59] Esa capacidad se hace visible en muchas prácticas; nada mejor que la lengua para ver los procesos de "mimetización" social. Luis Villamayor, policía, trabajó en la Penitenciaría Nacional y fue guardia en el penal de Ushuaia; y fue también un escritor que publicó sus textos, en el cambio de siglo, tanto en revistas científicas como de entretenimiento. Hizo además un diccionario con las palabras más usadas por los "lunfardos" (delincuentes):

Muchas, pero muchísimas palabras que utilizan entre sí y en su "argot" los malvivientes, es lo más corriente que esté en los labios de la gente de estimación social, principalmente en ese grupo numeroso de "niños bien" o patoteros, que tanto se divierten y ponen en actividad sus carnosidades con los pacíficos transeúntes, arrojándoles sus libros de estudio al salir apenas de los colegios superiores, como igualmente después de un baile o de diversión aristocrática, "noctambulea", "uniformado" de frac y con el "clac" requintado en la nuca, estrellando copas y quebrando los espejos y botellas, ya en el cafetín más ruin, como el

---

[58] Eusebio Gómez, *La mala vida en Buenos Aires,* pról. de José Ingenieros, Buenos Aires, Juan Roldán, 1908, p. 209.

[59] Y deja en claro, como todos los autores que tratan el tema, que las patotas son impunes: "De la represión policial ni siquiera hablemos: no existe para el *patotero,* porque de ella lo libra, cuando no su apellido, la intervención del pariente o amigo de influencia" (*ibid.,* p. 211).

bar más lujoso y concurrido, porque tiene "la esperanza, más aun la certidumbre, de que su impunidad quedará consagrada". Porque el prestigio social es invencible y la justicia más justa modifica sus dictados cuando se trata de establecer el grado de responsabilidad de quien disfruta de prestigio.[60]

El ambiente de mezcla de clases también lo registra Canaro; cuenta que cuando tocaba en el prostíbulo de "La Morocha Laura": "Concurrían 'patotas' no de 'indiada' ni de bochincheros, sino de gente muy bien, que sintiendo afición por la 'danza prohibida' iban a lo de 'La Morocha Laura' a 'echar su canita al aire'..., con mujeres especializadas en esa clase de calaveradas".[61] De los jóvenes ricos los músicos recibían muchas y buenas propinas según sus recuerdos. Y también cuenta la atracción que generaba el espectáculo de su orquesta, que llevaba

mucho público del centro y otros barrios de la Capital, destacándose las patotas de pitucos, "cajetillas" y niños bien, acompañados de damiselas.
Las "patotas" del centro que llegaban en plan de juerga solían toparse con la muchachada de la Boca que ante cualquier indirecta o provocación salían a defender sus fueros lugareños.[62]

El exsubcomisario Adolfo Bátiz publicó un libro cuyo tema quiere ser el funcionamiento de la prostitución y cómo debe intervenir el Estado en su regulación; ese tema, sin embargo, no es una constante en el libro, pero lo habilita para hablar de la vida en

[60] Luis Villamayor, *El lenguaje del bajo fondo. Vocabulario lunfardo,* ed. crítica con pról. y notas de Enrique Ricardo del Valle, Buenos Aires, Schapire, 1969, pp. 51 y 52.
[61] Francisco Canaro, *Mis memorias, op. cit.,* p. 64.
[62] *Ibid.,* p. 58.

204 MUSEO DEL CONSUMO

la ciudad y especialmente de sus barrios marginales.[63] Él también describe la acción de las patotas:

> Los muchachos calaveras, que gozaban de algunas libertades, porque las autoridades los trataban con el culteranismo que tenía Don Valentín Alsina… con su hijo…, y algunos dispuestos á pagar multas á la policía, metían buenos bochinches, en los que se veían saltar mesas, bancos, voltear cenefas, romper cristales y en algunos de estos bochinches hacer disparos de armas de fuego al aire.[64]

Tantas veces repetidas, las imágenes de los espejos que caen, las sillas y mesas que vuelan, las miguitas de pan que provocan al enemigo, los tiros al aire y la desbandada general forman parte

[63] *Contribución á los estudios sociales (libro rojo)* es una lujosa edición hecha en París en 1908. Bátiz compone un estudio en que mezcla recuerdos de infancia, impresiones sobre la ciudad, poemas sobre temas sociales y descripciones de prostíbulos, lugar de encuentro de homosexuales y formas en que operan los ladrones. El libro, que mezcla tantos registros personales y no tiene un protocolo científico, da una sorpresa al final, cuando su autor se identifica como "marxista". Y dice: "Los que leen el régimen capitalista de Carlos Marx conocen las formas desastrosas para el obrero, en las que se desarrolla la industria de los distintos países europeos y americanos; el régimen actual del capital ha sido duramente combatido, y en estos últimos años los marxistas y republicanos socialistas se han hecho fuertes como elemento político y hacen sentir su acción de más en más en los diferentes Estados" (Adolfo Bátiz, *Contribución á los estudios sociales…, op. cit.,* p. 203. Hay otra edición, hecha en Buenos Aires, más sencilla, sin el lujo de la francesa, titulada *Buenos Aires. La ribera y los prostíbulos en 1880. Contribución a los estudios sociales (libro rojo),* Buenos Aires, Aga Taura, s. f.).

[64] Adolfo Bátiz, *Contribución á los estudios sociales…, op. cit.,* p. 65. Pedro Antonio Pardo en su artículo "El culteranismo de Alsina" (en *Caras y Caretas,* núm. 198, año v, 19 de julio de 1902) cuenta una anécdota con valor de mito. A instancias de su esposa, Valentín Alsina debe reprender a su hijo Adolfo, que lleva mujeres a dormir a su cuarto de soltero. Fiel a su estilo cultísimo, se dirige a su hijo en términos tan herméticos que el joven le responde: "¿Qué dice tata, que no le entiendo?" (p. 12). El padre abandona la reprimenda y se refugia en su biblioteca. Por no nombrar las cosas que salen de la norma, la autoridad no se ejerce. Los jóvenes patoteros se refugian en lo innombrable de sus actos.

de un archivo alimentado por el cine y los relatos de la época, sin duda. Sin embargo, también recogen la visualización de una amenaza constante, esas microviolencias que podían irrumpir en el espacio público en manos de los hijos del poder y que se constituyen en amenaza, pero a la vez en cierta garantía de "autocontrol" social, según los testimonios patricios. Los niños bien imponen su ley fuera de la ley, con el despliegue de sus indiadas y la ley va a consentirlos. Las letras de algunos tangos también se harán cargo de lo que ya en los años veinte es claramente un tipo. En ellos se transforma al patotero en un típico personaje de tango, es decir, el patotero pierde su peso histórico para ingresar al repertorio de los personajes adoptando, según el caso, diferentes papeles. "Patotero sentimental" (de 1922, con música de Manuel Jovés y letra de Manuel Romero) es uno de los más famosos y lo grabó Carlos Gardel. Allí el patotero del título alardea glorias sentimentales ante sus amigos, pero sufre en secreto por no haber sabido aprovechar el verdadero amor. Otro tango que reconvierte al patotero en personaje típico del centro de la ciudad es "Niño bien" (de 1928, con música de Juan Antonio Collazo y letra de Víctor Soliño y Roberto Fontaina); allí se describen las conductas exhibicionistas de un niño bien que es en realidad un hijo de inmigrante que imita los comportamientos de los jóvenes de las elites, recurriendo al muy contemporáneo arsenal de la simulación. "Corrientes y Esmeralda" (de 1933, con letra de Celedonio Flores y música de Francisco Pracánico), un famosísimo y popular tango dedicado a la "esquina del tango", describe toda la fauna nocturna que recorre el sitio entre la que las patotas agregan su cuota de pintoresquismo: "Amainaron guapos junto a tus ochavas / cuando un cajetilla los calzó de cross / y te dieron lustre las patotas bravas / allá por el año… novecientos dos…". El tango-canción "Patotero" (con música de Adolfo Mondino y letra de Víctor Soliño), en la voz de Agustín Magaldi, narra la historia de la banalidad de la vida de los niños bien

y su violencia gratuita y la justicia simbólica que ejerce un obrero contra ellos. Recordemos que Magaldi era conocido como "la
voz sentimental de Buenos Aires" y que las letras que elegía solían mencionar algún tipo de conflicto de clase que se resuelve
en términos morales o individuales, el melodrama:

> Patoteros, mozos ranas
> barra de guapos y chicos bien
> patoteros, divertidos
> que de la farra siguen el tren.
>
> Patoteros, caraduras,
> nenes que viven para cachar
> que uno por uno no valen nada
> pero en patota saben guapear.
>
> El barrio está en silencio
> ya duerme el arrabal
> en un balcón se muere
> la flor de un rosal.
>
> La luna desparrama
> su bella luz de plata
> que imprudente delata
> un idilio de amor.
>
> De pronto en la penumbra
> del viejo callejón
> se ve llegar a un hombre
> silbando una canción.
>
> En tanto la patota
> espera una ocasión

se acerca el candidato
con cínica intención.

El hombre es un obrero
que vuelve del taller
cansado de ganarse
el pan para comer.

Cobarde la patota
de pronto lo rodea
y un guapo lo golpea
haciéndolo caer.

En tanto ellos festejan
la hazaña criminal
el hombre se levanta
sacando su puñal.

Y al verlo decidido
los taitas de cartón
se esfuman en la sombra
del viejo callejón.

Pero la justicia del tango no opera con las patotas del centro, que siguen activas en la escena social. La práctica de la violencia tiene sus espacios legitimados. Casi todos los comentaristas de la vida de entresiglos describen otra escena típica: los estudiantes de medicina celebrando fiestas con los cadáveres de estudio. Blas Matamoro hace una reseña de la escena después de encontrarla en muchos testimonios y crónicas: "En el internado del Hospital de Clínicas la aristocracia universitaria organizaba bailes con el concurso de orquestas de tango. Concurrentes desnudos, consumo de drogas y bromas sádicas con miembros disecados de cadáveres promovieron su clausura".[65] Francisco Canaro lo confirma en sus memorias: "En dichos bailes los practicantes rivalizaban en el afán de hacer las bromas más grotescas y espeluznantes que pueda uno imaginarse".[66] Los estudiantes (de las elites) y el resto de los niños bien eran grupos que se apropiaban de la ciudad y destruían las instalaciones con las que no estaban de acuerdo.[67] César Viale, otra vez con ojo de policía, describe en sus memorias la experiencia urbana de su clase:

> Pertenecer a una patota era indispensable para un muchacho que paseaba. De lo contrario se estaba siempre en peligro de ser arrollado por el número. Dichos pequeños clanes de cinco o seis componentes, a lo sumo diez, iban siempre juntos a cualquier parte. Las de muchachada "bien" gustaban concurrir a los restaurantes centrales a escuchar música de orquestas típicas. Mirábanse unos a los otros con prevención, y cuando menos se esperaba, un gesto, una dama que se sentaba o se apartaba de la mesa o una miga de pan arrojada intencionalmente, bastaba para que se repartiesen puñetazos y silletazos, se arrojaran sifones y se rompieran espejos. El restaurant propiedad de

[65] Blas Matamoro, *La ciudad del tango, op. cit.,* p. 96.

[66] Francisco Canaro, *Mis memorias, op. cit.,* p. 71. Canaro, a quien los estudiantes contrataban asiduamente hasta que los bailes fueron prohibidos, les dedica el tango "Matasanos" (1912).

[67] Gorelik recoge algunos documentos: el 25 de mayo de 1903, estudiantes del Colegio Nacional demolieron a golpes los quioscos con que la Municipalidad había "afeado" la Plaza de Mayo (*Caras y Caretas,* núm. 242, año VI, 23 de mayo de 1903); en mayo de 1910 un grupo de estudiantes incendia el circo de Frank Brown que se había instalado en la calle Florida como parte de las atracciones dispuestas por la comisión del Centenario. Dice César Viale sobre el atentado: "Supimos más adelante que la táctica de ataque se había combinado en logias estudiantiles, que fueron las mismas que con posterioridad cooperaron con la policía, en la represión de los levantamientos obreros" (*Estampas de mi tiempo, op. cit.,* p. 232).

Harguindeguy, "Petit Salón", de Esmeralda entre Corrientes y
Cuyo, era continuamente un campo de agramante.[68]

Viale describe aquí una escena que se ha vuelto lugar común en
los testimonios de época: una mínima provocación en los lugares
públicos enciende una mecha que termina en violencia e incluso
muerte. El sainete *Los dientes del perro* (1918), de José González
Castillo y Alberto Weisbach, fue identificado por la crítica teatral
como el primero en que se desarrollaron cuadros de cabaré con
orquesta típica en escena; allí se tocó el tango "Mi noche triste" por
primera vez en un escenario teatral; su trama se desarrolla en torno a la provocación de una patota.[69] La provocación a través de la
"miga de pan" que se arroja a un vecino desprevenido es uno de
los tópicos más recurridos y se hace visible en la literatura y el cine.

> En el Politeama bailaban las parejas provocándose de continuo
> los hombres de unos grupos con los de los otros. Por eso allí
> era difícil que cada noche no hubiese grescas graves; salían los
> puñales a relucir y corría sangre porteña por aquella carnava-
> lesca pista de baile.
>
> En esos casos las patotas se ponían de manifiesto en el
> acto. Los amigos de fulano viendo a este en pelea corrían
> hasta él y lo rodeaban; lo mismo hacían los amigos del con-
> tendor. Como había muchas copas de por medio en todo el
> ambiente, minutos después se generalizaba el escándalo. Se
> provocaban los hombres por puro lujo.[70]

---

[68] *Ibid.*, pp. 159 y 160.

[69] Por el contrario, Marta Savigliano sostiene que en la obra de teatro
Justicia criolla, escrita por Ezequiel Soria, con música de Antonio Reinoso
y representada por primera vez por una *troupe* española en 1879, hay un
romance de un negro con una blanca y es la primera obra con una *performance* en el escenario de tango orillero o arrabalero.

[70] César Viale, *Estampas de mi tiempo, op. cit.,* p. 159.

El libro de Lamas y Binda trae el relato de una pelea en el café de Hansen (registrada como caso en el Archivo de la Policía, Compañía 17, Legajo 82, Folio 38/39/40, del 25 de febrero de 1902): "Tanto Naón como Castro Feijoó, manifiestan que Gutiérrez y sus acompañantes [los imputados] se reían de ellos y les tiraban pelotitas de papel, en tanto éstos se excusan manifestando que sin causa alguna ellos fueron provocados a pelear por Naón y Castro Feijoó".[71] La escena se repite. Aparecerá en la película *La cabalgata del circo* (de 1945, dirigida por Mario Soffici), protagonizada por Libertad Lamarque, Hugo del Carril y Eva Duarte, en una escena en un teatro, donde jóvenes bien provocan a "parejas respetables" tirándoles pequeñas bolitas que parecen ser de pan o papel; la provocación termina con la suspensión del espectáculo y el vuelo de sillas y butacas por toda la sala, y finalmente con el incendio del teatro. Aparecerá en el cuento "El sur" de Jorge Luis Borges, cuando en un aislado almacén de la llanura el joven de ciudad sea provocado por unos paisanos que le tiran miguitas de pan; la provocación termina en duelo.

Las patotas, como comunidad cultural y de clase, no pertenecían en exclusiva a los jóvenes de la elite. El mismo Viale cuenta: "Las patotas de plebeyas esferas solían salir por las noches de un sitio determinado, de a dos en fondo, en busca de danzarinas amigas. Con los infaltables guitarreros y acordeonistas del grupo en los primeros lugares, marchaban taconeando fuerte y silbando al unísono sus ritmos favoritos".[72] Mariano Bosch, en su historia del teatro argentino, describirá otro uso de la violencia de las patotas: el de su afinidad con el mercado del espectáculo. Para justificar su análisis del estado lamentable del teatro en el

---

[71] Hugo Lamas y Enrique Binda, *El tango en la sociedad porteña, op. cit.,* p. 201.

[72] César Viale, *Estampas de mi tiempo, op. cit.,* p. 160.

cambio de siglo, describe la forma en que las patotas irrumpen en los teatros y hacen que bajen de cartel los espectáculos que consideran peores. Todos ellos suelen ser tan malos que

> a causa de esto un día se formó la Sociedad de Reventadores, partidarios de los criollos, o de las criollerías, y la cual pronto degeneró en patota de bochincheros, tan conocidos en aquella época dentro de la clasificación de *indiadas*. Esto por los *malones* que producían.
>
> La tal sociedad, formada y constituida con todas las reglas de práctica, y creemos que hasta juramentados los socios, tenía como principal finalidad echar abajo las piezas estúpidas del género español que se estrenaban o se repetían sin haber gustado. Personas distinguidas, mozos conocidos, muchachos alegres, hasta médicos de renombre, ilustres *portugueses* descontentos (a pesar de entrar colados), formaban parte de ella y acaso alguno de los mencionados vivirá todavía para recordarlo.
>
> Varias piezas y varios espectáculos cayeron al empuje irresistible de los Reventadores, que a veces, en número de cien, llegaban al teatro dispuestos a no dejar llegar, con la fiesta en paz, el final de la obra. Hasta a balazos concluyó alguna vez una representación: ejemplo, el teatro de la Zarzuela (hoy Argentino), con espejos del vestíbulo lleno de agujeros para constancia posterior de los historiadores (o la Policía). Batallas campales llegaron a librarse entre reventadores y *claques de avería*, contratada por los revendedores afectados en su negocio; enemigos de la obra y amigos de la empresa.[73]

---

[73] Mariano G. Bosch, *Historia de los orígenes del teatro nacional argentino y la época de Pablo Podestá*, Buenos Aires, Solar y Hachette, 1969, pp. 20 y 21.

Pero el teatro parece ser la escena donde se ensaya lo que en la calle se desarrollará de manera sistemática.[74] El término "patota" tuvo larga vida, usándose todavía en el siglo xx. En 1951 Pedro Casazza, agente fiscal de Primera Instancia en lo Penal de la Capital Federal, escribe un libro sobre la prostitución, en donde relata un caso en el que participó como fiscal, el de una patota que violó a una mujer en un parque:

> En épocas anteriores, "patotero" era el hombre que, desprestigiando un apellido que sus antepasados hicieran ilustre y confiando en la poderosa influencia de sus parientes funcionarios, ofrecía el triste espectáculo de sus bravatas, atacando a humildes trabajadores (clásicamente a vigilantes o a mozos de cabarets) y destrozando, con estupidez de ocioso improductivo, vasos, espejos, vidrieras, faroles, etc... La "patota" que hoy avergüenza nuestra cultura ofrece otras características, aún más repudiables: consiste en el agrupamiento de muchachones sin escrúpulos, que en los barrios apartados, desatan el más animal de sus instintos contra cualquier mujer, que desencadena involuntariamente en ellos, el vendaval de su lujuria de incivilizados.[75]

[74] De hecho, Bosch señala el fin de esa asociación: "Se entró así en negociaciones con ellos, se les dio puerta franca a la sala y al escenario, y una vez en él, hicieran lo que más le conviniera, hasta fumar; ir a los ensayos, llevarse a las coristas a Palermo, y hasta dejarlas allí si les acomodaba" (*Historia de los orígenes del teatro nacional..., op. cit.,* p. 22). Su libro, escrito para rebatir a Vicente Rossi, negar el origen rioplatense del teatro argentino y minimizar la influencia del circo en el teatro nacional, no es la fuente histórica más confiable para establecer una teoría del teatro criollo, pero su testimonio sobre las patotas coincide con el de casi todos sus contemporáneos. Por lo demás, el libro de Rossi también cuenta una historia con pocos documentos y quiere subrayar el protagonismo de Uruguay en la fundación del teatro criollo (en el que, efectivamente, hubo muchos artistas uruguayos, y Montevideo fue otra escena fundamental de los inicios del teatro).

[75] Pedro Casazza, *El patotero y la ley de profilaxis social. Proceso del "Bañado de Flores",* Buenos Aires, Alea, 1951, p. 39.

El libro se titula *El patotero y la ley de profilaxis social. Proceso del "Bañado de Flores"*. Ha cambiado el signo y objeto de la violencia, pero se mantiene la práctica de ejercerla bajo el amparo de la masa.[76]

4. REPRESIÓN

Los comienzos del siglo xx, con el anarquismo en plena efervescencia y el sindicalismo organizando al proletariado urbano en crecimiento, ven una conflictividad social que también recurre a la confrontación (huelgas, protestas, manifestaciones) y muchas veces a la violencia (atentados) para reclamar derechos y mejoras.[77] En medio de la sensación de ingobernabilidad del fin de siglo, con disputas sobre cómo manejar a los nuevos actores sociales, la elite encontró en un conflicto limítrofe con Chile de fines del xix un modo de tramar nuevos vínculos con "el pueblo". A través del conflicto externo y en el marco de la "amenaza" a la nacionalidad que trae la inmigración, se proyecta "ensayar" relaciones nuevas con aquellos sectores que, siendo subordinados, se identifican, sin embargo, como parte de la nación. Son sectores a los que la clase conservadora ya había recurrido para sostener el corrupto sistema electoral sustentado en el fraude; esa energía violenta usada para obtener votos puede "aprove-

[76] El término se sigue usando también en el presente para describir la actuación de grupos de hombres violentos en el fútbol, los sindicatos, la política.

[77] El activista y periodista español Julio Camba publicó en 1907 una interesante novela que es, en verdad, una crónica, con muchos elementos autobiográficos: *El destierro*. Se trata de su experiencia en el Buenos Aires de las luchas sociales del cambio de siglo, de su participación y expulsión bajo la ley de Residencia. A los innumerables testimonios del país, el texto de Camba agrega la descripción de la experiencia de represión desde el punto de vista de un inmigrante político.

charse" y ser encauzada hacia otros fines. Y se canaliza a través de la defensa de la patria, tramando la alianza entre elites y pueblo para defender la nación. Sostiene David Rock: "Por primera vez, jefes militares buscaron influir sobre la opinión pública y lograr respaldo popular. Buscaban apoyo para sostener la carrera armamentista. Comenzaron a adiestrar a la Guardia Nacional los domingos por la mañana. Colocaron instructores de educación física en las escuelas".[78] No fue la primera vez,[79] pero este intento de militarización de la sociedad recurrió a formas modernas y más disciplinadas. Y hay más:

> La disputa fronteriza propició la búsqueda de nuevas formas de control sobre una sociedad urbana y plural en rápido crecimiento. Por un breve lapso, una nueva institución conocida como la Liga Patriótica tomó la delantera en el entrenamiento, movilización y adoctrinamiento de los civiles. La Liga surgió en abril de 1898. Se dispersaría meses más tarde para resucitar en 1901 bajo el nombre de Liga Patriótica Nacional.[80]

Esta Liga no se redujo a la ciudad de Buenos Aires,[81] sino que se difundió por todo el país y se hizo popular porque entregaba

[78] David Rock, *La construcción del Estado y los movimientos políticos en la Argentina, 1860-1916,* Buenos Aires, Prometeo, 2006, p. 266.

[79] Como idea no es tan nueva: las guerras de Independencia también se sustentaron en este pacto interclasista. Y los caudillos estuvieron ligados a figuras de poder que los mantuvieron como socios ante sus enemigos políticos.

[80] David Rock, *La construcción del Estado..., op. cit.,* p. 267.

[81] Veremos aparecer el nombre "Liga Patriótica" en varios momentos de la historia argentina moderna. Por tratarse de una institución informal y, durante décadas, paraestatal, las maneras de nombrar a estos grupos oscilan y se superponen aun cuando sus actores y contextos no sean los mismos. Guardias civiles, Guardias blancas, Liga Nacional alternan con Liga Patriótica Nacional; esta última denominación se termina adoptando cuando se crea formalmente el 12 de enero de 1919, con ese nombre, un grupo represivo, después de los acontecimientos de la Semana Trágica, durante la cual actuaron de manera "informal", como veremos.

armas y municiones especialmente en las provincias y en las zonas rurales. "La Liga representaba una nueva forma de organización política en Argentina, un movimiento de masas iniciado y dominado por miembros de la clase terrateniente conservadora", sostiene Rock.[82] Estanislao Zeballos era el líder, quien la describía como "una revelación de la energía popular" y el instrumento para "cumplir una revolución en el gobierno";[83] Zeballos también quería involucrar a las mujeres de la elite en la educación de las masas.[84] Carlos Octavio Bunge, en *Nuestra América (Ensayo de Psicología Social),* desarrolla en 1908 su teoría de la "política criolla" arraigada en el caudillismo y sostenida por los tres rasgos de la psicología hispanoamericana (la pereza, la tristeza y la arrogancia):

En una pereza colectiva se halla, como lo veréis más adelante, la primera razón de todos los vicios de nuestro sistema político hispanoamericano: el caudillo que se impone por compadrazgos y cohechos; el ciudadano que delega en él su iniciativa y responsabilidad; los pseudoparlamentos, teatros de miserables discor-

[82] David Rock, *La construcción del Estado...,* op. cit., p. 267.
[83] *Ibid.*
[84] Otro antecedente traen Vicente Cutolo y Carlos Ibarguren (h.) en su libro *Apodos y denominativos en la historia argentina,* al describir la palabra "rifleros": "Era un batallón de milicia voluntaria de jóvenes conocidos de la sociedad porteña, organizado por el gobernador de Buenos Aires, Carlos Tejedor, contra la ley del Congreso de 1879 que prohibía a los gobiernos de provincia tener fuerzas armadas propias. Los *rifleros* tomaron parte en la defensa de la 'Patria Chica' —como se autodenominó el estrecho localismo bonaerense que cayó derrotado en la lucha fratricida del 80—. Muchos de esos jóvenes de 'rifle llevar', usaban sombrero de paja, de ahí, que a los clásicos 'ranchos de paja' se les llamara también *rifleros*" (*Apodos y denominativos en la historia argentina,* Buenos Aires, Elche, 1974, p. 353). Francisco Latzina, en *Sinopsis estadística argentina,* consigna que los decretos del Ejecutivo para que se desarme al pueblo, precisamente en 1880 cuando se llevó a cabo la elección de Carlos Tejedor, no fueron tenidos en cuenta.

dias personales; las grandes mentiras históricas, que el pueblo acepta, por no tomarse la tarea de estudiarlas.[85]

Esta descripción es muy representativa de un sentido común arraigado, según el cual el desprecio por las instituciones republicanas encabeza el repertorio de los diagnósticos políticos que se hacen desde la elite, para quien "el pueblo" carece de la capacidad de elegir y decidir sobre la cosa pública. Estas ligas muestran las alianzas conservadoras entre militares y caudillos, quienes, a través de la violencia, opondrán a las transformaciones modernas vínculos políticos arraigados en la tradición. Dentro de este capítulo menor de la historia política argentina, se desarrolla la versión más inquietante de la Liga Patriótica, que es la que forman a principios de siglo los jóvenes de las elites, pertenecientes al orden conservador, que se organizaban para reprimir "espontáneamente", con violencia, a sus enemigos: primero a los radicales que se levantan contra el gobierno en las revoluciones de 1898, 1901 y 1905 aprovechando para atacar a muchos grupos inmigrantes; más tarde, refundando la institución con otros actores, actuarán contra los anarquistas, los "maximalistas",[86] los judíos, los obreros. Aparecen en el momento de transición en que decae el viejo orden oligárquico y se desarrolla una democracia populista con participación de sectores cada vez más amplios. Así como las patotas urbanas surgen para marcar un territorio que estaba siendo ocupado, las Ligas políticas se forman con el pretexto de crear "autodefensas" a las agresiones al orden y la propiedad, pero son verdaderas instituciones paramilitares que tienen como propósito reprimir. El Ejército (rediseñando su lugar

---

[85] Carlos Octavio Bunge, *Nuestra América (Ensayo de Psicología Social)*, 6ª ed., Buenos Aires, Casa Vaccaro, 1918, p. 172.

[86] Maximalista es sinónimo de anarquista y revolucionario. Julio Godio y Edgardo J. Bilsky dicen que es el nombre que usan los diarios para designar a los revolucionarios rusos (a los bolcheviques en particular).

y función moderna) está detrás de ellas, en las diferentes modalidades que adoptan, todas producto del pensamiento nacionalista conservador del cambio de siglo.

Manuel Gálvez, autor de mucho prestigio en las primeras décadas del siglo XX, escribió un libro muy leído por los intelectuales del Centenario, *Diario de Gabriel Quiroga. Opiniones sobre la vida argentina*. Compendio del pensamiento nacionalista, este diario ficticio sostiene que la guerra es el remedio para un país que se está disgregando por el influjo negativo de la inmigración: "La salvación de la República Argentina está en la guerra con el Brasil. La guerra haría que los pueblos se conociesen, reuniría a los argentinos en un ideal común, y despertaría en el país entero el sentimiento de la nacionalidad";[87] y ve la actuación de las patotas como una reivindicación del pasado ante la desintegración de la nación que la llegada de la inmigración ha producido:

> El indio existe en casi todos los hombres de tierra adentro y aun en muchos del Litoral. Las revoluciones provincianas y los actos de salvajismo que cometen en la capital jóvenes de familias pudientes, sobre todo en los carnavales, cuando aullando como pampas asaltan a las gentes pacíficas en bárbaros malones, revelan el espectro del indio en ciertos argentinos civilizados. Y lo mismo sucede con el mulato.[88]

No hay mal en esa conducta, al contrario. Por eso Gálvez apuesta a la violencia, a la violencia de las elites contra los elementos que signifiquen un desvío de la promulgada esencia de la nación,

[87] Manuel Gálvez, *Diario de Gabriel Quiroga. Opiniones sobre la vida argentina* [1910], est. prel. de María Teresa Gramuglio, Buenos Aires, Taurus, 2001, p. 101.
[88] *Ibid.*, p. 141.

como una suerte de purificación sacrificial.[89] La guerra debe ser alimentada por la violencia cotidiana, organizada por quienes son los dueños naturales del país. Precisamente el 16 de mayo de 1910, días previos a la gran celebración del 25, cuando huelgas y manifestaciones hacían peligrar los fastuosos actos de celebración del gobierno, el personaje de Gálvez anota en su diario:

> Las violencias realizadas por los estudiantes incendiando las imprentas anarquistas, mientras echaban a vuelo las notas del himno patrio, constituyen una revelación de la más trascendente importancia. Ante todo, esas violencias demuestran la energía nacional. En segundo lugar, enseñan que la inmigración no ha concluido todavía con nuestro espíritu americano pues conservamos aún lo indio que había en nosotros.[90]

El argumento se repite a lo largo de las primeras décadas del siglo: hay que oponer el ideal nacional a la disgregación que trae la inmigración. A la vez que se celebra la violencia contra los anarquistas, un nuevo orgullo patrio —el pasado indio— será sacado a relucir apenas terminada la Campaña al Desierto. Juan

[89] Al mismo tiempo, Manuel Gálvez detesta el tango, al que esa violencia está ligado: "Yo no conozco nada tan repugnante como el tango argentino. El tango argentino tiene poquísima relación, o casi ninguna, con el originario tango cubano. Éste es voluptuoso, muelle, sensual, y su ritmo de trópico, lleno de perezas y languideces, nos mece como una hamaca. El tango nuestro poco tiene de sensual. Su baile es grotesco a fuerza de actitudes torpes y ridículas y significa el más alto exponente de la guaranguería nacional. La música del tango ha penetrado en las más elevadas clases sociales; y en todas partes, absolutamente en todas partes, uno oye como un castigo esa música fea y antiartística, prodigiosa de guaranguería y lamentable síntoma de nuestra desnacionalización. Cuando el argentino se emborracha le entra por hablar en 'malevo', por cantar 'La morocha' o 'El choclo' y por hacer odiosas posturas de compadrito orillero. Todo esto me parece muy natural. Su borrachera guaranga necesita exteriorizarse en una música y en un baile que son específicamente guarangos" (*Diario de Gabriel Quiroga..., op. cit.*, pp. 134 y 135).
[90] *Ibid.*, p. 201.

Carulla describe la actuación de estos jóvenes, durante el Centenario, como un necesario apoyo al gobierno, que –en su opinión– no podía manejar solo la situación de conflicto; dice que el gobierno tuvo

> el apoyo de la mayoría del país, que, herida en sus más caros sentimientos e irritada por una prédica disolvente cuyo pecado se imputaba exclusivamente a núcleos extraños a la nacionalidad, lanzose también a la calle, anhelosa de expresar su fe patriótica y aniquilar toda posibilidad de sabotear la fiesta.[91]

Esta identificación coyuntural y la reivindicación de la violencia en las elites conviven con explicaciones que intentan ser científicas; para César Viale las patotas son claramente un problema ligado al fenómeno de las masas. En la época, atribuir algunos de los males sociales a las clases dirigentes era infrecuente. Viale lo hará, mostrando los peligros de caer víctima de la patología de las masas, a las que ningún sector social parece inmune. Describiendo los temores del año 1910, cuando las acciones anarquistas preocupaban a las elites que se autocelebraban en los festejos del Centenario, alcanza a ver la irracionalidad y el peligro social que estos jóvenes bien y sus parientes representan:

> Gran fermentación del patriotismo porteño. La ira de la clase conservadora no reconocía límites y nada instruida del conflicto en efervescencia no supo deslindar el anarquista del obrero. Aparecieron las logias nacionalistas encabezadas por la juventud, y la Policía aprovechó ese concurso para obrar contra los ácratas. Sin embargo de señalarles el rumbo, hicieron confusión de tal manera que se allanaron a mano armada hogares tranquilos e inofensivos, y se atropellaron locales que debieron respetarse;

[91] Juan Carulla, *Al filo del medio siglo,* Paraná, Llanura, 1951, pp. 97 y 98.

así se atacó a "La Vanguardia" al igual que a "La Protesta", a bibliotecas obreras que a imprentas revolucionarias.[92]

Está hablando el secretario general de la Policía de Buenos Aires, aquel que agradece al socialismo sus leyes de mejora laboral, pues permiten contener la escalada de violencia social. Está hablando quien se preocupa por entender cómo mantener esa sociedad en calma cuando la convivencia está amenazada por la conducta de las masas:

> Una noche miles de patriotas [se refiere siempre con este término a los de su propia clase] arrastrados en el torbellino propio de las muchedumbres pedían a voces en la esquina del Departamento la masacre de los detenidos anarquistas, y para esto titulaban de cobarde al Jefe, pedían su renuncia, etc., etc.[93]

En sus memorias, *Recuerdos del 900,* Felipe Amadeo Lastra recurre al tono indulgente ante las actitudes de estos jóvenes que salen a reprimir, en forma paralela a la policía. No teme, como Viale, que se vea comprometida la institucionalidad del país; por el contrario, celebra la intervención ilegal de los jóvenes:

> Al conmemorarse el Centenario [...] se recurre a los "indios bien" para evitar la acción de los extremistas, quienes preten-

[92] César Viale, *Estampas de mi tiempo, op. cit.,* p. 234.

[93] *Ibid.,* p. 234. Y aún más; hablando de los nacionalistas, dice: "Y cuando los elementos conservadores pretendían, exigían... en los círculos sociales y en los corrillos, la represión violenta –llegando a reunirse una multitud distinguida que fué a pedir a voces a las puertas de la casa central de policía, el ejercicio de la ley del Talión 'ojo por ojo, diente por diente' contra los revoltosos– no se medían los alcances de tamaño despropósito. Seguir ese plan hubiera sido impolítico" (César Viale, *Estampas de mi tiempo, op. cit.,* p. 239). La preocupación de Viale es la institucionalidad de las fuerzas policiales y militares y ve, en estos desbordes de la "política criolla", una amenaza a la paz social.

dían hacer fracasar los festejos patrios que iban a realizarse. Se averiguó en forma sigilosa dónde se hallaban las madrigueras de esos extremistas y fueron justamente "las patotas", tan equivocadamente vilipendiadas por los reporteros, las que hicieron abortar los atentados preconcebidos. En una imprenta, frente al Retiro, los recibieron a balazos. La policía no tuvo necesidad de actuar y las autoridades quedaron reconocidas por la actitud decidida y valiente de esos jóvenes.[94]

Como vemos, en pocos años se ha operado una transformación fundamental, ya no es simplemente la indiada que deviene patota callejera. Esa violencia "gratuita", amenaza contra el orden social que viene desde las clases altas, encontrará en poco tiempo su cauce. Si parece gratuita en el fin de siglo, definirá a su enemigo pocos años después y se volverá claramente política. Legitimado ya el uso de la violencia en el aprendizaje del suburbio (en la imitación del compadrito), la ejercerán contra los anarquistas, obreros e inmigrantes por igual. Muchas de esas patotas pasarán a formar parte de la Liga Patriótica, agrupación de civiles armados en "autodefensa de la patria" cuando la conflictividad social se haga más amenazante.

El Centenario fue el preámbulo de lo que harán unos años después.[95] Durante la Semana Trágica de enero de 1919, los gru-

---

[94] Felipe Amadeo Lastra, *Recuerdos del 900, op. cit.*, p. 30.

[95] Todavía en 1914, cuando Gómez Carrillo publica *El encanto de Buenos Aires,* las patotas son vistas de manera complaciente por la prensa, según cuenta el autor citando artículos que durante los días de su estadía en el país se publican en *La Razón:* "Acontece que un grupo de jóvenes argentinos, invitados por un caballero extranjero, cenaban vez pasada en un Centro social. Contra todas las reglas del buen gusto y del buen tono, concluída la cena, los divertidos jóvenes rompieron las vajillas y los espejos del salón, después de lo cual se dirigieron, en el mismo son de gracia, á un Club aristocrático, donde repitieron el espectáculo. Pero no pararon ahí las jocosas aventuras de los jóvenes; llevaron su atrevimiento hasta ir á un baile que se daba en una casa

pos armados de las elites tuvieron una participación muy activa,
al destruir locales partidarios, domicilios de obreros y viviendas
y negocios de miembros de la comunidad inmigrante, con especial saña contra la judía. Reprimieron, torturaron, violentaron y
también mataron a quienes identificaban como tales. Tendrán
un completa libertad de acción, una vez más, como durante las
celebraciones del primer Centenario cuando se ofrecieron para
combatir contra huelguistas y manifestantes de izquierda y cualquier actitud que evaluaran como "alteración del orden" en medio
del estado de sitio.[96] Legitimados por las autoridades policiales y
el poder político, amparados por el estado de excepción, los jóvenes que se divertían imitando a los compadres, abusando de
las prostitutas y mujeres de clases bajas y provocando a los que
no pertenecían a sus grupos convierten la diversión en "justicia".
Pueden no ser exactamente los mismos nombres, pero pertenecen a los mismos grupos y con prácticas semejantes, a quienes
interrumpían sesiones de teatro, destruían cafés y prostíbulos,
agredían a otras patotas. La conformación de estos grupos fue
pausada y tuvo sus exaltaciones en coyunturas particulares: el
Centenario, la guerra europea. Carulla, uno de los más activos
militantes de la derecha a partir de su regreso de Francia, donde se enroló —como el personaje de *Los cuatro jinetes del Apocalipsis*— en el Ejército francés y se involucró en las actividades de
"L'Action Française", dice:

> Meses después de la declaración de guerra, más o menos a fines
> de 1915, un grupo de jóvenes entusiastas, casi todos periodistas

---

de familia, donde es fácil imaginar las graciosas proezas que realizaron" (*El
encanto de Buenos Aires, op. cit.,* p. 116).

[96] Durante el siglo xx, el estado de sitio fue regularmente aplicado. En
el argumento de Agamben, el estado de excepción aparece como la forma
legal de lo que no puede tener forma legal. Esta paradoja es connatural —en
su argumento— a las democracias modernas.

y escritores, echó las bases del Comité de la Juventud, cuyos fines eran abogar por una conducta más enérgica del gobierno, frente a las repetidas agresiones alemanas contra nuestros barcos mercantes (caso del "Monte Protegido") y crear en el ánimo popular un sentimiento no solo favorable a los aliados, sino aun de franco repudio a la neutralidad mantenida por el gobierno.[97]

Antiyrigoyenista acérrimo, confiesa que cuando, aun en Europa, se entera de la elección del primer presidente radical, "el corazón me dió un vuelco, pues era lo que menos hubiera esperado";[98] desde entonces actúa sin reparos para derrocarlo, como muchos otros nacionalistas conservadores.

5. Semana Trágica

Los acontecimientos de la Semana Trágica son un momento de inflexión en la historia política argentina. Comienzan, en medio de un clima de protesta social y huelgas de muchos sectores sindicales, en noviembre de 1918 con una huelga de trabajadores de los talleres metalúrgicos de los hermanos Vasena por mejoras en las opresivas condiciones de trabajo (aumento de salario, jornada de ocho horas, pago de horas extras, entre otros reclamos). Cuando la huelga se extiende, los dueños contratan a personal externo para seguir con las actividades, pero los obreros sitian los talleres. A comienzos de 1919, el conflicto se tensa. El día 7 de enero empiezan a caer los muertos después de que los obreros en huelga impiden el ingreso de carros con provisiones a la fábrica, en la calle Pepirí y avenida Alcorta. Hay francotiradores que disparan contra los huelguistas y la

---

[97] Juan Carulla, *Al filo del medio siglo, op. cit.,* p. 150.
[98] *Ibid.,* p. 145.

población civil dentro y fuera de la fábrica. Los huelguistas están armados. En los enfrentamientos mueren cuatro obreros en huelga. El día 8 se declara, en solidaridad y protesta por las muertes, una huelga general que se va extendiendo a otras ciudades del país. El 9 de enero, en el entierro de las víctimas, acompañadas por multitudes obreras (protegidas por una guardia de sindicalistas anarquistas armados),[99] los miles de manifestantes son atacados nuevamente por disparos de francotiradores y mueren más obreros y civiles.

Aquí los hechos comienzan a confundirse; en parte porque el relato oficial sobre lo que sucedió fue lo suficientemente opaco y cada sector involucrado dio su versión interesada, en parte porque fue un proceso complejo, que se jugó en varios planos, que protagonizaron al mismo tiempo muchos actores diferentes: las centrales obreras (anarquista, la Federación Obrera Regional Argentina [FORA] del V Congreso; sindicalista, la FORA del IX Congreso), las fuerzas de seguridad pública (policías, bomberos y el ejército al mando del general Dellepiane), el presidente de la República, Hipólito Yrigoyen —que, según su costumbre, quiso mediar personalmente en las demandas sindicales negociando con varios actores a la vez—, los partidos políticos (conservadores, socialistas, radicales con sus propias agendas), la prensa (la de los sectores tradicionales, unida en contra de las protestas, y la anarquista y socialista, denunciando la represión) y grupos de civiles armados por cuenta propia (ciudadanos argentinos —la mayoría del movimiento obrero era inmigrante—, burguesía y elites). La idea de confusión no es sino el producto del nuevo rol que toman los sectores conservadores y el Ejército frente al gobierno de

---

[99] Julio Godio dice: "A la vanguardia del cortejo marchaba un grupo de obreros de autodefensa compuesto por cien personas armadas con revólveres y carabinas" (*La Semana Trágica de enero de 1919*, Buenos Aires, Granica, 1972, p. 32).

Yrigoyen y la pérdida temporal de la institucionalidad que opaca el proceso de toma de decisiones y responsabilidades. Ningún sector en el poder y en el movimiento obrero estaba dispuesto a hacerse cargo de los muertos. La confusión de los hechos responde a la cantidad de escenarios paralelos y a los múltiples actores, que parecen actuar de manera independiente, poniendo al descubierto la debilidad del Poder Ejecutivo. El general Dellepiane está a cargo de la situación como jefe de todas las fuerzas,[100] negociando con los huelguistas, los patrones, el presidente, los políticos; el presidente se reúne con todos los sectores (comités obreros, los Vasena, la policía), pero no parece estar al tanto de lo que pasa en las calles de la ciudad. Los políticos conservadores, además de presionar para que se decrete el estado de sitio, estimulan la intervención de los civiles armados. El diputado conservador Luis Agote dice en la Cámara de Diputados el día 10: "En las bancas corren versiones de una gravedad tal, señor presidente, que si fueran exactas, quizá mañana tuvieran que constituirse batallones cívicos para defender a todo lo que es más caro en el país".[101]

En una ciudad paralizada, a oscuras, la violencia aparece en los barrios pobres, de obreros e inmigrantes. Francotiradores, disparos desde azoteas contra civiles son la antesala de supuestos atentados al Departamento Central de Policía, el Correo Central y varias comisarías la noche del 10 de enero. El gobierno difunde la idea de que esos atentados forman parte de un plan de asalto a los establecimientos públicos y la prensa se hace eco de inmediato. Aparentemente, el sentimiento de que se estaba en el umbral de un cambio asediaba a muchos, con diferentes respuestas y

---

[100] Bajo su mando están todas las fuerzas de seguridad, que representaban treinta mil hombres del Ejército, dos mil hombres de la Marina de Guerra además de las tropas policiales y de bomberos.

[101] Citado en Julio Godio, *La Semana Trágica de enero de 1919, op. cit.,* p. 38.

valoraciones sobre ese cambio. El 10 de enero, el periódico anarquista *La Protesta* publica (en el último número que aparece antes de que su imprenta sea incendiada): "El pueblo está para la revolución. Lo ha demostrado ayer al hacer causa común con los huelguistas de los talleres Vasena. El trabajo se paralizó en la ciudad y los barrios suburbanos. Ni un solo proletario traicionó la causa de sus hermanos de dolor".[102] El día 11 hay reuniones de acuerdo y la FORA decide levantar la huelga. Sin embargo, la mayoría de los obreros no regresan al trabajo. Los sindicatos quedan descolocados ante la violencia de las calles (los tiroteos, los supuestos atentados) y, para despegarse, recurren a la idea de que una "minoría antisocial", integrada por "elementos extranjeros", es la responsable de la tensión y la violencia y no el movimiento obrero. Se hacen eco de las versiones que comienzan a correr entre los políticos conservadores. La prensa, aprovechando que tanto la FORA como el Partido Socialista han hecho estas declaraciones sobre los disturbios, estimula la idea de que esa "minoría antisocial" de extranjeros generó la violencia de los días anteriores y es responsable por los muertos (los acontecimientos no se investigan).

El 12 de enero, con la ciudad semiparalizada, se comienza a difundir la idea de un complot maximalista: un grupo de "rusos" quiere instalar el sóviet en Argentina y se detiene a sus cabecillas, que serán torturados durante días y mantenidos en la cárcel sin haberse comprobado sus cargos; el principal detenido fue Pedro Wald, que, según las versiones oficiales, hubiese sido el presidente de la nueva república y ya tenía elegidos a su jefe de Policía (Selestuk) y ministro de Guerra (Ziazin).[103] Poco

---

[102] Julio Godio, *La Semana Trágica…, op. cit*, p. 46.
[103] Estos nombres varían en las diferentes versiones, lo que muestra lo improvisado de la teoría del complot y lo poco relevantes que eran los individuos cuando se trataba de acusar a un conjunto.

después, esta versión se desvanece, pero nadie la rectifica oficialmente. Por ello, no hay "versión oficial" definitiva sobre lo que ocurrió; y fue, en realidad, un acontecimiento compuesto por diversas capas, con varios actores simultáneos y desarrollado en distintos espacios, que fragua los futuros años de violencia institucional en Argentina. Sin embargo, quienes estuvieron en la trastienda de la represión también estuvieron en la trastienda del armado de este relato. Juan Carulla, mezclando realidad y ficción, lo confiesa:

> Conservaba yo aún vinculaciones con la gente de izquierda, y, por mis amigos socialistas y anarquistas —no todos los cuales habían sido ganados por la ideología comunista, que se propagaba avasalladoramente en los medios obreros e intelectuales—, estaba al corriente de las maniobras de los agentes de Moscú. Y hasta llegué a enterarme de que, quien dirigía los hilos de la propaganda, estaba en relación directa con el Soviet y manejaba enormes sumas de dinero.[104]

En un plano paralelo al conflicto obrero, encontramos que el día 9 de enero el gobierno militariza la ciudad. Desde el 10, grupos de civiles recorren armados las calles de la ciudad, con protección policial. El Comité Nacional de la Juventud, que integran entre otros el escritor Ricardo Rojas, ofrece, el día 10, sus servicios al jefe de Policía, Elpidio González; son civiles nacionalistas, algunos de ellos radicales. Ese día comienzan los primeros pogromos. Al día siguiente numerosos civiles conservadores se reúnen en el Centro Naval, donde serán adiestrados militarmente. La represión ya se había intensificado la noche del 10, cuando hay razias masivas y tiroteos y rumores de asaltos a varias comisarías. El jefe de Policía fomenta, a través de

---

[104] Juan Carulla, *Al filo del medio siglo, op. cit.,* p. 157.

comunicados y afiches murales, la formación de guardias civiles.[105] La noche del 10 al 11 de enero, son atacados los locales de varias instituciones judías. Esa noche, o la mañana del 11, son detenidos Pedro Wald y su novia Rosa Weinstein y llevados a la comisaría 7ª y se consolida la trama del complot maximalista. Así relata Sebastián Marotta, miembro del comité de la FORA, que negoció con el presidente de la República, el supuesto desenlace de los acontecimientos, unos días después de terminada la violencia:

> Entre los presos libertados figuran Rosa Weinstein y Pedro Wald, víctimas de un "cuento maximalista" relatado por bandas civiles armadas para servir los planes urdidos en la sombra por el capitalismo y los grupos oligárquicos. La leyenda, producto del pánico, había servido de pretexto a las "guardias blancas" para realizar "incalificables incursiones en los barrios judíos" y cometer "inauditas como injustificables tropelías".[106]

---

[105] Nahum Solominski consigna que desde el día 9, "a través de afiches se convocaba a salvar a la patria amenazada… En las plazas se llevaban a cabo concentraciones propiciadas por grupos civiles armados, por los hombres del 'Orden Social' y la 'Guardia Blanca'" (*La Semana Trágica en la Argentina*, Buenos Aires, Biblioteca Popular Judía del Congreso Judío Mundial, 1971, p. 17). Se habían realizado también reuniones previas en la sede de la Asociación del Trabajo fundada en 1918 por las siguientes instituciones: Bolsa de Comercio, Sociedad Rural Argentina, Centro de Exportadores de Cereales, Centro de Importadores y Anexos, Centro de Navegación Transatlántica, Centro de Cabotaje Argentino, Compañías Importadoras de Carbón, Cámara Gremial de Molineros, Centro de Propietarios de Carros, Centro de Barranqueros y Frutos del País, Cámara Gremial de Cereales, compañías de los ferrocarriles Central Argentino, del Sud, del Oeste, del Pacífico y otros gremios patronales (Julio Godio, *La Semana Trágica de enero de 1919, op. cit.*, pp. 180 y 181). La Asociación proveía de rompehuelgas a las empresas en conflicto y también de guardias armados, reclutados entre expolicías, maleantes, etcétera.

[106] Sebastián Marotta, *El movimiento sindical argentino. Su génesis y desarrollo*, t. II: *Período: 1907-1920*, Buenos Aires, Lacio, 1961, p. 247.

La invención de este "cuento maximalista" parte de una supuesta carta anónima enviada desde Buenos Aires al jefe de Policía de Montevideo donde se denuncia el complot (en Montevideo se había declarado una huelga y los diarios uruguayos también hablan de un complot maximalista). Los días 12 y 13 de enero los diarios desarrollan la idea del complot. El fenómeno no es original. En Alemania existían los *Freikorps*, que fueron una organización paramilitar integrada por algunos de los soldados alemanes que regresaron de la Primera Guerra Mundial en 1918. "Mano de obra desocupada" después del fracaso militar de su país, se constituyeron como fuerza de choque ante el comunismo en ascenso. Tuvieron el apoyo del ministro de Defensa del Partido Socialdemócrata, Gustav Noske, que les dio libertad de acción contra la revolución de la Liga Spartaquista de 1918-1919, cuando arrestaron y mataron en enero de 1919 a Karl Liebknecht y Rosa Luxemburgo. La prensa porteña cubrió profusamente las noticias de la revolución en Berlín y la suerte de los líderes marxistas, contemporáneas a los sucesos de la Semana Trágica. La invención del complot maximalista tiene que haber encontrado una matriz narrativa en estos hechos para generarse y difundirse entre los jefes militares y la prensa.

Aunque ya al día siguiente varios de los periódicos que publicaron la noticia del complot empiezan a dudar de su veracidad y ni siquiera se informa sobre la cantidad de víctimas.[107] Pero la historia del complot maximalista, y la detención arbitraria del supuesto presidente del sóviet, de su jefe de Policía y su

---

[107] Las cifras de las víctimas son inciertas: según información que proporciona Bilsky, los muertos van de 60 o 65 hasta 1.000. Para los archivos diplomáticos de Estados Unidos, la cifra de muertos es 1.356 y alrededor de cinco mil heridos. En la prensa conservadora aparecen listas de muertos, unos doscientos. *La Vanguardia* y *La Protesta* hablan de setecientos muertos y más de cuatro mil heridos. Según la prensa tradicional, hubo más de cinco mil detenidos solo en Capital. Para la prensa anarquista, 45 mil en todo el país.

ministro de Guerra, disolvió la amenaza de la huelga y la huelga misma, dividió al movimiento obrero y concentró en la población inmigrante con tradiciones combativas (rusos y catalanes) y en los judíos las responsabilidades de la fractura del orden.[108] *La Época,* diario radical, escribe el 15 de enero sobre el carácter subversivo de la huelga:

> Y esta [invasión extranjera] es precisamente la índole del movimiento subversivo reprimido desde que sus directores y ejecutores son elementos extranjeros a la nacionalidad que devuelven con este atentado indigno y bárbaro, la hospitalidad que desde hace largos años le ofrece la República a todos los hombres del mundo.[109]

Lo acentuará la prensa más conservadora. La apelación despectiva de "rusos" se vuelve sinónimo de maximalista y judío. En solo una noche se cambia el foco de atención, de los reclamos obreros a la amenaza del complot prosoviético.[110] Así, el diario

[108] Solominski, al relatar el primer pogromo antijudío (la noche del 14 al 15 de mayo de 1910), recuerda que en los protocolos de la Policía Federal se dice que se actuó contra los "portadores de ideas avanzadas" y se los identificaba con progresistas, socialistas, anarquistas. Los represores decían que eran "todos agresores" y "todos judíos". Las "ideas avanzadas", en ese momento, son sinónimo de destrucción social. Solominski agrega que los más violentos eran "jóvenes patoteros" que pertenecían a la patricia Sociedad Sportiva Argentina, presidida por el barón De Marchi.

[109] Citado en Edgaro J. Bilsky, *La Semana Trágica,* Buenos Aires, Centro Editor de América Latina, 1984, p. 136.

[110] El mismo Carulla, antisemita militante (aunque lo niegue en su autobiografía aduciendo, entre otras cosas, que tuvo un médico judío), dice que vio los hechos de la Semana Trágica como "observador" (rol virtualmente imposible en una ciudad en llamas como él mismo la describe) y relata algunas escenas: "Fue al llegar a Viamonte, a la altura de Facultad de Medicina, que me tocó presenciar lo que podría denominarse el primer 'progrom' en Argentina.

"En medio de la calle ardían varias piras formadas con libros y trastos viejos, entre los cuales podían reconocerse sillas, mesas y otros enseres do-

La Razón del 11 de enero titula las notas sobre los acontecimientos del día 10 como "Choque entre una patrulla y un grupo de obreros rusos" y "Rusos en rebelión", donde describe: "En
la esquina de Corrientes y Río de Janeiro, una patrulla de caba-
llería se vio obligada a hacer fuego contra un numeroso grupo
de rusos, en evidente actitud de rebelión. Resultaron numerosos heridos".[111] El mismo diario también informa ese día, bajo el
título "Guardia Cívica Radical", que

> varios dirigentes radicales han iniciado trabajos para constituir
> una guardia cívica radical, en apoyo de las medidas que adopte
> el gobierno para normalizar la situación. Aseguran que forma-
> rán parte de la misma más de diez mil afiliados al partido, y por
> medio de los comités y de organismos autorizados, han hecho
> conocer esa decisión a varios miembros del Ejecutivo.[112]

Entre las sombras de la ciudad asediada, actúan los jóvenes que
se van a constituir en institución formal precisamente el día 12

---

ménsticos, y las llamas iluminaban tétricamente la noche destacando con
rojizo resplandor los rostros de una multitud gesticulante y estremecida.
[...] Inquirí y supe que se trataba de un comerciante judío al que se culpa-
ba de hacer propaganda comunista. Me pareció, sin embargo, que el cruel
castigo se hacía extensivo a otros hogares hebreos. El ruido de muebles y
cajones violentamente arrojados a la calle, se mezclaba con gritos de '¡Mueran los judíos!, ¡Mueran los maximalistas!'. De tanto en tanto pasaban a mi
vera viejos barbudos y mujeres desgreñadas. Nunca olvidaré el rostro cár-
deno y la mirada suplicante de uno de ellos al que arrastraban un par de
mozalbetes, así como el de un niño sollozante que se aferraba a la vieja levita negra, ya desgarrada, de otro de aquellos pobres diablos. Aparté, no sin
repugnancia, mi mirada de aquel cuadro chocante, pero fué solamente para
fijarla en otros del mismo jaez, pues el disturbio provocado por el ataque a
los negocios y hogares hebreos se había propagado a varias manzanas a la
redonda" (*Al filo del medio siglo, op. cit.,* pp. 159 y 160).
    [111] Beatriz Seibel, *Crónicas de la Semana Trágica. Enero de 1919,* Buenos
Aires, Corregidor, 1999, p. 82.
    [112] Citado en Beatriz Seibel, *Crónicas de la Semana Trágica, op. cit.,* p. 92.

de enero y como respuesta a la situación de protesta. En el Centro Naval, a instancias del contralmirante Manuel Domecq García y los capitanes Malbrán y Jorge Yalour, comienzan a reunirse el día 11 de enero jóvenes nacionalistas que ofrecen sus servicios al general Dellepiane, que los trata de mantener –oficialmente– al margen. Al principio parecen formar parte de los muchos grupos de civiles que con el pretexto de la autodefensa se convierten en fuerzas represivas.[113] Pero en pocos días la Liga se fortalece con reuniones en las que se involucran más civiles e instituciones; miembros de la Armada la convocan y dan su apoyo logístico y político, y en las instituciones del Ejército se reúnen sus miembros; actúan por su cuenta, paralelamente a la policía, como sostienen los testimonios de la época. Son fuerzas de los estratos más altos y oscilan entre conservadores y reaccionarios, asegura Luis María Caterina en su ensayo sobre la Liga. La Iglesia católica también está involucrada en las reuniones, a través de Monseñor D'Andrea (asesor de los Círculos Obreros católicos) y Monseñor Piaggio (vicario general de la Armada).[114] Colectas agenciadas por terratenientes e industriales, a través de la Iglesia, para ayudar a las víctimas de las fuerzas de seguridad caídas

[113] El paro de transporte, el desabastecimiento, los francotiradores hicieron que las familias de la burguesía y la elite se refugiaran en la zona norte, donde se crearon brigadas de autodefensa en los barrios para evitar lo que se creía un peligro: el asalto de las masas a la propiedad privada.

[114] Pasada la violencia de la Semana Trágica, la Liga inicia una agresiva campaña de propaganda y trata de involucrar a la población a través de actividades recreativas. Al año siguiente asume la presidencia Manuel Carlés, que la conduce hasta 1946 con el lema fundacional "Patria y Orden". Monseñor D'Andrea hace su declaración pública sobre la Semana Trágica en una conferencia que ofrece en 1919: "La consigna del comunismo era la de extenderse por el mundo entero, asegurando así el dominio que acababa de imponer sobre Rusia. Nuestra patria fue una de las primeras víctimas codiciadas. Tal es el verdadero origen de la Semana Trágica de 1919. El comunismo intentó abolir la llamada aristrocracia, neutralizar a la Iglesia y apoderarse del Gobierno" (citado en Julio Godio, *La Semana Trágica de enero de 1919, op. cit.,* p. 180).

durante los incidentes, fortalecen a la naciente Liga.[115] En el relato de la Semana Trágica que se hace en la *Historia de la Policía Federal Argentina. Génesis y desarrollo. Desde 1580 hasta la actualidad,* se lee: "El día 10 [de enero] aparecieron los autodenominados Defensores del Orden, jóvenes armados y reclutados en el Centro Naval por el almirante Pedro Domecq y dirigidos por el Dr. Manuel Carlés, para cooperar con la Policía y las Fuerzas Armadas".[116] Como referencia es muy breve y elide explicar la legitimidad de sus actuaciones, pero refrenda el trabajo conjunto de las fuerzas parapoliciales durante la represión brutal de la huelga y sus derivaciones.

Una de las revistas más importantes de la época, *Caras y Caretas,* dará una suerte de versión compendiada de lo que pensaban los sectores políticos, económicos y militares. La portada del número correspondiente a esa semana titula "Los abnegados de la semana" y muestra una foto de médicos y personal de la Asistencia Pública. Las páginas interiores son un larguísimo reportaje gráfico que comienza con la huelga en los talleres Vasena y se titula "La Semana Trágica". La enorme cantidad de fotos está mechada con un relato no muy preciso de acontecimientos; sin embargo, enuncia una tesis: la violencia de esos días no la produjeron

---

[115] En la reunión del día 12, se dice que se había determinado: "Art. 1ro.: Con la denominación de Guardia Cívica, se constituye una corporación de ciudadanos argentinos. / Art. 2do.: La Guardia Cívica sin ningún propósito político, tiene por fines exclusivos: estimular sobre todo el sentimiento de argentinidad tendiendo a vigorizar la libre personalidad; cooperar con las autoridades en el mantenimiento del orden público, defendiendo la vida de los habitantes de la Nación, y contribuyendo a mantener la tranquilidad de los hogares en el único caso de producirse movimientos anárquicos o huelgas de carácter revolucionario" (citado en Luis María Caterina, *La Liga Patriótica Argentina. Un grupo de presión frente a las convulsiones sociales de la década del veinte,* Buenos Aires, Corregidor, 1995, pp. 32 y 33).

[116] AAVV, *Historia de la Policía Federal Argentina. Génesis y desarrollo. Desde 1580 hasta la actualidad,* vol. 316, Buenos Aires, Editorial Policial, 1999, p. 264.

los obreros, sino que "a este movimiento se han mezclado, no
ya obreros que pugnan por imponer un pliego de condiciones, o
socialistas que desean hacer triunfar lo que creen su buena causa, sino ese elemento sin patria que aunque constituye por fortuna minoría, quiso imponerse por la violencia".[117] Aunque hay
una foto de Pedro Wald y Selestuk (los acusados de querer imponer el sóviet), no hablan de complot; solo de la arremetida de
los extranjeros que no quieren el bien del país. Contra ellos ins-
tan a unirse y piden leyes más duras. El número tiene también
unos "Apuntes del natural", con ilustraciones de escenas que se
vivieron esos días hechas por el dibujante Alonso.

Hubo también muchos testimonios de quienes participaron
directamente en los acontecimientos. Para el policía Octavio A. Piñero, no hay duda de que la responsabilidad de la violencia la
tienen los obreros, especialmente los extranjeros. Autor de *Los
orígenes y la trágica semana de enero de 1919* y de *Manual prác-
tico de partes de hechos delictuosos y contravenciones policiales,* Piñero asume, sin embargo, ciertas responsabilidades de los
cuerpos de seguridad: "En las calles Corrientes y Pueyrredón, un
Sub Teniente del Escuadrón de Seguridad, a cargo de una patrulla de diez hombres, sin ton ni son, hacía disparar a sus subordinados con sus carabinas, tiros al aire a los cuatro vientos".[118] No
fue el único incidente: "El otro tuvo lugar en la calle Almirante
Brown, frente al paredón de la Casa Amarilla, donde un Teniente
del Ejército, a las veintitrés horas, ponía en funcionamiento una
ametralladora contra dicho paredón, por el mero placer de causar inquietud en el vecindario".[119] También recuerda que, como
los huelguistas disparaban contra todos, incluso contra las am-

---

[117] *Caras y Caretas,* núm. 1059, año XXII, 18 de enero de 1919, p. 10.
[118] Octavio A. Piñero, *Los orígenes y la trágica semana de enero de 1919,*
Buenos Aires, Taller Gráfico Bellsolá, 1956, p. 48.
[119] *Ibid.,* pp. 48 y 49.

bulancias que se dirigían a socorrer a heridos (que iban custo-
diadas por bomberos armados): "La Dirección de la Asistencia
Pública se vió en la necesidad de proveerlos de armas a los médicos, practicantes y conductores, para la seguridad de su defensa personal".[120] Pero armados estaban todos: "En el interior de los
talleres, se hallaban cuatrocientos obreros adictos a la casa [Va-
sena], los que pernoctaban y comían allí, a quienes los patrones
habían armado con armas largas y cortas para contribuir con las
autoridades a la defensa del edificio".[121] Con respecto a los obreros anarquistas, Godio sostiene que hubo un plan en los atentados y estuvo en manos de los anarquistas, que no eran muchos
y estaban mal armados. Ellos habrían atacado las comisarías
4ª, 6ª, 8ª y 9ª. Pero el ataque al Departamento de Policía nunca
existió. Por eso la violencia se desencadenaba en cualquier momento, en los puntos de la ciudad con población obrera o simplemente pobre. Según Piñero, la orden del general Dellepiane
era clara: "Dispuso, lacónicamente, que en los hechos en que se
actuara, no se desperdiciaran municiones con tiros al aire";[122] en
el lenguaje militar significaba, sencillamente, que se tire a matar. La confusión de los primeros días va conformando un relato
ya más coherente. *La Razón* del 13 de enero, en la nota "El total de detenidos. Rusos. Catalanes", describe a los detenidos ya
no con criterio de revuelta o procedencia partidaria, sino por su
nacionalidad, estigma de revolucionarios:

> Es materialmente imposible dar por ahora la cifra exacta de las
> detenciones que han practicado la policía y los bomberos. Se
> sabe que pasan de dos mil las personas que se encuentran alo-
> jadas en los cuadros y calabozos del departamento central,

[120] *Ibid.*, p. 51.
[121] *Ibid.*, pp. 51 y 52.
[122] *Ibid.*, p. 57.

comisarías y cuartel de bomberos. Los detenidos, en su casi totalidad, son obreros.

El 50% de los detenidos es ruso. En gran parte se trata de revolucionarios que huyeron de las persecuciones de que los hacía motivo la autoridad constituida de su país.

Le siguen en proporción los catalanes, muchos de ellos expulsados de la península después de los sucesos sangrientos de Barcelona, que terminaron con el fusilamiento de Ferrer.

Los demás son argentinos y de diversas nacionalidades.[123]

Algunos otros protagonistas de los acontecimientos también escribieron sus testimonios y, al hablar sobre la violencia y los grupos de civiles que actuaron durante esos días, detallan bien la serie de microviolencias. Dos de esos testimonios son de policías; el primero es una memoria que, en 1919, escribe César Viale y titula *La Semana Trágica en Buenos Aires, abarcada desde el Departamento Central*. El segundo es *La Semana Trágica. Relato de los hechos sangrientos del año 1919,* escrito por el policía José Ramón Romariz en 1952. El de Viale, en sus 22 páginas y en su detallado recuento de los acontecimientos día por día, no menciona una sola vez la palabra "judío". El testimonio de Romariz hace un relato mucho más detallado y abarcador (aunque menos preciso, pues no recuerda la cadena de hechos); como encargado de la Comisaría número 24, jurisdicción de La Boca, estuvo en algunos de los escenarios principales del conflicto, ya que los talleres Vasena estaban en Parque Patricios.[124]

---

[123] Citado en Beatriz Seibel, *Crónicas de la Semana Trágica, op. cit.,* p. 131. También *La Prensa* del día 13 informa que "La parte Noroeste de la ciudad, conocida por el barrio ruso o la Pequeña Rusia, como se la llama vulgarmente, por la cantidad de gente de esa nacionalidad que habita allí, ha sido objeto, en estos tres últimos días, de escenas trágicas que han costado la vida a algunos soldados del ejército y a muchos civiles" (*ibid.,* p. 141).

[124] Los talleres de Vasena tenían dos sedes; una estaba en la calle Pepirí con Santo Domingo y Alcorta, la otra en la manzana comprendida entre las

Sin embargo, los judíos tampoco aparecen en su relato del día a día, no tienen absolutamente ningún protagonismo en el conflicto entre obreros y autoridades que se genera a partir de los reclamos sindicales ante las pésimas condiciones de trabajo en la fábrica Vasena, aunque sí serán protagonistas en las últimas 25 de las 183 páginas de su texto. La misma ausencia de la represión antisemita se encuentra en la crónica diaria de los acontecimientos de los diarios *La Razón*, *La Prensa* y *La Nación* y en el volumen de *Historia de la Policía*. ¿Cuándo y por qué, entonces, el conflicto obrero se convierte en una violencia antinmigrante primero y antisemita luego dentro de esta cadena de microviolencias? Cuando ya cesaron los enfrentamientos bajo el estado de sitio y no se encuentran francotiradores en los barrios convulsionados y todo comienza a entrar en la normalidad, Romariz registra las arbitrariedades que se estaban cometiendo:

Los detenidos seguían afluyendo a la comisaría, no sé, ni me explico de dónde los sacaban, al concurrir ocasionalmente a la seccional, me enteré por los oficiales de guardia que ya habían sido reducidos a prisión los miembros del "soviet" local. Entre ellos se encontraba al que se le atribuía el cargo de "comisario", del barrio de La Boca. Tuve curiosidad por conocerlo. Se trataba de un ruso, de unos cincuenta años de edad, de rostro apacible, inofensivo, tembloroso. No creí la patraña. ¡Era una torpe inventiva! Bastaba en esos días que a un oficial, agente o ciudadano sin mayor responsabilidad, se le ocurriera adjudicarle un "San Benito" cualquiera a los que se conducían arrestados, para que "ipso-facto" se castigara cruelmente al imputado, la

calles Rioja, Cochabamba, Pavón y Barcala, actual Plaza Martín Fierro. Los barrios más afectados por la violencia fueron los del sur de la ciudad: Parque Patricios, Barracas, Nueva Pompeya, Constitución, La Boca, San Cristóbal, Balvanera, Almagro, Villa Crespo, Caballito, Chacarita.

mayoría de las veces ajeno en absoluto a la actividad delic-
tuosa, que gratuita y perversamente se le atribuía. Si le endo-
saban algún cargo o función en la asonada o en el "soviet",
presuntivamente constituído [sic] o a constituirse después del
triunfo, los vejámenes y malos tratos arreciaban hasta alcanzar
una crueldad extrema, que se particularizaba con los individuos de raza judía, reclutados en las batidas que se llevaban a
cabo en las casas de tolerancia, en las que servían como porteros o mucamos o en los cafetines de la Ribera, de los que eran
propietarios o mozos.[125]

Romariz comienza su libro, después de declarar su lealtad a Juan
Domingo Perón, con sus inicios en la carrera policial, alrededor
del Centenario. Su admiración por el presidente Yrigoyen no le
impide señalar el tipo de violencia política que marcó su presidencia y, en general, el inicio del siglo xx. Entre los males de esa
época, señala el carácter usurero de los judíos; no es, por tanto,
sospechoso de simpatía hacia la comunidad judía. Muy por el
contrario. Sin embargo, como miembro orgulloso de la institucionalidad de su fuerza, no puede dejar de referir aquello que
más hiere su profesionalismo:

El radio de la comisaría 7ª comprendía en esa época las calles
de mayor población israelita de la capital.
     Como ya hemos dicho, la persecución a la gente de esa
raza se particularizó con extrema severidad. De allí, pues, que
los actos de violencia asumieran en esa zona derivaciones de
sádicos extravíos. Para colmo de males, le correspondió actuar
en esa jurisdicción a un subteniente de la Guardia de Caballe-
ría, que había hecho incorporar a ese cuerpo, para su desdoro

---

[125] José Ramón Romariz, *La Semana Trágica. Relato de los hechos sangrientos del año 1919,* Buenos Aires, Hemisferio, 1952, pp. 155 y 156.

y afrenta, el favor de un personaje político del partido gobernante, con los únicos títulos de su obsecuencia partidaria y semianalfabetismo. Este oficial, de gran corpulencia, expresiones
arrabaleras y muy pocas luces, engreído por la aparcería que lo
distinguía y apañaba, se entregó a los mayores atropellos y
desatinos, sin reparar en sexo, edad o situación, de los que hacía víctimas inocentes.

Colaboraron con ese oficial, en sus excesos, los integrantes
de una improvisada "milicia ciudadana", reclutada en los comités políticos oficialistas o surgida inopinadamente de las grandes mansiones del barrio norte.[126]

Corrupción política y policial se aúnan con la "deportiva" aparición de las patotas, esta vez en función claramente represiva,
armados por el propio gobierno y que dirigen su violencia contra un blanco nuevo.[127]

Esa "milicia blanca" —continúa Romariz—, de la que no tengo
bien presente el nombre que se le dio, se hallaba integrada en
su casi totalidad, por jóvenes imberbes; los que se presentaron,
al arreciar los desórdenes en gran número, al Departamento
Central de Policía, para secundar a la fuerza pública en la defensa del orden.

Por haberlo autorizado el presidente Irigoyen, el general Dellepiane dispuso que en la armería de la Guardia de Seguridad
de Infantería, se proveyera a esos colaboradores de revolvers

---

[126] *Ibid.,* p. 169.
[127] El *New York Times* hace una cobertura diaria del conflicto y señala la
aparición de las brigadas: "A National Committee of Students called on general Dellepiane and offered to take up arms for the Government, but was
informed that this was not necessary" [Un comité nacional de estudiantes
se comunicó con el general Dellepiane y ofreció tomar las armas a favor
del gobierno, pero se les dijo que no era necesario] (12 de enero de 1919).

Colt y la correspondiente dotación de proyectiles. Pero ni el presidente ni el general pudieron prever las consecuencias funestas que originó esa insólita medida.

Las armas fueron entregadas precipitadamente, casi sin identificar a los que las recibían y sin recibo de ninguna naturaleza.[128]

Identificar a los seguidores del sóviet primero con los rusos y luego con los judíos fue "natural" en el ambiente de ilegalidad que cundió en esos días. Romariz no recuerda el nombre porque los nombres varían, ya que no se trata todavía de una institución consolidada como lo será después del 12 de enero, y porque, efectivamente, había muchos grupos diferentes que se habían armado para la "autodefensa". César Viale, como dijimos, fue secretario general de la Policía de Buenos Aires durante 1910 y 1911, momento de gran temor para la elite no solo por los atentados anarquistas, el miedo a la difusión del maximalismo, las huelgas obreras, sino también por el crecimiento del Partido Radical, la amenaza de revoluciones y un clima general de convulsión social. Viale ya no está activo en 1919, pero, muy probablemente por su estrecha relación con el jefe militar a cargo de la represión nombrado ad hoc por el presidente de la República, Hipólito Yrigoyen, el coronel Luis Dellepiane (quien había sido jefe de la Policía de la ciudad de Buenos Aires en 1910, es decir, jefe de Viale), escribe como observador "desde el Departamento Central". El texto es una obra maestra de la paráfrasis y los circunloquios; se enuncia en una primera persona plural; el título y la cercanía de los acontecimientos dan la excusa para no mencionar el conflicto. Algo pasa, la policía y los obreros son parte del problema, pero, en verdad, el conflicto principal se omite; los acontecimientos se producen por un sujeto variable e indeterminado: "los que", "se levanta-

---

[128] José Ramón Romariz, *La Semana Trágica, op. cit.,* pp. 169 y 170.

ban trincheras de resistencia", "los atacantes" (principalmente), "masa revolucionada", "los rebeldes". La descripción del acontecer detallado y minucioso borra los eventos generales. Viale registra la presencia de civiles en la represión en el Departamento Central de Policía y en las comisarías; así, relata que el 10 de enero, a la noche, Dellepiane llega al Departamento de Policía donde se habían producido incidentes. Los policías no lo reconocen y comienzan a balearlo. "Mas, afortunadamente entremezclados con éstos, se encontraba un grupo de civiles y no faltó quien, reconociendo a aquél, su nombre pronunciara. ¡El general Dellepiane! ¡El general Dellepiane!"[129] Esta anagnórisis es seguida por la arenga del general a todos sus subordinados: "¡Arriba, pues, los fusiles!".[130]

El reverso de esta escena se encuentra unos días después. El día 14 de enero, patrullando la situación que parece estar calma (Viale no ha registrado ningún tipo de represión ni violencia extrema), el general Dellepiane es detenido

> por una avanzada de guardias cívicas que operaban a su manera [los civiles de la Liga Patriótica], controlándolo, averiguándolo y palpándolo todo, y que en su ardor de procedimientos, casi desdeñaban oír explicaciones, no admitiendo excepciones contrarias a sus extrictos recaudos, y a los que costó convencer de la

[129] César Viale, *La Semana Trágica en Buenos Aires, abarcada desde el Departamento Central. Apuntaciones históricas,* Buenos Aires, 1919, p. 13.

[130] *Ibid.* José Ramón Romariz aclara: "La milicia que actuó en la Semana ya tenía un precedente: la Policía Civil Auxiliar que, con carácter ad honorem creara el mismo general Dellepiane para cooperar con la policía regular en la vigilancia de los distintos actos del programa de festejos del Centenario, en el año 1910" (*La Semana Trágica, op. cit.,* p. 170). Yrigoyen nombra a Dellepiane Comandante en Jefe de todas las fuerzas armadas, militares y civiles de la Capital Federal la noche del 7 de enero de 1919. Algunos sospechan que Yrigoyen dejó de tener poder sobre él en ese mismo momento. Varios testimonios refieren que una tarde en que Dellepiane va a ver al presidente este le pregunta si debe considerarse detenido.

identidad de los ocupantes. Aquel temible grupo de aficionados a la gendarmería volante tenía su jefe: este, que lo era el de más estatura, no pasaba de ser un imberbe que a lo sumo habría cumplido dieciocho abriles.[131]

También esta vez el empuje de los jóvenes causa cierta simpatía ante Viale, como la causaba ante "la opinión pública" (expresión que refiere a la prensa conservadora) cuando hacían desmanes en teatros y confiterías. Pinie/Pedro Wald, quien en el relato de Viale aparece cuando es visitado en la "celda maloliente" por varios diputados nacionales el día 13 de enero, relata los acontecimientos de la Semana Trágica en *Pesadilla*. Wald publica en Buenos Aires en 1929 un texto en *ídish, Koschmar,* sobre la Semana Trágica.[132] El testimonio habría circulado, desde 1919, escrito en *ídish,* entre sectores obreros judíos. En su texto, que relata la experiencia de la tortura y la violencia por parte de los aparatos represivos del Estado, todas las escenas describen el accionar conjunto de las fuerzas represivas compuestas por la policía y los jóvenes de la elite:

> Más salvajes aún resultaron ser las manifestaciones de los "niños bien" traídos por la tormenta. Bajo los gritos de "¡Muerte a los judíos!", "¡Muerte a los extranjeros maximalistas!", celebraban orgías y actuaban de una manera refinada, sádica, torturando a los transeúntes. He aquí que detienen a un judío y, después de los primeros golpes, de su boca mana sangre en

---

[131] César Viale, *La Semana Trágica en Buenos Aires…, op. cit.,* p. 21.

[132] El texto se traduce por primera vez al español en 1987 y se publica extrañamente como "novela", pero es un testimonio de la Semana Trágica, de cuyos acontecimientos Wald es acusado como principal responsable de la violencia generada en Buenos Aires en esos días. Pinie Wald nace en Polonia en 1886 y muere en Buenos Aires en 1966. Tanto en Polonia como recién llegado a Argentina, milita en grupos de izquierda.

abundancia. En esta situación, le ordenan cantar el Himno Nacional. No puede hacerlo y lo matan en el mismo lugar.[133]

Los represores tienen esa doble procedencia –legal, la policía; ilegal, las milicias de patoteros–, pero los aúna el ejercicio de la violencia, que termina identificando a los policías más incultos con los jóvenes que socialmente los desprecian. En una escena paralela a la descripta por Romariz con el jefe de la seccional 7ª, Wald, que está siendo torturado, detalla con extrañeza la particular sociedad que se había producido durante la represión:

El patio de la comisaría tenía un aspecto festivo y a la vez terrorífico. Jóvenes aristocráticos, bien vestidos, perfumados, con cintas azules y celestes en las solapas, uñas lustradas por una manicura, el brillo de llamitas cínicas en los ojos, permanecían allí parados y nos contemplaban con una mirada llena de asombro, como si les fuese importante comprender el hecho de que el mismo comisario se estuviera ocupando de nosotros. En la parte más alejada del patio había policías borrachos y caballos; en el aire flotaba un denso hedor a sudor, sangre y estiércol. El patio estaba lleno de armamento y desde las celdas llegaban las voces, quejidos y gritos de los detenidos, maltrechos, heridos.[134]

El registro del perfume y las uñas lustradas es altamente significativo; la sensibilidad de Wald, adormecida por la tortura, percibe esta presencia insólita, "fuera de lugar".[135] Al igual que

---

[133] Pinie Wald, *Pesadilla. Una novela de la Semana Trágica,* Buenos Aires, Ameghino, 1998, pp. 22 y 23.

[134] *Ibid.,* p. 29.

[135] El 22 de enero, recién salido de la cárcel, Wald concede una entrevista al diario *La Vanguardia.* Allí detalla las torturas a que fue sometido: "Cuando estuve en la habitación, unas diez personas que eran empleados de uniforme y pesquisas de la policía, me insultaron y me amenazaron. Uno quería cortarme las orejas, otros me amenazaban con reventarme los ojos, otro

Federico Quintana veinte años antes, no puede entender qué hacen los niños bien en ese lugar tan alejado de "su condición" y Wald se pregunta por este presunto desajuste. El escenario de esta nueva actuación ya no es el prostíbulo, donde se aprendió a bailar y también a maltratar a las mujeres; emancipados de la tutela del compadrito, los niños bien ejercen la violencia dentro de las instituciones del Estado (en el interior del Departamento Central de Policía y varias comisarías).[136] La condición de su agencia es la masa. Actúan protegidos por su anonimato para entrar en la violencia, pero se sirven, como cuando destruían cafés y confiterías, de la protección estatal gracias a sus apellidos, para salir de ella. La lucha política, que siempre es desigual (en este caso, obreros contra los aparatos represivos del Estado), se

---

me dijo que me mataría lentamente. Me golpearon, y, sangrando, cuando lo creyeron bien, me condujeron a las oficinas de la comisaría de investigaciones, allí se renovó el martirologio, aumentando con nuevas agresiones de hecho. Me encerraron en una habitación; la sangre me corría de la nariz y de la boca; había perdido la vista por completo, con el ojo derecho, por las bofetadas recibidas. Me hicieron tapar la boca con el pañuelo, y cuando estaba empapado en sangre, me dijeron, poniéndome los puños en la cara: '¡Esa es la verdadera bandera roja, ruso de m...!'" (citado en María Cecilia Di Mario, *De crónicas y escrituras en la Semana Trágica,* Buenos Aires, Centro Cultural de la Cooperación Floreal Gorini, 2008, p. 2). El testimonio de Wald continúa relatando otras torturas.

[136] Solominski recoge el testimonio de José Méndelson (periodista que escribió en *ídish*): "Pamplinas son todos los progromes al lado de lo que hicieron con ancianos judíos en las comisarías 7ma y 9na y en el Departamento de Policía. Jinetes arrastraban a viejos judíos desnudos por las calles de Buenos Aires, les tiraban de las barbas, de sus grises y encanecidas barbas, y cuando no podían correr al ritmo de los caballos, su piel se desgarraba raspando contra los adoquines, mientras los sables y los látigos de los hombres de a caballo caían y golpeaban intermitentemente sobre sus cuerpos... Con fósforos quemaban las rodillas de los judíos arrestados, mientras atravesaban con alfileres sus heridas abiertas y sus carnes emblandecidas. [...] en la comisaría 7ma. los soldados, vigilantes y jueces encerraron a los judíos en los baños, donde les orinaban en la boca. Los torturadores tiraban en forma salvaje de sus bocas mientras que la policía argentina y los soldados consumaban su tarea" (Nahum Solominski, *La Semana Trágica en la Argentina, op. cit.,* pp. 20 y 21).

agrava con la participación de este nuevo actor que es, también, como el enemigo que combate, una masa. La masa —como vimos— fue teorizada por las elites como femenina por lo cobarde, impulsiva, instintiva, irracional. Por el contrario, toda la sociabilidad violenta que estos grupos ponen en escena está definida por el ejercicio de una masculinidad agresiva que no suaviza ni la *manicure* ni los perfumes (signos de clase antes que de afeminamiento). Una masculinidad que se imita, aprende, ejerce, institucionaliza. Una masculinidad que ocupa toda la escena social.[137] César Viale recuerda las escenas que Wald describe, aunque de otra manera:

> El detenido Wald, así como sus dos compañeros —alrededor de los cuales se habían tejido fábulas demasiado conocidas—, probaban ejercer singular atracción entre la concurrencia que se hallaba de paso por las dependencias de la institución, debido a lo cual a cada instante eran ellos visitados, preguntados y repreguntados en su maloliente celda, por los interesados en oír de sus propios labios referencias sobre su pasado o explicaciones sobre los procederes comprometedores que les eran imputados.[138]

Pasan a visitarlos muchos diputados, Alfredo L. Palacios, entre otros. La forma en que *La Nación* registra la violencia de la Se-

[137] José Ramón Romariz no recuerda bien si el 10 u 11 de enero, a la mañana, cuando los policías y bomberos estaban atrincherados en La Boca luego de un día de violencia, muerte, francotiradores, órdenes y contraórdenes, un comerciante del barrio les ofrece un almuerzo. Alguien trae un fonógrafo que amenizó la comida y promovió la distensión después de un día de batalla, cuando todavía se oyen algunos disparos aislados. "Agentes, soldados y bomberos, no bien terminada su precaria merienda, aprovechando la música popular de los discos que se tocaban en el fonógrafo, se entregaron a la danza en parejas, que integraban un agente con un conscripto o un bombero con uno u otro de ellos" (José Ramón Romariz, *La Semana Trágica, op. cit.,* p. 148); tres páginas después dice que lo que se bailó ese día fue tango.

[138] César Viale, *La Semana Trágica en Buenos..., op. cit.,* p. 19.

mana Trágica es otro testimonio. El día 8 de enero se informa en la página 8 del diario, después de la amplia cobertura de la situación internacional (la posguerra en Europa y la muerte de Roosevelt en Estados Unidos), sobre los acontecimientos locales; el titular y la noticia ocupan apenas dos columnas (del total de siete de la página) y dice: "Huelga de metalúrgicos. El choque sangriento de ayer. Cuatro muertos y veinte heridos". Ocupando el mismo espacio y bajo el mismo título general, aparece la noticia de la huelga el 9 de enero mientras que el sábado 11 abarca tres columnas (página 5) bajo el título "Agitación obrera. El paro general"; el domingo 12, bajo el mismo título, la noticia ocupa ya toda la página 6. El 13 de enero también llena toda la página, con título a tres columnas, con fotos de Pedro Wald (de frente) y Juan Selestuk (en foto de perfil, estilo prontuario), las mismas fotos que reproducirá *Caras y Caretas* el día 18.

Aquí también hemos pasado de la protesta obrera a la agitación ácrata. La noticia anuncia el restablecimiento de cierto orden en la ciudad, pero reclama de los comerciantes una participación más activa para volver a la normalidad. Bajo el subtítulo de "El plan subversivo. Detención de los cabecillas en esta capital", se lee: "Por toda la ciudad circuló ayer la noticia de que la autoridad policial había allanado una casa, sorprendiendo dentro de ella, en grave deliberación, a los cuarenta miembros dirigentes del primer sóviet de la república federal de los soviets argentinos". Inmediatamente, el desconcierto: "La policía lo hubiera tomado por una broma a no ser por las informaciones llegadas la víspera de Montevideo". En los allanamientos, "entre los detenidos se hallaban personajes dirigentes de la confabulación maximalista, cuyo estallido ha causado tan lamentables desgracias a esta capital. El dictador era, según parece, Pedro Wald. Había sido detenido en jurisdicción de la comisaría 7ª". Ya están prácticamente olvidados los conflictos en la fábrica de Vasena de apenas tres días atrás; la huelga ha devenido conspiración organizada y del sur de la ciudad (donde se inicia el conflicto, en Nueva Pompeya, Barracas, La Boca) se desplaza al Once (jurisdicción de la Comisaría 7ª):

> El "jefe de policía" [del supuesto sóviet] Juan Selestuk o Macar o Macario Ziazin, fue detenido en circunstancias en que, montado en bicicleta y armado de un revólver de grueso calibre, visitaba sus comisarías.
>
> Otra detención importante fue la de Sergio Sualow, secretario general del maximalismo ruso en Argentina. Se dice que al ser detenidos, algunos de estos sujetos, especialmente Wald y Macar, opusieron obstinada resistencia y en la lucha resultaron con algunas contusiones.

Las entrelíneas de estas noticias son lo interesante; los maximalistas hacen la revolución en bicicleta, armados con un revólver, oponen resistencia y terminan con "algunas contusiones", la misma policía lo hubiese "tomado a broma" si no fuera por la conexión con Montevideo.[139] Todos los sectores con poder de palabra aceptan la versión disparatada. Testimonios y memorias recogen esta experiencia donde la secuencia de microviolencias deriva en represión, así como las noticias y los testimonios reproducen la idea de que la protesta obrera se convierte en amenaza. Los días 14 y 15 de enero la información merma considerablemente y desaparece más tarde.[140] *La Razón*, cuando se abren las puertas del

---

[139] La primera plana de *Di Presse* del 15 de enero de 1919, en el cabezal a cinco columnas, dice: "El *bluff* sobre el 'Soviet' local ha quedado en descubierto". El subtítulo: "¿Qué ha sucedido en Buenos Aires?" (citado en Nahum Solominski, *La Semana Trágica en la Argentina, op. cit.,* p. 25).

[140] Dice *La Razón* del 14 de enero: "Si las voluntades dirigentes hubieran dado señales de vida hace tres días, sin duda alguna que los grupos de ciudadanos que se dedicaron a la caza de miembros de determinada colectividad no hubieran dado margen a los ingratos episodios que ha registrado la crónica diaria, doblemente sensibles, por la injusticia con que se ha procedido

Departamento de Policía a la prensa, hace entrevistas que se publican el 17 de enero:

> Llegamos a una amplia sala donde están detenidos Pedro Wald y los que completaban su gobierno, según los informes policiales. El "presidente de la República Maximalista Americana" o dictador es un hombre joven, de 28 a 30 años, de exterior más bien simpático, de expresión inteligente y decidida. Se ponen de pie en cuanto entramos; el "ministro de la guerra" que lo acompaña, se excusa de pararse porque siente fuertes dolores en las piernas de algunos golpes que recibiera al ser detenido. Interrogamos a Wald; nos dice que nada tiene que ver con este movimiento y que está injustamente encausado.
>
> —Soy israelita —añade—, todos mis amigos y yo somos más bien enemigos del maximalismo. [...] El "ministro de la guerra", Ziazin [dice el periodista] tiene un tipo de degenerado. Nariz larga, cara angulosa, labios gruesos. Habla poco y dice que no sabe por qué está detenido, que es una invención de la policía todo lo que se dice de ellos. [...] Los dos hablan regularmente el español. Wald se lleva frecuentemente la mano a la frente, que cubre con una venda, y donde tiene un "chichón", formidable trompada que le aplicaron al detenerlo.[141]

---

en la mayor parte de los casos y por la especialización del ataque sobre personas pertenecientes a una clase, lo que supone el principio de un odio de razas, que en Argentina no puede ni debe aparecer, ni siquiera veladamente esbozado" (citado en Nahum Solominski, *La Semana Trágica en la Argentina, op. cit.,* p. 26). Pero el día 13 de enero el mismo diario, bajo el titular de "El complot maximalista", dice: "En conocimiento la policía del complot maximalista, con ramificaciones en Montevideo, se iniciaron las diligencias para esclarecer cuanto hubiera al respecto y detener a los comprometidos. [...] Se adoptaron múltiples medidas de seguridad en los barrios rusos, pues los informes obtenidos sindicaban a los elementos de esa nacionalidad como los dirigentes de los disturbios de esos días, así como los que se preparaban en Montevideo" (*ibid.,* p. 23).

[141] Citado en Beatriz Seibel, *Crónicas de la Semana Trágica, op. cit.,* p. 142.

Del mismo modo, entrevistan al general Dellepiane:

–La situación ya no reviste mayor gravedad, y creo que en pocas horas más se habrá normalizado del todo. Mientras tanto,
son menester las medidas adoptadas para buscar y aislar a los
elementos perturbadores, en su mayoría exóticos, que han provocado el actual estado de cosas.

—Pero entre estos elementos hay también muchos argentinos...

—Indudablemente, pero la mayoría está formada por extranjeros que han traído a este ambiente sus odios, sus pasiones y sus extravíos.[142]

Y también entrevistan a Rosa Weinstein, novia de Wald, quien,
ante la pregunta de si la trataron mal cuando estuvo detenida,
responde:

En el Departamento de Policía, no, señor, me trataron con con-
sideración, pero en la comisaría 7ª solo faltó que me pegasen.
Desde la frase repetida a cada instante, "estás presa por rusa",
acompañada por fuertes adjetivos infamantes, hasta la amena-
zadora insinuación evocadora de los espantosos cuadros de la
Rusia del zar, en que eran protagonistas soldados y campesinos
prisioneros, todo lo he sufrido.[143]

En 1919, Clodomiro Zavalía (jurista ultraconservador, perteneciente una de las familias más tradicionales de la oligarquía argentina) publica *Defensa social de la Nación,* sobre "nuestros
problemas obreros y el auge del maximalismo", en el momento en
que suceden los acontecimientos de la Semana Trágica. Es uno de

[142] *Ibid.,* pp. 145 y 146.
[143] *Ibid.,* p. 199.

varios libros sobre la amenaza de la revolución social en Argentina.[144] En su primer capítulo describe la situación del proletariado
en Europa después de la guerra y su vuelco a la revolución; la situación en Rusia, que el autor conoce bien, es presentada como
una amenaza latente para todo el continente. El terror de las masas obreras solo se contiene, para Zavalía, con represión. La situación argentina es peligrosa y tiene dos flancos débiles por los que
puede entrar la revolución: el escaso sentimiento nacionalista y
la inmigración europea urbana (integrada por elementos deses-
tabilizadores: anarquistas, "rusos"). La solución que propone es
desarrollar un fuerte sentimiento nacionalista, tener una inmigración selectiva (expulsando a todo indeseable), legislar sobre las
organizaciones gremiales (para limitar sus derechos de protesta),
fortalecer la clase conservadora, limitar la libertad de expresión.

La "Advertencia" del libro está escrita en enero de 1919 y, en este
panorama pesimista, sin embargo, ve una luz de esperanza en el
(re)empoderamiento de la clase conservadora: "Mientras tanto,
en estos días, se organiza bajo el influjo de la sensación causa-
da por los sucesos, una 'guardia cívica', que es exteriorización
elocuente de la exaltación nacionalista que reina".[145] Las guardias civiles fueron convocadas y respetadas por amplios sectores sociales que, al apoyarlas, debilitaron aún más el poder del
gobierno. La fabulación política, la explicación burda que crea,
a posteriori, una ficción de hechos para justificar la violencia de

---

[144] El tema de una posible insurrección ya estaba instalado entre las elites. El 25 de noviembre de 1918, *La Nación* publicó una nota que reseña la
pastoral que el día anterior había pronunciado en Córdoba su obispo, Monseñor Bustos. Bajo el título "Contra el Maximalismo", se lee una reseña de la
"Revolución Social que nos amenaza", donde Bustos advierte que el maximalismo amenaza con destruir, entre muchas otras cosas, "el trono y el altar". La
Iglesia católica estuvo muy activa esos años para reconquistar a los sectores
populares, y la amenaza de la disolución social fue una de sus armas.

[145] Clodomiro Zavalía, *Defensa social de la Nación,* Buenos Aires, Agencia
General de Librería y Publicaciones, 1919, p. 7.

Estado y la paraestatal, generó muchos otros testimonios; también el tango, el teatro, el periodismo abordaron lo que nadie quería explicar.[146] Alberto Ghiraldo cita, en su libro sobre Argentina, la carta que recibe en España de un "corresponsal amigo" que le hace el relato de la Semana Trágica desde Buenos Aires. Dice el amigo:

> *Aquí no hubo huelga general, ni movimiento maximalista,* como el telégrafo ha comunicado. Si algo existió, fue el miedo, la cobardía de las altas esferas; abuso que llegó a la demencia; los hechos lo han demostrado. El Poder Ejecutivo ha eludido una explicación sobre los sucesos, encerrándose en un silencio significativo. En tantos meses como han pasado, aún no ha contestado a la minuta-interpelación presentada por las Cámaras. ¿Para qué otra prueba?[147]

También de 1919, pero fechado en 1918, es el libro de Luis Reyna Almandos, *Hacia la anarquía. Examen de la política radical.* Se trata de un panfleto contra el gobierno de Yrigoyen, contra el radicalismo, contra el voto popular. El tono de este párrafo (que está subrayado en el original) resume el de todo el libro:

---

[146] Katherine Sophie Dreier estuvo en Buenos Aires con Marcel Duchamp en enero de 1919. Ella relata su experiencia en *Five Months in the Argentina from a Woman's Point of View, 1918 to 1919.* Después de señalar que los argentinos carecen de miedo y por eso las revoluciones son constantes, y que la violencia se vuelve continua porque los argentinos son muy intolerantes, explica la huelga general en los talleres Vasena como un llamado de atención de los obreros que obligaron a toda la población a oír lo que esta venía a decir. Pero los acontecimientos tomaron un rumbo inesperado después de la caída de las primeras víctimas: "What happened next, no one can say" [Lo que pasó después, nadie puede decirlo] (*Five Months in the Argentina from a Woman's Point of View, 1918 to 1919,* Nueva York, F. F. Sherman, 1920, p. 174).

[147] Alberto Ghiraldo, *La Argentina (Estado social de un pueblo),* Madrid, Librería de Alejandro Pueyo (Tip. La Mañana), ca. 1920, p. 90.

Para evitar al pueblo el daño de su propio error no hay sino un ca-
mino: limitar su soberanía, reglamentar con la más prudente cau-
tela su facultad de elegir, es decir, hacerlo capaz de tener conciencia
de lo que hace para su bien, quitándole la ilusión de que todo
cuanto hace es necesariamente bueno porque es soberano; y borrar
al mismo tiempo de su espíritu la falsa idea de que cuando gobier-
nan los mejores deja de ser libre y democrático para sufrir la opre-
sión de una oligarquía.[148]

El viejo argumento de que las masas son ciegas y no pueden
gobernarse a sí mismas se repite. Los obreros, cuando no son
vistos como fuente de todo peligro, son desestimados como ciudadanos. En 1920, Roberto Gache publica *Glosario de la farsa*
urbana, en donde parodia varias conductas sociales, en especial
aquellas en donde la masa muestra su diferencia con la sociedad tradicional.[149] También describe a los obreros de izquierda
como molestos personajes que quieren hacerse visibles, exhibirse ante los ciudadanos respetables, y que les da lo mismo un
reclamo ideológico que una celebración de carnaval o de centro de inmigrante.

Los hombres que han paseado por las calles de nuestra ciudad,
entre gritos y entre tiros, la bandera roja de los iguales, son
acaso los mismos que, un mes después, al son de sus murgas

[148] Luis Reyna Almandos, *Hacia la anarquía. Examen de la política radi-*
cal, Buenos Aires, Casa Editorial El Ateneo, 1919, pp. 17 y 18.
[149] Gache también hará una versión paródica del maximalismo (como
la había hecho del gobierno de Yrigoyen): "Ahora estamos en trance de
hacer carnaval con el maximalismo. Hay mucha gente que habla de maximalismo. Los diarios han comenzado a preocuparse del problema y no
es difícil que la misma Cámara de Diputados nombre una comisión para
estudiar si existe o no el maximalismo entre nosotros" (*Glosario de la*
farsa urbana, Buenos Aires, Agencia General de Librería y Publicaciones,
1920, pp. 136 y 137).

disonantes, pasearon entre la multitud pintarrajeada y frené-
tica cien estandartes chillones cubiertos por las medallas de
cien centros recreativos del suburbio. Hay en verdad un gran
peligro en confiar a esta clase de hombres la tarea no muy sencilla de la renovación social.[150]

El consenso político y el intelectual sobre la conflictividad social
tienen como blanco a los obreros e inmigrantes. Y la literatura
encontró también la forma de trabajar las escenas de violencia
de clase. En 1922 se publica en libro "Una semana de holgorio" de
Arturo Cancela (en *Tres relatos porteños*).[151] En un tono narrativo opuesto al de Wald, sin embargo, el texto coincide en el den-
tro/fuera de la ley de la represión. El cuento comienza con la
forma típica del relato de la Semana Trágica, como diario, y está
escrito por un niño bien, Julio Narciso Dilon, quien, prepoten-
te e ignorante de la vida social, se ve involucrado en la violencia de Estado. Completamente idéntico a los demás miembros
de su clase, Dilon se diferencia en que su soberbia le impide involucrarse en lo que exceda sus necesidades hedonistas (ir al
hipódromo, al Jockey Club, perseguir muchachas del pueblo).
Por ello se encuentra en medio de las luchas de la Semana Trágica sin saber qué sucede. Cancela es doblemente irónico con
esta colocación; en realidad, gran parte de la sociedad no sabía

[150] *Ibid.,* p. 137.
[151] "Una semana de holgorio" fue escrito en 1919. Se publica en un fascículo de *La Novela Semanal* el 10 de febrero de ese año. Se compila en *Tres
relatos porteños* en 1922. Otra obra sobre la Semana Trágica que se escribe inmediatamente a los hechos es el drama *La huelga,* de Gonzalo Bosch,
que se estrena el 13 de noviembre de 1919 y se publica ese mismo año en
la serie Teatro Popular. La oposición de un patrón a la huelga general es el
marco dramático del primer acto; la violencia se desencadena cuando una
delegación de obreros llega al taller del protagonista, a instarlo a que lo cierre y se una a los obreros en lucha. El inmigrante italiano, individualista y
opuesto a la huelga, mata a un obrero. El resto de la obra sucede cinco años
después y se convierte en un drama enteramente individual.

qué estaba sucediendo en esos días. Porque lo que pasa es la lógica de la revuelta, en la que puede suceder cualquier cosa. No
es diferente en esto a los testimonios policiales: nadie puede explicar qué pasa ni cómo se desencadena la violencia, que les termina pareciendo producto más de un malentendido que de una
política represiva.

Dilon acuerda con esta violencia discursiva que se completa con la violencia científica de Ingenieros y Ramos Mejía,
que diagnostica en inmigrantes y trabajadores la portación de
un mal social. Pero Dilon habita una ficción y la literatura lo
transforma —sin que él sepa cómo— en su otro; será acusado
de ser el cabecilla de una rebelión maximalista que quiere imponer el sóviet en Argentina. Atrapado en una comisaría, ve la
misma escena que describe Wald, pero él consigue escapar a
la represión como sus predecesores, los patoteros. Logra llegar
a su casa para leer al día siguiente en el periódico lo que sucedió el día anterior: un ruso, Nicolás Dilonoff, había tomado
una comisaría por asalto, había huido y estaba rearmando sus
huestes para imponer el sóviet en Argentina (el mismo cargo
que pesó sobre Wald). La cadena de rumores lo convirtió en su
opuesto. La represión, la desinformación, la manipulación de
los medios, todo lleva a generar un escenario absurdo, donde,
sin embargo, judíos y obreros son claros blancos de la violencia de las elites. Así describe la ficción de Cancela a los niños
bien que, asombrado, había visto Wald:

> En el curso de esta meditación llego ante el Mercado de
> Abasto, y puedo observar desde aquí el espectáculo desacos-
> tumbrado que ofrece la calle Corrientes. Pequeños grupos de
> jóvenes con brazaletes bicolores, armados de palos y carabi-
> nas, detienen a todos los individuos que tienen barba y les
> obligan a levantar las manos en alto. Mientras los que usan
> palos les apuntan con éstos a boca de jarro, los de las carabi-

nas les pinchan con ellas el vientre, y otros, desarmados, se cuelgan de las barbas del sujeto.[152]

Los jóvenes con brazaletes frente a los hombres con barba (y apellidos "con muchas consonantes", como se dirá en otro momento del relato) forman el núcleo desigual de la violencia desatada en las calles; en las calles de la ciudad se sale a cazar a un enemigo que se traduce en estereotipo. La impunidad de la elite será subrayada por la mirada "inocente" del protagonista: "[Matar] es el acto más trivial que se pueda imaginar: usted se pone en torno del brazo izquierdo la cinta del gato de su casa o la liga de la mucama, coge su revólver, sale a la calle y le pega un tiro en el corazón al primer hombre que le parezca sospechoso".[153] Dentro de la patota se está protegido y el Estado no va a acusar a sus miembros. Los judíos y obreros son una masa, un montón, frente a la cual, la otra masa, de los "jóvenes", actúa. A tal punto que el relato se organiza como parodia de los procedimientos policiales, de los miedos de las elites y su poder represivo, pero para organizar esa parodia sucumbe a la invisibilización de las víctimas, que se vuelven un elemento prescindente: la identidad de un miembro de la oligarquía, tergiversada por la ignorancia y la incapacidad del Estado y reproducida por el periodismo tradicional se convierte en el motivo de la represión. Esto significa que los judíos, o los maximalistas, o los izquierdistas no pueden ser representados en ese momento, excepto por la lengua menor y extranjera de Wald y en un texto que no circuló. El blanco de la burla de Cancela es el Estado (como en muchos otros de sus relatos) y la hace a expensas de invisibilizar a los diferentes, aunque hayan sido víctimas. Es el "holgorio" que se opone a la

---

[152] Arturo Cancela, *Tres relatos porteños y tres cuentos de la ciudad,* Madrid, Espasa-Calpe, 1946, pp. 90 y 91.
[153] *Ibid.,* p. 93.

"pesadilla", la distancia entre un texto que se concibe como crítica de un sistema y un texto que no puede ser sino extrema resistencia, testimonio casi mudo del mundo de la irracionalidad.

Con *Los cuatro jinetes del Apocalipsis* (la novela de 1916 y la película de 1921), la representación del tango ya se había difundido mundialmente. Ricardo Güiraldes también intenta la fusión del niño bien y el compadrito en *Raucho*. Como la novela de Blasco Ibáñez, la de Güiraldes es una obra moral, novela de aprendizaje y antibélica, en la que el protagonista aprende "el bien", se forma como hombre y va a la guerra. En las dos historias, el tango pertenece a la etapa enloquecida de los dos personajes; es el pasaje por la mala vida que llevará a Desnoyers y Raucho, respectivamente, a la caída y luego a la redención a través de una violencia esta vez legítima, la de la guerra.

Gran parte de la actuación de las indiadas y patotas en diferentes barrios de la ciudad se sostuvo en las conductas violentas que aprendieron esos jóvenes ricos y educados en el bajo fondo como formas legítimas de actuar en público, como esa segunda naturaleza que les permitió mostrarse en el espacio de la ciudad; los jóvenes reaccionaron con violencia a la ocupación del espacio, a la incorporación de nuevos sectores sociales a la comunidad y sus conductas muestran hasta qué punto colonizaron la violencia del suburbio para redirigirla contra sectores socialmente bajos o políticamente emancipadores. La Liga Patriótica fue un cuerpo represivo que contó, para su organización, con la previa estructura afectiva de la comunidad creada en la patota; en el anonimato de la masa, cobijó los apellidos de las elites y convirtió los desmanes contra la propiedad y las personas en sistemática represión política. Contaminados todos por la violencia atribuida al bajo fondo, ellos hicieron de la amistad entre iguales un arma para conspirar contra los diferentes. No hay continuidad, sin embargo, en esta historia, pero sí intermitencias que se resignifican.

6. Epílogo: la nación

Entre las elites argentinas, el triunfo del tango en Europa a partir de 1911 no dejó de causar sorpresa y malestar. Sorpresa porque parecía que la música, la danza y las letras no estaban habilitadas para salir del suburbio, excepto de la mano de los niños bien, y la súbita adopción por la buena sociedad europea fue completamente inesperada. Malestar por la apropiación de un bien despreciable (y clandestino) en casa, pero valorizado cuando está en manos de otros y, sobre todo, porque entendieron que Europa comenzaba a identificar a Argentina con una práctica cultural que había empezado en el suburbio y no en los salones aristocráticos.[154] El tango comienza a ser "tango argentino" en el mundo y la batalla ya no es por el origen, sino por la propiedad nacional. En 1933, el diario *Crítica* organiza un campeonato de tango en favor del "verdadero" tango argentino, en contra del europeo, del tango de Gardel, del tango del cine:

> Hasta ahora puede asegurarse que el tango no es conocido en el extranjero sino bajo el aspecto de una grotesca caricatura. [...] Hombres vestidos con chiripá y calzoncillos de fleco bailando el tango, Gardel exhibiendo en el Boulevard des Italiens una monumental silueta en la misma indumentaria para poder vender discos; De Caro usando botas de potro y tantas otras formas falsas que han tergiversado el valor y el sentido de nuestra máxima representación musical, pasarán, por imperio

[154] Los testimonios de Rodríguez Larreta, cónsul argentino en París, que se vanagloriaba de que el único sitio en que en esa ciudad no se bailaba tango era la legación argentina, el episodio en que el Papa Pío X prohíbe el tango y amenaza de excomunión a quienes lo bailen, la escena en que el tango entra en la Academia Francesa de la mano del discurso de ingreso de Jean Richepin y, en general, los testimonios de la forma en que arrasa con los demás bailes de salón no faltan en ningún relato sobre el tango.

de la gira que han de efectuar por el mundo la mejor orquesta y la mejor pareja de bailarines de tango argentinos, a ser cosas del pasado, cartones arrumbados en las utilerías teatrales, para dar paso al verdadero tango, a nuestro tango, e inaugurar así una nueva era de la danza más universalmente difundida.[155]

La profecía de *Crítica* no habrá de cumplirse. No hay, nunca lo hubo, tango "verdadero". El tango era una práctica arraigada en diferentes sectores sociales de Argentina, que lo habían integrado a su sociabilidad; desde los conventillos a las mansiones, de los prostíbulos a los salones danzantes, fue siempre una práctica impura que relacionó estratos diferentes. Pero fue también, y cada vez más, un negocio, del cual el diario intentaba beneficiarse organizando concursos. Francisco Canaro aporta, en sus memorias, una información sustancial cuando relata su primer viaje a París en 1925 y la dificultad que inicialmente tuvo para poder tocar con la orquesta en lugares públicos:

En virtud de una ley que protegía al "Sindicato de Músicos" perteneciente a la "Unión de Combatientes", muchos de los cuales eran mutilados de guerra. Las orquestas extranjeras solo podían actuar como "orquesta de atracción" justificando una característica especial que denotase una novedad específica. Y, ante este dilema, cambiamos impresiones con el señor Lombart para colocarnos dentro de las disposiciones vigentes. Se nos ocurrió entonces, vestir a toda la orquesta de gauchos e introducir en nuestros programas algunos recitados buscando la manera de hacer algo que nos diferenciara de las demás orquestas; a este efecto utilicé interesantes fragmentos de "Martín Fierro" que yo me sabía de memoria, y una circunstancia

[155] Citado en Sylvia Saítta, *Regueros de tinta. El diario* Crítica *en la década de 1920,* Buenos Aires, Sudamericana, 1998, p. 149.

providencial vino a reforzar nuestros planes. Resulta que uno de mis violinistas, Ferrazzano, de contrabando y sin que yo me enterase, había embarcado con él a su compañera, que era una chica llamada Asprela, que cantaba tangos y canciones vestida de gaucho y acompañándose con su guitarra.[156]

La ocurrencia de vestir de gauchos a los músicos, otra vez, como en los comienzos del circo, surgida de la necesidad de continuar con el espectáculo, se institucionaliza rápidamente. Francisco García Jiménez, cuando recuerda a la actriz y cancionista Linda Thelma, dice que ella, que antes de la Primera Guerra Mundial actuó en Europa y cantaba temas de Villoldo, "vestía de hombre, modalidad flamante para una cantora, que Azucena Maizani repetiría veinte años después. De gaucho o compadrito, según la canción".[157] El vestido gaucho del tango en París no es sino un recurso ante las demandas muy concretas de la industria cultural y las regulaciones políticas en la Francia de la posguerra; para poder actuar en París, había que disfrazar el tango de argentino, y a la mujer de hombre. Canaro dice haber impuesto lo que se convirtió en una moda que aseguraba el éxito de las orquestas de tango:

A partir del debut de mi orquesta en el dancing "Florida", el público parisién no concibió en lo sucesivo la presentación de orquestas

---

[156] Francisco Canaro, *Mis memorias, op. cit.,* pp. 98 y 99. A esta disposición se refiere Edgardo Cozarinsky en su libro sobre las milongas: "Un decreto proteccionista del sindicato francés de músicos no permitía actuar permanentemente a intérpretes extranjeros, salvo en presentaciones ocasionales durante una gira. Esta interdicción obligó a las orquestas argentinas ya instaladas en París, la de Manuel Pizarro y la de Genaro Espósito, tanto como la otra más solicitada de los años veinte, la de Bianco-Bachicha, a vestirse de gauchos para ser consideradas número de variedades y eludir bajo ese rótulo el celo gremial" (*Milongas,* con fotografías de Sebastián Freire, Buenos Aires, Edhasa, 2007, p. 104).

[157] Francisco García Jiménez, *Estampas de tango, op. cit.,* p. 47.

argentinas cuyos componentes no estuvieran ataviados con la
vestimenta gaucha, que era, por así decirlo, la legítima expresión
simbólica de nuestra carta de ciudadanía criolla.[158]

Carlos Gardel, que llegó a París en 1928, también usó el vestido gaucho para actuar allí y en Nueva York, como lo denuncia
Crítica. Gardel fue quien resumió todas las corrientes que había ido juntando el tango a lo largo de más tres décadas: origen
humilde, vínculo con la política del comité, pasaje del margen
al centro, núcleo de la argentinidad. El tango era inseparable de
la industria que lo producía y reproducía. La violencia ya no pasaba por él, sino que se había instalado en la forma de democracia que las elites argentinas habían impuesto. No importaría ya
dónde se bailara ni cuál había sido su origen, el tango se expandió porque hubo una industria que lo abasteció y porque des-
plazó su violencia inicial. Como sostienen Fernando Assunçao
y Andrea Matallana, la difusión del tango se acelera cuando los
empresarios descubren y comienzan a explotar el gran negocio
(las ediciones de partituras y discos de pasta, principalmente).[159]
Independizado de Argentina, se convierte en un bien de consumo de las elites internacionales. Es también Canaro quien recuerda que

una noche que caminaba por una de las calles de París, vi venir en dirección a mí a un gaucho muy bien empilchado con
su traje típico, y al acercarse se me ocurrió decirle en tono cam-
pero: "¡Güenas noches, paisano!"... Y el tipo que iba con un vio-

---

[158] Francisco Canaro, *Mis memorias, op. cit.,* p. 102.
[159] Recibirá un nuevo impulso con el cine sonoro. La película *Tango!*
(1933) fue uno de los primeros filmes sonoros de Argentina, que combi-
naba diferentes formas de la cultura masiva en torno a los procedimientos
generales del melodrama.

lín debajo del brazo, me contestó el saludo con un "Bonsoir, monsieur". Era un músico francés disfrazado de gaucho.[160]

La sorpresa no lo hace escarmentar: pocos meses después la escena se repetirá con un director de orquesta de tangos en un lugar elegante de Berlín; el director y sus músicos tocaban vestidos de gauchos, pero eran alemanes. Canaro usa la palabra "disfraz" para describir su concepción mimética de lo nacional. Canaro mismo es producto del mercado, no de la nación. Desde entonces, el tango, ya institucionalizado, siguió un largo camino de transformaciones e identificó lo nacional en la mixtura del gaucho con la música urbana. Y dejó la violencia en manos de la política.

[160] Francisco Canaro, *Mis memorias, op. cit.,* p. 109.

IV. Mal gusto

LAS MASAS no fueron solo un problema político, sino que generaron nuevos desafíos de representación e introdujeron conflictos de valores. Vimos que Stefan Jonsson, en *A Brief History of the Masses,* concibe la representación de las masas como formas de encuadrar a los sujetos modernos, encerrarlos en marcos y darles un lugar fuera del centro, trazando delimitaciones que los contengan. Didi-Huberman, por su parte, planteó el problema ético de enfrentar los rostros anónimos de la multitud en la manifestación gráfica, al proponer que la masa fue integrada a la modernidad como el "segundo plano" (los pueblos figurantes) de las escenas principales o fue presentada en su individualidad anónima, los rostros que llevan inscriptos en sus rasgos las historias de lucha del pueblo (los pueblos expuestos). En este capítulo propongo un recorrido por diferentes textos que hablan de los límites, las catalogaciones, las exclusiones e inclusiones, pero también de la relación con la estética de esos segundos planos de la vida social. El problema de la masa que aquí encaro se refiere ya no a su forma, sino a su volumen, a la cantidad que implica, a la capacidad de plantear a los grupos humanos como un número.

A partir de la categoría de número, de cantidad, se organizan formas de entender lo social, los comportamientos (de los individuos y de las masas) y los modos de actuar la experiencia democrática en el espacio público. Del número derivan, en el plano económico, las formas nuevas del consumo, el gasto en objetos producidos en serie, la mercancía que prolifera en tiendas, mercados, venta callejera; una nueva práctica donde los bienes culturales comienzan a ocupar un lugar progresivamente central, que entremezcla los valores económicos con los estéticos. Y también derivan los estudios de conductas sociales como la simulación y la catalogación de los individuos a través del archivo. Por eso, consumo, simulación y archivo serán tres ejes de organización de los muchos materiales del período que se ocupan de la explosión del número que, cuando se cruzan con la estética, componen el "mal gusto".

En el marco del uso de la estadística, ciencia joven que viene a dar cuenta del problema de la cantidad, y su centralidad en la toma de decisiones biopolíticas, algunas estrategias culturales fueron útiles para entender el problema del número en la sociedad argentina en su relación con el ocio y el consumo; el trazado de límites, a través de las definiciones y usos del buen/mal gusto, deja ver la circulación de lo estético (su producción y su percepción) en todos los sectores sociales; la complejización de la vida urbana en el país inmigratorio estimula la idea de artificio que será estudiado por las ciencias de la conducta como "simulación". Las masas y el mercado serán sujeto y escenario de estas estrategias en un país que ve crecer su población a un ritmo desconocido, especialmente en Buenos Aires; si en 1895 la ciudad (contando sus alrededores) tenía 663.854 habitantes, tendrá cerca de 1.575.814 en 1914 y alrededor de dos millones a mediados de los años veinte.

1. EL NÚMERO

Roberto Gache escribe, durante el primer gobierno de Yrigoyen, una crónica muy crítica a la democracia en la que muestra la forma en que la aparición de las masas ha cambiado, para la percepción de un periodista de actualidad, la relación de escalas:

> Las dos grandes fuerzas políticas que se disputan la hegemonía electoral de la ciudad, se intimidan mutuamente con interminables manifestaciones donde, entre tiros y palos, se hace la propaganda de los más libres principios democráticos. Ahí el individuo desaparece en tal forma —no sé si bajo los pies o bajo el dogma del conglomerado— que la medida de la manifestación debe hacerse no ya en número de sujetos, sino de cuadras.[1]

Ya mucho antes de medir las manifestaciones en cuadras, las masas ocupaban, en Buenos Aires, un espacio que, en el discurso de los sectores tradicionales, necesitaba recurrir a las metáforas para demostrar su dimensión. Pero no solo los sectores tradicionales se asombran del crecimiento del pueblo; Federico A. Gutiérrez (que usó como seudónimo en la prensa libertaria "Fag Libert") fue un anarquista que, sin embargo, trabajó durante doce años en la policía.[2] Colaborador de *La Protesta* y director de la hoja *Labor,* además de poeta, publicó su libro *Noticias de policía* en 1907. Refiriéndose a una huelga de tejedoras, la describe con la clásica alusión al abigarramiento de las hormigas, pero también como la inmensidad del mar:

> Al doblar... La calle Triunvirato era una romería. En cada puerta, una generación. Chicos y grandes, de todas dimensiones. Las esquinas, como hormigueros. Y á lo lejos, el mar!...

---

[1] Roberto Gache, *Glosario de la farsa urbana,* Buenos Aires, Agencia General de Librería y Publicaciones, 1920, p. 128.

[2] Fue exonerado de la fuerza cuando se rehusó a renunciar una vez que se descubre que era anarquista, identidad que mantuvo oculta durante sus años como policía.

El mar. Un flujo y reflujo de olas multicolores. Predominaba el tono claro, fulgurante á los rayos del sol, como una gloria. ¡Era la hambre de Barracas que se venía en busca de la hambre de Villa Crespo![3]

En otro extremo ideológico, Juan Carulla, en sus recuerdos de juventud, recoge otra escena de muchedumbres, en la Plaza de Mayo, frente a la Casa de Gobierno, a cuyo balcón saldrá el presidente Julio A. Roca (acompañado por Bartolomé Mitre), para hablar con los manifestantes:

> Cierto día catorce trenes trajeron a Buenos Aires a catorce mil santafesinos. Según las crónicas periodísticas de entonces, que ahora recuerdo solo muy vagamente, venían a manifestar, frente a la Casa Rosada, su oposición a no sé qué medidas del gobierno nacional. Se anticipaba que la reunión sería agitada y ruidosa. [...] Solo puedo decir que la mitad de la plaza de Mayo negreaba cubierta por una densa muchedumbre, la que pronto dió muestras de nerviosidad en espera del minuto propicio para desencadenar su ruidosa protesta.[4]

El presidente Roca maneja la situación y todo termina sin incidentes en la versión optimista que presenta Carulla de los gobiernos conservadores, pero es evidente que ya a fines de 1886 la capacidad de movilización de las masas era un hecho y que había palabras para describirla: la plaza "negreaba".[5] Tal como

---

[3] Federico A. Gutiérrez [Fag Libert], *Noticias de policía,* Buenos Aires, s. d., 1907, p. 142.

[4] Juan Carulla, *Al filo del medio siglo,* Paraná, Llanura, 1951, p. 41.

[5] El término era usual en la época y se refería, primariamente, al efecto "en negro" que producía la multitud —mayormente masculina— en la calle, por los trajes negros u oscuros que se vestían entonces. Pero también tiene el sentido netamente despectivo de los rostros oscuros de la pobreza. La palabra llega, por lo menos, hasta Roberto Arlt, que solía usarla; por ejemplo,

plantea Didi-Huberman, estos "pueblos" son el segundo plano de una realidad en donde actúan los verdaderos protagonistas. El número, que les da fuerza, es también el indicador que les licúa sus particularidades y problemas y los vuelve la cifra abstracta; el motivo de su protesta se olvida, se disuelve en la magnitud. Pero las masas no son solo anécdota, figura y número; también se enuncian en su dimensión ideológica. En 1894, el sociólogo positivista Agustín Álvarez había escrito en *South América* [sic] una crítica a las nuevas políticas de apertura democrática:

> Así, en el sufragio universal los ciudadanos se computan por el número de cabezas, como los carneros en las majadas que se venden al corte; la majada más grande es la que contiene mayor cantidad de razón natural, vale decir, de autoridad. Como, naturalmente, los que poseen el mínimum de razón son los más, si el sufragio universal se practicase de improviso y de plena conformidad a la teoría, sin partidos, sin fraudes, *sin ilustrar previamente a las masas* sobre el punto a dilucidar, sin esas juntas o comités de personas "dirigentes" que vienen a constituir los andariveles de la razón del pueblo, el resultado neto sería la expresión exacta del mínimum de razón, o sea de la razón natural.[6]

El número anula el juicio y las masas no son aptas para elegir; Agustín Álvarez parece decir que el voto democrático crearía un problema nuevo: las masas estarían adentro del sistema social (votarían) y afuera (pues no están educadas para ejercer su voto) al mismo tiempo. Como toda situación paradójica, el positivismo la rechaza y crea, inmediatamente, la imagen de un

---

en *El amor brujo:* "En la plaza del Congreso, con elevadas macetas verde cobre en pilares artísticos, los bancos negreaban de desocupados" (*Obras completas,* pról. de Julio Cortázar, Buenos Aires, Carlos Lohlé, 1981, p. 556).

[6] Agustín Álvarez, *South América* [1894], Buenos Aires, Secretaría de Cultura de la Nación y Marymar, s. f., p. 16.

peligro social irreversible, que ocupa a los científicos del cambio de siglo. No lejos está Ramos Mejía, en *Las multitudes argentinas,* quien como muchos de sus contemporáneos recomienda esperar una indefinida época en que las masas serán educadas y podrán encarnar el ideal nacional. Ramos Mejía tiene varios párrafos condescendientes hacia la masa —en este caso, de niños—, en los que recurre a la metáfora acuática para dar cuenta de lo inconmensurable: "Yo siempre he adorado las hordas abigarradas de niños pobres, que salen a sus horas de las escuelas públicas en alegre y copioso chorro, como el agua por la boca del caño abierto de improviso, inundando la calzada y poblando el barrio con su vocerío encantador".[7]

Si la palabra se asombra frente a la novedad del número, la gráfica será la que mejor la registre. La convergencia de la irrupción de la masa con fenómenos relativamente nuevos (la fotografía) y radicalmente nuevos (el cine) abrió la posibilidad del trabajo panorámico, que impactó por la fuerza del número. Los periódicos y las revistas, que comenzaban a incorporar material gráfico, registran con profusión las concentraciones humanas para las huelgas, manifestaciones, protestas, pero también desfiles, celebraciones, festejos.

De hecho, esquivo a la exposición pública, la foto de la asunción de Hipólito Yrigoyen como presidente en 1916 fue acompañada por una enorme multitud. El registro gráfico de las calles de la ciudad repletas de personas confirma la necesidad de pensar los actos públicos en términos de cuadras, como sugería Gache. El cine proporciona muchas imágenes también. Quizá la más emblemática fue la película *Juan sin ropa* (1919), con dirección de Georges Benoît y guión de José González Castillo. Filmada en 1918, en plena agitación social, y estrenada meses después de

---

[7] José María Ramos Mejía, *Las multitudes argentinas,* Buenos Aires, Talleres Gráficos Argentinos L. J. Rosso, 1934, pp. 254 y 255.

la Semana Trágica (el 4 de junio), con cuyas luchas se la identificó, la película que, junto con una historia de amor, narra la historia de una huelga en un frigorífico y la represión policial fue pionera en la exhibición de escenas de masas. González Castillo, con estrechos vínculos con el anarquismo, le incorporó el ingrediente político que habilitó el ingreso de las masas.

De este modo, conservadores y libertarios ven en el número un índice de la política democrática; el número cifra los nuevos problemas de la representación y la participación ciudadana y, por lo general, los comportamientos sospechosos, negativos, casi siempre ligados a la violencia; algunas veces, también, los reivindicatorios. El número empieza a ser índice de la controversia política, como vimos que sucedió durante la Semana Trágica. Las cifras reales de muertos y heridos nunca se conocieron y la disputa en torno a ellas fue la manera de continuar la puja entre sectores. Las cifras oficiales nunca confirmaron a los diez mil manifestantes que las organizaciones obreras contaron en la marcha al cementerio de aquellos días y que fueron baleados por la policía. Sin embargo, los testimonios coinciden en que fue la magnitud de las protestas, lo masivo de las manifestaciones, lo que asustó al gobierno y a los cuerpos de seguridad (además de a los conservadores), y que esa dimensión desconocida de la fuerza obrera incentivó la represión y la burda historia del complot maximalista.

Adrián Gorelik, al referir la cobertura de las huelgas en *Caras y Caretas*, destaca que la revista tiene una sección casi fija llamada "Movimiento Obrero", donde informa sobre las manifestaciones y señala el carácter escenográfico de las manifestaciones pacíficas:

[La revista] va a mostrar una marcada simpatía por las manifestaciones de protesta a lo largo de la década, como un espectáculo que despierta análogo entusiasmo que el de los desfiles militares y patrióticos. Así, se destacará la legitimidad de los reclamos pero, sobre todo, se resaltará la seducción del espectáculo arrasador de la multitud en la calle, la participación "civilizada" de mujeres y niños, las banderas al viento, su paso acompasado e informalmente marcial.[8]

En las manos siempre más moderadas de los periodistas, el fenómeno ya ineludible de las manifestaciones revierte su carácter de amenaza y peligro para tornarse una atracción estética. La ciudad y los ciudadanos desarrollan una nueva dimensión estética como forma nueva de relación social si ingresan a la escena de manera disciplinada. Todos estos testimonios ven, en el número, una forma de volver figurantes, extras, acompañantes, trasfondo, a los sujetos anónimos, obligados a ocupar el segundo plano de la escena, a desaparecer como individuos para acompañar como fantasmas un primer plano de la representación. Cuando ese segundo plano se contabiliza, el número se vuelve, en manos de políticos e intelectuales, un dispositivo de control. Eusebio Gómez, en *La mala vida en Buenos Aires,* señala que el número también es la fuerza de los marginales, que "hacen masa" como parte de su conspiración social; no tienen que ser muchos, pero sí andar juntos, lo que vale para cualquier identidad transgresora del orden: "Ofrecen los homosexuales de Buenos Aires una particularidad digna de ser señalada: es la tendencia á asociarse, formando una especie de secta, designada por ellos con el pintoresco nombre de 'cofradía'".[9] En su diagnóstico, hay un factor de "mala vida"

[8] Adrián Gorelik, *La grilla y el parque. Espacio público y cultura urbana en Buenos Aires 1887-1936,* Buenos Aires, Universidad Nacional de Quilmes, 1998, p. 197.

[9] Eusebio Gómez, *La mala vida en Buenos Aires,* pról. de José Ingenieros, Buenos Aires, Juan Roldán, 1908, p. 191. La visibilidad que van cobrando los homosexuales en la escena moderna empieza a ser un problema para los científicos de lo social, que los consideran una desviación del sistema tan

que es común a todas las grandes ciudades y lo llama "aglomeración". Y José Ingenieros, en uno de sus tantos libros en que intenta desentrañar la conflictividad psicosocial, señala que "los
'hombres sin carácter' son la masa anodina, el número abstracto,
los individuos para quienes, como diría Dante, es noche mucho
antes de la oración".[10] Las masas aparecerán también en las ficciones. No solo en obras de escritores muy leídos como Manuel
Gálvez o Roberto Arlt, sino también en jóvenes que están apenas
construyendo su obra, como Raúl Scalabrini Ortiz. En su primer
libro de cuentos, *La manga*, el texto que funciona como prólogo,
"Los humildes", tiene un estribillo que registra la presencia silen-
ciosa pero constante de la masa disciplinada por el trabajo: "Al
presente, pienso a menudo en esa muchedumbre triste, resigna-
da, siempre variable y aparentemente la misma, que va por la mañana y regresa por la tarde".[11] Un sujeto anónimo que se arrastra
por una ciudad que apenas lo contiene. Y si bien los pobres y po-
litizados son los que han sido encuadrados como masa, también
hacen masa los sectores de elite. Gache, siempre irónico, registra
uno de sus momentos:

El entierro de Guido y Spano [1918] —todos lo recordamos— tuvo
allá, en la Recoleta, los más absurdos contornos carnavalescos.
Los hombres, en tibios contactos de multitud con el otro sexo,
aprovechaban para excederse. Las mujeres —más reposadas
siempre, menos impacientes y más puestas en lugar— protesta-
ban de los pellizcos con grave indignación. "¡Mire que hacer esto
en un entierro!", decía cerca mío una de las víctimas. Y agre-
gaba, aún más indignada: "Todavía, si fuese en una fiesta…!".

---

peligrosa como la de los criminales, los locos o los anarquistas. Jorge Salessi
ha trabajado estos aspectos del fin de siglo.

[10] José Ingenieros, *La simulación en la lucha por la vida,* 12ª ed., Buenos
Aires, Talleres Gráficos Schenone & Linari, 1920, p. 112.

[11] Raúl Scalabrini Ortiz, *La manga,* Buenos Aires, Manuel Gleizer, 1923, p. 7.

Indudablemente, las mujeres conocen la moral mucho más a fondo que los hombres.[12]

La masa, hacer masa, es el espacio y la práctica donde todo se mezcla y, por ello, siempre la moralidad y su transgresión están en la mira, especialmente para el costumbrista, que se concentra en las pequeñas escenas cotidianas y detecta los contrasentidos de la vida en comunidad.[13] Democracia e igualdad son objetos de la teoría política, pero también son la nueva expresión del malestar social. Como sabemos, la problematización de "la cuestión social" en Europa, en el período que va desde mediados del siglo XIX y hasta los años treinta, generó teorías de todo tipo; teorías que forman parte de la organización moderna, masiva, de las sociedades posrevolucionarias; teorías que nacen con una doble cara, científica y de divulgación, pues pertenecen al mundo politizado y se constituyen rápidamente como discursos que se sirven del aparato científico-filosófico, distanciado del saber común, pero que tienden a una forma ampliada de difusión del pensamiento de la época. Son producto de la sociedad masificada y se escriben para ella. Esas teorías se desarrollan sobre la idea de que la cuestión social es un problema de número, pues hay *demasiada gente* –en Europa– y ese *exceso* produce el conjunto de causas que derivan en la perspectiva pesimista sobre el presente, se llame revolución, terror, degeneración, decadencia, deshumanización o totalitarismo; un malestar irreversible que solo puede acabar con la "resolución" del problema del exceso a través del control o el exterminio.

Y las dos soluciones fueron usadas por igual en el siglo XX. Baste recordar que la inconformidad política y cultural europea

---

[12] Roberto Gache, *Glosario de la farsa urbana, op. cit.,* pp. 134 y 135.
[13] Este costumbrismo se desarrolla en el período a través de varios escritores-periodistas que tuvieron gran éxito de público, como lo ha estudiado Adriana Rodríguez Pérsico.

y su filiación con el crecimiento de la población puede leerse en términos biopolíticos en el tratado de Hannah Arendt, *Los orígenes del totalitarismo*, donde se describe y analiza la historia del exterminio de pueblos enteros como respuesta a la conflictividad y la insatisfacción de las crisis políticas del Estado nación. La demencial búsqueda de los "espacios vacíos", la voluntad mortífera de desplazar primero y exterminar después a millones de personas surge de un complejo entramado en que la insatisfacción que se estigmatiza en el número —síntoma que se vuelve causa— es creciente, pues ni el Estado a través de sus instituciones ni la nación con sus emblemas y rituales pueden albergar todas las diferencias que ambos intentan homogeneizar.[14] Hasta que la política de homogeneización se vuelva totalitarismo y política del exterminio. El tratamiento político del número es una cuestión central en las sociedades modernas y no aparece como problema antes de la implantación del Estado (de hecho, pensar en las masas siempre está ligado a pensar formas específicas de interpretar el Estado). La evolución de la estadística durante el siglo XIX, como ciencia del Estado,[15] indica de qué modo los esfuerzos biopolíticos fueron centrales en la implantación de las democracias modernas. La información precisa sobre poblaciones y territorios no solo interesa en términos biopolíticos y no solo interesa al Estado, comienza a ser parte de las interacciones trasnacionales de

---

[14] El proyecto "civilizador" moderno fue, en su esencia, un esfuerzo por descartar toda relatividad, señalan David Lloyd y Paul Thomas, incluso la pluralidad de modos de vida. Ellos destacan que las teorías sobre el Estado aparecen conjuntamente con las teorías sobre la cultura. Dicen que durante la modernidad se genera una noción absoluta de "civilización humana", una noción unitaria y coherente. Mucho del horror de los letrados e intelectuales, la emancipación de la cultura del control del Estado, prueba ser la emancipación de la cultura de su propio poder.

[15] En su definición convencional: "Estudio de los datos cuantitativos de la población, de los recursos naturales e industriales, del tráfico o de cualquier otra manifestación de las sociedades humanas" *(Diccionario de la Real Academia Española)*.

la vida moderna de los individuos. Los empresarios, comerciantes, intelectuales, artistas tenían a mano un compendio de ese saber cuando salían a recorrer el mundo. Las guías de viaje comienzan a popularizarse con las ediciones de Karl Baedeker en Alemania y John Murray III en Inglaterra; son gruesos volúmenes —en realidad, verdaderos manuales *(handbooks)*— en los que se podía encontrar información muy detallada sobre historia del país, clima, moneda, visas, ferrocarriles, población, arte, museos, hoteles, restaurantes, sistema hidrográfico, agricultura, ganadería, industria, días feriados. Tablas y mapas distribuyen gráficamente la copiosa información.[16]

El crecimiento demográfico y sus diferentes expresiones culturales tienen una dimensión científica en la categoría de *población,* a la que el problema de la masa está ligado. "Población" es un término técnico, de la demografía, y su uso extendido revela la aparición de nuevos fenómenos ligados a la reproducción y el control de los seres humanos, a la biopolítica. El control de una población que se reproduce y crece, que necesita espacio y que genera un conjunto de nuevas necesidades se vuelve central en las políticas de los siglos XVIII y XIX. El número se constituye en uno de los principales problemas en Europa y será la manifestación más cruda del exterminio en el siglo XX. Paralelamente, a comienzos de la modernidad, a pesar de las pestes, hambrunas, crímenes y, en general, las altas tasas de mortalidad,

---

[16] *El Baedeker de la República Argentina* de 1900, por ejemplo, desarrolla, en 479 páginas, información geográfica, económica, histórica y cultural; tiene mucha publicidad de las grandes tiendas, los rematadores de ganado de la provincia de Buenos Aires, los hoteles, y describe el "aspecto físico y poblacional" de la República con detenimiento. Con otro formato y con otros propósitos, Blasco Ibáñez compiló información muy semejante en su libro sobre Argentina. Un tipo de información que ya comienza a resultar imprescindible y que cataloga los conocimientos necesarios sobre los países, a la vez que uniforma lo que se necesita saber y genera un tipo de mirada particular sobre los territorios visitados.

hay un interés de los Estados modernos por cuidar la salud de los ciudadanos, entendidos como fuerza de trabajo. Como señaló Michel Foucault, la medicina moderna es una medicina social cuyo fundamento es una clara tecnología del cuerpo social. Con el capitalismo, no se pasa —continúa su argumento— de una medicina colectiva a una privada, sino precisamente lo contrario. El capitalismo, desde fines del siglo XVIII y principios del XIX, ha socializado un primer objeto, el cuerpo, en función de la fuerza productiva, de la fuerza de trabajo. El control de la sociedad sobre los individuos no se efectúa solamente por la conciencia o por la ideología, sino también *con* el cuerpo y *en* el cuerpo. Para la sociedad capitalista, es la biopolítica la que importa y, ante todo, lo biológico, lo somático, lo corporal. El cuerpo es una realidad biopolítica, la medicina es una estrategia biopolítica.[17] El desborde de la masa, tanto como la enfermedad y el contagio que suponen, son estigmas ligados a su definición y el espacio donde echar todo aquello que no entra en el sistema de la normalización.

De 1850 a 1950 —desde las primeras alarmas liberales hasta el nuevo fenómeno de las democracias, pasando por los períodos oscuros del autoritarismo y totalitarismo en Europa—, la asfixia sociográfica del número fue el gran *affaire* político de todo el siglo, tal como argumenta Dominique Reynié. En "Théories du nombre", Reynié sostiene que no solo se pasa, del siglo XIX al XX, del número como agente principal de la decadencia al número como tema de la dominación, sino dice también que de una

---

[17] Uso el término "biopolítica" en la acepción de Michel Foucault, es decir, como aquello que designa la manera en que el poder tiende a transformarse, entre fines del siglo XVIII y principios del XIX, para gobernar a los individuos no solo a través de un cierto número de procedimientos disciplinarios, sino a través del conjunto de los seres vivos constituidos en población: la biopolítica, a través de los biopoderes locales, se ocupará de la gestión de la salud, la higiene, la alimentación, la sexualidad, la natalidad, en la medida en que todas ellas se convierten en apuestas políticas.

teoría que toma al número ante todo como un actor político se llega a una teoría que ve el conjunto de procesos de masificación como procesos de alienación: industrialización, producción de masas, estandarización, consumo de masas, publicidad, fenómenos de moda. Es el triunfo del concepto de "sociedad de masas".[18] Alain Badiou, en su interpretación del siglo XX, señala que después de 1914 se inicia una tragedia: la "utilización sin escrúpulos del material humano"[19] concebido como número. Las vidas humanas, en este modelo, se convierten en un mero material. Efectivamente, el siglo XX verá desfilar frente a sí mismo, a las masas, las multitudes, el pueblo, las protestas, las revoluciones, los totalitarismos, las guerras, los genocidios. Protagonistas o comparsas, como los llamará Didi-Huberman, según las diferentes interpretaciones, las acciones políticas de los dos últimos siglos están marcadas por la presencia de la agencia humana como número.

En este contexto ideológico-político, Argentina estaba tratando de aumentar su población y, en términos de la política étnica del Estado, "mejorarla" con la incorporación de elementos europeos. Aparece así parte de la capacidad de balance del capitalismo global: lo que "sobra" en Europa irá a América y otros espacios "vacíos" del mundo moderno. Los desplazamientos de población, las inmigraciones masivas comienzan antes de las guerras, cuando ya el material humano se ha vuelto un problema. En una suerte de tratamiento homeopático para restablecer el orden, se cura el problema del número recurriendo al número.

---

[18] También sostiene que la forma del número en la política moderna, traducida como sociedad de masas, no es la masa, sino lo público; su lugar no es la calle, sino el espacio privado; su expresión no es la manifestación, sino la opinión pública. Gabriel Tarde, como vimos, en el comienzo de la teorización sobre las masas, también privilegió la idea de lo público, de la opinión, para estudiar a las masas.

[19] Alain Badiou, *El siglo,* Buenos Aires, Manantial, 2005, p. 19.

Esa cura (para mantener el orden de los mercados y la política) tiene a las poblaciones pobres como material disponible. Las políticas públicas para fomentar la inmigración, como dijimos, no fueron instrumentadas de manera planificada para que el Estado pudiera aprovecharlas económica y políticamente;[20] por el contrario, la inmigración quedó librada a la ley de oferta y demanda del mercado y se convirtió en un problema biopolítico impensado, para el cual hubo que buscar respuestas inmediatas y, muchas veces, improvisadas. Lo que se pensó como solución a la cuestión del (des)poblamiento se convirtió entonces en un problema social en las principales ciudades del país y fue tema central de la agenda de la generación modernizadora del Estado.[21] La falta de planificación y la carencia de información certera sobre la población se volvieron una queja constante de los representantes del Estado. En 1897, en forma de carta, Francisco de Veyga escribe un prólogo a las *Memorias de un vigilante*

[20] Donald Castro recupera información del Ministerio de Relaciones Exteriores y recuerda que, en la década de 1880, el gobierno de Juárez Celman quiso atraer población inmigrante y llevó a cabo la política de pasajes subsidiados. El plan falla debido a la corrupción de los funcionarios argentinos en Europa. En el período 1886-1891, se distribuyeron en Europa cerca de ochenta mil pasajes subsidiados, lo que puso al país en *default* ante los préstamos de Inglaterra. Jorge Salessi (en un libro clave para estudiar los disciplinamientos del Estado argentino) sostiene que las estadísticas sirvieron para atraer inmigrantes europeos. Aparecían escritas en varias lenguas; eran claramente material de propaganda. Las obras públicas de la Capital habían empezado en 1974 y en 1880 la nación se había hecho cargo de su financiamiento. Y David Viñas sentencia: "Lo que en el fondo de la teoría liberal originaria apuntaba a la formación de una pequeña burguesía campesina (que en parte se hizo, sobre todo en Santa Fe y Entre Ríos), se deformó en lo fundamental con la instauración o solidificación del latifundio" (*Argentina: Ejército y oligarquía,* La Habana, Casa de las Américas, 1967, p. 12).

[21] Entre los problemas más graves: población mayoritariamente masculina, que produjo un desbalance alarmante entre hombres y mujeres y la proliferación de la prostitución; un tipo de población "golondrina", que iba y venía a Europa; asentamientos muy precarios y hacinamiento en las principales ciudades y despoblación del campo.

de Fray Mocho. Celebra su texto porque en él encuentra materiales para sus estudios criminológicos: "Su lectura me ha proporcionado no solo un buen rato de recreación... sino también una inmensa cantidad de datos sobre ese *mundo lunfardo* que en su carácter de tal conoce y da a conocer". Tomando la verdad de la ficción (Fray Mocho, que había sido policía, escribe un texto híbrido), enumera algunas de las dificultades que tiene la policía en Buenos Aires (a la que compara con la de Londres, París y Nueva York) para identificar a la población

> en que no existen registros de vecindad, en que se ignora el movimiento de la población, en que la entrada y salida de extranjeros es un secreto para las autoridades, en que uno puede ser casado diez veces, tener quince domicilios, mil nombres distintos y quinientas profesiones diferentes, y todo en la mayor reserva, no digo para la autoridad, sino para los hijos, la esposa, los hermanos y hasta los vecinos, por más curiosos que sean.[22]

Los datos no existen, la información no está disponible ni para los funcionarios, los que quieren delinquir de cualquier manera (desde saltearse la aduana hasta asesinar o traficar mujeres) no pueden ser identificados. Y lo dice un representante del Estado, pues de Veyga era miembro del Instituto de Criminología y profesor en la Universidad de Buenos Aires. Poco tiempo después de esta airada protesta, Francisco Latzina publica en 1903 su obra *Demografía*.[23] Se hizo una tirada de la Compañía Sud-Americana

---

[22] Francisco de Veyga, "Prólogo" en José Sixto Álvarez [Fray Mocho], *Memorias de un vigilante,* Buenos Aires, Administración General Vaccaro, 1920, pp. 77 y 78.

[23] Latzina nació en 1842 en Moravia (Brüm). Militar herido en combate, viaja a América y se radica en Argentina en 1864. El presidente Sarmiento lo contrata en 1872 como profesor de Matemáticas en Catamarca. En 1880 se convierte en jefe de la Oficina de Estadística Nacional (más tarde Dirección General de

de Billetes de Banco, como obsequio a los participantes del Segundo Congreso Médico Latinoamericano que se celebró en Buenos Aires en abril de 1904. Ya es claro a principios de siglo que la demografía es un problema que debe tratarse de manera científica y entra en la órbita tanto de la estadística como de la medicina. Allí sostiene Latzina que a la población hay que entenderla económicamente como el conjunto de jóvenes y adultos, productores y consumidores, que deben distribuirse en forma balanceada:

> El porvenir de un país, considerado como entidad política y económica, depende principalmente de un sano crecimiento de la población. Para que éste se produzca en condiciones que merezcan el calificativo de sanas, es menester, á mi juicio, que los elementos impúberes y meramente consumidores no sean demasiado numerosos respecto de las clases adultas, mejor dicho, productoras; que la población no se aglomere en los centros urbanos con preferencia, dejando á la campaña despoblada; y que los habitantes aptos para la producción se distribuyan de un modo económicamente conveniente entre las diferentes industrias.[24]

El proceso inmigratorio argentino (que definió las pautas de crecimiento poblacional) se dio de manera casi inversa. Sin embargo, el Estado siguió monitoreando una realidad que no llegaba a dominar completamente, pues había tomado, gracias a los movimientos de ciudadanos plenos e inmigrantes, otro rumbo. En los *Anuarios* de Latzina comienzan a aparecer las cifras y se

---

Estadística). Al frente de ese organismo, edita, durante treinta y seis años, el *Anuario estadístico*.

[24] Francisco Latzina, *Demografía,* Buenos Aires, Compañía Sud-Americana de Billetes de Banco, 1903, pp. 12 y 13.

establece un orden biopolítico. A través de sus mediciones, se hace aparecer una sociedad que, lejos de estar organizada, se mueve de acuerdo con coyunturas y problemas puntuales, una sociedad que debe ser controlada. Los criterios que usa Latzina son los de su época: clase y raza. El control es el objetivo de sus estadísticas, pero estas comienzan a ser un material de lectura sujeto al desacuerdo; pese al sentido común, las cifras no muestran ninguna objetividad, sostienen sus críticos. Por eso los números siguieron teniendo un lugar central, pero también fueron cuestionados. Alberto Ghiraldo —declarado anarquista— critica las conclusiones que sacan las elites sobre las estadísticas, por ejemplo, al hablar de un tópico para atraer inmigrantes: los altos salarios que se pagaban en Argentina:

> Es necesario indicar a nuestros hombres, deslumbrados por las cifras elevadas que arrojan las estadísticas de importación y exportación, sugestionados por el vertiginoso ascendente valor de la propiedad territorial, que aquí vive, se agita, bulle, sufre y padece una colectividad numerosísima de proletarios productores, huérfanos de toda legislación que los ampare, ricos en mil legislaciones que los deprimen.[25]

Al pretendido rigor del número, que ordena y clasifica la experiencia del consumo y regula un mercado de trabajo leonino, se le sobreimprime el uso ideológico del número. Las cifras de los libros oficiales o de los estudios sociológicos encarnan en la calle. Esa otra dimensión de lo múltiple, que se vive en el espacio público y en el mercado, que no es la protesta política ni la estadística oficial, sino el ejercicio del ocio, genera un nuevo tipo de sociabilidad. Desde la teoría de la simulación en el dis-

---

[25] Alberto Ghiraldo, *La Argentina (Estado social de un pueblo),* Madrid, Librería de Alejandro Pueyo (Tip. La Mañana), ca. 1920, p. 2.

curso científico hasta las formas del consumo (y la catalogación de las formas de vestir, los comportamientos sociales, las costumbres, la sociabilidad, los lenguajes particulares) en diferentes cronistas de la época, las prácticas de intercambio social serán vistas como actuaciones, una sociedad en donde todos se miran, donde todo denota; cada detalle de comportamiento o presentación es visto como signo para los observadores urbanos, que encuentran un mundo de diferencias apto para establecer categorías humanas y jerarquizarlas. Los conciudadanos —especialmente en una sociedad inmigratoria— pueden ser aliados o enemigos, lo más probable es que sean tan opacos como para suponer una amenaza, la latencia del conflicto. La vida social, además, comienza a entrañar un nuevo problema: el tiempo libre, compartido en un espacio que se urbaniza rápidamente y requiere de nuevas actividades colectivas.[26] Y esa visibilidad va a catalogarse. Todavía con instrumentos imprecisos, hay quienes comienzan a preocuparse por colonizar el espacio público a la vez que el tiempo libre de las masas. Será allí donde el número se una con el mercado.

Nuevas formas de la sociabilidad y del disciplinamiento vienen por la vía de la cultura de masas. Así lo entiende Federico Quintana, quien había afirmado en sus memorias que a la Argentina de entonces (de los años ochenta y noventa) le faltaban formas de esparcimiento y métodos sociales, entendiendo que ambos se dan la mano a la hora de crear una sociedad moderna. Juan de Cominges, en *Una visita al Parque de Palermo,* de 1882 (libro que reúne sus artículos publicados en *La Tribuna Nacional* de Buenos Aires), había llamado desde la prensa a privatizar espacios del parque con atracciones para los obreros, pues hasta ese momento solo había recreación para la aristocracia (los

---

[26] Lara Tucker ha estudiado los dispositivos del ocio en Argentina de principios del siglo xx.

espacios que pertenecían a la Sociedad Rural y el Atletic Club).[27]
El problema que detecta De Cominges respecto de las clases bajas requiere —en sus textos— una solución con la cual los empresarios privados tienen mucho que ganar. En un artículo imagina
el parque de Palermo funcionando con atracciones para las clases populares y ofrece una radical transformación para el futuro:
piscinas, un globo, montaña rusa, acuario, zoológico, canchas
deportivas, competencias de pesas, kioscos. Para ello pide que
se dé entrada a la iniciativa privada y que se subsidie el pasaje:
"No hay, pues, duda, de que para que el país alcance estos beneficios, más que plata, se necesita iniciativa y buena voluntad
por parte de los Poderes Públicos".[28] De Cominges apuesta a desarrollar las actividades de recreación para ocupar el tiempo de
ocio de los sectores bajos como forma de fomentar el consumo
y disciplinar el uso del tiempo libre, pero la idea de consumo de
los sectores populares era una novedad en sí misma; era algo que
había que crear, al mismo tiempo que los entretenimientos. Por
eso hay que aprender muchas conductas durante los cambios
del fin de siglo, y la ciudad, que puede ser el espacio de la violencia, es también el espacio donde generar las nuevas formas
de actuación y convivencia; será por eso mismo el lugar de las
regulaciones. Gutiérrez, el policía anarquista, sostiene en 1907:

[27] Juan de Cominges fue un agrónomo que recibió concesiones de tierras
entre 1882 y 1885 en el Chaco en su calidad de empresario. Como inver-
sor de tierras en un proceso en que el Estado argentino buscaba socios para
modernizar el país, escribió artículos de opinión en que destacó la necesidad de promover la inversión privada.

[28] Juan de Cominges, *Una visita al Parque de Palermo,* Buenos Aires,
Imprenta del Departamento Nacional de Agricultura, 1882, p. 15. Adrián Gorelik, en *La grilla y el parque,* analiza detalladamente los usos de la ciudad
(el centro y los barrios, la vivienda y el esparcimiento) durante el proceso
de transformación urbana de modernización. La cuestión del transporte, en
una ciudad que se expandía rápidamente, era fundamental porque impli-
caba —según él— concebir a la ciudad como un todo y poner en relación a
los diferentes sectores.

Nuestra legislación municipal y policial expele cuatro disposiciones innecesarias por día. ¡Y si no fueran más que innecesarias!
Se prohíbe salivar en el suelo, transitar con bultos por la vereda,
jugar á los naipes después de las once de la noche, fumar en los
tranvías, usar cadenero; no llevar cascabel, campanilla y luces
en la bicicleta; tener plantas en los balcones, usar ármas, decir
piropos á las mujeres, remontar barriletes, cantar en la vía pública, implorar la caridad, vender billetes de lotería en la calle,
dar serenatas, estacionarse á los vehículos é ir contramano, fijar
carteles en las paredes, cruzar las esquinas al trote largo de los
caballos; usar instrumentos de metal ó demasiado ruidosos en
los cafés-conciertos; usar sombrero *blando* á los aurigas; exhibirse á las prostitutas; pescar sin permiso, etcétera, etcétera.[29]

Estas regulaciones, hechas en nombre de la más saludable convivencia social, no son solo formas de penalizar las conductas,
sino de instalar una serie de valores nuevos.[30] No es lo mismo
prohibir que los autos circulen a contramano por las calles que
multar a quienes dan serenatas o tienen plantas en el balcón; sin
embargo, todas estas prohibiciones forman parte de las nuevas
formas que señalan las diferencias entre buenos y malos ciudadanos; las normas escritas sirven para demarcar las fronteras y
penalizar a los transgresores. Reglamentar la vida en comunidad significa, especialmente, disciplinar la actividad en el espacio público y el tiempo del ocio, pues la disciplina de la fábrica

[29] Federico A. Gutiérrez [Fag Libert], *Noticias de policía, op. cit.,* pp. 29 y 30.
[30] Geraldine Rogers nos recuerda que "la legislación tendió a centralizar la
regulación de conductas y el registro de identidades: la ley de Registro Civil
(1884), el primer Código Penal (1886), la ley de Residencia (1902), el Registro Nacional de Reincidencia y Estadística Criminal, la ley de Enrolamiento
(1911) conformaron un sistema de control poblacional que fue perfeccio-
nándose en las primeras décadas del siglo xx" (*La galería de ladrones de la
Capital de José S. Álvarez, 1880-1887,* La Plata, Universidad Nacional de La
Plata y Orbis Tertius, 2009, p. 30).

o el taller se encarga de las largas horas de la clase trabajadora. El ocio es un problema nuevo y general de la sociedad moderna. Por ello es un problema que se empieza a concebir como social y no afecta solamente a los sectores bajos, a quienes se considera indisciplinados por naturaleza; Eusebio Gómez, como criminólogo, evalúa negativamente las formas de ocupación del tiempo libre de las clases altas:

> Vemos así como la juventud se pervierte en los hipódromos, á los que dedica tres días de la semana, por lo menos; vemos á esa juventud desplumándose en los garitos que se llaman clubs, ó embriagándose en las tabernas elegantes para luego salir en grupos *(patotas)* á promover desórdenes en las casas de tolerancia; la vemos en los partidos políticos militando sin otra mira que la de obtener un puesto rentado, y en los comicios electorales la vemos también ¡oh, vergüenza! vendiendo su voto al mejor postor.[31]

No es el único. Arturo Cancela destina buena parte de su obra a criticar el parasitismo de los jóvenes de clase alta. Aunque en formas muy diferentes, la aparición del tiempo libre afecta a buena parte de la sociedad. Adriana Bergero parece darles la razón a los deseos de De Cominges en su libro sobre la geografía cultural de Buenos Aires del cambio de siglo; según su hipótesis, cuando el proceso de modernización se ha realizado: "Hacia 1930, los imaginarios del teatro popular habían conseguido confinar a un espacio mudo tanto al anarquismo como al activismo político, en favor de extravagantes promesas tales como 'mañana será otro día'".[32] Es la hipótesis —de la pacificación a

---

[31] Eusebio Gómez, *La mala vida…, op. cit.,* pp. 27 y 28.
[32] Adriana Bergero, *Intersecting Tango. Cultural Geographies of Buenos Aires, 1900-1930,* trad. de Richard Young, Pittsburgh, University of Pittsburgh Press, 2008, p. 294.

través de la cultura– que muchos sostienen también para eva-
luar otra forma de la cultura de los sectores bajos, el tango; Matamoro, por ejemplo, dice:

> Así como el radicalismo aceptó el acuerdo y se convirtió en un
> partido liberal, el tango aceptó el adecentamiento y dejó la ori-
> lla, perdiendo su hermetismo primitivo. La oligarquía inventó un
> tango para su consumo privativo. Se perdió la original coreogra-
> fía sexográfica y se conservó la forma estructural, convirtién-
> dolo en un fenómeno estético. Los músicos profesionales
> debieron acudir a servir en los nuevos sitios de baile aristocrá-
> tico e inventar una manera nueva de ejecutar el género, que
> empezó, de esta manera, a ser tratado como una forma abs-
> tracta adaptable a circunstancias diversas.[33]

Es idea generalizada: el populismo radical –y el de Yrigoyen
en particular– detuvo la radicalización política en Buenos Aires.[34] Matthew Karush ve en los primeros años del siglo xx la
arqueología de la afectividad peronista y va más allá al analizar
la consolidación de una cultura masiva, durante los años treinta y cuarenta, como una forma de pacificar la sociedad a través
del entronizamiento positivo de la figura del pobre en el cine, el
teatro, la música popular, el folletín. Las elites políticas e intelectuales impusieron la idea de un país en llamas, desde 1890, en
la conciencia social y las ficciones de consumo masivo habrían

---

[33] Blas Matamoro, *La ciudad del tango (Tango histórico y sociedad)*, Buenos Aires, Galerna, 1969, p. 73.

[34] Es también el valor que muchos le atribuyeron a la acción del Partido
Socialista en la política argentina, como contención de las prácticas más radicales de protesta social. Lo vimos en varias declaraciones en el capítulo anterior.
En general, las elites –excepto sus sectores más reaccionarios– estuvieron a
favor de flexibilizar las leyes de trabajo para delimitar las protestas y contener
la radicalización. Esta solución se ve con mejores ojos especialmente después
de la Semana Trágica.

creado relatos funcionales a esa idea, estableciendo en ellas el protagonismo de los sumergidos. Sin embargo, los deseos de ascenso social y la valoración de la riqueza tienen una presencia constante entre los valores de las clases más bajas. Desde el lado conservador, el radicalismo, como vimos, fue vivido como una amenaza constante de anarquía y contra él se iniciaron acciones que terminaron en el golpe de Estado del general Uriburu en 1930. Como vimos también, la violencia se contrarrestó con más violencia; la desigualdad, con uniformidad; el poder de las masas, con la cultura de masas, en donde consumir, gastar dinero para acceder a formas de la cultura, se volvió un acto positivo, regular y regulador. Ciertamente hubo espacio para una radicalización, pero el proceso que se inicia en Argentina con la cultura de masas no fue una mera pacificación a través del consumo. De hecho, la sociedad siguió produciendo zonas de resistencia a través de la cultura masiva y manteniendo un horizonte de rebelión, revuelta y lucha más o menos activo. Frente a una situación política de desacuerdo, de radicalización, los gobiernos liberales responden con administración, regulaciones y represión. Es el núcleo de conflictividad de la modernización; es la modernización en estado puro; es, por sobre todo, el intento de regulación de "la vida", las conductas públicas, en sus menores detalles, la otra cara que adopta la biopolítica. Cuando el número se vuelve problema, se intentarán muchas opciones, entre las que estudiaré en lo que sigue algunas formas de las políticas del consumo, durante un momento en que el desarrollo económico del país lo promovía.[35]

---

[35] Fernando Rocchi, en "Consumir es un placer. La industria y la expansión de la demanda en Buenos Aires a la vuelta del siglo pasado", detalla el crecimiento del consumo en el mercado interno y el surgimiento de un mercado de consumo masivo con la progresiva industrialización del país, el crecimiento de población y la bonanza económica de fines del siglo XIX. Para Natalia Milanesio, en *Cuando los trabajadores salieron de compras. Nue-*

2. Consumo y estética

El crecimiento del consumo, primariamente una cuestión que
atañe al dinero y su circulación, no es solo un índice de la economía. Los bienes de consumo, cuando se organiza un mercado
moderno, comienzan a recargarse de otras funciones. Como sabemos, la modernidad ha tenido una gran voluntad estetizadora;
en primer lugar, porque aisló la estética en un mundo autónomo, de autoconsumo, al alcance de aquellos que la producían en
exclusividad: los artistas y sus mecenas. Al hacer esto, la volvió
un valor altamente positivo y deseable, cuyas reglas de disfrute
y consumo se encontraban bajo la custodia de quienes formaban parte del campo estético.[36] Pero, también (y, claramente, a
consecuencia de lo anterior), la modernidad vio la emergencia
de una difusión descontrolada de lo estético entre sectores de
cuya tradición no formaba parte. Para la cultura masiva, la estética (que es un valor intangible en el arte, es decir, un valor que
divide a los sujetos en capaces e incapaces de apreciarlo, enten-
derlo y cuyas reglas de funcionamiento son herméticas para los
recién llegados al mundo de la cultura) comienza a tener un valor claramente material. Lo estético empieza a establecer su dominio sobre objetos de consumo masivo, desde zapatos hasta
sombreros, maquillaje, perfumes, cigarros, vajilla, muebles, jo-
yas, revistas, es decir, la pluralidad del mundo material: el mundo completo de los objetos de la vida diaria, donde se encapsula

---

vos consumidores, publicidad y cambio cultural durante el primer peronismo,
no es sino hasta mitad del siglo xx que los obreros ingresan al consumo
masivo, modificándolo radicalmente. Sin embargo, un incremento notable
del consumo comienza antes, en el cambio de siglo, como sostiene Rocchi,
y los cambios en el campo cultural tienen un lugar central en este proceso.

[36] Sobre el proceso de autonomización de la estética, han escrito los principales autores que reflexionaron sobre la modernidad: Walter Benjamin,
Theodor W. Adorno, Pierre Bourdieu, Andreas Huyssen, Jacques Rancière,
entre muchos otros.

la belleza del mundo del pobre. En tanto tal, el consumo de esos objetos, contagiado crecientemente a grandes sectores de población, fue un "mal" atribuido de manera específica a las mujeres, nuevos blancos sobre los que los productores de objetos masivos tiraban sus redes, pues eran fácilmente estigmatizables como sujetos de la banalidad y lo superfluo.

En un contexto de expansión de la economía y de acceso de nuevos sectores al consumo, prácticamente todos los bienes comienzan a recargarse de otras condiciones, aparte de su uso, bajo el estímulo de la publicidad, que se vuelve un gran vehículo para difundir gustos y valores.[37] Todo lo comprable puede ser vendido, no solo por su utilidad, sino también por un más allá de su materialidad, por el conjunto de todo aquello intangible que llamamos su "belleza". Una belleza que comienza a ser el conjunto de los valores agregados al objeto, a través de los cuales se hace visible, como bien deseable. La teoría económica discutió por más de un siglo las categorías de valor de uso y valor de cambio; no siempre fue sensible a lo que las nuevas mercancías traían al mercado, una satisfacción en la que la idea de belleza (lo que una o varias comunidades identifican como bello) toma un lugar decisivo y se pone al alcance de la mano. La condición estética ("ornamental", como la llama Kracauer) no es solo una forma de socavar el potencial revolucionario de las masas para la satisfacción inmediata de los estímulos banales. La condición estética es una nueva dimensión de satisfacción introducida en las vidas de los ciudadanos. Si fue claramente una forma de alienación y un modo de mantener y garantizar el crecimiento de los sistemas productivos, fue también un ataque directo a la propiedad estética de las elites. La alta cultura no dejó que este cam-

---

[37] Agradezco a Sarah Goldberg el acceso a su trabajo todavía inédito sobre teatro y celebridades en Argentina de principios del siglo xx ("The Theater Industry and the Market of Cultural Value", mimeo).

bio se desarrollara libremente y creó las categorías de "kitsch" y "cursi", que sirvieron para calificar no tanto el "mal gusto" como el fracaso de quienes querían alcanzarlo y no lo lograban. Más recientemente se acuñó la categoría de "populuxe", que intenta ser más descriptiva y quitarle la evaluación moral al consumo de los objetos de uso cotidiano que tienen pretensiones estéticas. La usó primeramente Thomas Hine para referirse al moderno deseo estadounidense de consumo en los años cincuenta como una opción de opulencia agregada a objetos utilitarios. Luego, Cissie Fairchild habló de populuxe para referirse al simple deseo de poseer copias baratas de bienes de lujo en el contexto de París a fines del siglo XVIII. Llamar "populuxe" a esos nuevos deseos es subrayar la contradicción de valores que entraña el consumo de estos bienes. Pierre Bourdieu, en su extenso ensayo sobre el gusto, *La distinción. Criterio y bases sociales del gusto,* afirma que el arte y el consumo artístico están predispuestos a remplazar una función social de legitimación de las diferencias sociales. Esta legitimación se sustentará en la organización del sistema del gusto, uno "bueno" y otro "malo", uno legítimo y otro ilegítimo. La embestida de la clase elegante y letrada contra la difusión del populuxe tuvo consecuencias simbólicas importantes al despojar a grandes sectores de población de legitimidad cultural; pero no pudo detener la difusión del consumo y el deseo por los bienes cargados de pretensiones estéticas. Una vez más, hay varios niveles del problema; el consumo de objetos cuya función práctica se mezcla con la estética incumbe a todos.

Acorde a los flujos de población (acompasados con los del capital), el fin de siglo ve una expansión del consumo a mediana escala en Argentina y es el momento en que se empieza a consolidar un sistema moderno del gusto. En este contexto, lo que realmente preocupa es la difusión de lo estético. Para los sectores medios y bajos, hubo canales nuevos: las revistas de actualidad,

el teatro de variedades, el cine, las compras en las grandes tiendas, los nuevos bailes y su sociabilidad, que tramaron su relación con la estética, aunque fueron, normalmente, condenados
por su mal gusto. Pero la pretensión de estetizar diferentes experiencias de la vida ya forma parte de una percepción generalizada de la vida pública. A tal punto, que esta nueva práctica
tendrá su interpretación científica en la palabra implacable de
José Ingenieros. Su libro más difundido, *El hombre mediocre*, se
dedica a analizarla. Allí caracteriza al hombre mediocre como
un consumidor y reproductor de los materiales de la industria
cultural, pero que desvirtúa los modelos que intenta copiar, de-
generando los valores originales, malogrando la voluntad estética de quienes tienen "buen gusto". Dice que los mediocres
son indiferentes a un Rembrandt en un museo, pero "a la salida
se asombran ante cualquier escaparate donde haya oleografías
de toreros españoles o generales americanos";[38] también sostiene Ingenieros que las páginas de los escritores mediocres que
el hombre mediocre lee "están embalumadas de lugares comunes, como los ejercicios de las guías políglotas. [...] Se desesperan

---

[38] José Ingenieros, *El hombre mediocre* [1913], Buenos Aires, L. J. Rosso,
1936, p. 69. Las tarjetas postales son un objeto privilegiado de la difusión de
imágenes en la época. Rubén Darío, en una crónica de 1903 para *La Nación,*
había descripto, asombrado, su circulación y usos. Verónica Tell refiere que
la revista *Caras y Caretas* vendía reproducciones de las fotos que aparecían
en sus páginas: "Vistas urbanas, retratos, encuentros sociales o deportivos,
mítines políticos, paisajes y acontecimientos destacados integraban, registro
fotográfico mediante, el universo de informaciones que la revista ofrecía a
sus lectores/observadores" (Verónica Tell, "Reproducción fotográfica e impresión fotomecánica: materialidad y apropiación de imágenes a fines del
siglo xix", en Laura Malosetti Costa y Marcela Gené [comps.], *Impresiones
porteñas. Imagen y palabra en la historia cultural de Buenos Aires,* Buenos
Aires, Edhasa, 2009, p. 152). Andrea Cuarterolo, en su estudio sobre las
primeras revistas ilustradas, analiza los muchos adelantos técnicos que introduce *Caras y Caretas;* fue pionera en fotomontajes e incluso hizo sátira
interviniendo las fotos.

pensando que la calcomanía no figura entre las bellas artes"[39]. Si las masas no debían votar porque no saben ni entienden lo que les conviene, en el espacio de la cultura también pervierten y contaminan con su no-saber las prácticas de los sectores tradicionales. Ramos Mejía, en *Las multitudes argentinas,* no es menos explícito al hablar del hombre común:

> En música, tiene los atavismos del organillo que manejaron sus padres en la miseria; y en lo que a la pintura se refiere, posee en la retina los colores chillones de la oleografía con que ellos fueron sorprendidos en sus primeros contactos con las pinturerías del suburbio o de la aldea fronteriza. [...] Todo eso mezclado en revueltas combinaciones, lo veréis luego aparecer, en su ropa barroca, en la indumentaria del hogar, con excesos de *mercería,* en sus gustos literarios, en sus fiestas inocentes, en su rúbrica copiosa, en la perfumería *sui generis* y, finalmente, hasta en su entierro. [...]
>
> Lo que en materia de gusto y de arte se le ocurre a un *guarango,* solo un invertido puede pensarlo. Verdad que este último es un enfermo, y el primero un primitivo.[40]

Una colección del mal gusto consolidado en el consumo de objetos baratos y una colección de sujetos de segunda categoría social que lo practican. El mundo de lo bello tiene sus horribles réplicas en el bajo mundo plebeyo. Roberto Gache, en una crónica de 1922, describe a un nuevo personaje, "el poeta doméstico", que tiene tan mal gusto como los hombres que reseñan los criminólogos:

[39] José Ingenieros, *El hombre mediocre, op. cit.,* p. 83. Trabajé anteriormente algunos aspectos referidos al mal gusto en "Hombres de la multitud y hombres de genio en el *fin-de-siècle".*
[40] José María Ramos Mejía, *Las multitudes argentinas, op. cit.,* pp. 257 y 258.

Le basta estar bajo el techo del hombre, en contacto con las cosas simples de su intimidad. Tanto le da la cocina como la sala. Ama, eso sí, los días lluviosos y tristes, cuando es más grande la paz del hogar en la ingenua intimidad de las tortas fritas y los juegos de prendas. En materia de música, más que a Wagner, prefiere los organitos callejeros. Estos organitos le hacen llorar cuando pasan sonando del otro lado de los cristales.[41]

La galería de citas podría seguir. La crítica a la apropiación de la cultura por parte de las masas fue un tópico muy prolífico entre las elites. Pero volvamos al fin de siglo, cuando despunta la difusión de lo estético y sus primeros registros. Algo de ese mundo al revés donde la pobreza tiene pretensión de belleza es lo que "vio" Jules Huret cuando viajó a Argentina en 1910, para el Centenario; su libro se volvió fuente de consulta para casi todos los viajeros de la época —como vimos—, con lo cual su versión sobre Argentina se expandió como la más autorizada, por repetida. Cuando Huret describe el barrio de San Cristóbal, pobre y marginal en la época, usa toda su ironía, precisamente, para "mostrar" la intención esteticista de la pobreza más marginal:

Allí es también donde la espuma de la hez social abriga sus liviandades. La arquitectura de sus viviendas puede jactarse de originalidad: "el estilo lata de petróleo".

No se ven más que casuchas construidas con hojalata, cuyas paredes, techos y puertas resplandecen al sol. El *trust*

---

[41] Roberto Gache, *Baile y filosofía,* Buenos Aires, Agencia General de Librería y Publicaciones, 1922, p. 201. Los organitos, primeros difusores del tango en las calles de la ciudad, fueron estigmatizados con saña por los comentaristas, lo mismo que los espectáculos de variedades, el circo criollo y los nuevos bailes. El problema más grave que generan —según sus críticos— es que difunden las melodías y el gusto por la música entre la gente pobre, la ponen al alcance de cualquiera e invaden la ciudad con su gusto chabacano.

de la Standard Oil, presidido por Mr. Rockefeller, ha proporcionado todos los materiales. Alguno de esos arquitectos ha
llegado a construir obras maestras muy singulares. Cortando
hojalata y clavándola de cierta manera han festoneado orna-
mentaciones para arcos de *alhambras* moras. Han cortado a
fuerza de cizalla columnas y frontispicios para palacios greco-
romanos; y recortado en encaje las latas de azúcar de Tucumán
para rosetones de capillas góticas... Estos *palacios* y casuchas
están habitados por algunas negras, mestizos, europeos é indígenas. Se vé toda aquella población compuesta de rufianes
y prostitutas, de truhanes y libertarios, sentados á las puertas de sus casuchas tomando el mate en la calabaza seca en
que se guarda la benéfica infusión, que aspiran á través de
un largo tubo de metal. Alrededor de ellos se levantan las
montañas de inmundicias ó basuras que los carros van á va-
ciar allí incesantemente.[42]

La ironía se dirige tanto al público francés, para quien se escribe primeramente la obra, como a las elites argentinas. La enu-
meración de "negras, mestizos, europeos é indígenas" inserta a
aquellos que están fuera de la comunidad nacional, pero que pe-
ligrosamente juegan con uno de sus valores: la belleza.[43] Huret,

[42] Jules Huret, *La Argentina. De Buenos Aires al Gran Chaco,* pról. y trad.
de E. Gómez Carrillo, París, Eugène Fasquelle, Louis-Michaud, 1911, p. 79.
[43] En general, la condena a las viviendas de los pobres es muy fuerte en
el discurso letrado, y no hay que ir a los márgenes de la ciudad. Los conventillos del centro de Buenos Aires fueron el blanco de todas las críticas por
sus malas condiciones de salubridad, pero también por razones estéticas.
Luis María Jordán, en su novela *Los atormentados,* da una versión completamente negativa de los conventillos: "Ayer recibí otra carta, esta de la
viuda, llamándome: calle Montañeses, 2.646. Es una casa grande, con una
amplia entrada de stud y un interior de inquilinato. Me recibió un hombre en alpargatas, sin saco, con una camiseta á rayas azules y rojas, abierta
sobre el pecho por falta de botones. [...] Seguí por una vereda de ladrillo
crudo protegida de la lluvias por una galería de cinc, y doblé en la dirección

sin proponérselo, registra perfectamente el movimiento moderno: Rockefeller en la villa miseria; todo lo que el arte ha inventado y la industria construido termina teniendo no sus temidas réplicas, sino sus resignificaciones en el último sector de la sociedad, uniendo así todos los eslabones de la cadena del capital. Es claro que la intención "estetizadora" está en la mirada de Huret, pero es de este modo que ya se distribuye al conjunto de la sociedad y, progresivamente, la estética se vuelve una categoría para juzgar todo aquello que se manifiesta en el espacio público. Esta incursión del viajero francés en los márgenes de Buenos Aires[44] tiene su contraparte en un episodio que registra Christian Ferrer en su biografía de Jorge Barón Biza. El *Cap Polonio*, transatlántico de la empresa Hamburg-Sud, fue uno de los muchos cruceros que se organizaron para que los millonarios argentinos salieran a recorrer el mundo; zarpó de Buenos Aires el 18 de julio de 1926 y tocó los puntos convencionales del turismo elegante de la época, pero también visitó la Unión Soviética. En el álbum de recuerdos compilado por Luis Luchia Puig, posteriormente líder católico, cuenta que cuando fueron al Teatro Bolshoi, se encontraron

---

indicada" (*Los atormentados (novela)*, Madrid, América, Biblioteca Andrés Bello, s. f., p. 212). Y Julio Aramburu dice: "Nada afea más el aspecto de la ciudad que la dolorosa visión del conventillo. Esa casa lúgubre y sombría sintetiza el refugio de los pobres destinos. Es una especie de asilo maternal para la huérfana necesidad del pueblo. [...] Todo es trágico en la vivienda igualitaria: los muebles, las comidas, los vestidos" (*Buenos Aires. Ciudad-Mujeres-Hombres. Muestrario urbano,* Buenos Aires, El Ateneo, 1927, p. 43). El trabajo en curso de Agnese Codebò sobre los conventillos y las villas miserias en Argentina me ha sido de mucha utilidad. Agradezco a Agnese haberme dado acceso a él.

[44] Visita a la que se sometía a casi todos los viajeros extranjeros, como comenta Gómez Carrillo. Muchos de ellos van a los márgenes de la ciudad acompañados por funcionarios municipales, en visitas que forman parte de la exhibición de los cambios que está sufriendo la ciudad para convertirse en metrópolis.

con obreros "inadecuadamente ataviados para la ocasión"; que recorrieron el Museo del Hermitage, y allí comprobaron la "vulgaridad plebeya de los empleados del soviet"; que estuvieron en el Kremlin, donde reinaba un "gobierno de aventureros oportunistas que promueve desmedidas reivindicaciones anarquistas"; y al final, vieron la tumba de Lenin, aunque rodeados por "multitudes repugnantes a causa de la sórdida suciedad de los trajes".[45]

En la época ya todo se vuelve consumo y visualidad. El turismo se anima, cada vez más, a ver no solo las culturas diferentes, los monumentos, el pasado; el interés en "ver" y conocer se amplía a las condiciones de las diferentes clases, aunque repugnen. La sociedad misma produce una condición exótica para los diferentes sectores. Y todo el conjunto habla de los nuevos contactos entre clases. Las posibilidades estéticas del pueblo comienzan a ser un tema de reflexión así como ver al pueblo en situación estética.

El fotógrafo estadounidense Harry Grant Olds retrata en 1901, casi diez años antes, las casuchas que describe Huret, en donde se puede "ver" la miseria.[46] A tal punto la fotografía es ilustrativa de la cita de Huret, que parece su fuente. También Olds había visto el estilo "lata de petróleo".

La mirada comienza a unificarse e imponerse a toda la sociedad; Huret ve intención de copiar el gusto de los ricos allí donde hay necesidades elementales de construir una vivienda con las sobras de la sociedad de consumo. Olds, previamente, había estetizado y enseñado a ver (a través del encuadre, la luz, la composición del plano) el nuevo paisaje urbano. Esa voluntad estética se transfiere a nuevos órdenes de la vida en comunidad.

---

[45] Christian Ferrer, *Barón Biza. El inmoralista. El secreto mejor guardado de la historia argentina,* Buenos Aires, Sudamericana, 2007, pp. 56 y 57.

[46] Olds se embarca en 1899 con destino a Brasil, Argentina y Chile. Llega a Argentina en 1900, donde se dedica al retrato y a la fotografía comercial. Entre 1901 y 1916 fue el fotógrafo oficial de la Sociedad Rural Argentina.

La crítica a la estética y la ornamentación será un lugar común de la época. En la obra científica de Francisco Latzina, también hay espacio para la crítica estética. En su libro *Sinopsis estadística argentina*, sostiene, al describir la ciudad de Buenos Aires, que

> la arquitectura es generalmente muy primitiva fuera del centro de los negocios, y donde se eleva algo sobre el nivel general inestético, está recargada de todo género de pegotes de terracotta, que denuncia á gritos la propiedad de algún advenedizo ignorante y jactancioso, y, á la vez, sus burdos gustos exhibicionistas.[47]

La estética forma parte también de la percepción estadística, precisamente, porque su uso se repite y, como una enfermedad, se contagia. En todos estos testimonios, no queda claro qué es más cuestionable: si el mal gusto ostensible que exhiben los pobres o la voluntad estética que lleva a esos sujetos a vestirse, perfumarse en exceso, comprar postales, sufrir con el melodrama o intentar decorar sus casas. También ejercen esa crítica quienes van más atrás —no solo en el tiempo, sino en las genealogías que les trazan a estos grupos—.

La riqueza del campo generó, entre las elites argentinas, una conducta de consumo antes desconocida, por lo desaforada. El derroche de los estancieros que viajaban a Europa, que compraban lujo bajo todas sus formas, que construían palacetes y hoteles en Buenos Aires, ha sido ampliamente documentado e, incluso, mitificado. La ciudad misma se volvió escaparate a través de la renovación edilicia y la restructuración urbana. Y en la ciudad

---

[47] Francisco Latzina, *Sinopsis estadística argentina,* Buenos Aires, Compañía Sud-Americana de Billetes de Banco, 1914, p. 94. Como el gusto del juez Lavallol, del que se burló Anatole France.

se exhibe y desarrolla todo tipo de consumo. Julio Aramburu, en
Buenos Aires. Ciudad-Mujeres-Hombres. Muestrario urbano, reseña públicamente la práctica de un vendedor callejero que tiene que "representar", como un actor de varieté, para sobrecargar
de valor sus baratijas, que serán compradas menos por su utilidad que por el despliegue de las nuevas estrategias de venta:

> El espectáculo asume una inquietud teatral, pues el extraño co-
> merciante había sido también un gran prestidigitador. [...] La
> gente se aglomera a reír y a admirar la impavidez del corredor.
> Sin embargo, nadie lo critica. El actor gratuito es un entreteni-
> miento de la farsa urbana. Así él aprovecha para vender el anillo
> de oro, la corbata magnífica, el muñeco original, el peine irrom-
> pible, el quitamanchas estupendo. Todos los artículos tienen el
> reclamo de las grandes casas norteamericanas y alemanas. El pú-
> blico se convence y premia el esfuerzo del parlante. El vendedor
> de baratijas se ha ganado la simpatía y el dinero popular.[48]

Y lo ha logrado porque entiende las mercancías en su doble valor; sus potenciales compradores saben que "actúa" y por eso
compran sus mercancías de imitación, no por el producto mismo, sino porque el histrión ha sabido venderlos. Aramburu ya
había señalado en otra parte del texto cómo la ciudad se había
convertido en una usina de espectáculos: "La construcción de
un edificio es un verdadero espectáculo emotivo".[49] Y Juan Carulla también recuerda a la ciudad como un espacio espectacular:

> En 1901 la Avenida de Mayo todavía estaba en construcción
> y era otro de nuestros entretenimientos dominicales acudir a

---

[48] Julio Aramburu, *Buenos Aires. Ciudad-Mujeres-Hombres. Muestrario
urbano,* Buenos Aires, El Ateneo, 1927, p. 96.
[49] *Ibid.,* p. 40.

ella y aun contemplar admirativamente los trabajos que allí se hacían para levantar las enormes moles de hierro y ladrillos que se iban alzando progresivamente a ambos lados de la espaciosa calle.[50]

Francisco de Veyga también describe su impresión de la ciudad: "Las calles, los tramways, los teatros, las tiendas y almacenes lujosos, las jugueterías, las joyerías, las iglesias, no era extraño que me arrastraran hacia ellas con fuerza invencible y que no tuviera ojos ni oídos para observarlas y asombrarme: era que todo me llamaba, todo me atraía".[51] La ciudad misma, al cambiar y estetizarse, se vuelve objeto de consumo. Gache abre su libro sobre las crónicas de Buenos Aires con la siguiente declaración: "En justo homenaje dedico este libro a las modistas de mi ciudad, que tanto han hecho por mejorar su estética y por aliviarla de su moralidad",[52] agradeciendo a un personaje urbano que tendrá mucha presencia en la cultura masiva e incluso en la poesía y la música popular. El "gusto" se vuelve así centro de evaluaciones de lo social, un plus estético que se encuentra (porque se lo busca) en objetos y prácticas de la ciudad moderna. Joaquín Belda se extiende en *El compadrito* sobre el lujo casi obsceno de las clases altas argentinas, emblematizado en el Teatro Colón y en el Jockey Club, sus instituciones de cabecera. Hace una descripción pormenorizada del club donde, para ser socio, "hacía falta ser millonario, o vivir como si se lo fuese, que, en muchos casos, viene a dar el mismo resultado".[53] Lo deslumbra, por ejemplo, el departamento de baños del Jockey Club:

[50] Juan Carulla, *Al filo del medio siglo, op. cit.,* p. 40.

[51] Francisco de Veyga, "Prólogo", en José Sixto Álvarez [Fray Mocho], *Memorias de un vigilante, op. cit.,* p. 43.

[52] Roberto Gache, *Glosario de la farsa urbana, op. cit.,* p. 3.

[53] Joaquín Belda, *El compadrito,* Madrid, Biblioteca Hispania, 1919, p. 182.

Además de unas cuantas habitaciones individuales, con sus
bañeras espléndidas y toda clase de refinamientos, vió las salas de duchas, en las que no faltaba ni una clase de aparatos,
por extravagante que fuese; los gabinetes para el baño ruso
y la estufa para el turco; la sala de masajes [...]. Pero lo que
más llamó su atención fué la piscina de natación, una especie de patio amplísimo cubierto de cristales, y cuyo suelo era
todo él un estanque lleno de agua, con una temperatura
eterna de veintidós grados.[54]

Es un español quien, de visita en el país, descubre y toma nota de la
vida argentina, vista en sus detalles y extremos; un escritor del mercado atento a los gustos sociales y que viaja a Argentina en plan,
precisamente, esteticista. En esa ciudad, para el *bon vivant* de
un país del margen de Europa, el espectáculo y las formas del
consumo se entrecruzan permanentemente.

3. EL VESTIDOR DE LOS HOMBRES

El compadrito fue una figura ante la cual la cultura letrada sin-
tió especial atracción; hombre del suburbio, que se mantiene al
margen del mundo del trabajo (suele explotar a mujeres), condensa los rasgos de hombría y violencia que pobló parte de la
literatura argentina de la primera mitad del siglo, de Borges a
Ezequiel Martínez Estrada y Leopoldo Marechal. Es figura central de las letras de tango, del sainete y el teatro comercial, y de
la poesía de Evaristo Carriego. Protagonista de un mundo en negativo, es también el portador de un don naciente: el narcisismo del suburbio. De ese mundo en negativo, emerge, como el
dandi de la pobreza, aquel que se viste para impresionar (tanto

[54] *Ibid.,* p. 184.

a las mujeres como a los hombres), que gasta el dinero que gana su mujer en un plus superfluo "solo" para exhibirse. Como tal, como pobre, no tiene derecho a hacerlo y por ello fue reducido exclusivamente al mundo de la violencia y la hombría de la marginalidad. Sin embargo, se pueden interrogar otros aspectos de su figura. Revisando en detalle lo que escribieron sus contemporáneos, el compadrito aparece como portador de un rasgo reñido tanto con la pobreza como con la masculinidad del período: su voluntad estética.

Dentro de las críticas a la voluntad estética, hay un capítulo muy especial, el que se dedica a la elegancia masculina y en el que voy a detenerme. José S. Álvarez —conocido literariamente con el pseudónimo de Fray Mocho— describe en *Memorias de un vigilante*, de 1897, las parejas que participan en un baile rural, resaltando el esteticismo de las figuras que intervienen en una escena que la literatura ya había relatado varias veces:

> La primera [pareja] era formada por un mocetón de color bronceado —vistiendo amplio chiripá de grano de oro, caído hasta el taco de la charolada bota de campana, camiseta de merino negro tableada, pañuelo volador de seda punzó, sombrero chambergo de felpa con un barbijo lleno de borlas que le castigaban la nariz y la barba— y por una moza, no mal parecida, que lucía entre el cabello negro, lustroso, un ramo de fragantes claveles rojos y que indudablemente era la consentida del mocetón.[55]

La moza apenas interesa en la descripción; es simplemente la *partenaire*, como lo serán las mujeres de los compadres en la ciudad; en cambio, la vestimenta del hombre está profusamente descripta, mostrando el carácter esteticista que ya adquirió el vestido y

---

[55] José Sixto Álvarez [Fray Mocho], *Memorias de un vigilante, op. cit.*, pp. 32 y 33.

dejando en claro también que existe un lenguaje para describirlo. Hay términos muy precisos para dar cuenta, con minucia, de la sofisticación de las prendas del bailarín. Y no es un caso aislado; basta recordar la descripción del vestido gaucho de Juan Moreira en la novela de Eduardo Gutiérrez:

> Era alto y regularmente grueso; vestía con un lujo pintoresco el traje nacional, que llevaba con una desenvoltura y una arrogancia notable.
>
> Su hermosa cabeza estaba adornada de una tupida cabellera negra, cuyos magníficos rizos caían divididos sobre sus hombros; usaba la barba entera, barba magnífica y sedosa que descendía hasta el pecho, sombreando graciosamente una boca algo gruesa donde se hallaba eternamente dibujada una sonrisa de suprema amargura. [...]
>
> Vestía entonces un chiripá de paño negro sujeto a la cintura por un tirador cubierto de monedas de plata que le servía para oprimir su estómago algo saliente.
>
> De este tirador pendían por la parte de adelante dos brillantes trabucos de bronce, y sujetaba sobre el vacío, al alcance de la mano derecha, una daga lujosamente engastada.
>
> El aseo de su ropa, que se veía en su blanquísima camisa y en el prolijo cribo del calzoncillo, era notable. Su traje estaba completado por una bota militar flamante adornada con espuelas de plata, un saco de paño negro, un pañuelo de seda graciosamente enrollado al cuello, y un sombrero de anchas alas.
>
> En su mano derecha, pendiente de la muñeca, se veía un látigo de plata, de los llamados brasileños; en el dedo meñique usaba un brillante de gran valor, y sobre su pecho, cayendo hasta uno de los bolsillitos del tirador, brillaba una gruesa cadena de oro que sujetaba un reloj remontoir.[56]

[56] Eduardo Gutiérrez, *Juan Moreira,* Buenos Aires, Perfil, 1999, pp. 9 y 10.

Esta elegancia, este cuidado, se extremará en la ciudad. Francisco Canaro es otro que se detiene en la moda masculina, al recordar, por ejemplo, que cuando era un niño (nace en 1888), "se usaban botines enterizos de cabritilla con elásticos a los costados y taquito militar, así como calzado de charol francés con capellada de gamuza o de paño color beige o gris, con botonadura de fantasía".[57] Más tarde se centra en el atuendo de Eduardo Arolas, a quien describe como un verdadero "compadrito *high life*",

> pues llevaba sombrero gris claro con cintas y ribetes negros, requintado sobre la frente, y vestía traje de cuadritos blancos y negros, trencillados de negro y el pantalón con ancha franja del mismo color y en la botamanga del mismo tres botoncitos de nácar; chaleco de fantasía fileteado, corbata plastrón decorada con un vistoso alfiler.[58]

En las próximas dos citas, será también la *toilette* del hombre del suburbio, el compadrito, lo que se transmite como conducta pública que lo identifica social y culturalmente y que forma la condición estética del vestido, esa segunda piel cultural, con que se producen socialmente los que actuarán como masa.[59] Es así que la voluntad estética del suburbio, de los barrios po-

---

[57] Francisco Canaro, *Mis memorias. Mis bodas de oro con el tango,* Buenos Aires, Corregidor, 1999, p. 34.

[58] *Ibid.,* p. 60.

[59] El compadrito atrajo la atención de muchos artistas. El libro de Jorge Luis Borges y Silvina Bullrich de 1968, *El compadrito,* es una compilación de textos que, bajo la impronta borgiana, incluye versiones cultas y plebeyas del tipo social y literario. Se recogen textos de José S. Álvarez, Laurentino C. Mejías, Ángel G. Villoldo, Manuel Gil de Oto, Evaristo Carriego, Manuel Pinedo, Ezequiel Martínez Estrada, Federico M. Quintana, Manuel Peyrou, Jorge Luis Borges, Roberto Arlt, Adolfo Bioy Casares, Miguel D. Etchebarne, Héctor Sáenz y Quesada, Vicente Fidel López, Adolfo Saldías, Leopoldo Lugones, A. Taullard, Ignacio B. Anzoátegui, Ventura R. Lynch, Vicente V. Rossi, Marcelo del Mazo, Ricardo Güiraldes y Fernán Silva Valdés.

bres, interpela a los intelectuales. La primera cita pertenece al subcomisario Adolfo Bátiz; la segunda, a las memorias ya vistas del *bon vivant* Quintana, quien vuelve a lamentar la forma en que las maneras del suburbio llegaron a integrarse a los gustos de las clases altas:

> Aquí se reunían los compadritos, que es un tipo el cual no hace más daño que exagerar las modas en el vestir, usa botines de tacón alto y fino, sombrero chambergo, corbata de colores llamativos, es el sujeto orillero; siendo de advertir que no es el canfinflero, de quien hablaremos más adelante, el compadrito trabaja y frecuenta más que los prostíbulos cosmopolitas las orillas (suburbios).[60]

> Infiltrándose en sus filas, [la moda del tango] infundió en los dirigentes cierta tendencia a la actitud provocadora. Gente de alcurnia empezó a usar pantalones a la francesa, y botín sin puntera y taco alto. Recuerdo a cierto estanciero que se ponía un chambergo de ala dura y andaba por en medio de la acera, quebrándose. En las carreras de Palermo, los jockeys entraban a la cancha con la gorra requintada y taloneando a sus caballos con dejos gauchescos. Algunos militares, arrastrados por el oleaje, se enredaban voluntariamente en sus espadas, haciéndolas sonar como las rodajas de las espuelas camperas.[61]

Esas mezclas (del gusto plebeyo y de elites, de lo gauchesco con lo urbano) resultan un síntoma perturbador de la época, y la sociedad masculina registra escrupulosamente la difusión de

[60] Adolfo Bátiz, *Contribución á los estudios sociales (libro rojo)*, París, Imp. Paul Dupont, 1908, p. 63.
[61] Federico M. Quintana, *En torno a lo argentino*, Buenos Aires, Imprenta y Casa Editora Coni, 1941, p. 41.

la estética.[62] Es curioso que las mujeres no se visualizan en estos discursos sino marginalmente.[63] El libro de Sebastián Tallón es una verdadera fuente de motivos tangueros. La descripción de la pieza que comparten El Cívico y La Moreira es otra exposición detallada de objetos, modas y costumbres:

En el conventillo su habitación relucía como en una calle opaca la vidriera de una joyería. Algunos muebles Luis XV, con moñitos y muñecos. Almohadones pintados por amigos suyos en la cárcel. Retratos de él en profusión, en los que aparecía en trances de cantor o decorativamente, jugándose, como bailarín, en un corte o en una quebrada; o si no con otros cafishios, en fiestas campestres. Sobre la cabecera de la cama los retratos de los padres de La Moreira, y a los costados dos largos tarjeteros, con recuerdos de Andalucía para ella y saludos para él desde Ushuaia. En una cola de crin, peines y peinetones. Una lámpara a querosén de gran tamaño, que "El Cívico" prestaba a los vecinos. Cuando en el patio había bailongo. Sobresaliendo de la pantalla, al extremo de un dispositivo de metal que se introducía en el tubo para protegerlo, los pibes del conventillo contemplaban con dulzura un molinito de lata, que giraba con el calor de la llama. En el flanco visible del ropero, una costosa guitarra, suya y para los amigos, en una funda de terciopelo celeste; trabajo también carcelario, sin duda, tenía esta funda bordados un pavo real y, debajo, la palabra Recuerdo. Sobre la cama, una

[62] En la calle, sin embargo, esas mezclas eran corrientes. Dice Julio Aramburu: "La Avenida de Mayo, sabe ser huraña y cosmopolita, plebeya y aristocrática. Fraterniza el hombre de frac y el hombre de pueblo" (*Buenos Aires, op. cit.,* pp. 21 y 22).

[63] Las mujeres del tango, sin embargo, muchas veces se presentaban en sus espectáculos vestidas de hombre. Son los casos de Linda Thelma primero y Azucena Maizani, como vimos. Savigliano interpreta la misoginia del tango como respuesta a los deseos *queer* y la inseguridad de la identidad masculina.

policroma manta pampa, que él usaba además para los carnavales, en su disfraz de matrero. A cada lado de la cama una alfombra floreada, y a la cabecera (hacia un costado, para que no la ocultase el mosquitero de tul blanco), una imagen de San Roque. Debajo de la almohada el cuchillo, la daga o el sable bayoneta (arma de guapos), reconstruido para su uso personal.

Dejaba dormir sobre la manta pampa a su perro fox terrier llamado Pito. En el toilet, gran colección de adminículos de maquillaje y atavío, y frascos de perfume. (El abultado y brillante jopo de "El Cívico" iba perfumado siempre, por preferencia general de los jailafes del tiempo, con "Sola mía".)[64]

Ya no es posible presentar a este personaje fuera del profuso mundo de objetos de que se rodea y que lo constituyen; un lujo plebeyo lo acompaña en su mundo íntimo así como en sus apariciones públicas. Todo destila voluntad estética. Bátiz, por su parte, considera esta voluntad estética como el mal menor de la conducta del compadrito, acusado por casi toda la sociedad de ser el motor de la violencia urbana. Agrega Bátiz:

Imaginaos un tipo como el de Nemesio Menéndez, sin antecedentes policiales, que viste á caprichos y modas exageradas, con un botín de tacón alto y fino chambergo, generalmente con algún gesto particular ó simulado, con el cual quiere hacerse notable; lleva pañuelo de seda al cuello, tenga ó no camisa, que tiene dichos y modismos nacionales, habita en los suburbios, de donde toma también el nombre Orillero; este es el compadrito, el color oscuro que no es negro y el blanco, muere del mundo social... El compadrito no está ni con la burguesía social de dinero ni con el mundo Lunfardo y canflinflero, forma

[64] José Sebastián Tallón, *El tango en sus etapas de música prohibida,* Buenos Aires, Instituto del Libro Argentino, 1964, pp. 37 y 38.

un tipo especial que designa un grado por el cual se pasa á aquéllos.

Es en general inofensivo y trabaja.[65]

Se necesitará más tiempo para que las mujeres ocupen una primera plana en este escenario de la bastardía del glamur. De la mano de Alfonsina Storni, entraron al discurso cultural muchos de los problemas que las mujeres enfrentaron con los cambios sociales y políticos. Ella supo instalar temas en una prensa todavía reacia a difundir cuestiones emancipatorias y debatir el lugar de la mujer en la nueva democracia, en una sociedad que no aceptaba abandonar las tutelas hacia las mujeres. Storni escribió sus notas para muchas revistas femeninas, pero también para *La Nación*. Aunque bajo un pseudónimo que no solo parece masculino, sino que remite a una exterioridad, Tao Lao, publicó "Tipos femeninos callejeros" el 4 de junio de 1920, donde describe a las chicas pobres. Sobre la costurerita, dice:

> Demuestra, cuando menos, una dosis de buen gusto, que no escasea en la chica: gracioso peinado, copiado de las personitas que forman la aristocracia de su barrio, y observado prolijamente en el cine, gracias a la bienaventurada fila de adelante, que para fortuna de la costurerita no está más allá de medio metro y permite ver hasta cómo se hunden las horquillas en la envidiada y elegante cabeza.
>
> Trajecito oscuro, lo que afina la silueta y le da cierto chic: detalles imitados a las mismas artistas de cine; zapatos y medias caros —un sacrificio de la familia—, carita fresca y un poco tosca: esas cosas que tiene la inmigración.[66]

[65] Adolfo Bátiz, *Contribución á los estudios sociales..., op. cit.,* pp. 143 y 144.
[66] Alfonsina Storni, *Obras,* t. II, Buenos Aires, Losada, 2002, p. 926.

El "se pasa á aquéllos" del compadrito, los "detalles imitados" de las chicas elegantes que hacen las costureritas son la clave en esa circulación de la estética entre los diferentes sectores sociales; allí reside el peligro de este hombre "inofensivo, que trabaja", y de la "carita fresca y un poco tosca": todo pueden reciclarlo a la escala del pobre.[67] El historiador Bernardo González Arrili se ocupa, casi medio siglo después, de la figura del compadrito, de su ropa y su gestualidad: "El compadrito, como es joven, abusa de la pelambre; gran jopo aceitado bajo el chamberguito de color gris cuya ala hace sombra a la cara y oculta los ojos denunciadores indiscretos".[68] Pero también describe al maestro, el compadre: "Tiene estilizado el traje y el sombrero del compadrito y tiene ya aprendido el manejo de la mirada para que no lo traicione".[69] Los signos para reconocer a los nuevos sujetos ya no son solo clase, género y raza, es la estética lo que define también la pertenencia a cierto nivel social y los bienes con los que se cubre, que son bienes de consumo, no solamente extravagancias de su gusto personal.[70] Pues ya es claro que se ven-

[67] Luis María Jordán está pendiente de la difusión de los gustos de las elites en los barrios y comenta: "Un día, las quinientas niñas elegantes que llenaban la plaza de Flores o las Barrancas de Belgrano, vieron con sorpresa que eran imitadas por una enorme cantidad de gente. Era que también llegaba allí la familia del corredor de bolsa, del comerciante acaudalado, del gringo enriquecido a fuerza de honradez y de trabajo, en el generoso suelo criollo" (*Cartas de un extranjero,* Buenos Aires, Agencia General de Librería y Publicaciones, 1924, p. 20).

[68] Bernardo González Arrili, *Buenos Aires 1900,* Buenos Aires, G. Kraft, 1951, p. 190.

[69] *Ibid.,* pp. 190 y 191.

[70] A nivel transnacional, cabe recordar la categoría de "rastaquouère/rastacuero", que se utilizó en Europa, especialmente en Francia, para describir a los nuevos ricos latinoamericanos, entre los que sobresalían los estancieros argentinos. También a ellos se los acusaba de arribismo, de ostentar su mal gusto, de "comprar" lugares sociales que no poseían "naturalmente". La figura del rastacuero fue muy popular en la época, constituyendo un tipo social. En 1890, Alberto del Solar publica en París la novela *Rastaquouere. Ilusiones y desengaños sudamericanos en París,* que fija el tipo argentino. Los

den y compran objetos para satisfacer un placer exhibicionista también en ese mundo paralelo del consumo masivo. Preocupa no solo el gusto masculino del bajo fondo, también el de las clases altas. Luis María Jordán, por ejemplo, en *Cartas de un extranjero,* evalúa negativamente el afán esteticista también en las clases altas, cuando los afectados son los hombres:

> Todo esto ocurría allá por el año de 1910. Desde entonces comenzó a perfilarse una última evolución con caracteres distintos y fuertemente acentuados. Apareció el "muchacho distinguido", figura pulcra, bonita, tímida, insignificante y afeminada. Invirtió, exagerándolos, los defectos de sus hermanos mayores. Conservó el juego, el alcohol y la haraganería de los otros, pero perdió el empaque varonil. […] Conoció la morfina, el éter, el opio y la cocaína. Se hizo barbilindo, acicalado, ultraelegante y distinguido. Como nuestro gran poeta Americano [Rubén Darío], pero en otro sentido, "le deleita la seda, el oro y el raso", y su cara empolvada, afeitada y estucada tiene la palidez inhumana de las muñecas. Para que nada detone en su persona, viste sacos entallados, con la falda muy suelta y acolchados de crin. Usa el pantalón con pliegues y tablitas verticales, lleva zapatos bajos y medias de seda transparente, y ahora, en el verano, lo estamos viendo a cada rato gastar cuellos volcados que muestran el descote.[71]

El detalle de la descripción y el uso de un lenguaje de revista femenina no parece contradecirse con la condena general al afeminamiento de los hombres de ciudad, del bajo fondo o de la elite,

---

rastacueros son, a escala global, como los hombres de mal gusto del suburbio: ocupan un lugar que no les pertenece, aspiran a un nivel de estetización que no están en condiciones de ejercer porque solo han educado su gusto, pero no lo poseen como una "naturaleza".

[71] Luis María Jordán, *Cartas de un extranjero, op. cit.,* p. 16.

aquellos que dedican tiempo a acicalarse y cuidar su aspecto. El "afeminamiento" es otra conducta "desviada" según el discurso social, pero el cuidado personal masculino ya estaba instalado en la conducta de los hombres "que no trabajan" (los de la elite o los rufianes y compadritos, y, como vimos, la *toilette* de los niños bien ya había sorprendido a Pinie Wald durante las sesiones de tortura).

Lo menos malo del compadrito, entonces, es su gusto por el vestido. Lo peor, su "trabajo" como explotador de mujeres. La prostitución fue uno de los problemas clave de la "cuestión social" en el cambio de siglo y las primeras décadas del siglo xx en Argentina. El país se había convertido en centro de las mafias internacionales de trata de mujeres, que tenían, obviamente, sus asentamientos locales. Sociólogos, estadistas, políticos, abogados y las primeras abogadas se ocuparon de la cuestión, y el fenómeno generó también gran cantidad de libros y notas periodísticas. Otro europeo, en viaje a Argentina, Albert Londres, publicó en 1927 un libro que fue *best seller, El camino de Buenos Aires. La trata de blancas*. Corresponsal de la prensa francesa, viajó de incógnito a Buenos Aires en ese mismo año.[72] Londres no pierde detalle del trabajo de los "macrós", a quienes sigue desde Europa hasta el Río de La Plata; aquí se detiene, naturalmente, en la *toilette* de un criollo:

[72] Londres fue uno de los primeros periodistas de investigación, de denuncia, y también alguien a quien le importaba narrativizar y "espectacularizar" las noticias. Fue un conocedor del "Milieu", la organización francesa que se encargaba de explotar la prostitución que, en el cambio de siglo, se hace internacional. El libro empieza en París, donde conoce a los "macrós", frecuenta sus bares, aprende su jerga. Luego se embarca hacia Buenos Aires, se contacta con el medio, donde describe el mundo de la prostitución y la trata de mujeres de manera completamente banal. Invisibiliza a las mujeres para detenerse en los hombres que las explotan, que se convierten así en los grandes protagonistas del problema social. Es bastante habitual que los libros sobre prostitución terminen siendo libros sin mujeres, dando a entender que se trataba de un negocio de hombres, donde las mujeres son simplemente el objeto que se vende y poco más.

Solo necesita buenos trajes y fina ropa interior. No tolera, por ejemplo, que los dedos de sus pies se muevan en un material otro que la seda. Siempre está ligeramente apoyado sobre la silla, para no arrugar su pantalón. Si un día la raya del pantalón está mejor hecha que la víspera, entonces mi criollo ¡no se sienta en toda la tarde! Cuando su mujer quiera besarlo: "¡Cuidado, me vas a arrugar el traje!".

Un cigarrillo, un peine, un poco de negro en los ojos, ¡y la vida le sonríe!

[En la peluquería] entonces les embadurnan la pelambre con aceites, grasas y pomadas. Pelo por pelo, los afeitan. Con la cara envuelta en una toalla caliente, de donde solo asoma el hocico, los abanican. Les restriegan la entrada del canal de la trompa de Eustaquio, ¡y quizá también la salida! Polvo, espejo, retoque. ¡Más polvo, más espejo! Un último y ligero gesto con el mentón hacia el espejo. ¡Terminado![73]

La mirada condescendiente produce (o reproduce) una parodia de esos sujetos completamente entregados a su cuidado personal; su narcisismo es tan condenable como lo improductivo de su vida. Londres sigue con la descripción del canfinflero, el *cafisho,* el rufián, para concluir que los criollos les roban las prostitutas francesas a los franceses, enamorándolas con su apariencia. Una vez más las mujeres, como las masas, se representan como vulnerables a la belleza, la estética, el ornamento. Cierta admiración por la *toilette* atildada se cruza con la condena al uso de la estética en el cuidado personal masculino y al placer de exhibirse. Como vemos, no faltan nunca las medias de seda y el maquillaje. Pero esa estética tiene otros puntos de condena; es problemática no solo porque está ligada al ocio, sino

[73] Albert Londres, *El camino de Buenos Aires. La trata de blancas,* Buenos Aires, Libros del Zorzal, 2008, p. 152.

porque es portadora del "mal gusto", normalmente identificado con la exageración.

Manuel Gálvez, en su tesis de doctorado de 1905 sobre la trata de blancas, les dedica espacio a los rufianes y describe despectivamente los diferentes tipos de los bajos fondos y sus pretensiones estéticas:

> De aspecto aparatoso, tiene el caften el afán de una charra ostentación. Viste con cierto lujo –un lujo de prostíbulo– donde todo es relumbrón y cursi. Los enormes anillos de su mano izquierda, el bastón de puño de oro, la corbata de un rojo aborrachado –que tiene el color de sus medias– el pañuelo de seda excesivo y ridículo; son sus indispensables atavíos.
>
> [...] Entre los queridos de las prostitutas, el tipo más interesante es el *canflinflero*. Viste de un modo original. El traje negro cuyos [sic] pantalón es ancho; el pañuelo de seda en el cuello; chambergo de alas caídas; el zapato en punta y angosto floreado hacia la mitad posterior, á modo de encaje burdo; la alta hombrera en el saco; constituyen la característica de su atavío.[74]

Las mismas prendas, el mismo lenguaje, la misma condena. Ese lujo ostentoso, cursi, no puede desligarse de la "profesión". La relación de este submundo prostibulario está completamente ligada a los espacios del tango, cuyos orígenes se sitúan en los márgenes donde se localizaba "la mala vida". Difícil no citar completo el poema de Carlos de la Púa,[75] "La canción de la mugre",

[74] Manuel Gálvez, *La trata de blancas,* tesis presentada para optar al grado de doctor en jurisprudencia por Manuel Gálvez (h.), Buenos Aires, Imprenta de José Tragant, 1905, pp. 29 y 44.

[75] Carlos de la Púa es el pseudónimo de Carlos Muñoz del Solar, también conocido como "el Malevo Muñoz". Periodista del diario *Crítica,* autor de un único libro, guionista de *Tango* (el primer filme sonoro de Argentina) y director de otros dos, amigo de la vanguardia martinfierrista y conocedor al detalle de los múltiples anillos que constituían la ciudad de Buenos Aires. El

en el que, en voz de una mujer prostituida, se hace la alabanza
de *cafisho* explotador:

> Mi macho es ese que vés, ¡pinta brava!
> de andar candombe y de mirar tristón.
> Su pañuelo oriyero lo deschava
> y lo vende su funyi compadrón.
>
> Milonguero, haragán y prepotente,
> mancusa al vesre y pasa a lo bacán.
> Las horas las divide entre el far-niente,
> la timba, la gayola y el gotán.
>
> Ortivan los otarios de yuguiyo
> que me insulta, me casca y cafichea.
> ¡Mejor! De ellos me tira su bolsiyo,
> y de mi macho, todo lo que sea.
>
> Remanyado canchero en la avería,
> su vida de malevo es un prontuario.
> Él me enseñó las dulces pijerías
> para engrupir debute a los otarios.
>
> El precio de mi cuerpo en los amores
> le dá chele en su vicio, el escolazo,
> y aplaca como nada los furores
> que me anuncia casi siempre el cachetazo.

---

libro, subtitulado *Poemas bajos,* tiene dos dedicatorias; una dice "el poeta dedica este libro a todos los canillitas de Buenos Aires y con especial devoción a
la figura histórica de El Diente, don Eduardo Dughera" (revendedor de *Crítica*
y quien financió el libro); la otra, "a mis rivales en el cariño a Buenos Aires:
Nicolás Olivari, Raúl González Tuñón y Jorge Luis Borges".

¡Ése es mi hombre! Canallesco, inmundo,
es mi vida, mi morfi, mi pasión.
No lo cambio por todo lo del mundo...
Sus biabas me las pide el corazón.[76]

Una verdadera declaración de lo que los hombres suelen escribir sobre las mujeres de la vida legitimando la violencia y la explotación. Aquí no falta nada: la haraganería, la explotación, el alarde, el bajo mundo, la cárcel, la elegancia (que suscita ese trajinado amor "ciego", que entra, sin embargo, por los ojos de la pupila). La violencia contra la mujer es parte de una conducta admitida, que refuerza la masculinidad y que no se discute. De la Púa no es el único que la legitima impostando voz de mujer. La estética de la pobreza y la exageración ligada a los bailarines de tango es un tópico de la época. Así se unen varios eslabones del suburbio: bajos fondos, improductividad, ocio, exageración, margen moral. José Tallón, advirtiendo que "para vestirse y adornarse los compadritos eran exagerados",[77] da una extensa descripción de su atuendo. Sorprendente por la minucia y el detalle, sin embargo, la crónica habla de la perturbación que el cuidado estético que tienen los pobres produce en las elites:

Melena cuadrada y galera negra, gris o color pulga, requintada hasta la oreja. Cuello bajo, abierto, volcado, corbata plastrón con perla o con brillantes. La pechera y los puños postizos y almidonados, con un cuadriculado rosa o celeste, sobre un fondo cremita. En los puños rumorosos los gemelos de oro con iniciales. El saco —más bien corto— negro o azul, o gris, o de gustos escoceses, cruzado y de hombros altos. Las solapas anchas y

[76] Carlos de la Púa, *La crencha engrasada,* pról. y glosario José Gobelo, Buenos Aires, Quetzal, 1993, pp. 27 y 28.
[77] José Sebastián Tallón, *El tango..., op. cit.,* p. 47.

cerradas sobre el plastrón, con vistas de raso (si el saco era negro) o ribeteadas con trencilla de seda. Los sacos de color llevaban delante seis botones de nácar, y entre los dos tajos cortos de los costados de atrás —sacos culeros se los llamaba— tres botones de nácar a cada lado. El chaleco también era cerrado y podía ser de piqué blanco o de grueso raso de fantasía. De los bolsillos del pecho caía una pesada cadena de oro que se anudaba en el primer ojal, bajando entonces el colgante, de cuyo extremo pendía un medallón de oro esterlina. El pantalón bombilla a la francesa, liso o cuadriculado, con un vivo o cordón de raso a lo largo y de cintura muy alta, y ajustado sobre el empeine del botín o de la bota, con tres botones de nácar en la botamanga. (Arreglado y envainado con primor ponía "El Cívico" vertical sobre el costado del muslo derecho su sable bayoneta.) El botín o la bota eran de cabritilla reluciente. El taco alto, llamado "taco pera", terminaba en una punta del tamaño de una moneda de veinte centavos. Las botas, de finas y de blandas que eran se podían doblar y meter en el bolsillo. Y en fin, además de tanto enjailaifarse a la moda ("jailaife" se le decía al bien vestido y lo derivaban de jai laif; pronunciación inglesa de high life, que significa literalmente alta vida), a "El Cívico" le gustaba, como al famoso compositor de tangos Arolas, ponersc alguna vez los anillos sobre los guantes y llevar un ponchito de vicuña en los hombros.[78]

Nada queda librado al azar para estos obsesivos del vestido. Visualizados como posibles "obras de arte", los compadritos son criticados no solo por sus conductas, sino también por sus gustos estéticos, que en ellos subraya el carácter improductivo de su vida, ya que viven, como parásitos, del trabajo de la mujer. Pero la ostentación es su cualidad más condenable (los anillos sobre

---

[78] José Sebastián Tallón, *El tango...*, *op. cit.,* pp. 44-47.

los guantes son un extremo de ese gusto). Lo que en el dandi es sofisticación, en los compadritos es mal gusto, bastardía y alarde. Lo que en la cultura del cambio de siglo –el esteticismo del dandi– se ve con cierta sospecha, en las clases bajas casi no se tolera.[79] Los niños bien tampoco trabajan, pero no son vistos como parásitos (al menos no como parásitos sociales, pues estaban destinados a no hacer nada, mientras que los compadritos "deberían" trabajar en algo) y su esteticismo no es un gran problema (solo una advertencia en la sociedad que cambia). Eusebio Gómez los critica, pero será infinitamente más duro con los compadritos. Gómez admite que si bien los delincuentes son hijos de la pobreza, a veces, provienen de un hogar honesto y sin penurias económicas. Allí se permite cuestionar a los ricos por su inclinación estética:

> Caballeros amantes de la moda y del sport, que hacen consistir todo el esfuerzo del músculo en saber tirar bien a la esgrima ó en manejar con elegancia un caballo (si algunos lo hicieran en el proficuo ejercicio agrícola!) y todo el empeño de la inteligencia en el arte de saber anudarse la corbata ó danzar el nuevo baile exótico; acicalados pretendientes de una pingüe dote... ó cazadores de puestos públicos, lo más posiblemente lucrativos y exentos de obligaciones.[80]

---

[79] Sylvia Molloy propuso una sugerente lectura de *la pose* "como gesto decisivo en la política cultural de la Hispanoamérica de fines del siglo XIX" ("La política de la pose", en Josefina Ludmer [ed.], *Las culturas de fin de siglo en América Latina,* Rosario, Beatriz Viterbo, 1994, p. 128), como una forma de relación política de la intelectualidad que posa y condena la simulación al mismo tiempo, que reclama por la presencia y pone simulacros en su lugar. Ya sea como mimetismo frente a las conductas positivas o como sistema de diferenciación de la uniformidad moderna, la pose reclama una agencia activa de los individuos que siempre se miran en relación con los otros.

[80] Eusebio Gómez, *La mala vida..., op. cit.,* p. 53.

Carlos de la Púa publicó *La crencha engrasada* en 1928. Son poemas lunfardos, que se centran exclusivamente en el bajo mundo de los compadritos, mujeres de cabaré, zonas de la ciudad donde acude la marginalidad, personajes turbios, escenas típicas del mundo canyengue.[81] No es ese bajo fondo lo más sorprendente del libro, sino su lengua, la lengua del suburbio, el lunfardo, la jerga carcelaria y de prostíbulo, afín a las primeras letras de tango. En momentos en que la literatura argentina escasamente tolera el voseo y todavía entrecomilla las palabras del habla coloquial, algunos pocos escritores están experimentando para romper con la idea de un habla escrita que solo se parezca a la lengua de la literatura traducida. Borges y Arlt fueron dos de los mayores experimentadores; la literatura de Boedo lo tuvo presente como problema, aunque no encontró soluciones "literarias" equivalentes. *La crencha engrasada* remite a ese mundo reo, poniendo en el centro de la escena la imagen de la cabeza engominada, pero en la lengua plebeya, sin glamur, no "traducida" al habla de la elegancia burguesa. Esa crencha puede ser la de la cabeza pulida de Carlos Gardel, brillando desde las fotos publicitarias que adornaban las piezas de conventillo, pero para describirla se abandonó el lenguaje de revista de modas y se enuncia en la lengua sucia del suburbio. Allí, en ese título, la elegancia de lo vulgar se extrema.

El cuestionamiento al mundo plebeyo no termina con la condena a las ocupaciones represibles, también su apariencia merece el escrutinio y la reprobación, y se objeta el exceso en el vestido y en el cuidado personal. La cultura de lo cursi, lo chabacano, se difunde también por escrito. Una muestra de los títulos que publicaban, bajo la forma de folletos, editoriales populares (cuyos

---

[81] Raúl González Tuñón, en uno de sus poemas de los años treinta sobre los ladrones, lo menciona: "A la noche, con la mamúa / irán de pura recalada / a besar la crencha engrasada / que cantó Carlos de la Púa" (*Canciones del tercer frente,* Buenos Aires, Problemas, 1941, p. 152).

precios iban de los 20 a los 40 centavos, es decir, eran muy baratos), registra, para el cambio de siglo, lo siguiente: *Los trapitos del cura (oseán) Las verdades de un Sacristán* por el Excelentísimo Fray Morocho, *Picardías clásicas* de Quevedo, *El libro verde de Quevedo, Me pica...*, *El placer, Las prostitutas, Como caen las mujeres, El hombre con su istrumento, El amor sin velo, Misterio del lecho conyugal, Los Goces del Matrimonio, El secretario de los amantes, Los atorrantes de levita, Los cuentos del tío, Siluetas militares, Cuentos y picardías para hombres solos, Juan Moreira, Nuevas milongas, Cantares patrióticos españoles, Los amores de un changador con la mucama Nicanora, Guerra Anglo Boer, Almanaque de juventud para 1901, El arte de no pagar al casero o La huelga de los conventilleros* por K. D. T. Se han bajado ya unos cuantos peldaños. Estos títulos, como las letras de los primeros tangos, se expanden hacia un mundo que disfruta con la referencia más o menos explícita a una moral que hace poco caso a las restricciones y normas de la clase media y que goza con su transgresión pícara.

En el otro extremo, el poeta Raúl González Tuñón usó el mundo de ornamento simple de los marginales, un mundo donde no falta ni el sentimentalismo ni la aspiración estética, como material literario, no para condenarlo ni alabarlo, sino para encontrar allí un recurso plástico que le permitiera ingresar distanciadamente al bajo mundo de los marginales. En uno de sus poemas titulado "Los ladrones", del libro *Los caprichos de Juancito Caminador,* dice:

Los ladrones usan gorra gris, bufanda oscura y camiseta a rayas. Algunos llevan una linterna sorda en el bolsillo. Por otra parte, se enamoran de robustas muchachas, coleccionan tarjetas postales y a veces lucen un tatuaje en el brazo izquierdo, una flor, un barco y un nombre: Rosita. Todos los ladrones están enamorados de Rosita y yo también. Los ladrones saben silbar, bajarse de los coches en movimiento y bailar el vals. Aman

sobre todo a la madre anciana y cuando ésta se les muere can-
tan un tango, lloran desconsoladamente y de los objetos dejados por la muerta, a repartirse entre los hermanos, eligen una
virgen de plata y el canario.[82]

Sobrexcedidos en color local, los ladrones de Tuñón se convierten en figuras de tarjeta postal, afiche, reproducciones baratas.
Aquí también el "mal gusto" es el nombre con que se designa
la voluntad estética del suburbio, del mundo de las masas, pero
está recuperado en su productividad literaria, como mundo representado.

El mal gusto, en casi todos estos ejemplos, es una práctica
que está claramente ligada al mercado, al consumo, a lo que se
difunde ya con contornos masivos y que está, en teoría, en manos de "cualquiera" (y no se refiere solo a la copia barata o de-
gradada; como vimos, los *cafishos* abundan en medias de seda,
botones de nácar, chalecos de piqué). Si en las mujeres se pena-
liza el "estar a la moda" que solo se logra a través de la copia, la
adaptación o el remiendo de las prendas, así como antes y contemporáneamente las elites copiaban los gustos europeos, en el
caso de los hombres —compadritos— hay una voluntad de originalidad muy fuerte, aunque se los juzgue cursis. El gusto plebeyo, el de los sectores medios, será el que más "sufra" en esta
selección social. Pero no faltará mucho para que esta división
entre gusto plebeyo y gusto de las elites se vuelva el de las clases medias, en vías de constitución. La escritora Herminia Brumana, en *Cartas a las mujeres argentinas*, tendrá un párrafo para
los grupos que no pueden alcanzar los gustos de los ricos, pero
no quieren identificarse con los pobres:

---

[82] González Tuñón, Raúl, *Los caprichos de Juancito caminador,* Buenos
Aires, Biblioteca Página/12, s. f., p. 17.

Pertenece a esa clase media burguesa que, no disfrutando de la libertad que el dinero da a la clase alta, no se decide a gozar de ciertas libertades que, por su pobreza, puede tomarse la clase baja. ¿Me entiende? Es decir, que no pudiendo, por ejemplo, viajar para poder hacer lo que quiere, no se decide —no estaría bien— a mezclarse con la chusma en las romerías populares o en los bailecitos de las orillas para hacer lo que puede.[83]

Prácticamente toda la escritura de Roberto Arlt funciona en esta zona intermedia de "no poder y no querer" la identificación con los de arriba y los de abajo que padece la clase media, nuevo núcleo problemático de la sociedad, como lo analizó Oscar Masotta. Esta penalización de la copia, de la imitación de las modas y el afán esteticista de los varios sectores sociales preocupó a toda la sociedad; sociólogos, periodistas, intelectuales, hombres y mujeres se pronunciaron sobre ello. El gusto plebeyo, la vulgaridad, amenazaba a todos; fue uno de los males más temidos, por contagioso. Una sociedad que entraba en un proceso de democratización había perdido sus árbitros "naturales". Pero no faltaban los parámetros para medir el gusto, y desde todos los sectores de la sociedad surgieron las voces de quienes se sintieron autorizados a establecer todo tipo de categorías. Fueron ellos los creadores de la vulgaridad y el plebeyismo.

4. Simulación

Como sobre muchos temas clave del período, sobre la simulación se escribió en varios registros, desde el científico a la parodia periodística, pasando por la ficción. José Luis Murature,

---

[83] Herminia Brumana, *Cartas a las mujeres argentinas,* Santiago de Chile, Ercilla, 1936, p. 37.

recién graduado de abogado, era ya reconocido periodista de *La Nación* y colaborador de la recién fundada *Caras y Caretas* (1898-1941). Un día de Carnaval, escribe:

> La primera condición para que se entiendan los hombres es que puedan engañarse. Fulminar el disimulo, la mentira del trato habitual, es caer en el peor de los errores. Me estremezco de pensar lo que sería de nosotros si hubiéramos de estar diciéndonos á diario todas las verdades. [...] Haya caretas, que todos salimos ganando; consérvese la impagable dualidad de la fisonomía y de la cara. Lo demás es fantasía. ¡Proclamemos el disimulo y cantemos un himno al engaño! La tranquilidad y la gloria terrenal dependen de ellas. Mientras existan caras, existirán caretas.[84]

La revista (un "semanario festivo, literario, artístico y de actualidades") dedica el número del 18 de febrero de 1899 al Carnaval, y Murature (futuro ministro de Relaciones Exteriores durante la Primera Guerra Mundial, entre 1914 y 1916) publica una breve nota en la que enlaza el tópico de la semana, el título de la revista y el saber popular que dice que el rostro es el espejo del alma. Irónicamente, sostiene que el engaño es una suerte de cemento social que preserva de los conflictos y que debe estimularse. Tratar de entender la dinámica social es algo que preocupa no solo a los políticos y a los nuevos científicos, sino, muy especialmente, a los periodistas, a los artistas y a los aficionados a la cultura por igual. También a los lectores de revistas y espectadores que están surgiendo de las políticas alfabetizadoras. Los medios y espectáculos modernos juegan un rol central en la creación de una nueva conciencia del todo social, como lo señaló, entre mu-

[84] José Luis Murature, "Presentación", en *Caras y Caretas. Semanario Festivo, Literario, Artístico y de Actualidades,* año II, núm. 20, 18 de febrero de 1899.

chos, Benedict Anderson en su clásico estudio sobre la nación. Dentro de esa totalidad que es la democracia moderna hay una curiosidad muy especial por ver cómo se entiende la dinámica entre sujetos (individuos o clases). Por ello, una teoría social, una teoría sobre la masa y una teoría del individuo se desarrollan simultáneamente, y todas operan en conjunto como parte de un nuevo saber social.

En las nuevas democracias, la idea de igualdad política comienza a generar todo tipo de perturbación y el discurso social se carga de ansiedad. Si las democracias postularon la igualdad de los individuos ante la ley, la práctica social viene a desmentir el principio sobre el que se basa la nueva política. Dos sistemas de representación trabajarán esta conflictividad: por un lado, la ciencia dispone del archivo, que cataloga a los individuos y los uniforma; por otro, los individuos aprenden conductas que les permiten diferenciarse y adaptarse a los requerimientos sociales a través de la actuación. El mundo de la cultura surge así —frente a la amenaza que entraña la idea de igualdad— como un espacio multivalente desde el cual establecer nuevas dinámicas de interacción social; desde allí las elites darán su batalla contra una idea "igualitaria" de igualdad, pero también desde allí los sectores que intentan ascender socialmente incursionarán en el mundo más sofisticado de la cultura escrita y del arte, el mundo de los valores estéticos. La frontera que menos coercitivamente divide la utopía igualitarista será la del gusto. Una categoría clave del período es la de "mediocridad" —como vimos—, que sirve para emplazar jerarquías y levantar las fronteras de la meritocracia. En una lucha desesperada por volver a trazar las fronteras que la modernidad está continuamente desplazando, surge el problema de las diferencias como una amenaza, tal como la obra entera de Foucault lo atestigua.

En este contexto científico-cultural, José Ingenieros hizo un análisis de la sociedad argentina basado en dos ideas fundamentales, que son también diagnóstico y remedio; primera idea: la sociedad es el escenario de la lucha por la vida, una lucha de todos contra todos; segunda idea: para sobrevivir a las duras condiciones de las sociedades modernas los individuos deben recurrir a la simulación. Ingenieros publicó en 1903 *La simulación en la lucha por la vida* (reescritura de su tesis doctoral defendida en la Universidad de Buenos Aires en 1900, que entre 1900 y 1902 se fue publicando por capítulos en las revistas *La Semana Médica* y *Archivos de Psiquiatría*), donde estudia múltiples formas de conductas simuladas. Allí concibe la teoría que entiende a la simulación "como medio fraudulento de lucha por la vida"[85] y la considera un fenómeno "consciente y voluntario".[86] La simulación será una forma de saldar la violencia primitiva, dice Ingenieros, describiendo el pacto social moderno como la sublimación de la violencia y el pasaje a una nueva etapa en la que la incertidumbre reina: "Las manifestaciones de la lucha evolucionan de formas violentas a formas fraudulentas".[87] Pero aclara que es una etapa en el desarrollo del progreso social. Mientras tanto, el "engaño" (versión popular de la versión "científica" de la simulación) es el nuevo pacto social, como sostiene Murature, quien ironiza sobre su positividad. Y la masa es el espacio donde engaño y simulación pueden llevarse a cabo. Lo que Murature había divulgado en la revista de actualidades, Ingenieros lo codifica en clave científica:

> El fraude es empleado para captar la simpatía ajena o para abusar de la ajena confianza; aumentando la intensidad de la lucha por la vida, se acrecienta entre los hombres la necesidad

[85] José Ingenieros, *La simulación en la lucha por la vida, op. cit.,* p. 20.

[86] En el importante estudio de Fernando Degiovanni, *Los textos de la patria. Nacionalismo, políticas culturales y canon en Argentina* (Rosario, Beatriz Viterbo, 2007), puede verse el papel de "divulgador" cultural que adopta Ingenieros en la cultura argentina.

[87] José Ingenieros, *La simulación en la lucha por la vida, op. cit.,* p. 67.

de engañarse recíprocamente, en la justa medida en que cada uno advierte su propia debilidad para desenvolverse en medio de la hostilidad general. Cada sociedad establece una tabla convencional de valores morales que llama "virtudes" y "vicios", sin otro objeto que fijar límites a la lucha entre los hombres: esas tablas suelen convertirse en verdaderas ficciones, pues casi todos los hombres tratan de violarlas, simulando las virtudes y disimulando los vicios.[88]

El engaño y la simulación son la regla de comportamiento social más difundida, la que genera problemas, pero también los resuelve. Ingenieros perteneció al Partido Socialista en su juventud y junto con Leopoldo Lugones fundó la revista *La Montaña,* de orientación socialista. Rápidamente ingresará a la maquinaria del Estado moderno, donde se destaca como profesor y como director del Instituto de Criminología de la Penitenciaría Nacional en el que reclutaba pacientes sobre cuyas taras escribía sus artículos científicos.[89] En su diagnóstico negativo de las sociedades modernas, su ataque no irá nunca hacia las instituciones, sino hacia los individuos que la democracia ha traído a la

---

[88] *Ibid.,* p. 70.
[89] Si bien nació en Palermo (Italia) como Giusepe Ingegnieri, llegó de niño a Argentina, donde se convirtió en hombre público. Estudió en el Colegio Nacional de Buenos Aires, donde conoció a los jóvenes de la elite del país; se graduó de farmacéutico en 1897 y de médico en 1900; fue jefe de la Clínica de Enfermedades Nerviosas de la Facultad de Medicina de la Universidad de Buenos Aires y ganó la suplencia de la Cátedra de Psicología Experimental en la Facultad de Filosofía y Letras; fue miembro de la cátedra de Neurología a cargo de José María Ramos Mejía y dirigió los archivos de Psiquiatría y Criminología en el Servicio de Observación de Alienados de la Policía de la Capital. Desarrolló, además, una extensa carrera como conferencista en Argentina y Europa, donde publicó muchos de sus trabajos. Siempre estuvo ligado al Estado y a la investigación con los recursos humanos que este proporcionaba, a través de las cárceles y los asilos de alienados. Formó parte de la elite porteña, de la bohemia intelectual e integró, semimarginalmente, la comunidad científica internacional.

escena. Ingenieros no desarrolla una teoría de las masas como tal; de hecho, en una reseña a *Las multitudes argentinas* de José María Ramos Mejía, donde dice que la obra "más tiene de fantasía que de ensayo sociológico", se separa críticamente de Le Bon: "Parece que la teoría deficiente de Le Bon se presta para desorientar el espíritu del estudioso que la toma como rumbo fundamental de una obra; y duele ver que reputaciones como las de Ramos Mejía se aventuren en acrobatismos sociológicos que no pueden ser beneficiosos".[90] Por el contrario, sus libros son análisis de "casos" individuales y es allí donde aparece el archivo como forma: prontuarios, historias clínicas y entrevistas con enfermos y criminales; siempre casos que guarda, atesora, analiza. Sin embargo, los males que afectan a los individuos se desarrollan en la sociedad donde las masas son el actor principal y la condición para poner en escena las nuevas conductas. La masa es el lugar de perversión donde el individuo se esconde, donde el débil de carácter es subsumido, donde se escenifica la lucha por la vida, que, en términos de Ingenieros, es una lucha por lograr el ejercicio del poder:

> Por eso, tener o no "carácter" es un coeficiente de afirmación del individuo contra la colectividad que tiende a amalgamarlo en la masa. En realidad, los hombres de carácter intenso y diferenciado son los que más luchan por la vida; los demás lo hacen dentro de condiciones tan uniformes, y con tan escasa energía, que su actividad resulta imperceptible en el movimiento social; los indiferentes no luchan, porque en rigor no viven.[91]

---

[90] José Ingenieros, *Sociología argentina,* 7ª ed. corr. y aum. por el autor, Buenos Aires, Talleres Gráficos de L. J. Rosso y Cía., 1918, p. 102.
[91] José Ingenieros, *La simulación en la lucha por la vida, op. cit.,* p. 115.

Efectivamente, las masas están, como fantasmas, en el centro de
su teoría de lo social, pues son el refugio perfecto donde el individuo puede ejercer la simulación y tener éxito, o donde puede
pasar desapercibido si es un fracasado: "Entre los hombres agregados en grupos sociales, vivientes en sociedad, la simulación
es frecuentísima como fenómeno consciente y voluntario".[92] La
simulación es una categoría que puede explicarlo todo; es una
suerte de derecho que tienen los más desfavorecidos para sobrevivir e incluso mejorar sus condiciones en una sociedad que
los rechaza; es también el síntoma de una sociedad que cambia, que permite el cambio del orden, de las jerarquías y de la
estructura tradicional. Por eso, es siempre una amenaza y una
conducta social que, en el interior de la masa, debe ser descu-
bierta por especialistas, los nuevos médicos de lo social.[93] Estos nuevos discursos conciben lo social como un teatro donde
cada individuo actúa su papel o "posa", en términos de Molloy.

La simulación no es solo una conducta; es un mecanismo
que genera su propia continuidad, pues las sociedades de masas, democráticas, donde las jerarquías ya no se establecen "naturalmente", sino que se consiguen por ocupación de lugar, por
apropiación territorial, obligan a la simulación. En la obra de
Ingenieros, la simulación es una categoría que funciona siempre en un *crescendo* y que produce una suerte de adicción tanto

[92] *Ibid.,* p. 32.
[93] Como lo explica una vasta bibliografía, hay una medicalización de
todos los saberes en la época. Las ciencias del delito, la criminología, la
psicología, la psicología social usan el paralelismo con la biología y la medicina en abundancia, especialmente en tanto saberes nuevos, para los que
no hay especialistas y son los médicos quienes se encargan de establecer
los diagnósticos. Véanse Jorge Salessi, *Médicos, maleantes y maricas. Higiene, criminología y homosexualidad en la construcción de la nación argentina.
Buenos Aires: 1871-1914;* Gabriela Nouzeilles, *Ficciones somáticas. Naturalismo, nacionalismo y políticas médicas del cuerpo (Argentina 1880-1910),* y
Oscar Terán, *Vida intelectual en el Buenos Aires fin-de-siglo (1880-1910). Derivas de la "cultura científica".*

psicológica como social, a la vez que cierto compromiso; si se ha simulado alguna vez, habrá que seguir haciéndolo para no ser descubierto. La comunidad humana, como la animal, se preserva en la simulación y es allí donde la sociedad cobra su tributo al individuo: la simulación se vuelve segunda naturaleza, el nuevo instrumento que todos usan para defenderse de los demás.[94] Cuando la simulación se vuelve segunda naturaleza, pone en cuestión todo el paradigma de comportamiento social:

> La sociedad quiere iguales, no tolera diferencias. Al que es evidentemente superior, solo puede tolerarlo si presenta defectos o fallas que hagan soportables sus cualidades; el que no tiene defectos, debe simularlos, para ser tolerado; la prudencia lo exige. Si naciera un hombre perfecto no se le permitiría vivir, nadie lo perdonaría; sería indispensable que simulara algunos vicios o tonterías para calmar la alarma o la envidia de los demás.[95]

Ingenieros estudia en su obra varios casos en los que participó como médico en los que el método para descubrir si el paciente simulaba (una enfermedad, la locura, su inocencia en un crimen) consistía en que él, como médico, tenía que simular que creía al simulador para finalmente descubrirlo y "desenmascararlo". De este modo, también el diagnosticador cae presa de un mecanismo que ya la sociedad ha reconocido como "natural", es

[94] Esto podrá acabar algún día, sin embargo, dice Ingenieros sin mucha precisión: "Cuando nuevos regímenes de organización social, surgidos de la intensificación de la capacidad productiva del hombre, atenúen la lucha entre los grupos y entre los individuos, la simulación, como todos los medios de lucha, se atenuará progresivamente, perdiendo su utilidad. Con esta visión optimista del progreso social, creemos que los hombres se alejarán de la mentira y de la simulación a medida que el advenimiento de una moral experimental les permita acercarse a la veracidad y a la sinceridad" (*La simulación en la lucha por la vida, op. cit.,* p. 42).

[95] *Ibid.,* pp. 140 y 141.

decir, como esa segunda naturaleza que se aprende culturalmente y que encuentra en las conductas imitativas el arsenal de recursos que le permiten a cada uno relacionarse con sus otros desconocidos. De Veyga confirma el mismo diagnóstico que Ingenieros hace de los delincuentes: "Aun examinándole en la enfermería por afecciones reales, se encuentra en ellos la tendencia incontenible á la falsedad. Ante la Justicia, sobre todo, su actitud raya en lo increíble; dejándolos hablar, hasta se acusan de hechos imaginarios".[96] Colega de Ingenieros, Francisco de Veyga, investigador en el Instituto de Criminología y profesor en la Universidad de Buenos Aires, sostiene en 1910 que "el *lunfardo* ha llegado á ser el mentidor clásico hecho al caso por las necesidades del oficio, siendo cierto solamente que es un mistificador involuntario é inconsciente de su falta. Este hábito de mentir, eso sí, es en él inveterado, constituyendo una segunda naturaleza".[97]

La simulación entonces es, como figura, una *mise en abyme*, es la forma de estar en el mundo moderno y es una forma que se aprende. Para elaborar sus hipótesis, casi todos los ejemplos que presentan estos científicos −Ramos Mejía tanto como Ingenieros, De Veyga como Eusebio Gómez, incluso Gálvez en su tesis doctoral y Luis María Drago en su *Hombres de presa*, entre muchos otros− pertenecen a las clases más bajas y representan formas de engaño para sacar provecho en una sociedad que vive dentro del imaginario del ascenso social y con instituciones todavía débiles. Y sin embargo, dentro de estas mismas versiones científicas, el mecanismo simulador no es exclusivo de los sec-

[96] Francisco de Veyga, *Los "Lunfardos". Psicología de los delincuentes profesionales,* Buenos Aires, Talleres Gráficos de la Penitenciaría Nacional, 1910, p. 23.
[97] *Ibid.* De Veyga aclara que todos los materiales que desarrolla en sus investigaciones los ha sacado, lo mismo que Ingenieros, de los testimonios de quienes están encerrados ("depositados") en el Depósito de Contraventores de la Policía.

tores más bajos, que tienen motivos serios para querer salir de la exclusión; los hombres superiores también se ven en la obligación de simular, como forma de adaptación a una sociedad plagada de diferencias y en la que tienen que convivir con los hombres mediocres. O, como vimos en el caso de los niños bien, estas clases deben simular para obtener o revalidar su poder. Si es difícil entender que alguien simule ser "más criminal" de lo que en realidad es, la simulación de ser social y culturalmente menos de lo que se es abrirá una incógnita aún mayor. Por ello Ingenieros afirma que

> estudiando las innumerables formas colectivas e individuales de la simulación entre los hombres, hemos podido comprobar que ningún individuo está eximido de simular en la lucha por la vida; y para la muchedumbre de los sin carácter "saber vivir" equivale a "saber simular". Los hombres, en general, adáptanse tanto mejor a su ambiente cuanto más desarrollada tienen la aptitud para simular.[98]

Como Murature, Ingenieros encuentra una positividad, ya que la simulación mantiene cierta estabilidad social. El diagnóstico de la simulación de las conductas tiene su paralelo, entre otros casos, en el nuevo periodismo de la época. Primero en *Caras y Caretas* y luego en *Crítica,* las noticias se trabajan con procedimientos ficcionales e, incluso, en el nivel "documental" del reporte gráfico, las escenas reproducidas eran muchas veces montadas con actores y a veces con los mismos protagonistas.[99] Saítta refiere que en *Crítica,* para burlar a la policía por su ineficiencia, solían fraguar crímenes y delitos a los que la policía acudía tar-

---

[98] José Ingenieros, *La simulación en la lucha por la vida, op. cit.,* p. 117.
[99] Andrea Cuarterolo lo ha trabajado en el caso de *Caras y Caretas* y Sylvia Saítta en el de *Crítica.*

de y era burlada por el diario. De modo que el régimen de la representación ya estaba claramente instalado en la cultura argentina desde fines del siglo XIX y no era difícil sospechar de la persona que se tenía enfrente o de lo que se estaba leyendo.

El hombre mediocre, la obra más conocida de Ingenieros, es un estudio de cómo la masa se impone como segunda naturaleza e instituye el gobierno de los menos aptos.[100] A través del modelo biologista, Ingenieros arma una teoría donde la masa es el espacio social innombrado en el que todas las conductas amenazantes y degradantes se despliegan. El hombre mediocre, sin aspiraciones más allá de la sobrevivencia social, ha destruido los valores espirituales y se impone con la mayoría del número. La masa es claramente, para Ingenieros, la democracia, sus individuos, sus instituciones, sus prácticas, que constituyen el nuevo teatro de representaciones. La masa habilita la degradación, pues en ella se refugian y protegen entre sí los que son intelectualmente inferiores pero que ya tienen derechos cívicos.[101] Recuerda Martin Breaugh que en Roma el plebeyo era quien no tenía un nombre ni derecho de palabra pública, un hombre sin inscripción simbólica y completamente mudo. Ese mundo plebeyo que, con las democracias, comienza a ganar derechos (entre ellos, el de palabra) se vuelve una amenaza apenas los ha conquistado. En la Argentina de la modernización se lee, por ejemplo, en *La*

[100] En 1910 Ingenieros pierde un concurso universitario; aunque había obtenido el primer lugar según el "Honorable Consejo de la Facultad de Medicina" para la titularidad de la cátedra de Medicina Legal, el presidente de la República, Luis Sáenz Peña (el mismo que proclama la ley de voto universal masculino, secreto y obligatorio, es decir, la ley de la democracia moderna), designa a otra persona sin considerar los méritos académicos. Desde esa herida se escribe la obra que denuncia el gobierno de los menos dotados y describe cómo avanzan los mediocres sobre los "hombres de mérito".

[101] Las leyes avalan a estos sujetos que el discurso social ya conoce como "arribistas". El miedo a la democracia es muy anterior a su puesta en marcha efectiva y muchas de estas teorías la definen como una verdadera amenaza.

Vanguardia (9 de marzo de 1895) una descripción de la base de apoyo al Partido Radical y a Yrigoyen en particular:

> Los obreros y los miembros de la pequeña burguesía, los comerciantes minoristas y los maestros artesanos, hombres que hace poco eran todavía obreros asalariados y que por medio de sus pequeños ahorros han llegado a independizarse y establecerse, trabajando por cuenta propia, con instrumentos de trabajo propios. Pertenecen al partido radical, sobre todo en el campo, casi todos los chacareros, colonos y pequeños estancieros, la clase de nuestros labriegos.[102]

Son los "recienvenidos" a la sociedad moderna, los que al tener acceso a nuevos derechos y bienes incorporarán las costumbres, los valores y las prácticas a la vida de la comunidad que habían impuesto las elites. La ciencia (y la cultura en términos más generales) viene a actuar, entonces, para poner límites allí donde las leyes los han abierto. Es en particular interesante que Ingenieros no cuestione la democracia y las nuevas leyes directamente sino que penalice a los individuos que ellas crearon, los nuevos ciudadanos y que, además, los individualice hasta enunciarlos como casos clínicos (con nombre, nacionalidad, edad, profesión, y todo rasgo físico que revele sentidos particulares).

Si bien todos simulan, los estudios sobre la simulación toman el modelo del comportamiento criminal, como paradigma del ciudadano moderno, cápsula de todos los males democráticos. La teoría de Ingenieros se difunde, amasada en los textos de Cesare Lombroso, Scipio Sighele, Enrico Ferri, entre otros. Su colega de Veyga insiste en la conducta mimética de los crimi-

---

[102] Citado en David Rock, *La construcción del Estado y los movimientos políticos en la Argentina, 1860-1916,* Buenos Aires, Prometeo, 2006, pp. 248 y 249.

nales y la cataloga como índice de su inferioridad moral: "Sea lo que fuere, el *lunfardo* aprende entre nosotros por imitación la única facultad de la cual puede hacer uso, y la sola que ejercitará después, por el resto de sus días".[103] Lo concibe como un autómata (esos autómatas que el espectáculo había difundido desde el siglo XIX en las ferias y teatros de variedades), como alguien que repite conductas, como eslabón del mecanismo social, como un efecto necesario del nuevo devenir social: "Como consecuencia de esta manera de ser, los actos habituales del *lunfardo* tienen un acentuado carácter automático. Aprendidos por imitación, una veces, y por sugestión otras, los ejecuta maquinalmente, mediando apenas la menor orden".[104] Por ello propone para los lunfardos y para todos los delincuentes la quita de la ciudadanía (primero la cárcel y, cuando salen, la inhabilitación como sujeto cívico); lo que la democracia otorga debe ser quitado, pues los derechos no son una concesión emancipatoria para los plebeyos, sino una prebenda que se usa a discreción:

> Privación de los derechos civiles del sujeto, es decir, su declaración legal de incapacidad. La privación del goce de la capacidad civil la he propuesto en general, como un medio único y específico, por así decir, de represión para el delincuente habitual de todo orden, dándole al Estado la tutela que va aparejada á la supresión de la capacidad.[105]

[103] Francisco de Veyga, *Los "Lunfardos", op. cit.*, p. 20.
[104] *Ibid.*, p. 22.
[105] *Ibid.*, p. 29. La quita de ciudadanía es lo que pasa cuando el individuo está en la cárcel, "pero aquí se trata de extender esta medida al individuo salido de la cárcel, dándole una situación de incapacidad permanente ó por lo menos indefinida; así bastaría sólo que los medios de vida del sujeto fuesen sospechosos ó que su conducta fuese irregular, aun cuando no delinquiera, para inmediatamente y por la sola acción policial, volver al secuestro" (*ibid.*, p. 30).

Para detener el peligro, propone la neutralización civil y el control absoluto del Estado sobre los sospechosos aun antes de cometido un delito (o la reincidencia, preocupación central de los criminólogos). La simple sospecha debería bastar. De este modo se supone que la simulación no se "cura" ni se detiene, solo se controla o reprime. Para estos científicos (que son, a la vez, representantes del Estado y que trabajan con el material humano que el Estado confina en las cárceles y los hospicios), la masa es un teatro de representación, una suerte de laboratorio que impone su regla de oro: la simulación.[106] Las ciencias sociales en la Argentina del cambio de siglo delimitan su objeto y se estudian en los gabinetes, se profesionalizan. Allí surge la nueva idea de masa como teatro (que parece un análogo de los gabinetes médicos, aulas de clase, institutos, sociedades literarias), como espacio de actuación y observación.[107] Es en el interior de la masa donde la segunda naturaleza que generan los individuos se alimenta con discursos y prácticas aprendidos en los nuevos medios de la cultura masiva (los periódicos, pero son también los

---

[106] Ingenieros tenía, junto con otros intelectuales, un grupo, *La Syringa,* especie de sociedad secreta que reunía a un grupo de iguales, letrados que, entre sí, "hacían masa". Sylvia Molloy, en "Diagnósticos del fin del siglo", ha analizado la forma en que se "divertían" sugestionando a simples ciudadanos a los que les hacían creer que eran genios.

[107] Lila Caimari analiza el caso de un convicto en el penal de Ushuaia que escribe un relato sobre la criminalidad, en el cual acepta que los criminales deben simular apelando a la lógica más clásica: si un preso quiere beneficiarse de las normas de "buena conducta", en la cárcel no tiene cómo demostrar su regeneración... excepto simulando. "Miguel F., confinado en Ushuaia con una condena por homicidio, plasmó en un manuscrito de 199 páginas su visión de las causas de la criminalidad y los efectos de la terapia carcelaria. Se apoyaba en lecturas de Ingenieros, a quien citaba varias veces, de su 'conocimiento de tratados de Psicología Criminal de autores reconocidísimos europeos', y de su observación de los reclusos que lo rodeaban en el presidio del fin del mundo. El libro, que concluyó en 1915, quedó en el penal", dice Caimari (*Apenas un delincuente. Crimen, castigo y cultura en la Argentina, 1880-1955,* Buenos Aires, Siglo XXI, 2004, p. 142).

espectáculos modernos o modernizados: teatros, circos, salas de
baile y demás espacios de sociabilidad) y las instituciones sociales. Es una escuela en donde, en contacto con las otras clases y
con la anomia de la ciudad moderna, los individuos pueden generar esa segunda naturaleza mimética que les garantiza la sobrevivencia social. Así lo entiende Ingenieros en 1902:

> Los diarios colaboran eficazmente en la tarea de sugestión fu-
> nesta; son laboratorios de apologías criminales. [...] El periodismo
> contemporáneo, obligado a completar su información y a compla-
> cer al grueso público que lo mantiene, necesita descender a estas
> transacciones con el mal gusto popular, que no son las únicas.
>
> La prensa es, indudablemente, el más importante vehículo
> de sugestiones.[108]

En manos de Ingenieros, la simulación es un mal social, pero es,
a la vez, una conducta de la que se tienen que proveer, artifi-
cialmente, quienes carecen de educación, ideales, aspiraciones.
José María Ramos Mejía, el otro médico del fin de siglo que teo-
rizó sobre la sociedad, en *Los simuladores del talento* también
ve la simulación como una segunda naturaleza, como un mecanismo que los débiles tienen que forjarse: "La simulación es
un recurso trascendental de la vida, es en la especie humana el
talento de los impotentes, la pierna de palo y el brazo artificial
con que el arte de la cirugía ortopédica suple á maravilla el dé-
ficit que deja la enfermedad".[109]
    La teoría, tan simple, sirvió en la época para explicar casi todo.
Manuel Gálvez, en su tesis de doctorado sobre la prostitución,

---

[108] José Ingenieros, *La psicopatología en el arte,* Buenos Aires, Losada,
1961, p. 120.
[109] José María Ramos Mejía, *Los simuladores del talento en las luchas por
la personalidad y la vida,* Buenos Aires, F. Lajouane & Cía., 1904, p. 10.

también la sacará a relucir. Allí sostiene que el *cafisho* es "diestro en simulaciones, no se le concibe sin mentir; parece que la vergüenza hubiérasele trocado en una maravillosa actitud para el fraude, y lo mismo que engaña á una ramera, se burla de la policía y de los jueces"[110] y centra en su capacidad de engaño el éxito de su profesión. Pero dice también que las pupilas a su cargo mienten, engañan, simulan, como parte del oficio: "La necesidad de agradar al cliente les hace simular espasmos y exaltaciones eróticas".[111] El discurso científico toma así la simulación como eje de la explicación del comportamiento social.

5. Los archivos

La codificación de nuevas leyes que regularan la experiencia del Estado moderno, que se valió rápidamente de la estadística para mejor legislar a los ciudadanos, fue la cara más visible de la organización estatal y la vida cívica. El archivo constituyó una forma privilegiada para coleccionar datos y clasificar información. Fue la forma que adoptaron las disciplinas sociales del momento: la criminología, la sociología, la psicología social. Michel Foucault, al estudiar la modernidad como disciplinamiento, mostró de qué modo se usaron los archivos para la organización de los saberes particulares. Pero no solo fueron indispensables para el Estado. Los intelectuales destinados a pensar las nuevas realidades sociales se valieron de ese formato para desarrollar sus investigaciones científicas y también para la difusión de sus resultados en revistas y periódicos. Jacques Derrida subrayó el carácter simultáneamente instituyente y conservador del archivo

---

[110] Manuel Gálvez, *La trata de blancas, op. cit.,* p. 30.
[111] *Ibid.,* p. 38.

así como su capacidad de delimitar un interior y exterior.[112] En la coyuntura argentina del fin de siglo, el archivo se consolida como la delimitación de un adentro y un afuera que, como colección de materiales es, de acuerdo con Boris Groys, aquello que hace visible un estado de la materialidad social. Cuando se pregunta por qué un archivo no permanece siempre igual, por qué se añaden cosas, la respuesta de Groys es que se archiva "lo importante":

> Lo importante es lo que es importante para la vida, para la historia, para los seres humanos; esas cosas importantes deben ser incluidas en el archivo, porque la tarea del archivo es representar la vida fuera del espacio del archivo. Claro que las opiniones sobre lo que es importante para la vida y los seres humanos no coincide en absoluto, por lo que la representación en el archivo parece afectar primeramente y ante todo a la política de la representación, que se desarrolla dentro del amplio marco de la batalla por el reconocimiento.[113]

Para Groys, el archivo delimita precisamente el lado profano de la vida, lo deja afuera y lo somete a la indefinición. En el campo de lo social, las conductas y los valores que el archivo consolida y circunscribe entran en el campo de la normalización; al mismo tiempo, se deja liberado todo aquello que no entra en su catálogo a nuevas interpretaciones de peligrosidad. Una vez establecido ese archivo social, todo —su adentro y su afuera— se convierte en un problema. Los que están en su interior (criminales,

---

[112] Jacques Derrida, en *Mal de archivo,* identifica el archivo con el porvenir, pero a la vez, con lo que hace posible el presente y el pasado; le otorga un extenso poder en la reconfiguración discursiva.

[113] Boris Groys, "Under Suspicion: a Phenomenology of the Media", en *Archive Public,* disponible en línea: <https://archivepublic.wordpress.com/texts/boris-groys/>.

maximalistas, locos, homosexuales, proxenetas, artistas, prostitutas, etc.) están allí por peligrosos; los que están afuera son amenazas, peligros latentes, podrían, en cualquier momento, sacarse la máscara y entrar al archivo. Las ciencias sociales desarrollaron políticas de la representación y por eso no solo describieron e interpretaron lo social, sino que lo convirtieron en un campo de delimitaciones. Allí el archivo fue una máquina de enorme precisión para el control y para el establecimiento de valores y conductas.[114] Siguiendo los planteos de un profesional como Ingenieros hasta sus últimas consecuencias (y toda su dinastía plebeya, uno de cuyos últimos eslabones serían las series de "los chiflados" de Benjamín Martínez), el archivo extermina su afuera, lo termina abarcando todo, pues siempre hay un nuevo síntoma, una nueva conducta, un nuevo tipo que se desarrolla y que pide entrar en él. Los pensadores argentinos del momento compusieron sus archivos a la manera de "casos". Como los archivos policiales y médicos, la dinámica de los pensadores sociales se centró en la continua recopilación de información individual para sacar conclusiones generales sobre los comportamientos sociales. Sin embargo, no era necesaria mucha data para llegar a conclusiones generales, que venían dictadas por una percepción muy crítica de las nuevas condiciones sociales. La delincuencia, la pobreza, la prostitución, las "taras" de la inmigración y las enfermedades mentales fueron los ejes de la "cuestión social", a la que se le dedicaron estudios y gran cantidad de publicaciones.[115] Pero no todos la entienden de la misma

[114] Archivos y bibliotecas, aunque muchos de ellos ya existían, lograron una gran revitalización durante el cambio de siglo. Del mismo modo que los museos, gabinetes o institutos de recopilación de materiales, de todo tipo de documentos sobre el pasado. Los trabajos de Irina Podgorny, Álvaro Fernández Bravo, Beatriz González Stephan y Jens Andermann son de consulta imprescindible para este tema.

[115] Juan Suriano sostiene: "James Morris refiriéndose al caso chileno define a la cuestión social como la totalidad de las consecuencias sociales,

manera: para Alberto Ghiraldo, "la cuestión social en Argentina ha pasado a ser una simple cuestión policial".[116] Por eso es claro que se la usó de muchas maneras, tanto para identificar enfermedades mentales como para clasificar a los distintos tipos de artistas, para expulsar inmigrantes como para mantener activa la prostitución y las mafias que las explotaban. La construcción de estos archivos materiales e inmateriales, guardados en los gabinetes médicos y carcelarios, pero también en la memoria de los escritos —académicos, de divulgación, periodísticos—, marcó aspectos decisivos de la cultura del cambio de siglo. Sin embargo, interesa ver también el afuera del archivo, la zona de perturbación que produce lo que aún no ha sido clasificado: el mundo plebeyo.[117]

Si uno de los conflictos centrales de la cultura del cambio de siglo es, precisamente, la forma en que se enfrentan la alta cultura y lo que empieza a ser la cultura masiva, de divulgación, una vez que se ha extendido la alfabetización, la clasificación de conductas culturales y estéticas se vuelve una tarea fundamental. Varios libros del período han concebido el todo

---

laborales e ideológicas de la industrialización y urbanización nacientes: una nueva forma del sistema dependiente de salarios, la aparición de problemas cada vez más complejos pertinentes a viviendas obreras, atención médica y salubridad; la constitución de organizaciones destinadas a defender los intereses de la nueva clase trabajadora: huelgas y demostraciones callejeras, tal vez choques armados entre los trabajadores, la policía y los militares y cierta popularidad de las ideas extremistas, con una consiguiente influencia sobre los dirigentes de los trabajadores" (*La cuestión social en la Argentina. 1870-1943*, Buenos Aires, La Colmena, 2000, p. 2). Dice también que en el caso argentino hay que agregar la cuestión de la mujer y de los indígenas.

[116] Alberto Ghiraldo, *La Argentina..., op. cit.*, p. 89.

[117] Para Betina Funcke, desde el mundo del arte, "el distanciamiento moderno entre la alta cultura y lo público es esencialmente un conflicto de archivos" (*Pop or Populus. Art between High and Low*, Berlín y Nueva York, Sternberg Press, 2009, p. 16). En el terreno social, las instituciones del saber van a extender el archivo oficial, que intentará colonizar cualquier otro dispositivo.

social como el enfrentamiento de archivos culturales; allí los intelectuales vieron, en el acceso a la cultura de las clases bajas, la amenaza que viene de la mano de la democracia: la revolución social.[118] Pero el enfrentamiento de archivos muestra ante todo una confusión o mezcla de información y nuevas recodificaciones de la experiencia social y cultural. Por ello, a la vez que se afirma la igualdad ante la ley, se acotan las diferencias que constituyen el campo de la cultura. Por ello, también, la división entre las prácticas culturales de los sectores altos y los bajos se delimitará con precisión. Y por ello, para Groys, en lo que se refiere al archivo, "parece ser, ante todo, una cuestión de poder, una cuestión sobre la posición de poder que le permite a alguien decidir lo que es significativo, importante y digno de ser archivado, y qué es insignificante, irrelevante y debe ser dejado afuera".[119] De forma paralela a la actividad del Estado, coleccionando oficialmente los documentos que registraran la historia nacional, los intelectuales argentinos compusieron archivos de lo efímero en donde los comportamientos cotidianos se volvieron criterios de definición de las buenas y malas conductas traducidas como buen o mal gusto.

Enrico Ferri y José Ingenieros dedicarán a los artistas y sus patologías sendos libros (*Los delincuentes en el arte,* de 1899, y *La psicopatología en el arte,* de 1902, respectivamente). Muchos escritores —Rubén Darío, Leopoldo Lugones, Horacio Quiroga— experimentarán con series de artistas en sus ficciones (y vida profesional)[120] y muchos criminólogos argentinos tendrán la ca-

---

[118] Y ya vimos qué fácil resultó para los jóvenes de la Liga Patriótica identificar a los maximalistas por sus barbas, sus ropas, sus rasgos físicos y cuán cerca creían que estaba la revolución social.

[119] Boris Groys, "Under Suspicion: a Phenomenology of the Media", *op. cit.*

[120] *Los raros* de Darío es el ejemplo notable. Los textos críticos de Gutiérrez Girardot, Sylvia Molloy y Adriana Rodríguez Pérsico analizan las figuras de artistas como sujetos de borde en las ficciones finiseculares.

tegoría de "artista" entre sus casos clínicos.[121] El arte comienza a adquirir un estatuto francamente sospechoso en el cambio de siglo. Por un lado, ya se ha develado con claridad como una práctica sin función en la sociedad administrada (se ha consumado su autonomía) y las tendencias esteticistas del *fin-de-siècle* la han proclamado de manera radical (decadentismo, bohemia, etc.). Pero, al mismo tiempo, el arte comienza a ser parte de la industria cultural y una fuente de consumo para las masas en sus zonas más permeables: el teatro, el cine, las revistas, la literatura de folletín, los espectáculos de variedades. La producción cultural viene a llenar —colonizar, diría Kracauer— el ocio, el "tiempo libre" del que podrían disfrutar las masas ya adaptadas a las normas del trabajo moderno.

Desde el primer levantamiento de Leandro N. Alem (hijo del mazorquero Leandro Antonio Alen, cuyo recuerdo "bárbaro" lo obliga a hacer, también a él, una variación sobre su apellido), en el año 1905, Argentina vivió con recurrentes estados de sitio declarando la excepcionalidad de aquello que se había vuelto norma: no solo los intentos revolucionarios de la Unión Cívica sino las huelgas y los reclamos de los diferentes sectores sociales, los atentados anarquistas y la represión que seguía a cada momento de "malestar". El archivo también conserva memorias de aquellos hechos. En *La tiranía del frac...*, Alberto Ghiraldo denunciará

---

[121] *Degeneración,* de Max Nordau, es un texto en la frontera de nuevos saberes como la psicología, la sociología y la crítica artística, pero es un libro político, que se postula como diagnóstico y remedio para los cambios contemporáneos. Con el modelo del positivismo predictivo, el ámbito social así como el político quedan bajo un escrutinio inseguro y los análisis mezclan estadísticas con interpretaciones de casos (que rápidamente sirven para sacar conclusiones generales). El libro de Nordau comienza con un desarrollo teórico de las ideas en torno a la degeneración y luego pasa a un estudio de casos para terminar con una terapéutica para mejorar a la humanidad, como vimos. Esta estructura se convirtió en modelo, la del libro-prontuario. Nordau ve en el arte moderno una práctica sumamente peligrosa.

cómo la represión se ensaña con los trabajadores y los inmigrantes. El libro de Ghiraldo, publicado en 1909, es el testimonio de su
paso por la cárcel durante la represión de la Revolución de 1905.
Preso de elite, retenido en el buque de la Marina de Guerra, *Maipú,* escribe para denunciar el pacto que el poder tiene entre sus
diferentes facciones (el gobierno y los revolucionarios radicales)
y su castigo de los trabajadores:[122]

> ¿Estamos en estado de sitio? Sí. Estado de sitio quiere decir, en-
> tre nosotros, estado de barbarie. Barbarie *radical* por un lado,
> manifestada en el levantamiento sin ideal y sin bandera, con
> un solo fin: el de arrebatar el mendrugo político al adversario,
> más bien dicho al rival que la usufructúa sin tasa, para some-
> terlo, a su tiempo, en provecho propio, único, personal; barba-
> rie *gubernativa* en frente, de parte de la autoridad bellaca, que
> aprovecha el momento, sin un solo átomo de vergüenza, para
> afirmar su predominio sobre el pastel en peligro de ser devo-
> rado por muchas mandíbulas ajenas.[123]

Los verdaderos afectados por el estado de sitio (en este caso, el decreto del presidente de la República, Manuel Quintana, en 1905)
no serán los que intentaron una revolución contra los poderes del
Estado, sino, como años después sucederá con Pinie Wald durante

---

[122] Ghiraldo registra, por sobre los acontecimientos más notorios, la
trama de la violencia (y barbarie) de las clases gobernantes y traza la misma genealogía del caudillo-gaucho-malevo que deviene político: "Y es
que la levadura del cacique gaucho, degenerado en compadre aristocrático, existe debajo del frac presidencial, del figurín encaramado hoy en el
sillón republicano, cuyas patas comienzan también a torcerse al empuje
de golpes purificadores, nuncios de épocas nuevas, cuya concepción no
está por cierto en las mentes de los genitores de asonadas y motines más
o menos radicales" (*La tiranía del frac...,* Buenos Aires, Centro Editor de
América Latina, 1972, p. 11).
[123] *Ibid.,* p. 9.

la Semana Trágica, los trabajadores, especialmente los inmigrantes y los anarquistas. Convendría mostrar aquí la brecha que se
abre en el cambio de siglo en Argentina. Los conflictos entre los
diferentes sectores de las elites —el orden de la elite liberal y las
revueltas del Partido Radical— crean un estado de ingobernabilidad permanente que pone en evidencia hasta qué punto las agresiones a las instituciones republicanas y democráticas denuncian
no solo su desprestigio, sino los verdaderos límites de esas instituciones donde la ley y el Estado están permanentemente en entredicho, y la república y la democracia se viven como ficciones
de un pacto de poder. El desprestigio de los presidentes Sarmiento, Quintana, Sáenz Peña, burlados de la manera más burda en
la prensa y el Congreso, y el fraude electoral como medio habitual para resolver las sucesiones representativas de la república
arman una debilidad institucional en la que la ley es constante-
mente cuestionada. A la inoperancia de la ley, el orden liberal
contesta con "más leyes" y con el decreto sistemático del "estado de excepción".

En palabras de Giorgio Agamben, el estado de excepción
es un espacio vaciado de ley, una zona de anomia en la cual
todas las determinaciones legales —y, ante todo, las verdaderas distinciones entre público y privado— son desactivadas.[124]
Los decretos de estado de sitio a lo largo del cambio de siglo,
endurecidos en las primeras décadas del siglo xx en particular,
fueron precedidos por nuevas leyes que surgen, precisamente,
del estado de violencia latente. Una de ellas es la ya mencio-
nada ley electoral de 1912, con cuya aplicación Hipólito Yrigoyen (un revolucionario radical que atentó contra el poder

---

[124] Por ello, dice Agamben, todas las teorías que tratan de anexar el estado de excepción a la ley son falsas, y también las teorías de necesidad como
la fuente originaria de ley y las teorías del estado de excepción como ejercicio del estado de derecho.

en varias oportunidades) ganará las elecciones presidenciales de 1916. Pero hay otras leyes decisivas que se dictan e implementan a principios del siglo XX. La primera fue la ley de Residencia, de 1902, que permitía la expulsión inmediata de todo inmigrante sospechoso de alteración del orden público; en 1910 la ley de Defensa Social, que endurece y amplía la primera (en el momento de la celebración del primer Centenario); y en 1906 se había creado una nueva dependencia policial, la de "Orden Social", encargada de acopiar información sobre las actividades libertarias. Hubo, en Buenos Aires, atentados anarquistas en 1905 contra el presidente Quintana (que fracasó); en 1909 contra el jefe de policía Ramón L. Falcón, que muere después de ser atacado por una bomba; en 1910 estalla una bomba en el Teatro Colón, reducto de la oligarquía porteña, en el año del Centenario. Fue, además, un período de intensa conflictividad social con huelgas de muchos sectores gremiales. Nuevas leyes y estados de sitio se sucedieron para restablecer el pacto entre las elites. Las nuevas leyes, aplicadas, además, durante el estado de excepción, descargan toda su violencia sobre las masas obreras. Retomo el texto de Ghiraldo porque su memoria quiere mostrar hasta qué punto la ley es una permanente violación de la ley. Su memoria relata el caso de sus compañeros detenidos en las cárceles comunes de la policía (mientras él se encontraba en el barco militar). La ley de Residencia, que permite la expulsión de extranjeros sin juicio, se usa, bajo el estado de sitio, para expulsar del país a ciudadanos argentinos. Ghiraldo describe a sus compañeros según una forma muy común en el discurso científico de la época, la descripción del "caso", pero lo que en el discurso criminológico y legal se hace para confinar al individuo a una categorización social tipo y disciplinarlo, en manos de Ghiraldo sirve para denunciar los abusos de los poderes del Estado. Copio algunas de esas historias, de las que me interesa especialmente su forma:

José Ciolli. Otro valiente trabajador, otro hombre de verdad a
quien la policía ha calificado de vago, como hombre sin oficio,
o por mejor decir, como hombre de malos oficios. Sin duda alguna los hombres de sable y pito han querido parangonarse
con él... [...] Ciolli cuenta 17 años de residencia en Argentina;
es italiano y soltero.

José Tellechea. Uruguayo, con 9 años de residencia en el
país. Empleado. Pertenece a la Confederación de ferrocarrile-
ros, lo que explica la persecución policial, dadas las vinculacio-
nes personales del actual presidente con las empresas tiranas.

Miguel Manrique. Español. Zapatero. Fue preso y robado
por la policía en su propia casa. Es padre de 4 hijos argentinos
que quedaron abandonados, pues la compañera corrió igual
suerte: presa y deportada.

Aurelio Paganelli. Italiano. Casado. Con varios años de residencia en Argentina. Profesión: vidriero. Como todos los demás
compañeros, pasó por una serie no interrumpida de vejaciones
y sufrimientos físicos antes de ser trasladado al Maipú.

Enrique Bilbao. Español, panadero, con varios años de residencia en el país. Como la mayoría de los compañeros fue
detenido al encaminarse a su trabajo.[125]

Ghiraldo se sirve aquí de la forma del "prontuario" de la época
como modo de conocer a los individuos. José Sixto Álvarez publica
en 1887, a través de la Imprenta del Departamento de Policía de la
ciudad, dos tomos con la *Galería de ladrones de la Capital (1880-
1887)*. El autor tiene el cargo de "Comisario de pesquisas" y el libro tiene un objetivo institucional: identificar a los ladrones, los
sospechosos, los reincidentes, en total, doscientos ladrones, para
que sean reconocidos por los agentes policiales en la calle. Para
cada ladrón se usa el siguiente sistema identificatorio: una foto,

[125] Alberto Ghiraldo, *La tiranía del frac...*, *op. cit.*, pp. 32-35.

el nombre y el o los alias, las señas de identidad y la descripción física, las entradas en la policía; luego se hace una breve descripción de su accionar, su prontuario, y se describe la vida presente. Por ejemplo, el ladrón número 121, Bartolomé Proasi: "Ha sido ladrón hábil y poco conocido de la policía. Hoy goza de una posición desahogada y no se reúne con ladrones. Conviene, sin embargo, no sacarle la vista de encima. Sus robos han sido con violencia y sus estafas por medio de las tretas conocidas. Lleva vida ordenada".[126] Los "casos" de estudio de José Ingenieros siguen un formato similar, donde los datos filiatorios, el alias, su nacionalidad son fundamentales como sistema clasificatorio y como condensación de información valiosísima sobre las víctimas, los enfermos, los criminales. Esa clasificación es parte también de la forma en que nuevas leyes rearman la categoría de ciudadanos.[127]

Al analizar la huelga de cocheros del 14 de abril de 1899, Mercedes García Ferrari relata cómo los trabajadores (sector socialmente sospechoso de tener relaciones estrechas con la delincuencia) declaran la huelga frente a disposiciones municipales que los obligan a usar, para su trabajo, una libreta identificatoria con foto cuya copia debe quedar en la municipalidad. La resistencia, continúa García Ferrari, es sobre todo al retrato, que en la época se identificaba completamente con el retrato policial, que se hacía para registrar a los criminales. El retrato era una forma de la catalogación criminal que estaba ya muy difundida. También los estudios antropológicos que se desarrollan

[126] Fray Mocho, *Galería de ladrones de la Capital (1880-1887)*, Buenos Aires, Tantalia, 2006, p. 37.

[127] Como puntualiza Mercedes García Ferrari, recién a partir de 1900 Juan Vucetich implementó la cédula de identidad en la provincia de Buenos Aires (que se expedía de forma voluntaria) y en 1905 sucede lo mismo con la policía de la Capital. Con ese documento la gente entra al archivo del Estado. En 1911 comienza a expedirse la Libreta de Enrolamiento y en 1912, para las primeras elecciones mediante voto secreto, hay un nuevo documento.

durante y después de la Conquista del Desierto, con el exterminio de buena parte de la población indígena del país, tienen
en la fotografía uno de sus principales y más temidos instrumentos. Los indígenas también sabían cómo el retrato los volvía
criminales. La *Galería de ladrones de la Capital* de José S. Álvarez y las demás "galerías" policiales con retratos de reincidentes
o sospechosos se hacen y difunden, precisamente, para *reconocer* al delincuente.[128] Sin embargo, el retrato que la policía y los
criminólogos consideran ya indispensable como prueba de verdad es, a principios del siglo XX, un dispositivo que exhibe toda
su complejidad, pues, basándose en su capacidad de capturar
la realidad (la confirmación de que el sujeto fotografiado efectivamente "estuvo ahí", como señala Roland Barthes), no deja
de exhibir los procedimientos a través de los cuales el sujeto se
"produce". Pero hay algo más: la fotografía reproducida (en la
prensa, en los libros, en los álbumes, en las tarjetas de presentación o en las cartas de identidad) siempre refugia la orfandad
de ese sujeto capturado por la luz y dominado por la pose en el
marco de los pie de fotos, los mensajes personales, los prontuarios o los diagnósticos médicos. El retrato nunca está solo, sino
que lo acompaña un discurso que lo interpreta. Es el caso de las
fotos de delincuentes que incorpora Eusebio Gómez en su libro;
en su mayoría fotos de estudio, solo el diagnóstico del médico
nos indica la relación entre la imagen y el crimen, que es quien
verosimiliza, a través del retrato, los mismos rasgos que la foto
pretende mostrar como evidencia.[129]

Los cocheros de la ciudad no lograron en 1899 detener
las medidas municipales con su huelga y debieron acatar la

[128] La técnica del retrato policial de los delincuentes nace en Francia, con
los estudios del policía Alphonse Bertillon, y se perfecciona progresivamente.
[129] Las obras de Jean Luc Boltanski, quien descontextualiza las fotos policiales del *fin de siècle* en Francia, son bien conocidas como forma de explorar
los vínculos entre la imagen y los marcos en que se inscribe.

MUSEO DEL CONSUMO

disposición que los obligaba a tener libreta con identificación fotográfica (la fotografía podía ser de estudio y elegir ellos mismos dónde hacerla). Pero la expansión del Estado sobre la identificación de los trabajadores solo comenzaba: estas libretas de trabajo con foto se impusieron primero a los cocheros, luego a los carreros, más tarde a los corredores de hotel, cocheros y mayorales de tranvía, mozos de café, changadores, dependientes de comercio; antes ya, en 1875, habían sido implementadas para las prostitutas y en 1988 para el servicio doméstico. "En todos los casos —sostiene García Ferrari—, estos papeles fueron obligatorios para trabajadores que entraban en contacto, para su actividad, con otros actores sociales y que eran asociados al mundo del delito."[130] La implementación de leyes y disposiciones de captura de los individuos se articula como respuesta estatal a las condiciones de la sociedad en donde un sujeto masa hace su aparición e introduce una brecha. Agamben sostiene que mostrar a la ley en su no relación con la vida y a la vida en su no relación con la ley significa abrir un espacio entre ellas para la acción humana que reclama para sí misma el nombre de "política". Muchas de las luchas del cambio de siglo en Argentina tienen que ver con la posibilidad de abrir esos espacios, que fueron —como se sabe— sistemáticamente clausurados por más disposiciones y leyes y por más represión. El campo común de la conflictividad y la constitución de un sujeto "masa" permite así la igualación entre trabajador/mujer/crimen. Eusebio Gómez les da a los peligros de la masa un carácter científico y une crimen y política:

[130] Mercedes García Ferrari, "'Una marca peor que el fuego'. Los cocheros de la ciudad de Buenos Aires y la resistencia al retrato de identificación", en Lila Caimari (comp.), *La ley de los profanos. Delito, justicia y cultura en Buenos Aires (1870-1940)*, Buenos Aires, Fondo de Cultura Económica y Universidad de San Andrés, 2007, p. 127.

Á nuestro juicio, la táctica obrera, saturada de odio y de afán
de destruir, mal desenvuelta por los desvaríos propios del sec-
tarismo anárquico ó por la propaganda de un partido socialista,
que solo lo es en el nombre, origina un descenso de la moralidad y es causa eficiente de un sinnúmero de vicios que coadyu-
van eficazmente á la formación de la mala vida.

Los períodos de huelga son fecundos en hechos delictuosos de todo género, especialmente delitos de sangre y atentados á la autoridad, á la que, con la inconsciencia propia de su
ignorancia supina, el trabajador considera como la única cul-
pable de su situación miserable.[131]

La "actividad criminosa del huelguista" es parte de un mal mayor,
que denomina la "mala vida", a la que le dará causas materiales
muy precisas: "Nicéforo y Sighele, haciendo notar la existencia de
leyes comunes entre la psicología y la fisiología, recuerdan que
la aglomeración de muchas almas en un espacio dado produce,
como la aglomeración de cuerpos, una fermentación".[132] Gómez
sostiene la explicación positiva del fenómeno social, como Ramos
Mejía, y aunque usa el término "muchedumbres" antes que masas,
sabemos que se está refiriendo a las nuevas condiciones de la ciudad inmigratoria: "La aglomeración en Buenos Aires es cada vez
más compacta".[133] Por eso recomienda la educación antes que la
represión como profilaxis ante el avance del delito. Su libro concluye diciendo que "como dice Rossi, vivimos en un tiempo en
que, por la intervención de las clases pobres en el ritmo vertigi-
noso de la vida, la perfecta educación personal no es posible".[134]
Y el Estado debe avanzar sobre la vida en común, más rápido si

---

[131] Eusebio Gómez, *La mala vida...*, *op. cit.*, p. 35.
[132] *Ibid.*, pp. 21 y 22.
[133] *Ibid.*, p. 22.
[134] *Ibid.*, pp. 230 y 231.

es posible de lo que avanzan las clases pobres en la vida pública. El problema que registra Gómez era ya un lugar común de la época. Todo un sistema creado para mantener el poder entre los mismos grupos y detener el avance de los sectores plebeyos. Federico A. Gutiérrez, desde el métier de policía, pero también desde el anarquismo, lanza su acusación:

> Y como detienen á ciudadanos sin razón, allanan domicilios obreros sin órden de juez, deportan porque sí y retratan para aumentar la galería y los malhechores. Desde hace poco, porque sí también, á toda persona que solicita certificado de pobreza para que le den más baratos los brevajes en el hospital, se la somete á un interrogatorio escrito, que es una humillación. Nombre y apellido, nacionalidad, edad, estado, instrucción, condición social y residencia. Si tiene familia ¡filiación completa del padre, de la madre, de los hermanos y de los hijos! Lugar en que se halla la familia, si dispone de bienes, etc. etc. Y por último, la más grave y más ofensiva de las humillaciones: ¡el sistema dactiloscópico! Pobreza... léase delito! Así sirven al pueblo, estos que el pueblo paga para que los sirvan... Cría cuervos y te sacarán los ojos.[135]

Paralelamente, el siglo XIX puso en el centro de su discurso social a la pobreza y la representó de manera negativa, como amenaza, peligro, pero también como situación pasible de un correctivo. El arte la hizo ingresar a través de las figuras populares (los mendigos, los tipos urbanos) y las masas. El realismo estético ha estado a su servicio y es su producto. La estética y la pobreza tendrán sus puntos de contacto a través del consumo. La pobreza en Argentina también fue un problema que tocó a los artistas y cronistas urbanos.

[135] Federico A. Gutiérrez [Fag Libert], *Noticias de policía, op. cit.,* p. 182.

Archivo, museo, libro

EL MUSEO es una forma del archivo. No cualquiera, sino una que privilegia la exhibición. El libro, por su parte, ni muestra ni preserva, comunica una experiencia. En la intersección de los tres objetos (museo, archivo, libro), se inscribe esta investigación que se enfocó, desde un comienzo, en la dimensión institucional de la cultura y se ancló en los archivos. Entiendo la cultura como conjuntos de prácticas sociales que requieren la agencia de lo comunitario en diferentes momentos de su constitución (normalmente, en la producción, circulación o recepción y consumo). Y entiendo el archivo como el lugar de cruce de materiales, data, información. Pensar este libro como un museo significó invitar a diferentes recorridos.

Las disciplinas académicas nos enseñaron a pensar la literatura en relación con la literatura, el cine con el cine, el arte con el arte. A todo ello solían agregarle siempre algo de contexto. Trabajar dentro de los archivos —y el sentido común— nos muestra que ese método, incluso como ficción crítica, siempre fue muy limitado. Hoy se tiende a cruzar estos y otros campos porque se entiende la producción cultural como un proceso complejo de interacciones. La obra y el autor, sin haber muerto realmente, cobran otros sentidos en el entramado de voces, imágenes y objetos que nos proporcionan los archivos.

La cultura de masas se juega en el cruce de muchas experiencias y muchas prácticas; se sustenta de esa complejidad, pero también la exporta a otros ámbitos. El mercado es una instancia fundamental de su existencia. La ambivalencia entre la cultura como consumo y el consumo como una práctica cultural es el centro de muchas de las experiencias que estudié en este libro. La cultura como espectáculo, el tango y la violencia social y el mal gusto me dieron pautas para pensar algunos funcionamientos de la cultura argentina en los comienzos de la masificación.

Bibliografía

AAVV, *Historia de la Policía Federal Argentina. Génesis y desarrollo. Desde 1580 hasta la actualidad,* vol. 316, Buenos Aires, Editorial Policial, 1999.

AAVV, *La historia del tango. Los poetas (3),* Buenos Aires, Corregidor, 1987.

AAVV, *Masses et Politique,* París, Centre National de la Recherche Scientifique, 1988.

ADORNO, Theodor W., *The Culture Industry. Selected Essays on Mass Culture,* Londres y Nueva York, Routledge, 1991.

AGAMBEN, Giorgio, *Estado de excepción,* Buenos Aires, Adriana Hidalgo, 2004.

ALTAMIRANO, Carlos, *Bajo el signo de las masas (1943-1973),* Buenos Aires, Ariel, col. Biblioteca del Pensamiento Argentino, núm. VI, 2001.

ÁLVAREZ, Agustín, *South América* [1894], Buenos Aires, Secretaría de Cultura de la Nación y Marymar, s. f.

ÁLVAREZ, José Sixto [Fray Mocho], *Memorias de un vigilante,* precedido por un juicio de Francisco de Veyga, Buenos Aires, Administración General Vaccaro, 1920.

—, *Un viaje al país de los matreros,* Buenos Aires, Eudeba, 1966.

—, *Galería de ladrones de la Capital (1880-1887),* Buenos Aires, Tantalia, 2006.

ANDERSON, Benedict, *Comunidades imaginadas. Reflexiones sobre el origen y la difusión del nacionalismo,* México, Fondo de Cultura Económica, 1993.

ARAMBURU, Julio, *Buenos Aires. Ciudad-Mujeres-Hombres. Muestrario urbano,* Buenos Aires, El Ateneo, 1927.

ARCHETTI, Eduardo, *Masculinities. Football, Polo and the Tango in Argentina,* Oxford y Nueva York, Berg Press, 1999 [trad. esp.: *Masculinidades. Fútbol, tango y polo en la Argentina,* Buenos Aires, Antropofagia, 2003].

ARENDT, Hannah, *Los orígenes del totalitarismo, 1. Antisemitismo. 2. Imperialismo. 3. Totalitarismo,* Madrid, Alianza, 1987.

ARÉVALO, Juan José, *La Argentina que yo viví. 1927-1944,* México, Carlos Balleza, 1974.

ARGERICH, Antonio, *¿Inocentes o culpables?,* Buenos Aires, Hyspamérica, 1984.

ARLT, Roberto, *Obras completas,* pról. de Julio Cortázar, Buenos Aires, Carlos Lohlé, 1981.

ARÓZTEGUY, Abdón, *Ensayos dramáticos,* Buenos Aires, Librairie Nouvelle "La Anticuaria", 1896.

ASSUNÇAO, Fernando, *El tango y sus circunstancias,* Buenos Aires, El Ateneo, 1984.

BADIOU, Alain, *El siglo,* Buenos Aires, Manantial, 2005.

BAGÚ, Sergio, *La sociedad de masas en su historia,* Córdoba, Dirección General de Publicidad, 1961.

BALLENT, Anahí, "La 'casa para todos': grandeza y miseria de la vivienda masiva", en Fernando Devoto y Marta Madero (eds.), *Historia de la vida privada en la Argentina,* t. 3: *La Argentina entre multitudes y soledades. De los años treinta a la actualidad,* Buenos Aires, Taurus, 1999.

BARA, Olivier, "Introduction", en *Orages. Littérature et Culture 1760-1830,* núm. 4: *Boulevard du Crime. Le Temps des Spectacles Oculaires,* marzo de 2005.

BARLETTA, Leónidas, *Royal Circo,* Buenos Aires, Tor, 1933.

BARROWS, Susanna, *Distorting Mirrors. Visions of the Crowd in Late Nineteenth-Century France,* New Haven y Londres, Yale University Press, 1981.

BARTHES, Roland, *La cámara lúcida. Nota sobre la fotografía,* Buenos Aires, Paidós, 2003.

BATES, Héctor y Luis J. Bates, *La historia del tango. Sus autores,* t. I, Buenos Aires, Tall. Graf. de la Cia. General Fabril Financiera, 1936.

BÁTIZ, Adolfo, *Contribución á los estudios sociales (libro rojo),* París, Imp. Paul Dupont, 1908.

BAUMAN, Zygmunt, *La cultura en el mundo de la modernidad líquida,* Buenos Aires, Fondo de Cultura Económica, 2014.

BELDA, Joaquín, *El compadrito,* Madrid, Biblioteca Hispania, 1919.

BENARÓS, León, *7 para el tango,* Buenos Aires, Corregidor, 2005.

BENJAMIN, Walter, "Para la crítica de la violencia", en *Angelus Novus,* Barcelona, Edhasa, 1971.

—, *The Arcades Project,* trad. de Howard Eiland y Kevin McLaughlin, ed. de Rolf Tiedemann, Cambridge (MA), Harvard University Press, 2003 [trad. esp.: *Libro de los pasajes,* Madrid, Akal, 2005].

BERGERO, Adriana, *Intersecting Tango. Cultural Geographies of Buenos Aires, 1900-1930,* trad. de Richard Young, Pittsburgh, University of Pittsburgh Press, 2008.

BERNHARDT, Sarah, *Ma double vie. Mémoires de Sarah Bernhardt,* París, Charpentier et Fasquelle, 1907.

BERNSTEIN, Gustavo, *Sarrasani. Entre la fábula y la epopeya,* Buenos Aires, Biblos, 2000.

BERUTI, Juan Manuel, *Memorias curiosas,* Buenos Aires, Emecé, 2001.

BIALET MASSÉ, Juan, *El estado de las clases obreras argentinas a comienzos del siglo,* Córdoba, Universidad Nacional de Córdoba, 1968.

BILBAO, Manuel, *Tradiciones y recuerdos de Buenos Aires,* Buenos Aires, Dictio, 1981.

BILSKY, Edgardo J., *La Semana Trágica,* Buenos Aires, Centro Editor de América Latina, 1984.

BIOY CASARES, Adolfo, *Antes del 900,* Buenos Aires, Guías de Estudio, 1997.

—, *Borges,* ed. de Daniel Martino, Buenos Aires, Destino, 2006.

BLASCO IBÁÑEZ, Vicente, *Conferencias completas. Dadas en Buenos Aires por el eminente escritor y novelista español don Vicente Blasco Ibáñez,* Buenos Aires, Imprenta y Casa Editora Grau, s. f.

—, *Argentina y sus grandezas,* Madrid, La Española-Americana, 1910.

—, *Historia de la guerra europea de 1914: ilustrada con millares de fotografías, dibujos y láminas, 9* vols., Valencia, Prometeo, 1914.

—, *Los cuatro jinetes del Apocalipsis,* Barcelona, Planeta, 1958.

BOIS, Yve-Alain y Rosalind Krauss, *L'informe. Mode d'emploi,* París, Centre Georges Pompidou, 1996.

BONTEMPELLI, Massimo, Gregorio Marañón, Paul Morand, Mario Puccini, Jacques Renoult, Jules Romains, Emile Sergent, Paul Valéry, *La vida y la cultura en la Argentina,* Buenos Aires, Comisión Argentina de Cooperación Intelectual, 1939.

BORGES, Jorge Luis, *Evaristo Carriego,* en *Obras completas,* Buenos Aires, Emecé, 1974.

BORGES, Jorge Luis y Silvina Bullrich, *El compadrito,* dibujos de Horacio Cardo, Buenos Aires, Compañía General Fabril, 1968.

BOSCH, Gonzalo, *La huelga,* Buenos Aires, Cultura y Civismo, col. Teatro Popular, 1919.

BOSCH, Mariano G., *Historia de la ópera en Buenos Aires. Origen del canto i la música. Las primeras compañías i los primeros cantantes,* Buenos Aires, Imprenta El Comercio, 1905.

—, *Historia de los orígenes del teatro nacional argentino y la época de Pablo Podestá,* Buenos Aires, Solar y Hachette, 1969.

Bossio, Jorge Alberto, *Los cafés de Buenos Aires,* Buenos Aires, Schapire, 1968.

Bourdieu, Pierre, *La Distinction. Critique sociale du jugement,* París, De Minuit, 1979 [trad. esp.: *La distinción. Criterio y bases sociales del gusto,* Barcelona, Taurus, 2012].

Boym, Svetlana, *The Future of Nostalgia,* Nueva York, Basic Books, 2001.

Bragaglia, Anton Giulio, *El nuevo teatro argentino. Hipótesis,* trad. de María Rosa Oliver, Buenos Aires, Roma, 1930.

—, *Sottopalco: saggi sul teatro,* Osimo, Ismaele Barulli & Figlio, 1937.

Breaugh, Martin, *L'expérience plébéienne. Une histoire disconti-nue de la liberté politique,* París, Payot, 2007.

Brewer, John y Roy Porter, *Consumption and the Worlds of Goods,* Londres y Nueva York, Routledge, 1994.

Brooks, Peter, *The melodramatic imagination. Balzac, Henry James, Melodrama and the Mode of Excess,* New Haven y Londres, Yale University Press, 1995.

Brousson, Jean-Jacques, *Anatole France en la Argentina (Itinera-rio de París a Buenos Aires),* trad. de Jorge de Marepois, Buenos Aires, Excelsior, s. f.

Brumana, Herminia, *Cartas a las mujeres argentinas,* Santiago de Chile, Ercilla, 1936.

Bruno, Paula, *Pioneros culturales de la Argentina. Biografías de una época,* Buenos Aires, Siglo xxi, 2011.

Buck-Morss, Susan, *Dreamworld and Catastrophe. The Passing of Mass Utopia in East and West,* Cambridge y Londres, mit Press, 2000 [trad. esp.: *Mundo soñado y catástrofe,* trad. de José Ramón Ibáñez Ibáñez, Madrid, Machado, 2004].

Bunge, Carlos Octavio, *Nuestra América (Ensayo de Psicología Social),* 6ª ed., texto definitivo, muy corregido, intr. de José Ingenieros, Buenos Aires, Casa Vaccaro, 1918.

—, *Los envenenados (Escenas de la vida argentina de fines del siglo xix),* Madrid, Espasa-Calpe, 1926.

BUNGE, Julia Valentina, *Vida. Época maravillosa, 1903-1911,* Buenos Aires, Emecé, 1965.

BUNGE DE GÁLVEZ, Delfina, *Los malos tiempos de hoy,* Buenos Aires, Cooperativa, 1926.

—, *Viaje alrededor de mi infancia,* Buenos Aires, López, 1941.

CADÍCAMO, Enrique, *Memorias,* Buenos Aires, J. C. Fernández y Cía., 1978.

CAIMARI, Lila, *Apenas un delincuente. Crimen, castigo y cultura en la Argentina, 1880-1955,* Buenos Aires, Siglo XXI, 2004.

—, *La ciudad y el crimen. Delito y vida cotidiana en Buenos Aires, 1880-1940,* Buenos Aires, Sudamericana, 2009.

CAIMARI, Lila (comp.), *La ley de los profanos. Delito, justicia y cultura en Buenos Aires (1870-1940),* Buenos Aires, Fondo de Cultura Económica y Universidad de San Andrés, 2007.

CALZADILLA, Santiago, *Las beldades de mi tiempo,* Buenos Aires, Fondo Nacional de las Artes, 1999.

CANARO, Francisco, *Mis memorias. Mis bodas de oro con el tango,* Buenos Aires, Corregidor, 1999.

CANCELA, Arturo, *Tres relatos porteños y tres cuentos de la ciudad,* Madrid, Espasa-Calpe, 1946.

CANETTI, Elias, *Masa y poder,* Madrid, Alianza y Muchnik, 1995.

Caras y Caretas, núm. 1059, año XXII, 18 de enero de 1919.

CARELLA, Tulio, *Picaresca porteña,* Buenos Aires, Siglo Veinte, 1966.

CAREY, John, *The Intellectuals and the Masses. Pride and Prejudice among the literary Intelligensia, 1880-1039,* Chicago, Academy Chicago Publishers, 2002.

CARRETERO, Andrés M., *Tango: testigo social,* Buenos Aires, Librería General de Tomás Pardo, 1995.

CARULLA, Juan, *Al filo del medio siglo,* Paraná, Llanura, 1951.

CASADEVALL, Domingo, *El tema de la mala vida en el teatro nacional,* Buenos Aires, Kraft, 1957.

CASAZZA, Pedro, *El patotero y la ley de profilaxis social. Proceso del "Bañado de Flores",* Buenos Aires, Alea, 1951.

CASTAGNINO, Raúl H., *Contribución documental a la historia del teatro en Buenos Aires durante la época de Rosas (1830-1852)*, Buenos Aires, Instituto Nacional de Estudios de Teatro, 1944.

—, *El circo criollo*, Buenos Aires, Plus Ultra, 1969.

—, *Circo, teatro gauchesco y tango*, Buenos Aires, Instituto Nacional de Estudios de Teatro, 1981.

CASTELNUOVO, Elías, *El arte y las masas*, Buenos Aires, Rescate, 1977.

CASTRO, Donald S., *The Argentine Tango as Social History (1880-1955). The Soul of the People*, Lewiston (NY), The Edwin Mellen Press, 1991.

CATERINA, Luis María, *La Liga Patriótica Argentina. Un grupo de presión frente a las convulsiones sociales de la década del veinte*, Buenos Aires, Corregidor, 1995.

CAVALLETTI, Andrea, *Clase. El despertar de la multitud*, Buenos Aires, Adriana Hidalgo, 2013.

CAVARERO, Adriana, *Horrorism. Naming Contemporary Violence*, Nueva York, Columbia University Press, 2009 [trad. esp.: *Horrorismo. Nombrando la violencia contemporánea*, Barcelona y México, Anthropos y Universidad Autónoma Metropolitana-Iztapalapa, 2009].

CHAPUIS, Alfred y Edmond Droz, *Automata. A Historical and Technological Study*, Neuchatel y Nueva York, Éditions du Griffon and Central Book Company Inc., 1958.

CHEVALIER, Louis, *Classes laborieusses et clases dangereuses à Paris pendant la pemière moitié du XIXe siècle*, París, Plon, 1958.

CHINARRO, Andrés, *El tango y su rebeldía*, trad. del japonés de Makiko Yamamoto, Buenos Aires, Continental Service, 1965.

CLARK, T. J., *Image of the People. Gustave Courbet and the 1848 Revolution*, Princeton (NJ), Princeton University Press, 1982 [trad. esp.: *Imagen del pueblo*, Madrid, Gustavo Gili, 1981].

CLASTRES, PIERRE, *La sociedad contra el Estado*, Caracas, Monte Ávila, 1978.

CLAYTON, Michelle, "Modernism's Moving Bodies", en *Modernist Cultures,* vol. *9,* núm. 1, 2014.

CLEMENCEAU, Georges, *Notas de viaje por la América del Sur. Argentina, Uruguay, Brasil,* trad. de Miguel Ruiz, Buenos Aires, Cabaut y Cía., Librería del Colegio, 1911.

CODEBÒ, Agnese, "La representación estética de la villa miseria en la Buenos Aires del siglo XX", mimeo.

COPI (Raúl Damonte), *Cachafaz. La sombra de Wenceslao,* Buenos Aires, Adriana Hidalgo, 2002.

CORONADO, Martín, *Obras dramáticas,* sel. y pról. de Raúl H. Castagnino, Buenos Aires, Academia Argentina de Letras, 1981.

COSTA, Julio A., *Hojas de mi diario,* Buenos Aires, Cabaut y Cía., Librería del Colegio, 1929.

COZARINSKY, Edgardo, *Milongas,* con fotografías de Sebastián Freire, Buenos Aires, Edhasa, 2007.

CRARY, Jonathan, *Techniques of the Observer. On Vision and Modernity in the Nineteenth Century,* Cambridge (MA), MIT Press, 1990.

—, *Suspensions of Perception. Attention, Spectacle, and Modern Culture*, Cambridge (MA) y Londres, MIT Press, 1999 [trad. esp.: *Suspensiones de la percepción. Atención, espectáculo y cultura moderna,* Madrid, Akal, 2008].

CROW, Thomas, *Modern Art in the Common Culture,* New Haven y Londres, Yale University Press, 1996.

CUARTEROLO, Andrea, "Los antecedentes del cine político y social en la Argentina (1896-1933)", en Ana Laura Lusnich y Pablo Piedras (eds.), *Una historia del cine político y social en Argentina (1896-1969),* Buenos Aires, Nueva Librería, 2009.

—, "Espectáculos realistas y realidades espectaculares: las revistas ilustradas y su influencia en el temprano cine argentino", en *De la foto al fotograma. Relaciones entre cine y fotografía en la Argentina (1840-1933),* Montevideo, CdF, 2013.

CUTOLO, Vicente y Carlos Ibarguren (h.), *Apodos y denominativos en la historia argentina,* Buenos Aires, Elche, 1974.

Darío, Rubén, "Almafuerte", en *Obras completas,* vol. iv, Madrid, Afrodisio Aguado, 1955.

De Cominges, Juan, *Una visita al Parque de Palermo,* Buenos Aires, Imprenta del Departamento Nacional de Agricultura, 1882.

De Diego, J. A., "Prontuario de la patota porteña", en *Todo es Historia,* núm. 101, octubre de 1975, pp. 28-42.

De Iriarte, General Tomás, *Memorias. Rosas y la desorganización nacional,* vol. 4, est. prel. de Enrique de Gandía, Buenos Aires, Ediciones Argentinas "S.I.A.", 1946.

De la Púa, Carlos, *La crencha engrasada,* pról. y glosario José Gobelo, Buenos Aires, Quetzal, 1993.

De Tocqueville, Alexis, *De la démocratie en Amérique. De la democracia en la América del Norte,* trad. de la 4ª ed. de D. A. Sánchez de Bustamante, París, Imprenta de A. Everat y Cia., 1837.

De Veyga, Francisco, *Los "Lunfardos". Psicología de los delincuentes profesionales,* Buenos Aires, Talleres Gráficos de la Penitenciaría Nacional, 1910.

Debord, Guy, *La sociedad del espectáculo,* Buenos Aires, La Marca, 1995.

Degiovanni, Fernando, *Los textos de la patria. Nacionalismo, políticas culturales y canon en Argentina,* Rosario, Beatriz Viterbo, 2007.

Del Mazo, Gabriel, *La primera presidencia de Yrigoyen,* Buenos Aires, Centro Editor de América Latina, 1983.

Del Mazo, Gabriel (comp. y pról.), *El pensamiento escrito de Yrigoyen,* Buenos Aires, Talleres Gráficos Castelli, 1945.

Del Mazo, Marcelo, *Los vencidos,* 2ª ed., Buenos Aires, Casa Jacobo Peuser, 1907.

Deleuze, Gilles y Félix Guattari, *Mil mesetas. Capitalismo y esquizofrenia,* Valencia, Pre-Textos, 1988.

Dellepiane, Antonio, *Las causas del delito,* Buenos Aires, Imprenta de Coni é Hijos, 1892.

–, *El idioma del delito. Contribución al estudio de la psicología criminal,* Buenos Aires, Arnoldo Moen, 1894.

DERRIDA, Jacques, *Mal de archivo. Una impresión freudiana,* Madrid, Trotta, 1996.

DESROSIÈRES, Alain, "Masses, individus, moyennes: la statistique sociale au XIXᵉ siècle", en AAVV, *Masses et Politique,* París, Centre National de la Recherche Scientifique, 1988.

DIDI-HUBERMAN, Georges, *Invention de l'hystérie. Charcot et l'Iconographie photographique de la Salpetriere,* París, Macula, 1982.

–, *Lo que vemos, lo que nos mira,* Buenos Aires, Manantial, 1997.

–, *Pueblos expuestos, pueblos figurantes,* Buenos Aires, Manantial, 2014.

DI MARIO, María Cecilia, *De crónicas y escrituras en la Semana Trágica,* Buenos Aires, Centro Cultural de la Cooperación Floreal Gorini, 2008.

DI MEGLIO, Gabriel, *¡Viva el bajo pueblo! La plebe urbana de Buenos Aires y la política entre la Revolución de Mayo y el Rosismo (1810-1829),* Buenos Aires, Prometeo, 2006.

DOMÍNGUEZ, César, "Arrière-garde como carrera literaria mundial. El caso de las novelas de Blasco Ibáñez", en *Bulletin of Hispanic Studies,* vol. 91, núm. 7, 2014.

DRAGO, Luis María, *Los hombres de presa,* Buenos Aires, Talleres Gráficos Argentinos L. J. Rosso y Cía., col. La Cultura Argentina, 1921.

DREIER, Katherine Sophie, *Five Months in the Argentina from a Woman's Point of View, 1918 to 1919,* Nueva York, F. F. Sherman, 1920.

DUJOVNE, Marta y Ana María Telesca, "Museos, salones y panoramas. La formación de espacios de representación en el Buenos Aires del siglo XIX", en Óscar Olea (ed.), *Arte y Espacio. XIX Coloquio Internacional de Historia del Arte,* México, Universidad Nacional Autónoma de México, Instituto de Investigaciones Estéticas, 1997.

DUPUY, Roger, *La politique du Peuple* XVIIIe-XXe *siècle. Racines, permanences et ambiguïtés du populisme,* París, Bibliothèque Albin Michel, 2002.

ECHAGÜE, Juan Pablo, *Prosa de combate,* pról. de Manuel Ugarte, Valencia, F. Sempere y Cia., 1908.

ESPOSITO, Roberto, *Communitas. Origine e destino della comunità,* Turín, Einaudi, 1998.

FARGE, Arlette y Jacques Revel, *Lógica de las multitudes. Secuestro infantil en París, 1750* [1988], Rosario, Homo Sapiens, 1998.

FERNÁNDEZ BRAVO, Álvaro, *Literatura y frontera. Procesos de territorialización en las culturas argentina y chilena del siglo* XIX, Buenos Aires, Sudamericana y Universidad de San Andrés, 1999.

FERRER, Christian, *Barón Biza. El inmoralista. El secreto mejor guardado de la historia argentina,* Buenos Aires, Sudamericana, 2007.

FERRI, Enrique, *Los delincuentes en el arte,* trad., pról. y notas de Constancio Bernardo de Quirós, Madrid, Librería de Victoriano Suárez, 1899.

FINKIELMAN, Jorge, *The Film Industry in Argentina. An Illustrated Cultural History,* Carolina del Norte, McFarland, 2004.

FOPPA, Tito Livio, *Diccionario teatral del Río de la Plata,* Buenos Aires, Argentores y Del Carro de Tespis, 1961.

FOUCAULT, Michel, "Histoire de la médicalisation", en AAVV, *Masses et Politique,* París, Centre National de la Recherche Scientifique, 1988 [trad. esp.: "Historia de la medicalización", en *Educación Médica y Salud,* vol. 21, núm. 1, 1977].

—, *Nacimiento de la biopolítica (1978-1979),* trad. de Horacio Pons, Buenos Aires, Fondo de Cultura Económica, 2007.

FRANK, Patrick, *Los Artistas del Pueblo. Prints and Worker's Culture in Buenos Aires, 1917-1935,* Albuquerque, University of New Mexico Press, 2006.

FREUD, Sigmund, *El malestar en la cultura,* Madrid, Alianza, 1975.

—, *Psicología de las masas y análisis del yo*, en *Obras completas*, vol. 7: (1916-1924), Madrid, Biblioteca Nueva, 2007.

FREUND, Gisèle, *La fotografía como documento social*, Barcelona, Gustavo Gili, 1993.

FUNCKE, Betina, *Pop or Populus. Art between High and Low*, Berlín y Nueva York, Sternberg Press, 2009.

GACHE, Samuel, *Les Logements Ouvrieres a Buenos Ayres*, París, G. Steinheil, 1900.

GACHE, Roberto, *Del vestido y del desnudo*, Buenos Aires, Ediciones Selectas América, 1920.

—, *Glosario de la farsa urbana*, Buenos Aires, Agencia General de Librería y Publicaciones, 1920.

—, *Baile y Filosofía*, Buenos Aires, Agencia General de Librería y Publicaciones, 1922.

—, *París. Glosario argentino*, Buenos Aires, Babel, 1928.

GALLINI, Clara, "Scipio Sighele et la foule délinquante", en AAVV, *Masses et Politique*, París, Centre National de la Recherche Scientifique, 1988.

GÁLVEZ, Manuel, *La trata de blancas*, tesis presentada para optar al grado de doctor en jurisprudencia por Manuel Gálvez (h.), Buenos Aires, Imprenta de José Tragant, 1905.

—, *La vida múltiple. Arte y Literatura (1910-1916)*, Buenos Aires, Nosotros, 1916.

—, *Historia de arrabal*, Buenos Aires, Centro Editor de América Latina, 1980.

—, *Diario de Gabriel Quiroga. Opiniones sobre la vida argentina*, est. prel. de María Teresa Gramuglio, Buenos Aires, Taurus, 2001.

GARCÍA, Joaquín V., *Proyecto de Ley Nacional del Trabajo*, Buenos Aires, Compañía Sud-Americana de Billetes de Banco/ Ministerio del Interior, 1904.

GARCÍA FERRARI, Mercedes, "'Una marca peor que el fuego'. Los cocheros de la ciudad de Buenos Aires y la resistencia al retrato de identificación", en Lila Caimari (comp.), *La ley de los profanos. Delito, justicia y cultura en Buenos Aires (1870-1940),* Buenos Aires, Fondo de Cultura Económica y Universidad de San Andrés, 2007.

GARCÍA JIMÉNEZ, Francisco, *Estampas de tango,* Buenos Aires, Rodolfo Alonso, 1968.

GARCÍA MANSILLA, Daniel, *Visto, oído y recordado. Apuntes de un diplomático argentino,* Buenos Aires, Kraft, 1950.

GARCÍA OLIVERI, Ricardo, *Cine argentino. Crónica de 100 años,* Buenos Aires, Manrique Zago, 1997.

GARCÍA VELLOSO, Enrique, *Memorias de un hombre de teatro* (sel.), Buenos Aires, Eudeba, 1960.

GARRAMUÑO, Florencia, *Modernidades primitivas. Tango, samba y nación,* Buenos Aires, Fondo de Cultura Económica, 2007.

GARZÓN, Eugenio, *L'Amérique Latine. République Argentine,* París, Bernard Grasset, 1913.

—, *La ciudad acústica,* París, Le Livre Libre, 1927.

GASCÓ CONTELL, Emilio, *Genio y figura de Blasco Ibáñez,* Madrid, A. Aguado, 1967.

GASPARRI, Javier, "Ché Varón. Masculinidades en las letras de tango", en *Caracol,* núm. 2, 2011.

GHIRALDO, Alberto, *La Argentina (Estado social de un pueblo),* Madrid, Librería de Alejandro Pueyo (Tip. La Mañana), ca. 1920.

—, *La tiranía del frac...,* Buenos Aires, Centro Editor de América Latina, 1972.

GIMÉNEZ PASTOR, Arturo, *Figuras a la distancia,* Buenos Aires, Losada, 1940.

GIORLANDINI, Eduardo, "Patotero sentimental", disponible en línea: <http://eduardogiorlandini.blogspot.com/2011/04/patotero-sentimental.html>.

GIUSTI, Roberto, "El teatro rioplatense. Del circo a las modernas expresiones de vanguardia", en *Cuadernos Americanos,* año 13, vol. 77, núm. 5, 1954, pp. 198-212.

GODIO, Julio, *La Semana Trágica de enero de 1919,* Buenos Aires, Granica, 1972.

GOLDAR, Ernesto, *La "mala vida",* Buenos Aires, Centro Editor de América Latina, col. La Historia Popular. Vida y Milagros de Nuestro Pueblo, 1971.

GOLDBERG, Sarah, "The Theater Industry and the Market of Cultural Value", mimeo.

GÓMEZ, Eusebio, *La mala vida en Buenos Aires,* pról. de José Ingenieros, Buenos Aires, Juan Roldán, 1908.

GÓMEZ CARRILLO, Enrique, *El encanto de Buenos Aires,* Madrid, Perlado, Páez y Comp. (Sucesores de Hernando), 1914.

GONZÁLEZ, Gustavo G., *Testimonios y experiencias de un cronista policial porteño. Como se los contó a José Barcia,* Buenos Aires, Todo es Historia, 1979.

GONZÁLEZ ARRILI, Bernardo, *Buenos Aires 1900,* Buenos Aires, G. Kraft, 1951.

GONZÁLEZ STEPHAN, Beatriz y Jens Andermann (eds.), *Galerías del progreso. Museos, exposiciones y cultura visual en América Latina,* Rosario, Beatriz Viterbo, 2006.

GONZÁLEZ TUÑÓN, Enrique, *Tangos* [1926], est. prel. de Guillermo Korn, Buenos Aires, Librería Histórica, 2003.

GONZÁLEZ TUÑÓN, Raúl, *Los caprichos de Juancito caminador,* Buenos Aires, Biblioteca Página/12, s. f.

—, *Canciones del tercer frente,* Buenos Aires, Problemas, 1941.

—, *La calle del agujero en la media,* Buenos Aires, Seix Barral, 2005.

GONZÁLEZ VELASCO, Carolina, *Gente de teatro. Ocio y espectáculo en la Buenos Aires de los años veinte,* Buenos Aires, Siglo XXI, 2012.

GORELIK, Adrián, *La grilla y el parque. Espacio público y cultura urbana en Buenos Aires 1887-1936,* Buenos Aires, Universidad Nacional de Quilmes, 1998.

GROYS, Boris, "Under Suspicion: a Phenomenology of the Media", en *Archive Public,* disponible en línea: <https://archive-public.wordpress.com/texts/boris-groys/>.

Güiraldes, Ricardo, *Raucho,* Buenos Aires, Centro Editor de América Latina, 1968.

Gutiérrez, Eduardo, *Juan Moreira,* Buenos Aires, Perfil, 1999.

Gutiérrez, Federico A. [Fag Libert], *Noticias de policía,* Buenos Aires, s. d., 1907.

Habermas, Jünger, *The Structural Transformation of the Public Sphere. An Inquiry into a Category of Bourgeois Society,* Cambridge (MA), MIT Press, 1989.

Hall, Stuart, "Culture, Media and the 'Ideological Effect'", en James Curran, Michael Gurevitch y Janet Woollacott (eds.), *Mass Communication and Society,* Londres, Edward Arnold en asociación con la Open University Press, 1977.

Halperín Donghi, Tulio, *Revolución y guerra. Formación de una elite dirigente en la Argentina criolla,* México, Siglo XXI, 1979.

Handbook of The River Plate, Buenos Aires, Standard Printing-Office, 1869.

Hardt, Michael y Antonio Negri, *Multitude. War and Democracy in the Age of Empire,* Nueva York, Penguin Press, 2004.

Hayes, Peter, *The People and the Mob. The Ideology of Civil Conflict in Modern Europe,* Wesport, Connecticut y Londres, 1992.

Hedges, Chris, *Empire of Illusions. The End of Literacy and the Triumph of Spectacle,* Nueva York, Nation Books, 2010.

Hermet, Guy, *Les populismes dans le monde. Une histoire sociologique xixe-xxe siècle,* París, Fayard, 2001.

Hill, Mike y Warren Montag, *Masses, Classes, and the Public Sphere,* Nueva York y Londres, Verso, 2000.

Hine, Thomas, *Populuxe,* Nueva York, Alfred A. Knopf, 1986.

Horkheimer, Max y Theodor W. Adorno, *Dialéctica del Iluminismo,* Buenos Aires, Sur, 1970.

Huret, Jules, *La Argentina. De Buenos Aires al Gran Chaco,* pról. y trad. de E. Gómez Carrillo, París, Eugène Fasquelle, Louis-Michaud, 1911.

HUYSSEN, Andreas, *Después de la gran división. Modernismo, cultura de masas, posmodernismo,* Buenos Aires, Adriana Hidalgo, 2002.

INGENIEROS, José, *Criminología,* 6ª ed. corr., Buenos Aires, Talleres Gráficos de L. J. Rosso y Cía., 1916.

–, *Sociología argentina,* 7ª ed. corr. y aum. por el autor, Buenos Aires, Talleres Gráficos de L. J. Rosso y Cía., 1918.

–, *Histeria y sugestión,* 5ª ed. rev., Buenos Aires, Talleres Gráficos de L. J. Rosso y Cía., 1919.

–, *La democracia funcional en Rusia,* Buenos Aires, Agencia Sud-Americana de Libros, ca. 1920.

–, *La simulación en la lucha por la vida,* 12ª ed., Buenos Aires, Talleres Gráficos Schenone & Linari, 1920.

–, *El hombre mediocre,* Buenos Aires, Talleres Gráficos de L. J. Rosso y Cía., 1936.

–, *Simulación de la locura,* 9ª ed., texto ordenado por Aníbal Ponce, Buenos Aires, Ramón J. Roggero y Cía, 1949.

–, *La psicopatología en el arte,* Buenos Aires, Losada, 1961.

–, *La locura en la Argentina,* Buenos Aires, Buena Vista, 2005.

JAILAIF, *Buenos Aires por dentro... y por fuera,* lecturas populares, ed. de J. Lecea, Buenos Aires, 1897.

JONSSON, Stefan, *A Brief History of the Masses,* Nueva York, Columbia University Press, 2008.

JORDÁN, Luis María, *Los atormentados (novela),* Madrid, América, Biblioteca Andrés Bello, s. f.

–, *Cartas de un extranjero,* Buenos Aires, Agencia General de Librería y Publicaciones, 1924.

JUDKOVSKI, José, *El tango. Una historia con judíos,* Buenos Aires, Fundación IWO, 1998.

KARUSH, Matthew B., *Culture of Class. Radio and Cinema in the Making of a Divided Argentina, 1920-1946,* Durham y Londres, Duke University Press, 2012 [trad. esp.: *Cultura de clase. Radio y cine en la creación de una Argentina dividida (1920-1946),* Buenos Aires, Ariel, 2013].

KLEIN, Teodoro, *El actor en el Río de la Plata. De la Colonia a la Independencia nacional,* Buenos Aires, Ediciones de la Asociación Argentina de Actores, 1984.

KRACAUER, Siegfried, *The Mass Ornament. Weimar Essays,* Cambridge y Londres, Harvard University Press, 1995.

—, *The Salaried Masses. Duty and Distraction in Weimar Germany,* Londres y Nueva York, Verso, 1998 [trad. esp.: *Los empleados,* Barcelona, Gedisa, 2008].

LACLAU, Ernesto, *La razón populista,* Buenos Aires, Fondo de Cultura Económica, 2005.

LAMAS, Hugo y Enrique Binda, *El tango en la sociedad porteña 1880-1920,* Buenos Aires, Héctor L. Lucci, 1998.

LANUZA, José Luis, *Morenada. Una historia de la raza africana en el Río de la Plata,* Buenos Aires, Schapire, 1967.

LASTRA, Felipe Amadeo, *Los recuerdos del 900,* Buenos Aires, Huemul, 1965.

LATZINA, Francisco, *Demografía,* Buenos Aires, Compañía Sud-Americana de Billetes de Banco, 1903.

—, *Sinopsis estadística argentina,* Buenos Aires, Compañía Sud-Americana de Billetes de Banco, 1914.

LE BON, Gustave, *Psychologie des foules,* París, Quadrige y PUF, 2002 [trad. esp.: *Psicología de las masas,* Madrid, Morata, 2014].

LE DUC, Antoine, *La Zarzuela. Voyage autour du théâtre lyrique nacional espagnol (1832-1910),* París, Mare et Martin, 2007.

LECOT, Alberto Gregorio, *En "La Porteña" y con sus recuerdos. Contribución al estudio de la vida y obra de Ricardo Güiraldes,* Buenos Aires, Rivolin Hnos., 1986.

LLOYD, David y Paul Thomas, *Culture and the State,* Nueva York y Londres, Routledge, 1998.

LONDRES, Albert, *El camino de Buenos Aires. La trata de blancas,* Buenos Aires, Libros del Zorzal, 2008.

LUDMER, Josefina, *El género gauchesco. Un tratado sobre la patria,* Buenos Aires, Sudamericana, 1988.

–, *El cuerpo del delito. Un manual,* Buenos Aires, Perfil, 1999.

LUGONES, Leopoldo, *Historia de Sarmiento,* Buenos Aires, Academia Argentina de Letras, 1988.

LUISI, Paulina, "La trata de blancas y el problema de la reglamentación. Conferencia leída en el Círculo Médico y Estudiante de Medicina de Buenos Aires, bajo los auspicios de la Universidad Libre, el 21 de mayo de 1918", Buenos Aires, J. Perroti, 1919.

LURY, Celia, *Consumer Culture,* New Brunswick, Rutgers University Press, 2011.

LYNCH, Ventura, *La provincia de Buenos Aires hasta la definición de la cuestión capital de la República,* Buenos Aires, Imprenta de "La Patria Argentina", 1883.

MACHERAY, Pierre, "Figures de l'homme d'en bas", en AAVV, *Masses et Politique,* París, Centre National de la Recherche Scientifique, 1988.

MALOSETTI COSTA, Laura, *Los primeros modernos. Arte y sociedad en Buenos Aires a fines del siglo XIX,* Buenos Aires, Fondo de Cultura Económica, 2001.

MALOSETTI COSTA, Laura y Marcela Gené (comps.), *Impresiones porteñas. Imagen y palabra en la historia cultural de Buenos Aires,* Buenos Aires, Edhasa, 2009.

MANFREDI, Alfredo N. (h.), *Augusto Álvarez. Pionero de la cinematografía argentina,* Buenos Aires, 1989.

MARECHAL, Leopoldo, *Historia de la calle Corrientes,* en *Obras completas,* vol. II: *El teatro y otros ensayos,* Buenos Aires, Perfil, 1998.

MAROTTA, Sebastián, *El movimiento sindical argentino. Su génesis y desarrollo,* t. II: *Período: 1907-1920,* Buenos Aires, Lacio, 1961.

MARRONE, Irene, *Imágenes del mundo histórico. Identidades y representaciones en el noticiero y el documental en el cine mudo argentino,* Buenos Aires, Biblos y Archivo General de la Nación, 2003.

Martín Fierro. Periódico quincenal de arte y crítica libre. Ediciones facsimilares de los números 1, 4, 8/9, 14/15, 18, 30/31, 35, 42 (1924-1925), Buenos Aires, Centro Editor de América Latina, 1982.

MARTÍNEZ, Alberto, *Baedeker de la República Argentina,* con planos de la República, ciudad de Buenos Aires, líneas férreas y numerosas vistas auto-típicas, Buenos Aires, Imprenta de J. Peuser, 1900.

MARTÍNEZ, Benjamín D., *Los chiflados: estudio de psicopatología,* 2ª serie, Buenos Aires, Talleres S.A. Casa Jacobo Peuser Ltda., 1925.

MARTÍNEZ ESTRADA, Ezequiel, *Radiografía de la pampa,* Buenos Aires, Hyspamérica, 1986.

MARX, Karl y Friedrich Engels, *Manifiesto del Partido Comunista,* Madrid, Biblioteca Nueva, 2000.

MASOTTA, Oscar, *Sexo y traición en Roberto Arlt,* Buenos Aires, Centro Editor de América Latina, 1982.

MATALLANA, Andrea, *Qué saben los pitucos. La experiencia del tango entre 1910 y 1940,* Buenos Aires, Prometeo, 2008.

MATAMORO, Blas, *La ciudad del tango (Tango histórico y sociedad),* Buenos Aires, Galerna, 1969.

MAZÍA, Floreal, *Enero rojo, semana negra,* Buenos Aires, Cartago, 1974.

McCLELLAND, J. S., *The Crowd and the Mob. From Plato to Canetti,* Londres, Unwin Hyman, 1989.

McGEE DEUTSCH, Sandra, *Counterrevolution in Argentina, 1900-1932. The Argentine Patriotic League,* Lincoln y Londres, University of Nebraska Press, 1986.

MEAZZI, Barbara, "Entre el futurismo y la Argentina: Pettoruti y Bragaglia", en *Telón de Fondo,* núm. 9, julio de 2009.

MEJÍAS, Laurentino C., *La policía... por dentro. Mis cuentos,* t. I, Barcelona, Imprenta Viuda de Luis Tasso, 1911.

–, *Policíacas (Mis cuentos),* Buenos Aires, Tor, 1927.

MICHELET, Jules, *Le Peuple,* París, Flammarion, 1974.

MILANESIO, Natalia, *Cuando los trabajadores salieron de compras. Nuevos consumidores, publicidad y cambio cultural durante el primer peronismo,* Buenos Aires, Siglo XXI, 2014.

MOLLOY, Sylvia, "La política de la pose", en Josefina Ludmer (ed.), *Las culturas de fin de siglo en América Latina*, Rosario, Beatriz Viterbo, 1994.

—, "Diagnósticos del fin del siglo", en Beatriz González Stephan (comp.), *Cultura y Tercer Mundo. 2 Nuevas identidades y ciudadanías,* Caracas, Nueva Sociedad, 1996.

MONTALDO, Graciela, "Hombres de la multitud y hombres de genio en el *fin-de-siècle*", en Ana Peluffo e Ignacio Sánchez Prado (eds.), *Entre hombres. Masculinidades del siglo XIX en América*, Madrid, Iberoamericana Vervuert Publishing Corp., 2010.

MOREL, Bénédict Augustin, *Traité des dégénérescences physiques, intellectuelles et morales de l'espèce humaine*, Nueva York, Arno Press, 1976.

MORETTI, Franco, "The Slaughterhouse of Literature", en *Modern Language Quarterly*, vol. 61, núm. 1, 2000 [trad. esp.: "El matadero de la literatura", en *Lectura distante,* trad. de Lilia Mosconi, Buenos Aires, Fondo de Cultura Económica, 2015].

MORRIS, Lydia, *Dangerous Class. The Underclass and social Citizenship,* Nueva York y Londres, Routledge, 1994.

MOSSE, George, *The Nationalization of the Masses,* Nueva York, Howard Fertig, 1975 [trad. esp.: *La nacionalización de las masas,* Buenos Aires, Siglo XXI, 2007].

MULLINS, Paul R., *The Archeology of Consumer Culture. The American Experience in Archeological Perspective*, Tallahassee, University Press of Florida, 2011.

MURATURE, José Luis, "Presentación", en *Caras y Caretas. Semanario Festivo, Literario, Artístico y de Actualidades*, año II, núm. 20, 18 de febrero 1899.

NATALE, Oscar, *Buenos Aires, negros y tango*, Buenos Aires, Peña Lillo, 1984.

NICKELL, Joe, *Secrets of the Sideshows*, Lexington, The University Press of Kentucky, 2005.

NORDAU, Max, *Degeneration*, Nueva York, D. Appleton and Company, 1895 [trad. esp.: *Degeneración*, trad. de Nicolás Salmerón y García, Madrid, Librería de Fernando Fe y Hermanos Saenz de Jubera, 1902].

NOUZEILLES, Gabriela, *Ficciones somáticas. Naturalismo, nacionalismo y políticas médicas del cuerpo (Argentina 1880-1910)*, Rosario, Beatriz Viterbo, 2000.

NUDLER, Julio, *Tango judío. Del ghetto a la milonga*, Buenos Aires, Sudamericana, 1998.

NÚÑEZ, Ignacio, *Noticias históricas de la República Argentina*, Buenos Aires, Guillermo Kraft, 1898.

—, *Autobiografía*, Buenos Aires, Academia Nacional de la Historia, 1996.

NYE, Robert, "Introduction", en Gustave Le Bon, *The Mind of Crowd*, Londres, Sage, 1995.

ORTEGA Y GASSET, José, *La rebelión de las masas*, en *Obras completas*, vol. IV: *(1929-1933)*, Madrid, Revista de Occidente, 1947.

PALACIOS, Alfredo L., *Masas y elites en Iberoamérica*, Buenos Aires, Columba, 1956.

PELINSKI, Ramón (comp.), *El tango nómade. Ensayos sobre la diáspora del tango*, Buenos Aires, Corregidor, 2000.

PELLETTIERI, Osvaldo, "Estudio preliminar", en José J. Podestá, *Medio siglo de farándula. Memorias de José J. Podestá*, Buenos Aires, Galerna e Instituto Nacional de Teatro, 2003.

PELLETTIERI, Osvaldo (dir.), *Teatro del Pueblo: Una utopía concretada*, Buenos Aires, Galerna-Fundación Somigliana, 2006.

PENHOS, Marta, Carlos Masotta y otros, *Arte y Antropología en la Argentina*, VIII Premio de la Fundación Telefónica, Buenos Aires, Fundación Espigas, 2005.

PEÑA, Milcíades, *Masas, caudillos y elites. La dependencia argentina de Yrigoyen a Perón*, Buenos Aires, Fichas, 1971.

PETRIELLA, Dionisio y Sara Sosa Miatello, *Diccionario biográfico italo-argentino*, Buenos Aires, Asociación Dante Alighieri, 1976.

PIÑERO, Octavio A., *Los orígenes y la trágica semana de enero de 1919*, Buenos Aires, Taller Gráfico Bellsolá, 1956.

PODESTÁ, José J., *Medio siglo de farándula. Memorias de José J. Podestá*, est. prel. de Osvaldo Pellettieri, Buenos Aires, Galerna e Instituto Nacional de Teatro, 2003.

PODGORNY, Irina y María Margaret Lopes, *El desierto en una vitrina. Museos e historia natural en la Argentina, 1810-1890*, México, Limusa, 2008.

POE, Edgar Allan, *Complete Works*, Boston y Nueva York, Colonial Press Company, 1884.

PONCE, Livio, *El circo criollo*, Buenos Aires, Centro Editor de América Latina, 1971.

PRATT, Mary Louise, *Imperial Eyes. Travel Writing and Transculturation*, Nueva York y Londres, Routledge, 1992 [trad. esp.: *Ojos imperiales. Literatura de viajes y transculturación,* Buenos Aires, Fondo de Cultura Económica, 2010].

PRÍAMO, Luis (ed.), *H.G. Olds. Fotografías: 1900-1943*, Buenos Aires, Antorchas, 1998.

PRIETO, Adolfo, *El discurso criollista en la formación de la Argentina moderna*, Buenos Aires, Siglo XXI, 2006.

PRIETO, Julio, *Desencuadernados: vanguardias excéntricas en el Río de la Plata*, Rosario, Beatriz Viterbo, 2002.

PUCCIA, Enrique Horacio, *El Buenos Aires de Ángel G. Villoldo. 1860-1919*, Buenos Aires, Corregidor, 1997.

PUGA, Boris, *El tango. Archivos I y II*, Montevideo, Tanguedias, 2011.

PUJOL, Sergio, *Valentino en Buenos Aires. Los años veinte y el espectáculo*, Buenos Aires, Emecé, 1994.

—, *Historia del baile. De la milonga a la disco*, Buenos Aires, Emecé, 1999.

QUINTANA, Federico M., *En torno a lo argentino*, Buenos Aires, Imprenta y Casa Editora Coni, 1941.

RAMA, Ángel, *La ciudad letrada,* Montevideo, Fundación Internacional Ángel Rama, 1983.

RAMOS MEJÍA, José María, *Los simuladores del talento en las luchas por la personalidad y la vida,* Buenos Aires, F. Lajouane & Cía., 1904.

—, *La neurosis de los hombres célebres en la historia argentina,* pról. de José Ingenieros, intr. de Vicente Fidel López, Buenos Aires, Talleres Gráficos de L. J. Rosso y Cía., 1927.

—, *Las multitudes argentinas,* Buenos Aires, Talleres Gráficos de L. J. Rosso y Cía., 1934.

RANCIÈRE, Jacques, *Breves viajes al país del pueblo,* Buenos Aires, Nueva Visión, 1991.

—, *La división de lo sensible. Estética y política,* Salamanca, Consorcio Salamanca, 2002.

—, *El espectador emancipado,* Buenos Aires, Manantial, 2010.

—, *Aisthesis. Escenas del régimen estético del arte,* Buenos Aires, Manantial, 2013.

REGIN, Deric, *Culture and the Crowd. A Cultural History of the Proletarian Era,* Philadelphia, Nueva York y Londres, Chilton Book Company, 1968.

REIG, Ramiro, *Vicente Blasco Ibáñez,* Madrid, Espasa, 2002.

REYNA ALMANDOS, Luis, *Hacia la anarquía. Examen de la política radical,* Buenos Aires, Casa Editorial El Ateneo, 1919.

ROCCHI, Fernando, "Consumir es un placer: La industria y la expansión de la demanda en Buenos Aires a la vuelta del siglo pasado", en *Desarrollo Económico,* vol. 37, núm. 148, enero-marzo de 1998.

ROCK, David, *La construcción del Estado y los movimientos políticos en la Argentina, 1860-1916,* Buenos Aires, Prometeo, 2006.

RODRÍGUEZ MOLAS, Ricardo, *Vida cotidiana de la oligarquía argentina (1880-1890),* Buenos Aires, Centro Editor de América Latina, 1988.

RODRÍGUEZ PÉRSICO, Adriana, *Relatos de época. Una cartografía de América Latina (1880-1920)*, Rosario, Beatriz Viterbo, 2008.

ROGERS, Geraldine, *La galería de ladrones de la Capital de José S. Álvarez, 1880-1887,* La Plata, Universidad Nacional de La Plata y Orbis Tertius, 2009.

—, "Galería de retratos para el Estado: Identidades y escritura en 'casos' argentinos de fines del siglo XIX (1887-1897)", disponible en línea: <http://www.bbk.ac.uk/ibamuseum/texts/Rogers01.htm#top>.

ROMARIZ, José Ramón, *La Semana Trágica. Relato de los hechos sangrientos del año 1919*, Buenos Aires, Hemisferio, 1952.

ROMAY, Francisco L., *El barrio de Monserrat,* Buenos Aires, Ediciones de la Municipalidad, 1949.

ROSSI, Vicente, *Cosas de negros,* Buenos Aires, Solar y Hachette, 1958.

—, *Teatro nacional rioplatense. Contribución a su análisis y a su historia,* Buenos Aires, Solar y Hachette, 1969.

RUDÉ, George, *The Crowd in History. A Study of Popular Disturbances in France and England 1730-1848*, Nueva York, Londres y Sydney, John Wiley and Sons, 1966.

—, *El rostro de la multitud. Estudios sobre revolución, ideología y protesta popular,* Valencia, Centro Francisco Tomás y Valiente UNED, 2000.

RUSCONI, Alex, *Fregoli. La biografía*, pref. de Arturo Brachetti, Roma, Stampa Alternativa y Nuovi Equilibri, 2011.

SABATO, Hilda, *La política en las calles. Entre el voto y la movilización, Buenos Aires, 1862-1880,* Buenos Aires, Sudamericana, 1998.

SAÍTTA, Sylvia, *Regueros de tinta. El diario Crítica en la década de 1920*, Buenos Aires, Sudamericana, 1998.

SALAS, Horacio, *El tango*, Buenos Aires, Emecé, 2004.

SALESSI, Jorge, *Médicos, maleantes y maricas. Higiene, criminología y homosexualidad en la construcción de la nación Argentina. Buenos Aires: 1871-1914,* Rosario, Beatriz Viterbo, 1995.

SAVIGLIANO, Marta, *Tango and the Political Economy of Passion*, Westview, Boulder, Colorado, 1995.

SCALABRINI ORTIZ, Raúl, *La manga*, Buenos Aires, Manuel Gleizer, 1923.

—, *El hombre que está solo y espera*, Buenos Aires, Plus Ultra, 1964.

SEBRELI, Juan José, *La cuestión judía en la Argentina*, Buenos Aires, Tiempo Contemporáneo, 1968.

SEIBEL, Beatriz, *Historia del circo*, Buenos Aires, Del Sol, 1993.

—, *Crónicas de la Semana Trágica. Enero de 1919*, Buenos Aires, Corregidor, 1999.

—, *Historia del teatro argentino. Desde los rituales hasta 1930*, Buenos Aires, Corregidor, 2006.

SEM, *La ronde de nuit*, il. del autor, grabados xilográficos de Louis André, París, Le Livre de Demain, Arthème Fayard, 1923.

SICARDI, Francisco A., *Libro extraño*, t. I, Barcelona, F. Granada y Ca., s. f.

—, *Hacia la Justicia. Fin de "Libro Extraño"*, t. V, Buenos Aires, Imprenta de M. Biedma e Hijo, 1902.

SINCLAIR, John y Anna Cristina Pertierra, *Consumer Culture in Latin America*, Nueva York, Palgrave Macmillan, 2012.

SLOTERDIJK, Peter, *El desprecio de las masas. Ensayo sobre las luchas culturales de la sociedad moderna*, Valencia, Pre-Textos, 2002.

SOLOMINSKI, Nahum, *La Semana Trágica en la Argentina*, Buenos Aires, Biblioteca Popular Judía del Congreso Judío Mundial, 1971.

SOSA CORDERO, Osvaldo, *Historia de las varietés en Buenos Aires (1900-1925)*, Buenos Aires, Corregidor, 1999.

STORNI, Alfonsina, *Obras*, t. II, Buenos Aires, Losada, 2002.

STOVALL, Tyler, *Paris and the Spirit of 1919. Consumer Struggles, Transnationalism, and Revolution*, Cambridge University Press, 2012.

STURMAN, Janet L., *Spanish Operetta, American Stage*, Urbana y Chicago, University of Illinois Press, 2000.

SURIANO, Juan (comp.), *La cuestión social en la Argentina. 1870-1943,* Buenos Aires, La Colmena, 2000.

—, *Anarquistas. Cultura y política libertaria en Buenos Aires, 1890-1910,* Buenos Aires, Manantial, 2001.

TAINE, Hyppolite, *Les origins de la France contemporaine,* París, Hachette, 1896.

TALLÓN, José Sebastián, *El tango en sus etapas de música prohibida,* Buenos Aires, Instituto del Libro Argentino, 1964.

TARDE, Gabriel, *L'opinion et la foule,* París, Felix Alcan, 1901 [trad. esp.: *La opinión y la multitud,* trad. de Maria Adriana Bettaglio, Buenos Aires, Urbanita, 2013].

—, *Les lois de l'imitation. Étude sociologique,* París, Félix Alcan, 1904 [trad. esp.: *Las leyes de la imitación y la sociología,* Madrid, Centro de Investigaciones Sociológicas, 2011].

TAUSSIG, Michael, *Mimesis and Alterity. A Particular History of the Senses,* Nueva York y Londres, Routledge, 1993.

TAYLOR, Diana, *The Archive and the Repertoire. Performing Cultural Memory in the Americas,* Durham, Duke University Press, 2003.

TELL, Verónica, "Reproducción fotográfica e impresión fotomecánica: materialidad y apropiación de imágenes a fines del siglo XIX", en Laura Malosetti Costa y Marcela Gené (comps.), *Impresiones porteñas. Imagen y palabra en la historia cultural de Buenos Aires,* Buenos Aires, Edhasa, 2009.

TERÁN, Oscar, *Vida intelectual en el Buenos Aires fin-de-siglo (1880-1910). Derivas de la "cultura científica",* Buenos Aires, Fondo de Cultura Económica, 2000.

THOMPSON, Robert Farris, *Tango. The Art History of Love,* Nueva York, Vintage Books, 2005.

TIEMPO, César, *Poesías completas,* Buenos Aires, Stilman, 1979.

TOMPKINS, Cynthia, "El último malón de Alcides Greca: Repetición y cine de atracciones", en *Studies in Latin American Popular Culture,* vol. 32, 2014.

TUCKER, Lara, "*Páginas libres*: Inclusion and Representation in Early Argentine Cinematic Practices", en *Revista de Estudios Hispánicos*, XLIX, núm. 1, 2015.

UGARTE, Manuel, *Mi campaña hispanoamericana,* Barcelona, Cervantes, s. f.

—, *El destino de un continente,* Madrid, Mundo Latino, 1923.

VARGAS VILA, José María, *Odisea romántica. Diario de viaje a la República Argentina,* Madrid, Espasa-Calpe, s. f.

VEBLEN, Thorstein, *The Theory of the Leisure Class* [1899], Nueva York, Augustus M. Kelley Bookseller, 1975.

VEGA, Carlos, *Panorama de la música popular argentina. Con un ensayo sobre la ciencia del folklore,* Buenos Aires, Losada, 1944.

VIALE, César, *La Semana Trágica en Buenos Aires, abarcada desde el Departamento Central. Apuntaciones históricas,* Buenos Aires, 1919.

—, *Estampas de mi tiempo,* Buenos Aires, Julio Suárez, 1945.

VILLAMAYOR, Luis, *El lenguaje del bajo fondo. Vocabulario lunfardo,* ed. crítica con pról. y notas de Enrique Ricardo del Valle, Buenos Aires, Schapire, 1969.

VIÑAS, David, *Argentina: Ejército y oligarquía,* La Habana, Casa de las Américas, 1967.

—, *Grotesco, inmigración y fracaso: Armando Discépolo,* Buenos Aires, Corregidor, 1973.

VIRNO, Paolo, *Grammatica della Moltitudine. Per una analisi delle forme di vita contemporanee,* Catanzano, Rubbettino, 2001 [trad. esp.: *Gramática de la multitud. Para un análisis de las formas de vida contemporánea,* Madrid, Traficantes de Sueños, 2003].

WAITE, Robert G. L., *Vanguard of Nazism. The Free Corps Movement in Postwar Germany. 1918-1923,* Cambridge (MA), Harvard University Press, 1952

WALD, Pinie, *Pesadilla. Una novela de la Semana Trágica,* Buenos Aires, Ameghino, 1998.

WARNOD, André, *Bals, Cafés and Cabarets,* París, Eugène Figuière & Cie., 1913.

—, *Visages de Paris,* París, Firmin-Didot, 1930.

WIGHTMAN FOX, Richard y T. J. Jackson Lears (eds.), *The Culture of Consumption. Critical Essays in American History, 1880-1980,* Nueva York, Pantheon Books, 1983.

ZALKO, Nardo, *París/Buenos Aires. Un siglo de tango,* Buenos Aires, Corregidor, 2001.

ZAVALÍA, Clodomiro, *Defensa social de la Nación,* Buenos Aires, Agencia General de Librería y Publicaciones, 1919.

ŽIŽEK, Slavoj, *Violence. Six Sideways Reflections,* Nueva York, Picador, 2008 [trad. esp.: *Sobre la violencia. Seis reflexiones marginales,* Barcelona, Paidós, 2009].

Índice de nombres

Adorno, Theodor W.: 20, 87, 88, 133, 287 n.
Agamben, Giorgio: 21, 29, 70, 169, 222 n., 341, 346.
Aguilar, Gonzalo: 10.
Alem, Leandro N.: 339.
Alen, Leandro Antonio: 339.
Alighieri, Dante: 271.
Alippi, Elías: 105.
Alonso, Carlos J.: 9.
Alonso, Rodolfo: 199 n., 234, 259 n.
Alsina, Valentín: 204.
Álvarez, Agustín: 267.
Alvear, Marcelo Torcuato de: 121.
Amoroso, Eduardo: 142 n.
Amundsen, Roald: 137.
Andermann, Jens: 10, 336 n.
Anderson, Benedict: 321.
Anselmi, Luis: 142 n.
Anzoátegui, Ignacio B.: 302 n.
Aramburu, Julio: 143, 294 n., 297, 304 n.
Arato, José: 129 n.
Arendt, Hannah: 29, 273.
Arlt, Roberto: 25, 135, 161 n., 266 n., 267 n., 271, 302 n., 316, 319.
Armus, Diego: 10.
Arnold, Edward: 14 n.
Arnold, Matthew: 18.
Arolas, Eduardo: 302, 314.
Aróazteguy, Abdón: 95 n., 96 n.

Arredondo, José Miguel: 189 n.
Ascasubi, Hilario: 58 n.
Assunçao, Fernando: 176 n., 177 n., 260.
Astley, Philip: 88 n.
Astutti, Adriana: 10.
Avellaneda, Nicolás: 184 n., 189 n.

Badiou, Alain: 69 n., 276.
Baedeker, Karl: 152, 274.
Baetz, Pierre: 189.
Baker, Josephine: 164.
Balzac, Honoré de: 69 n., 80 n.
Bara, Olivier: 79, 80.
Barbieri, Guillermo: 192 n.
Barletta, Leónidas: 129-135.
Barón Biza, Jorge: 294, 295.
Barrows, Susan: 59.
Barthes, Roland: 345.
Bates, Héctor: 168 n., 177.
Bates, Luis: 168 n., 177.
Bátiz, Adolfo: 25, 179 n., 182 n., 203, 204 n., 303, 305, 306 n.
Baudelaire, Charles: 70, 132.
Bauman, Zygmunt: 18, 20.
Belda, Joaquín: 131, 132.
Bello, Andrés: 114 n., 294 n.
Bellocq, Adolfo: 129.
Benjamin, Walter: 20, 29, 65, 76 n., 85, 86, 87 n., 90, 133, 144, 145 n., 169, 287 n., 336.

Esta edición de *Museo del consumo. Archivos de la cultura de masas en Argentina,* de Graciela Montaldo, se terminó de imprimir en el mes de marzo de 2016 en los Talleres Gráficos Nuevo Offset, Viel 1444, Ciudad Autónoma de Buenos Aires, Argentina. Consta de 2.000 ejemplares.